2판

유아문학교육

김정원 · 전선옥 · 이연규 공저

학지사

2판 머리말

어려서 좋은 그림책과의 만남은 어른이 된 후에도 가슴 따뜻한 기억으로 남는다. 필자들이 대학에 다닐 무렵(1980년대 중반)에는 유아문학이라는 장르가 따로 존재하기나 했을까 싶을 정도로 유아용 그림책이 흔하지 않았다. 교생 실습 중에 유치원에서 본 어떤 그림책들은 영미권 그림책의 글을 교사가 번역한 후 프린트하여 붙여 놓은 책이었다. '이렇게 예쁜 그림책이 있었구나!' 신선한 충격과 함께 부럽기도 했던 기억이 난다. 아마도 그 당시에는 우리 출판업계가 유아용 책에 관심이 없었거나, 아니면 유아용 그림책 시장의 수요가 따라 주지 못했을 상황이었으리라. 지금은 유아용 그림책의 출판이 범람하는 시대다. 창작 그림책뿐 아니라 번역한 그림책도 범람하는 시대다. 먹을 것이 부족해서 배를 곯을 땐 보이는 대로 먹는 게 수이지만, 먹거리가 풍부해지면 무턱대고 먹을 필요가 없다. 상업적으로 소비자를 현혹하는 음식 중에서 어떤 음식이 몸에 좋은가를 가려 섭취해야 한다. 요즘은 그림책이 흔해졌다. 종이 그림책뿐 아니라 전자 그림책도 쉽게 접할 수 있다. 그 많은 그림책을 모두 다 읽을 수 없다면, 이제는 어떤 그림책이 우리의 정신을 건강하게 하는 책인지 가려내어 읽을 줄 아는 안목이 절실해졌다.

그림책은 유아를 위해 존재하지만, 유아에게는 그림책을 고를 수 있는 선택권이 거의 없다. 그림책은 어른이 유아에게 읽어 주는 책이기 때문이다. 그렇다면 그림책을 선택하는 성인의 안목이 중요하다는 결론이 나온다. 이 책은 유아에게 유아문학을 가르치게 될 교사를 위해 쓰였다. 교사는 그림책을 잘 알아야 한다. 먼저, 어떤 책이 유아의 발달에 적합하고, 어떤 책이 유아의 정서를 순화시키며, 얼마나 다양하고 유익한 정보를 전달하는지, 또 어떤 책이 유아의 창의력과 상상력을 신장시켜 주는지를 알아야 한다. 그다음에는 그렇게 선별된 그림책들을 유아에게 어떻게 들려주고, 상호작용해야 하는지를 알아야 한다. 그렇게 하기 위해서 교사는 그림책을 사랑해야 한다. 열정은 전해지는 법이라서, 교사가 재미를 느끼고 사랑하는 그림책은 유아들도 재미있어하고 좋아한다. 지속적으로 입에서 입으로 전해 내려온 고전에서부터 이제 막 세상에 나온 그림책까지, 순수와 따듯함 및 환상적인 이야기에서부터 소외감과 고독 및 상처를 담고 있는 그림책까지, 교사는 다양한 주제와 장르의 그림책을 소화할 수 있어야 한다.

이 책은 총 3부로 구성하였다. 제1부에서는 유아문학에 대한 전반적인 개념과 유아문학의 가치를 되짚으며 발달의 양상에 따른 연령별 그림책을 소개하였고, 서양과 우리나라 유아문학의 변천과정을 시대적 흐름에 따라 기술하였다. 대표적인 아동문학상의 종류와 수상작, 그림책의 요소와 장르별 특징과 사례, 국내외 유명 그림책 작가들의 작품세계와 대표작 등에 관한 내용을 하위 장(chapter)으로 구성해 살펴보았다. 제2부에서는 유아문학교육 프로그램을 소개하였다. 유아문학을 가르치기 위한 접근법을 문학교육 프로그램의 목표, 내용, 교수-학습방법 및 평가에 근거하여 설명하고 실제 사례를 소개하였다. 제3부에서는 유아교육 현장에서 적용할 수 있도록 유아문학과 영유아 교육과정을 접목시키는 시도를 하였다. 문학을 통한 언어교육, 수학교육, 과학교육, 사회교육, 미술교육 등 그림책을 활용한 통합 교육과정을 사례와 함께 담아 보았다. 그리고 문학교육을 위한 교사의 역할과 환경 구성, 다양한 전달 매체와 구체적인 활용 방안을 소개함으로써 교사들이 곧바로 교실 환경에서 적용하기 쉽도록 서술하였다.

주제에 맞는 적당한 동화를 찾아 읽어 주고, 회상하고, 질문하는 방식의 문학활동은 아주 초보적인 단계의 문학경험을 제공하는 것이다. 에즈라 잭 키츠의 『눈 오는 날』을 읽은 유아는 같은 작가의 다른 작품, 예를 들어 『피터의 의자』 『피터의 편지』 『내 친구 루이』 『휘파람을 불어요』를 보게 되면 단번에 공통점을 찾아낸다. 『동강의 아이들』을 본 유아는 글·그림 작가인 김재홍의 다른 책을 보았을 때, 어딘가 그림이 비슷하다는 점을 곧잘 알아차린다. 이는 그림책을 소개할 때, 제목뿐 아니라 글·그림 작가와 옮긴이, 출판사까지 소개할 필요가 있고, 표지뿐 아니라 앞면지와 속표지, 뒷면지까지 세심하게 살펴야 하는 이유가 된다. 문학작품은 글과 그림이 함께 이야기하는 예술의 한 형태이며, 언어적 자극과 미술적 감각, 문학적 심상을 함께 제공하는 덩어리 예술이기 때문이다.

2014년 초판 원고의 출간에 이어 부족한 부분을 보완하여 개정판을 내기에 이르렀다. 이 책을 사용하여 공부하게 될 예비 유아교사들에게 가능한 한 구체적인 사례와 친절한 설명을 제공하기 위해 노력하였다. 부디 그림책을 사랑하는 교사가 되는 데 이 책이 일조할 수 있기를 바란다. 군데군데 구멍 난 원고를 가지고 씨름하며 저자들 못지않게 꼼꼼하게 교정 및 편집 작업을 수행해 준 학지사 편집부 선생님들께 감사함을 전한다.

2019년 가을을 앞두고

저자 김정원, 전선옥, 이연규

1판 머리말

유아문학은 0세에서 8세 정도의 유아가 즐겨 읽는 문학으로 동심의 세계를 문학 고유의 표현과 형식을 갖춰 표현함으로써 유아들에게 기쁨, 슬픔, 고난 그리고 소망의 아름다움을 마음으로 느끼게 하는 예술작품이다. 유아들은 사람들의 삶에 대한 작가의 마음과 생각이 담겨 있는 좋은 문학작품을 읽고 이해하고 공감하며 현재 유아들이 실제로 경험하고 있고 앞으로 미래에 경험하게 될 세상과 사람들을 만나면서 성장하게 된다. 유아들이 좋은 문학작품을 깊이 있게 경험하고, 문학작품과의 진정성 있는 상호작용을 통하여 문학의 아름다움과 가치를 알게 하기 위해서는 유아교사가 유아의 발달에 적합한 문학교육을 할 수 있어야 한다.

유아문학교육은 우리 사회가 공유하고 있는 경험, 언어, 역사, 가치, 규범 등을 내용으로 하여 문학의 내용과 형식을 갖추고 있는 유아문학을 유치원이나 어린이집 등의 교육과정을 통하여 교육하는 것이다. 유아들은 좋은 문학작품과 함께하는 유아문학교육을 통하여 문학을 이해하고, 감상하며, 비평하고, 나름대로의 의미 있는 문학작품을 창작하는 능력을 기르게 된다. 따라서 역량 있는 교사에 의하여 준비된 유아문학교육은 유아가 예술로서의 문학을 통하여 고양된 즐거움을 경험하고 문학적 소양을 갖추는 데 꼭 필요하다고 볼 수 있다.

이 책은 영유아교사와 예비 유아교사가 유아문학교육을 실시하는 데 도움이 되는 유아문학교육의 중요성과 필요성에 관한 이론과 실제로 구성되어 있다. 이 책을 통해 유아교사들은 유아문학에 관한 이론을 습득하고 영유아교육 현장에서 유아문학교육을 실시하기 위한 효과적인 교수-학습방법에 관한 아이디어를 획득함으로써 유아문학교육의 수준을 향상시킬 수 있다.

> 문학활동을 생각했을 때 옛날에는 형식적인 틀에 맞추려고 하다 보니까 너무 과업 위주의 생각을 했는데 지금은 흥미 위주로 하게 되는 것 같아요. 저도 재미있고 아이들도 재미있는 것, 그렇게 생각하다 보니까 오히려 더 창의적인 생각들이 막 나오는 거예요. '뱃놀이', 직접 배를 만들고 그것을 타자. 이런 것 솔직히 재미있잖아요. 그런 것들이 좀 바뀐 것 같아요(○○유아교육기관 교사 인터뷰 중 발췌).

예전에는 그림책 읽어 주는 틀이 항상 똑같았어요. 뭐 회상해 보고 중요한 경험 이끌어 보고……. 근데 지금은 아이들이랑 그림책에 대해 감정이입을 하면서 느끼는 대로 이야기를 나누고 그림책의 특징에 대해서 이야기하면서 상호작용이 활발해지니까 제가 아이들에게 하는 질문도 더 다양해지는 것 같아요(○○유아교육기관 교사 인터뷰 중 발췌).

유능한 교사에 의하여 잘 준비된 교육과정으로 이루어지는 유아문학교육은 유아의 문학적 태도와 능력을 향상하는 데 도움이 된다. 유아들은 수준 높은 유아문학교육을 통하여 문학작품의 매력에 빠지게 되고, 자발적으로 문학을 접하고 등장인물에게 감정이입을 하면서 좀 더 성숙한 아이로 성장하게 된다.

예전에는 그림책을 정말 억지로 보는 분위기였는데 지금은 스스로 찾아가서 보고, 교사가 매일 그림책을 읽어 주고 그 그림책을 언어영역에 꽂아 주면 바로 가서 친구들과 함께 열심히 읽고 있어요. 또한 자신이 좋아하는 그림책의 종류도 다양해지고, 바뀌었어요(○○유아교육기관 교사 인터뷰 중 발췌).

유아들은 오늘 그림책을 들으면서 유난히 등장인물에 동화되었다. 그림책 읽기를 한 후 자유선택활동 언어영역에서는 심프를 불쌍히 여겨 심프를 격려하는 편지 "힘내, 심프. 사람들이 너 싫다고 버려서 속상했지? 배고팠지? 만나면 먹을 것 줄게. 그래도 괜찮아, 네가 대포알에 들어갈 때 네가 잘될 거라고 생각했어."가 주를 이루었고 심프를 도와준 어릿광대에게는 "동물을 사랑하고 심프를 잘 돌봐 줘서 고마워요. 행운이 온 것을 축하합니다."라는 내용의 편지와 함께 심프를 버린 주인에게는 "다시는 심프를 버리지 마세요. 사람들도 심프를 사랑해요. 동물들을 버리는 것은 안 돼요. 다음부터는 하지 마세요. 약속해요. 불쌍하게 죽어요." 등 편지를 쓰면서 감정이입을 하였다(○○유아교육기관 교사 인터뷰 중 발췌).

영유아를 위한 질 높은 문학교육을 할 수 있도록 유아교사와 예비 유아교사를 지원하기 위하여 준비된 이 책의 제1부 유아문학교육의 이론적 기초는 유아문학의 개념과 역사, 유아와 그림책 그리고 유아문학의 장르, 그림책 작가와 그림책에 관한 내용으로 구성하였다. 제2부 유아문학교육 프로그램은 프로그램 개발 원리와 실제를 제시하였다. 제3부 유아문학의 영유아교육 현장 적용은 유아문학과 영유아교육과정과 유아문학교육을 위한 전달매체로 구성하였다.

영유아교육 현장에서 유아교사로서 유아문학교육을 실시하고 있고, 앞으로 영유아를 대상으로 문학교육을 실시하기 위하여 준비하는 예비 유아교사를 위하여 적게

나마 도움이 되었으면 하는 생각으로 이 책을 준비하였으나 원고를 마무리하고 보니 아쉬운 점이 많다. 예비 유아교사들을 위한 교사교육 현장에서 그리고 영유아교육 현장에서 활용해 본 동료 교수자와 교사들의 많은 조언을 통하여 추후 보다 나은 교재로 수정·보완하고자 한다.

이 책을 준비하는 과정에서 도움을 주신 스승님들, 동료 교수님들 그리고 영유아교육 현장에서 유아문학교육의 수준을 높이기 위하여 애쓰고 있는 유아문학을 사랑하는 많은 교사 그리고 학지사 관계자들에게 감사드린다. 무엇보다 우리 저자들의 연구와 교수활동에 언제나 변함없이 힘을 불어넣어 주는 가족에게 말로 다 할 수 없는 사랑의 마음을 전한다.

2014년을 시작하며
저자 일동

차례

제2부 유아문학교육 프로그램

제3부 유아문학의 영유아교육 현장 적용

제 1 부

유아문학교육의 이론적 기초

제1장 유아문학의 이해

1. 유아문학의 개념

1) 문학의 개념

문학은 인간의 감정이나 사상을 정서에 호소하는 예술적 가치가 높은 작품이며, 이러한 사상과 감정을 언어로 표현한 것이다(석용원, 1982). 인간이 언어를 사용하는 이유는 다양하며 가장 대표적인 목적은 의사소통을 하기 위한 것이다. 그러나 인간은 비단 의사소통만을 위해 언어를 사용하지 않는다. 언어를 이용하여 자신의 생각과 감정을 문학적으로 표현하고 이를 통해 심미적 아름다움을 즐기기도 한다. 문학은 인간의 삶을 이해하고 풍요롭게 하려는 노력의 소산이며, 문학이 표현하는 형식과 내용에 따라 다양한 정의가 가능하다.

일반적인 문학의 특징을 요약하면 다음과 같다.

첫째, 문학은 인간의 삶을 표현한 것이다. 문학 속의 언어를 통해서 인간 삶의 다양한 실제를 논리적 · 과학적으로 표현하기도 하고, 때로는 정서적 · 상상적으로 표현하기도 한다. 둘째, 문학은 작가의 상상력에서 비롯된 것이다. 작가의 상상력에서 출발하여 현실과는 다른 창의적이고 허구적인 요소들을 문학에 담아낼 수 있다. 셋째, 문학은 예술작품이다. 인간의 사상과 감정을 언어라는 매체를 통해 예술로 승화시켜 표현한 것이다. 넷째, 문학은 사회문화적 요소의 산물이다. 어떤 문학이든 당 시대의 사회적 상황과 문화적 특성에서 자유로울 수 없다. 작가는 자신이 속한 사회의 현상을 작품에 반영하기 때문이다.

이러한 문학의 개념을 바탕으로 유아를 위한 문학은 어떠한 요소를 갖는지 살펴보기로 하자.

2) 유아문학의 개념

일반문학과 유아문학을 구별 짓는 요소로서 문학의 주체와 대상을 생각해 볼 수 있다. 일반문학은 성인에 의해 만들어진 성인을 위한 성인의 문학이다. 즉, 문학의 주체와 대상이 일치하는 특징을 갖는다. 그러나 유아문학은 다양한 주체와 대상을 갖는다. 유아를 위해(for the children) 성인이 만든(by the adult) 문학이기도 하고, 동심을 그리는 성인을 위해(for the adult) 성인이 만든(by the adult) 문학이기도 하며, 유아를 위해(for the children) 유아가 만든(by the children) 문학이기도 하다. 유아를 위해 만들어진 문학은 작가가 유아에게 읽힐 목적을 가지고 의도적으로 창작한 작품이며, 대개 작가가 의도하는 바람직한 인간관이나 유아상이 드러나 있다. 반면, 성인을 위해 만들어진 유아문학은 성인이 유아를 이해하기 쉽도록 돕거나, 동심과 유년 시절을 그리워하는 성인에게 잃어버린 시간에 대한 깨달음으로 삶의 본질적 속성을 통찰하도록 만들어졌다. 최근에는 유아의 창작 경험을 바탕으로 유아가 만든 문학이 출판되기도 한다. 다음의 인용문은 유아문학의 대상이 누구인지에 대해 깊은 성찰을 하게 만든다.

어른이 되면서 잃어버렸으나 잃어버린 줄도 모르고 살았던 가치가 있다. 그림책을 보지 않았다면 아마 한참 더 막막함 속에서 더듬거렸을 것이다. 희망, 평등, 우정, 연대, 긍정, 용기…… 오늘이 행복하지 않은 수많은 어른이 간절히 찾고자 하는 지혜, 그리워하는 근원적 에너지가 실은 어린 시절 읽었던 그림책 안에 모두 담겨 있음을 깨닫고 나는 전율하였다. 공감능력을 잃고 혐오와 조롱의 언어가 일상이 된, 벌레 먹은 한국 사회를 해독할 성분이 그 안에 있는 것처럼 느껴졌다. 그때부터 어린이용 책이니 어른용 책이니 하는 구분은 무의미해졌다.

– 최혜진(2016, p. 7)

그러나 일반적으로 볼 때, 유아문학은 성인이 유아를 대상으로 하여 유아의 발달을 염두에 두고 창작한 문학작품이라고 규정할 수 있다. 이러한 정의를 만족시키기 위해 유아문학은 유아의 언어로, 유아의 감정과 생각을, 유아의 성장 발달에 맞게 표현한 것이어야 함과 동시에 문학성과 예술성, 교육성을 갖추고 있어야 한다. 이를 정리하여 유아문학을 표현하면 다음과 같다.

첫째, 유아문학의 대상은 유아다.
둘째, 유아문학은 유아에게 즐거움을 주어야 한다.
셋째, 유아문학은 문학으로서의 보편적 특성을 지녀야 한다.
넷째, 유아문학은 예술성을 갖춰야 한다.
다섯째, 유아문학은 교육적 속성을 겸비해야 한다.

이를 종합하면, 유아문학은 출생에서 초등학교 저학년 시기까지의 유아가 듣고 보고 읽고 즐기는 다양한 장르의 문학적 산물이라 볼 수 있으며, 이러한 문학작품들은 그 형식과 내용 면에서 문학성, 예술성 및 교육성을 고루 갖추고 있어야 한다.

2. 유아문학과 유아문학교육

유아문학교육은 유아의 문학적 능력을 증진시키기 위한 목적을 가지고 이루어지는데, 여기서 유아의 문학적 능력이란 대표적으로 이해능력, 감상능력, 비평능력, 창작능력을 말한다. 이러한 문학적 능력의 증진을 위하여 서정숙과 남규(2005)는 문학교육의 모델을 다음의 세 가지로 언급하고 있다.

첫째, '감식력 있는 독자' 모델이다. 이 모델은 유아가 문학작품을 이해하는 능력과 감상하는 능력을 개발하고자 한다. 2018년 제시된 개정 누리과정안은 2015년 누리과정의 의사소통영역에 변화를 보여 준다. 현행 누리과정의 '듣기' 내용 범주에 속해 있던 '이야기 듣고 이해하기'와 '동요·동시·동화 듣고 이해하기', '읽기' 내용 범주에 속해 있던 '책 읽기에 관심 가지기'는 '책과 이야기 즐기기'라는 새로운 범주로 통합될 예정이다. 개정될 누리과정안의 특징을 살펴보면(〈표 1-1〉 참조), 유아기 언어 경험에서 상상과 즐거움의 요소를 더욱 강조하고 있음을 알 수 있다.

〈표 1-1〉 누리과정 개정안의 의사소통영역 일부

내용 범주	내용	요소
책과 이야기 즐기기	책 읽기를 즐기고 상상하는 즐거움을 느낀다.	상상의 즐거움
	동화 · 동시에서 말과 글의 재미를 느낀다.	말과 글의 관계
	말놀이와 이야기 짓기를 즐긴다.	이야기 짓기

둘째, '작가'로서의 역할 모델이다. 이는 성인 작가와 같은 높은 수준의 글을 요구하는 것이 아니라 유아 수준에서 작가가 되어 보는 경험을 해 보는 것에 목적이 있다. 작가의 입장에서 생각해 보고 스스로 글을 창작해 보는 경험을 통해 유아는 문학적 체험을 하게 되고, 결과적으로 유아는 텍스트가 제공하는 정보를 일방적으로 수용하는 것이 아니라, 작품에 대해 능동적·적극적으로 반응하게 되는 점을 중시하는 모델이다. 이는 로젠블랫(Rosenblatt, 1978)이 상호교류이론을 통

해 밝혔듯이, 작가와 독자가 서로의 경험을 바탕으로 교류(transaction)하는 과정과 일맥상통한다. 총체적 언어접근법(whole language approach)의 지도방법 중, 사전 이야기 짓기-중간 이야기 짓기-후속 이야기 짓기, 단어 가지 만들기, 저널 쓰기, 작가나 주인공에게 편지 쓰기 등과 같은 다양한 작가적 전략을 사용하는 점이 그 예다.

셋째, '문학평론가'로서의 역할 모델이다. 이 모델도 마찬가지로 성인 문학평론가처럼 체계화된 틀을 사용해서 전문적인 해석이나 평가를 하려는 것이 아니다. 작품에 대한 이해를 바탕으로 유아가 발화나 그림, 글쓰기 등으로 표현해 봄으로써, 문학작품을 유아의 시선에서 평가해 보기 위한 접근이라고 보면 된다.

3. 유아문학교육의 접근법

유아문학교육을 위한 접근방법은 크게 다음의 두 가지로 나뉜다.

첫째, 텍스트 중심의 문학교육 접근법이다. 문학작품 자체의 형식적인 요인에 중점을 두어 자세한 읽기를 통해 문학작품의 구조와 문학적 요소를 음미하고 감상하며, 있는 그대로 해석하고자 한다. 다시 말하면 문학을 통해 얻을 수 있는 정보와 지식 위주의 교육방법이라 할 수 있다. 텍스트 중심의 접근에서 유아는 수동적으로 문학작품에 반응하게 되기 때문에 유아의 자발성이나 창의성의 증진과는 거리가 멀다.

둘째, 학습자 중심의 문학교육 접근법이다. 작품이 주는 감동이나 미적 체험이 반드시 작가의 의도와 일치하지 않음을 허용하는 접근법이다. 독자의 고유경험과 작가의 의도가 교류(transaction)한다는 독자반응이론(reader-response theory; Rosenblatt, 1978)은 문학은 학습하는 것이 아닌 경험(체험)하는 것임을 보여 준다.

따라서 학습자 중심의 문학교육 접근법은 문학을 본문이 아닌 작품으로 보고, 해독이 아닌 환기와 반응으로 보며, 정보추출적 읽기가 아닌 심미적 읽기를 통해 느끼고 지각하는 것을 강조한다.

만약 강아지를 기르는 법을 알기 위해 책을 읽는다면 이는 지식을 얻기 위한 정보추출적 읽기가 된다. 그러나 그림책이나 시를 읽을 때는 주인공과 동일시하거나 이야기 속에 들어가 실제적으로 경험하는 과정이 포함되기 때문에 심미적 읽기가 된다.

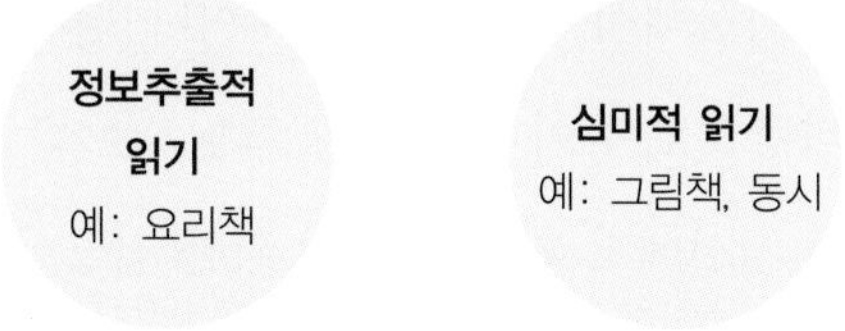

[그림 1-1] 정보추출적 읽기와 심미적 읽기

로젠블랫은 문학을 접하는 방법으로 정보추출적 읽기가 아닌 심미적 읽기를 격려해야 한다고 하였다.

4. 유아문학의 가치

유아문학을 대표하는 그림책은 유아가 난생처음 접하는 책이다. 책과 함께한 즐겁고 유쾌한 경험은 추후 책에 대한 긍정적인 태도로 연결된다. 그림책은 글과 그림으로 구성되어 있고, 글과 그림이 상호작용하면서 함께 이야기한다. 그림책을 보는 유아는 글(들려주는 이야기)과 그림(보여 주는 이야기)의 관계를 이해하면서 그림책 속의 이야기뿐만 아니라 그 느낌까지 경험하게 된다. 문학작품 속에는 인간의 삶이 사실대로 재현되기도 하고, 작가의 상상력에 의해 창의적으로 각색되기도 하면서 시대의 사회문화적 요소들이 예술적으로 승화되어 있다. 유아는 유아문학을 통해 다양한 인간 삶의 모습을 경험하고, 희로애락의 정서를 이해하며, 자신과 타인을 연결하는 공감대를 형성하고, 지식과 경험의 확대를 통해 전인적인 인간으로 성장할 수 있게 된다. 기승전결의 문학적 구조에 대한 이해는 덤이다. 매터슨(Matterson, 1975)은 유아문학의 가치를 사고의 확장, 어휘의 확장, 언어적 기술의 확장, 지식의 확대, 즐거움 및 대화 기회의 제공, 육체적 휴식의 제공에서 찾는다. 문학은 유아의 언어 발달, 인지 발달, 사회정서 발달, 창의성 발달, 도덕성 및 심미감 등의 발달을 돕는다.

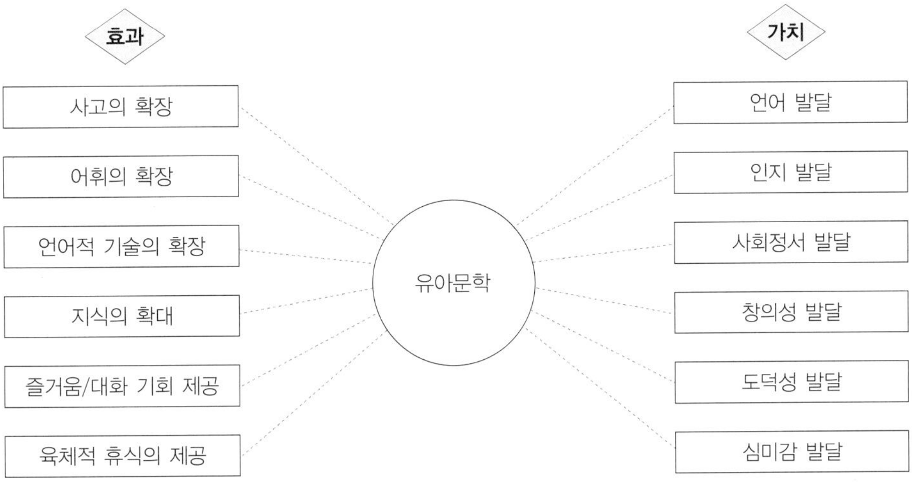

[그림 1-2] 유아문학의 효과 및 가치

유아문학의 교육적 가치를 구체적으로 살펴보면 다음과 같다.

첫째, 문학적 경험은 유아에게 즐거움을 준다. 아름다운 그림과 재미있는 이야기를 통해 전달되는 다양한 주제는 자신의 삶을 넘어서는 경험을 통해 유아에게 세상에 대한 신기함과 호기심, 즐거움을 제공한다. 『누가 내 머리에 똥 쌌어?』를 읽는 유아는 자신에게 재미있는 소재인 다양한 동물이 보여 주는 여러 유형의 똥 이야기를 들으며 한바탕 즐거운 경험을 한다. 이러한 경험은 유아로 하여금 책 읽기에 대한 흥미를 갖게 하고, 주인공에 대한 감정이입을 통해 자신의 삶과는 다른 세상을 경험하게 하여 책 읽기에 대한 동기유발이 된다.

둘째, 문학적 경험은 유아의 언어 발달, 특히 문해(literacy) 발달을 돕는다. 어려서부터 부모가 읽어 주는 이야기를 듣고 자란 유아는 자연스럽게 다른 사람의 이야기를 주의 깊게 듣는 태도를 가지고 성장하게 되며, 양질의 문학작품을 다양하게 경험한 유아는 문학의 이야기 구조를 익혀 이야기의 논리적인 흐름과 결말을 예견하는 능력을 갖추게 된다. 또한 좋은 문학은 '언어의 심장부'(Cullinan, 1992)이기 때문에, 유아의 읽고 쓰는 능력의 발달에도 지대한 영향을 미친다.

셋째, 문학적 경험은 탈중심화를 통해 인지 발달을 돕는다. 동화 속 주인공의 삶을 이해하고 주인공의 정서에 감정이입하게 되면 유아는 타인의 입장이 되어 생각하는 조망수용능력을 발달시키게 된다. 이렇게 등장인물의 삶을 간접적으로 경험하는 과정을 통해 유아는 자기중심성을 탈피하고 다양한 세상을 이해하게 된다.

넷째, 문학적 경험은 유아의 상상력 발달을 돕는다. 현실에서 이루어질 수 없는 기상천외한 일들이나 소망하는 일들을 이야기책 속에서 경험하게 되면 유아는 상상력을 키우게 되는데, 이러한 상상력은 창의성의 바탕이 된다. 특히 글 없는 그림책에 이야기를 꾸며 보는 경험은 다양한 추론과 확산적 사고의 경험을 제공한다.

다섯째, 문학적 경험은 도덕적 판단력과 가치의 발달을 돕는다. 이야기 속에 도덕적 딜레마를 갖는 동화는 유아로 하여금 옳고 그름에 대한 논리적인 판단의 기회를 제공한다. 『치과의사 드소토 선생님』에서 생쥐인 '드소토 선생'은 자신을 잡아먹으려는 여우의 속셈을 알면서도 아픈 환자를 내버려 둘 수 없는 의사로서의 사명감 때문에 도덕적 딜레마에 빠진다. 유아는 '만약 내가 드소토 선생이라면 그러한 상황에서 어떻게 행동해야 할 것인가?'에 대해 생각해 봄으로써 도덕적 판단 경험을 가질 수 있다.

여섯째, 문학적 경험은 삶에 대한 긍정적 태도의 발달을 돕는다. 희로애락의 다양한 정서적 교감을 제공하는 문학적 경험은 유아로 하여금 자신의 감정을 이해하고 표현할 줄 아는 능력을 키우게 만든다. 세상에는 즐겁고 행복한 일이 있지만, 힘들고 괴로운 일도 있다는 것을 깨닫고 삶을 객관적으로 바라볼 수 있도록 해 준다. 유아는 의지가 강하고 선하며 어떠한 상황에서도 노력을 아끼지 않는 주인공들을 보면서 바르고 긍정적인 태도를 발달시키게 된다.

일곱째, 문학적 경험은 유아의 일상생활습관 형성을 돕는다. 이야기 속에 등장하는 인물의 생각과 행동, 느낌을 내면화하면서 유아는 자신에게 요구되는 집단의 규범을 이해하게 된다. 또 일상생활 속에서 일어나는 다양한 상황을 대리 경험하면서 생활 속에서 지녀야 할 적절한 태도와 습관을 형성하게 된다.

마지막으로, 문학적 경험은 유아의 이야기 감각(sense of story)**과 이야기 구조**(schema of story) **개념의 발달을 돕는다.** 다양한 이야기책을 접한 유아는 사건의 기승전결과 같은 논리적인 구조를 쉽게 이해하며, 스스로 창의적인 이야기를 구성하는 능력도 발달된다.

5. 영유아의 발달과 유아문학

영유아는 신체적·인지적·언어적·사회정서적으로 발달하는 과정에 있다. 영유아가 보여 주는 발달의 양상은 각 시기에 이루어야 하는 발달과제이자 불가피하게 거쳐야 하는 통과의례이지만, 고정불변한 것은 아니다. 여기서는 영유아의 발달 특징을 영역별로 살펴보고 각각의 시기에 적합한 유아문학의 특징과 그 예를 살펴보겠다.

1) 영아기(출생~2세)

(1) 영아 전기(출생~24개월)

영아는 출생 후 4개월 정도가 지나면 자신의 신체에 대한 탐색을 끝내고 관심의 대상을 외부로 확대하기 시작한다. 주변의 놀잇감이나 모빌에 관심을 보이고 손에 쥐어지는 것을 잡고 흔들기 시작한다. 양육자와의 적극적인 옹알이 상호작용이 시작되는 시기는 대략 6~8개월 정도다. 다른 사람의 말을 주의 깊게 듣거나 눈을 마주치고 반응하기 시작하면 간단한 영아용 책을 보여 주기 시작할 때다. 이 시기 동안의 각 영역별 발달 특징은 다음과 같다.

❶ 신체 발달

- 신장은 생후 1년 동안 1.5배 증가하고, 체중은 3배로 증가한다.
- 일생을 통하여 가장 성장이 빠른 시기다.
- 수면시간은 첫돌 무렵 대략 18시간 정도다.
- 뇌와 신경계의 발달이 빠르게 진행된다.
- 뇌의 무게는 돌 무렵 성인의 3/4이 된다.
- 생후 7개월 정도면 딸랑이를 쥐고 흔들 수 있을 정도로 소근육이 발달하고, 차차 엄지와 집게손가락을 사용하여 책장을 넘기는 것도 가능해진다.
- 골격과 근육이 발달하여 뼈가 점차 단단해지고 근육의 양도 늘어난다.
- 운동기능이 발달하여 기어 다니기, 일어서기, 걷기, 뛰기 등 신체의 이동이 자유로워진다.
- 적당한 대소변훈련이 이루어지면 스스로 배변습관을 기르게 된다.
- 생후 6개월경부터 이가 나기 시작하여 생후 1년이 되면 여덟 개의 앞니와 첫 번째 어금니, 송곳니가 난다.

❷ 인지 발달

- 주로 감각과 지각에 의해 정보를 습득한다.
- 빨기반사, 잡기반사를 비롯한 반사행동을 통해 세상을 지각한다.
- 생후 3개월 정도가 되면 깊이지각을 할 수 있다.
- 감각운동기에서 전조작기로 진행되는 시기로서 대상영속성이 발달한다.
- 기억능력이 발달하여 회상과 재인에 의한 기억 전략을 보여 준다.
- 습관화, 조건화 및 모방을 통해 학습이 일어난다.

❸ 언어 발달

- 울음 → 옹알이 → 모국어의 음소 획득 → 첫 단어 출현 → 두 단어 시기로 발달한다.
- 소근육이 발달하면서 문자언어의 기초가 되는 끄적거리기와 명명하기가 나타난다.
- 한 단어만으로 모든 의사표현을 하는 한 단어 문장을 사용한다.
- 대략 18개월을 전후하여 표현할 수 있는 단어가 50개 정도가 되면 두 단어를 결합하게 되는데, 이 시기에 주축이 되는 단어를 중심으로 새로 습득한 단어를 조합하는 주축문법이 나타난다.
- 표현언어보다 이해언어가 먼저 발달되어 단순한 지시를 이해할 수 있게 되고, 간단한 줄거리가 있는 그림책을 즐겨 듣는다.

❹ 정서 발달

- 기쁨은 미소나 웃음으로 표현되며, 3개월경에는 친숙한 사람과 낯선 사람을 구별하기 시작한다.
- 분노의 표현은 울음이나 소리 지르기로 나타나며, 2세경에는 최고조에 달한다.
- 심한 고통이나 큰 소리, 새로운 사람이나 장소, 높은 장소나 어둠, 다른 사람과의 위협적인 상호작용에 공포를 느낀다.
- 첫돌 이후부터 거울에 비친 자신을 자기라고 인식하기 시작한다.
- 영아 자신의 타고난 기질적 특성에 매우 충실하다.

❺ 사회성 발달

- 6~8주가 되면 사람의 얼굴을 식별하는 사회적 미소가 나타난다.
- 주 양육자와의 애착이 형성되면서 낯가림과 분리불안이 나타난다.
- 15~18개월 정도가 되면 자기주장이 강해져서 타인의 요구를 쉽게 수용하지 않는다.

• 또래와 함께 놀기보다는 혼자놀이가 많이 나타나며, 양보와 차례 지키기는 이루어지기 어렵다.

영아 전기 발달에 적합한 책

• 물고 빨고 만지고 냄새 맡을 수 있는 안전하고 감각적인 책

우리아기 첫 촉감 그림책 이건 우리 강아지가 아니야
글 · 그림 작가: 피오나 와트 글, 레이첼 웰스 그림
출판사 및 출판연도: 어스본코리아(2016)
내용: 다양한 질감과 의태어가 있는 그림책(부들부들한 꼬리, 울퉁불퉁한 발바닥, 복슬복슬 귀)이다.

• 제본 상태가 견고하고 책장이 두꺼운 책

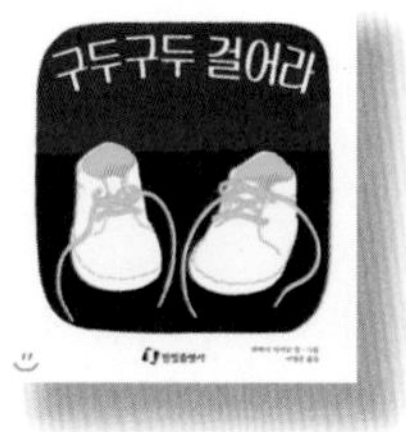

구두구두 걸어라
글 · 그림 작가: 한림출판사 편집부
출판사 및 출판연도: 한림출판사(2018)
내용: 아장아장 걸음마를 시작한 걸음마기의 영아가 걷고, 넘어지고, 다시 걷는 모습을 구두의 움직임만으로 표현한 그림책이다.

• 그림이 단순하고 색상이 선명한 책

싹싹싹
글 · 그림 작가: 하야시 아키코
출판사 및 출판연도: 한림출판사(1989)
내용: 스스로 수프를 먹다가 흘리는 영아의 자율성을 보여 주는 그림책이다.

• 영아의 손에 잡히는 작은 사이즈의 책이나 비닐, 헝겊 등의 소재로 만들어진 책

우리아기 첫 오감발달 헝겊책

글 · 그림 작가: 스텔라 베곳

출판사 및 출판연도: 어스본코리아(2016)

내용: 만지고 보고 듣는 활동을 통해 영아의 촉각 · 시각 · 청각 발달을 자극하는 헝겊 그림책이다.

• 펼치면 튀어나오거나, 접힌 뒷면에서 무언가를 찾아내는 형식으로 만들어진 놀잇감 책

애플비 미니 팝업북 세트

글 · 그림 작가: 편집부

출판사 및 출판연도: 애플비(2011)

내용: 책장을 펼치면 귀여운 동물들이 튀어나오는 입체 팝업북으로, 『우물우물, 냠냠』 『내가 최고지?』 『아이, 좋아라!』 『랄랄라, 꿈틀꿈틀』의 총 4권으로 구성되어 있다. 화려한 색감의 일러스트와 의성어와 의태어가 담긴 짧은 문장으로 영아에게 적합한 그림책이다.

• 스스로 배변습관을 형성하는 내용의 책

응가하자, 끙끙

글 · 그림 작가: 최민오

출판사 및 출판연도: 보림출판사(2004)

내용: 기저귀가 아닌 변기에 배변하는 습관을 처음 들이는 영아를 위한 책으로, 염소, 병아리, 하마, 악어, 강아지가 등장하며 '응가'가 즐거운 일이라는 느낌과 함께 영아의 배변훈련을 돕는 그림책이다.

• 큰 그림이나 대조적 색상의 패턴이 있는 책

태어나서 백일까지 시각훈련 그림책

글 · 그림 작가: 삼성출판사 편집부

출판사 및 출판연도: 삼성출판사(2002)

내용: 전 3권으로 구성되어 흑백과 원색의 색깔, 기본 패턴, 다양한 모양 그림을 통해 영아의 시각을 자극하는 그림책이다.

• 대상영속성과 관련된 책

열두 띠 동물 까꿍놀이

글 · 그림 작가: 최숙희

출판사 및 출판연도: 보림출판사(1998)

내용: 대상영속성이 발달되지 않은 영아에게 쥐, 호랑이, 개, 닭, 소, 돼지, 말, 양 등의 열두 띠 동물들이 까꿍놀이를 하는 내용으로 이루어진 그림책이다.

• 신체 부위나 일상생활에서 흔히 보이는 소재의 반복이 많은 책

달님이 달강달강

글 · 그림 작가: 이정임 글, 이명주 그림, 윤여림 감수

출판사 및 출판연도: 넥서스주니어(2012)

내용: 도리도리, 곤지곤지, 짝짜꿍, 죔죔, 달강달강 등의 몸 놀잇말을 통해 영아와의 동작놀이를 함께할 수 있는 그림책이다.

사랑해 사랑해 우리 아가

글 · 그림 작가: 문혜진 글, 이수지 그림

출판사 및 출판연도: 비룡소(2013)

내용: 〈사랑해 사랑해 사랑해〉 〈엄마 손은 약손〉 〈부비부비 코코〉 〈어부바 어부바〉 〈으쓱으쓱 짝짝짝〉 등의 엄마가 들려주는 사랑 노래 동시집이다.

(2) 영아 후기(24~36개월)

❶ 신체 발달

• 신장은 성인의 절반 정도가 되고, 체중은 출생 시의 4배가 된다.

• 머리와 신체의 비율은 약 1:5 정도가 된다.

• 수면시간은 약 12시간으로 줄어들며, REM 수면의 양도 30% 정도로 감소한다.

• 치아가 나는 시기는 개인차가 크지만 2세가 되면 두 번째 어금니가 나면서 스무 개의 젖니를 갖게 된다.

• 달릴 때는 몸을 뻣뻣하게 세우고 달리며, 달리면서 방향을 바꾸거나 갑자기

멈추는 것이 어렵다.

- 계단을 오를 때 한쪽 발을 올려놓고 나머지 발을 옆에 붙이는 방식으로 올라가며, 계단을 내려올 때는 뒤로 돌아 내려올 수 있다.

❷ 인지 발달

- 상징적 사고가 출현하여 정신적 표상, 지연모방, 상징놀이가 나타나기 시작한다.
- 재인과 회상에 의한 기억능력이 발달하고 기억용량도 증가한다.
- 자기중심적 사고와 물활론적 사고가 발달한다.
- 소유 개념이 발달하여 놀잇감을 양보하거나 공유하는 것이 어렵다.
- 고집과 자기주장이 강해지며, 뭐든지 스스로 하려는 욕구가 나타난다.

❸ 언어 발달

- 언어 발달의 민감기로서 어휘와 문법의 발달이 급속도로 이루어진다.
- 두세 단어 문장을 사용하면서 전보식 문장이 나타난다.
- 부정어와 긍정어를 구별하며, 간단한 질문에 답할 수 있다.
- 명명하기, 지적하기, 행위를 따라서 하기와 같은 미숙한 읽기 발달이 나타난다.
- "나도 쓸래."라는 말이 나타나기 시작하며, 의도적인 선의 반복과 글자의 모방이 나타난다.

❹ 정서 발달

- 자기주장이 강해지면서 유아가 하고 싶은 일을 제지당하거나, 원치 않는 일을 강요받는 경우와 같이 분노를 유발하는 상황이 되면 떼쓰기, 말 안 듣기, 고집부리기와 같은 폭발행동이 나타난다.
- 정서규제능력이 나타나기 시작하여, 20개월 된 영아는 넘어지거나 다쳤을 때 엄마가 있는지를 살피고 엄마의 표정에 따라 우는 강도가 달라진다.

• 자기인식이 나타난 후 당황, 수치, 죄책감, 질투와 같은 2차 정서가 발달한다. 주위 사람이나 사물에 대한 호기심이 왕성하게 나타나기 시작한다.

❺ 사회성 발달

• 사회적 참조능력이 발달하면서, 익숙하지 않은 상황이나 모호한 상황에서 부모의 표정을 살피고 부모의 표정에 따라 우는 강도가 달라진다.

• 자신의 성정체감을 인식하기 시작하고 성역할에 따른 모방행동이 나타난다.

• 또래와의 상호작용이 증가하고, 놀잇감은 대화의 주제이자 상호작용의 촉매 역할을 하게 된다.

• 놀잇감을 가지고 앉아 '따로 또 같이' 노는 연합놀이가 나타난다.

영아 후기 발달에 적합한 책

• 다양한 놀잇감 책(팝업북, 플립북 등의 놀잇감 책)

아기돼지 삼형제 팝업북

그림 작가: 제니 에스피노사
출판사 및 출판연도: 삼성출판사(2017)
내용: 책장을 들추고 손잡이를 잡아당기면 다이나믹하게 나타나는 일러스트로 영아가 스스로 찾아내어 스토리를 만들어 볼 수 있게 제작된 그림책이다.

• 그림이 단순하고 색상이 선명하면서 구체적인 책

두 살배기 아기 그림책

글 · 그림 작가: 보물섬
출판사 및 출판연도: 천둥거인(2002)
내용: 두 살짜리 영아의 옷 입기, 양말 신기 등 일상생활 모습을 엄마와 상호작용하면서 보기 쉽도록 선명한 색상과 단순한 그림으로 구성된 책이다.

• 일상생활에서 관찰되는 친숙하고 다양한 사물 그림책, 개념책 등의 정보를 주는 책

아삭아삭 과일 · 채소
글 · 그림 작가: 편집부
출판사 및 출판연도: 계림북스(2001)
내용: 달콤한 맛, 신맛, 재미있게 생긴 과일, 열매 먹는 채소, 뿌리 먹는 채소 등 과일과 채소의 특성대로 분류하여 생생한 사진과 설명을 곁들인 그림책이다.

• 의성어나 의태어가 많이 사용되고 단어나 문장이 반복되는 책

오리처럼 뒤뚱뒤뚱
글 · 그림 작가: 엄혜숙 글, 정순희 그림
출판사 및 출판연도: 다섯수레(2009)
내용: 거북이, 오리, 코끼리 등 동물의 움직임을 의태어와 함께 따라 하는 영아의 모습이 담긴 그림책으로 리듬감 있게 읽어 주면서 신체 활동을 하기에 좋은 그림책이다.

• 책장의 그림과 글이 정확히 연결되는 책

무엇이 무엇이 똑같을까?
글 · 그림 작가: 이미애 글, 한병호 그림
출판사 및 출판연도: 보림출판사(2006)
내용: 토끼의 세수하는 모습, 악어의 이 닦는 모습, 여우의 자는 모습 등의 그림을 통해 영아의 일상생활을 동물들의 행동을 통해 공감할 수 있도록 만들어진 그림책이다.

• 영아 스스로 할 수 있는 다양한 자조기술(예: 화장실 가기, 혼자 먹기, 정리 정돈하기, 손 씻기 등)을 소재로 한 책

똥이 풍덩
글 · 그림 작가: 알로나 프랑켈/옮긴이: 김세희
출판사 및 출판연도: 비룡소(2001)
내용: 영아의 배변훈련을 도와주는 그림책으로 영아가 기저귀를 벗고 변기를 사용할 수 있게 되기까지의 과정을 현실감 있게 표현하고 있다. 아이가 오줌과 똥을 참다가 변기 안에 제대로 싸는 장면이 흥미롭다.

• 이야기가 짧고 단순하며 누적적 형식의 책이나 쉬운 책(easy-to-read book)

삐약 우리 엄마세요?

글 · 그림 작가: 아이코리아 연구개발실

출판사 및 출판연도: 아이코리아(2009)

내용: 알에서 갓 깨어난 병아리가 강아지, 고양이, 소, 어미 닭을 차례로 찾아다니는 내용으로, "삐약 우리 엄마세요?" "멍멍(야옹, 음메) 나는 아니란다."의 문장이 반복되어 책 읽기를 시작하는 단계에 적합한 그림책이다.

• 운율과 리듬이 있는 동요 · 동시 책

우리 아이 말 배울 때 들려주는 동시

글 · 그림 작가: 구름돌 글, 김수정 외 그림

출판사 및 출판연도: 삼성출판사(2008)

내용: 의성어와 의태어를 화사한 그림과 함께 들려주며, 친숙한 전래 동요를 통해 말이 시작되는 영아의 어휘와 감성을 발달시켜 주는 동시집이다.

• 단순한 구조의 환상 그림책

사과가 쿵!

글 · 그림 작가: 다다 히로시/옮긴이: 정근

출판사 및 출판연도: 보림출판사(2006)

내용: 숲속에 '쿵' 하고 떨어진 사과의 그림이 인상적이며, 숲속 동물들이 사과를 나누어 먹는 과정에서 단순한 의성어, 의태어들이 반복된다.

2) 유아기(3~5세)

이 시기의 유아는 글과 그림을 구별할 줄 알게 되면서 인쇄물에 대한 인식이 생겨난다. 관심이 있는 글자를 가지고 와서 "여기에 뭐라고 쓰여 있어요?"라고 묻기도 하고, 종이에 문자의 형태로 끄적거리기 시작하며, 문자언어에 대한 이해와 시도가 생겨난다.

❶ 신체 발달

- 영아기만큼은 아니지만, 신장과 체중이 꾸준히 증가한다.
- 신체 비율이 변화하여 하체가 길어지면서 전체적으로 호리호리해진다.
- 수면시간은 10~12시간으로, 하루 1회 정도 한두 시간의 낮잠을 잔다.
- 뇌와 신경계의 발달이 빠르며, 좌뇌와 우뇌의 역할이 분화되는 뇌의 편측성이 나타나기 시작한다.
- 운동기능이 발달하여 걷기와 뛰기, 계단 오르내리기, 공 던지거나 받기가 능숙해진다.
- 소근육이 발달하여 가위질이나 그림 그리기가 정교해진다.
- 활동량이 증가하는 시기이므로 균형 잡힌 세 번의 식사와 오전, 오후 2회의 간식으로 영양을 공급해 주어야 한다.

❷ 인지 발달

- 전개념적 사고인 상징적 사고, 자기중심적 사고, 물활론적 사고의 특징을 보인다.
- 직관적 사고로 인하여 보존 개념이 형성되어 있지 않은 특징을 보인다.
- 분류능력과 서열화능력이 발달한다.
- 기억용량과 전략이 발달하여 시연, 조직화, 정교화 및 인출 전략을 사용할 수 있다.
- 메타인지능력이 발달하여 자신의 사고와 능력에 관한 지식을 갖게 된다.

❸ 언어 발달

- 어휘 수가 급격하게 증가하면서 문장의 사용이 능숙해진다.
- 과잉확대와 과잉축소 현상을 보이기는 하지만, 단어의 의미에 대한 이해가 증가한다.
- 세 단어 문장의 시기가 되면 조사나 시제형 어미와 같은 문법적 형태소를 사

용하기 시작한다.

• 단문을 접속사로 연결한 복문의 사용이 증가한다.
• 의사소통기술이 발달하여 자신의 생각을 효율적으로 표현한다.
• 문자언어능력이 발달하여 초보적인 읽기와 쓰기가 가능해진다.

❹ 정서 발달

• 동생이 생기면 불안감이나 질투로 인하여 퇴행행동이 나타나기도 한다.
• 장난감이나 원하는 물건을 얻기 위한 도구적 공격성이 많이 나타난다.
• 정서이해능력이 발달되나 아직 사람들이 감추고 있는 정서는 파악하지 못한다.
• 정서규제능력이 발달하여 부정적 정서를 숨길 줄 알게 된다.

❺ 사회성 발달

• 유아의 사회적 반경이 넓어짐에 따라 부모의 영향력에 비해 또래집단의 비중이 커지기 시작한다.
• 성역할 개념이 형성되어 자신의 성정체감에 맞는 언행을 하게 되고, 또래집단에서도 동성 친구에 대한 선호가 나타나기 시작한다.
• 만족지연능력이 증가함에 따라 좌절에 대한 참을성이 증가하고 정서규제능력도 발달하게 된다.
• 사회적 놀이가 발달함에 따라 자신의 의견을 주장하고, 다른 사람의 의견을 받아들이는 경험을 하게 된다.
• 유아기에는 주도성과 자아존중감이 발달하여 실제 자신의 능력을 과대평가하는 경향이 있다.

• 다양한 정보와 개념이 들어 있는 책

아씨방 일곱동무

글 · 그림 작가: 이영경
출판사 및 출판연도: 비룡소(1998)
내용: 『규중칠우쟁론기』라는 고전을 유아의 수준에 맞게 재구성한 책으로, 자, 바늘, 실, 골무, 인두 등의 바느질 도구들이 서로 자기가 최고라고 우기며 싸우다가, 결국 모두가 소중한 존재라는 사실을 깨닫게 되는 내용으로 전통적인 그림이 인상적인 그림책이다.

• 그림이 세부적이며 글과 그림이 잘 연결되는 책

요셉의 작고 낡은 오버코트가...?

글 · 그림 작가: 심스 태백/옮긴이: 김정희
출판사 및 출판연도: 베틀북(2000)
내용: 요셉의 낡은 오버코트가 조끼가 되고, 멜빵이 되고, 넥타이가 되고, 단추가 되기까지 알뜰함과 절약의 지혜를 유머스럽게 보여 주는 그림책이다.

• 초보적인 수 세기나 글자 이해를 돕는 책

10까지 셀 줄 아는 아기염소

글 · 그림 작가: 알프 프로이셀/옮긴이: 고향옥
출판사 및 출판연도: 한림출판사(2007)
내용: 수 세기를 알게 된 아기 염소가 동물들을 하나하나 세어 나가면서 일어나는 에피소드로, 수를 처음 접하는 유아에게 적합한 그림책이다.

• 물활론적 사고를 보여 주는 의인화된 주인공이 등장하는 책

강아지똥

글 · 그림 작가: 권정생 글, 정승각 그림
출판사 및 출판연도: 길벗어린이(1996)
내용: 아무짝에도 쓸모없을 것 같았던 강아지똥이 아름다운 민들레꽃을 피워 내는 이야기로 강아지 똥을 의인화하여 이야기가 전개된다.

• 자아개념을 다룬 책

점

글 · 그림 작가: 피터 레이놀즈/옮긴이: 엄혜숙
출판사 및 출판연도: 문학동네어린이(2003)
내용: 미술시간에 베티가 화가 나서 내리찍은 점이 근사하게 전시되고, 베티는 큰 점, 작은 점, 색칠을 하지 않고도 만들 수 있는 점을 그리기를 시도한다. 그림에 자신이 생긴 꼬마 예술가 베티가 다른 친구들이 그림을 그릴 수 있도록 격려하게 되는 이야기다.

• 친구 관계를 다룬 책

아모스와 보리스

글 · 그림 작가: 윌리엄 스타이그/옮긴이: 김경희
출판사 및 출판연도: 비룡소(2017)
내용: 생쥐 아모스와 고래 보리스가 곤경에 빠진 서로를 돕는 이야기로, 현대판 『사자와 생쥐』 이야기다.

개구리와 두꺼비는 친구

글 · 그림 작가: 아놀드 로벨/옮긴이: 엄혜숙
출판사 및 출판연도: 비룡소(1996)
내용: 단추를 잃어버려 속상해하는 두꺼비를 위해 온종일 두꺼비의 단추를 찾기 위해 함께 노력하는 개구리, 개구리가 아플 때 따뜻한 차를 준비하여 위로하는 두꺼비, 개구리와 두꺼비의 우정을 보여 주는 내용의 그림책이다.

• 환상적인 요소가 들어 있는 책

괴물들이 사는 나라

글 · 그림 작가: 모리스 샌닥/옮긴이: 강무홍
출판사 및 출판연도: 시공주니어(2002)
내용: 장난을 치다가 혼이 난 맥스가 꿈속에서 괴물들이 사는 나라로 가 왕이 되는 이야기, 꿈에서 깨어 보니 따뜻한 음식이 준비되어 있는 장면으로 엄마와의 갈등을 해결하는 상황을 환상적인 그림으로 묘사하고 있다.

• 어절이나 문장의 반복이 누적적으로 이루어져 예측이 가능한 책

장갑

글 · 그림 작가: 에우게니 라초프/옮긴이: 이영준
출판사 및 출판연도: 한림출판사(1994)
내용: 추운 겨울날 할아버지가 떨어뜨린 장갑 한쪽에 추위를 피하기 위한 들쥐, 개구리 등의 동물들이 몸집의 크기 순서로 차례차례 들어온다. 반복되는 장면을 통해 비좁은 공간을 함께하는 나눔의 정서를 보여 주는 우크라이나 민화다.

• 도덕적 딜레마가 있는 책

치과의사 드소토 선생님

글 · 그림 작가: 윌리엄 스타이그/옮긴이: 조은수
출판사 및 출판연도: 비룡소(1995)
내용: 생쥐인 치과의사 드소토 선생님한테 여우가 치료받으러 온다. 치료가 끝나면 잡아먹겠다는 여우의 잠꼬대를 듣고 드소토 선생님은 어떻게 대처했을까? 자신을 잡아먹겠다는 환자를 치료해 줘야만 했을까? 도덕적 토의를 해 볼 수 있는 그림책이다.

• 타인의 생각과 감정을 이해하는 탈중심화 과정을 담고 있는 책

무지개 물고기

글 · 그림 작가: 마르쿠스 피스터/옮긴이: 공경희
출판사 및 출판연도: 시공주니어(1994)
내용: 아름다운 비늘을 가지고 있는 무지개 물고기가 친구가 없어 외로워 불행해진다. 문어에게 물어보니 무지개 비늘을 나누어 주라고 한다. 무지개 물고기는 자신의 아름다운 비늘을 하나씩 나누어 주면서 자신은 비록 덜 아름다워지지만, 행복해진다는 이야기다. 홀로그램 특수 효과를 이용하여 만든 그림책으로 마르쿠스 피스터의 독특한 그림을 볼 수 있다.

• 시간의 경과를 담고 있는 책

시간 상자

글 · 그림 작가: 데이비드 위즈너
출판사 및 출판연도: 시공주니어(2018)
내용: 바닷가에서 우연히 발견한 수중카메라 필름에서 과거의 사진들을 보게 된 소년은 사진과 함께 자신의 셀카를 찍은 후 카메라를 다시 바다로 던져 버린다. 또 다른 소녀가 카메라를 발견한다. 2007년 칼데콧 수상작으로 현재에서 과거로 진행되는 시간의 흐름을 보여 주는 글 없는 그림책이다.

• 죽음을 소재로 다룬 책

굿바이 마우지

글 · 그림 작가: 로비 해리스 글, 잔 오머로드 그림/옮긴이: 햇살과나무꾼
출판사 및 출판연도: 언어세상(2002)
내용: 키우던 햄스터 마우지가 어느 날 움직이지 않는다. 죽음을 이해하지 못하던 유아가 결국에는 죽음을 받아들이는 과정을 보여 주는 그림책이다.

• 여러 나라 혹은 지방의 전래동화

팥죽 할멈과 호랑이

글 · 그림 작가: 서정오 글, 박경진 그림
출판사 및 출판연도: 보리(1998)
내용: 혼자 사는 할머니에게 팥죽을 주지 않으면 잡아먹겠다고 위협하는 호랑이를 밤톨, 멧돌, 쇠똥, 지게가 힘을 합쳐 물리치는 이야기다. 구어체로 구성지게 풀어낸 텍스트도 재미있지만 그린이 박경진이 2년간에 걸쳐 그린 그림의 세부 묘사와 전통적인 배경이 예술적인 그림책이다.

마량의 신기한 붓

글 · 그림 작가: 엄해영 엮음, 김혜영 그림
출판사 및 출판연도: 상상박물관(2007)
내용: 주인공 마량이 신기한 붓으로 새를 그리면 새가 날아 노래를 부르고, 물고기를 그리면 살아 헤엄쳐 나간다. 마량은 신기한 붓을 이용해 가난한 사람들에게 필요한 것들을 그려 주는 이야기로 선한 사람이 복을 받는다는 교훈을 전달하는 그림책이다.

맛있는 아기 배꼽

글 · 그림 작가: 주디 시에라 글, 메일로 소 그림/옮긴이: 윤여림
출판사 및 출판연도: 삼성출판사(2006)
내용: 아기 배꼽을 먹는 괴물 오니를 수박에서 태어난 우리코 히메가 개, 꿩, 원숭이와 힘을 합쳐 물리치는 이야기로, 약한 사람이 강한 사람을 이기고 착한 사람이 나쁜 사람을 이기는 전형적인 권선징악 그림책이다.

• 이야기 구성능력을 돕는 글 없는 그림책

꿀!

글 · 그림 작가: 아서 가이서트
출판사 및 출판연도: 사계절(2011)
내용: 엄마 돼지와 아기 돼지들의 평화로운 하루 일과를 그림만으로 묘사하고 있는 글 없는 그림책이다. 그림이 세부적으로 묘사되어 있어 유아는 그림을 읽는 것만으로도 논리적인 스토리를 구성할 수 있다.

파도야 놀자

글 · 그림 작가: 이수지
출판사 및 출판연도: 비룡소(2009)
내용: 바닷가에서 한 소녀가 파도를 겁내기도 하고, 골려 주기도 하고, 다가가거나 도망치기도 하면서 파도와 친해지는 모습을 담은 글 없는 그림책으로, 2008년 『뉴욕타임스』 우수그림책에 선정되었다.

• 상상력을 길러 주는 글 없는 그림책

빨간 끈

글 · 그림 작가: 마곳 블레어, 크레그 콜손 그림/편역: 이경우
출판사 및 출판연도: 케이유니버스(2002)
내용: 서랍 속에서 빨간 끈이 나와 줄넘기 줄이 되기도 하고, 서커스단의 곡예하는 줄, 소포를 묶는 끈, 뜨개질하는 털실, 그네의 줄, 스파게티 국수가 되었다가 마지막에는 고양이를 쫓는 강아지로 변하는 모습을 그림으로 재미있게 보여 주는 글 없는 그림책이다.

제2장 유아문학의 역사

이 장에서는 유아문학이 언제부터 시작되었으며, 문학의 생산과 소비 주체는 누구였는지를 살펴본다. 또한 한 사회의 사상과 감정을 담아내는 문학의 속성이 역사적 사건과 사회적 상황에 발맞추면서 어떻게 변천해 왔는지를 짚어 보고, 서양 유아문학과 한국 유아문학 간 비교도 함께 다루고자 한다.

1. 서양 유아문학의 역사

1) 19세기 이전의 유아문학

19세기 이전은 유아의 권리나 인권이 정립되지 않고 인간의 존엄성보다는 신의 권리를 우선시하였던 중세 기독교 가치관이 팽배하던 시대였다. 따라서 유아를 위한 문학이 별도로 존재하기보다는 전해 내려오는 신화, 전설 및 민담을 중심으로 유아의 수준에 맞는 작품들이 소비되던 시기다. 대표적인 예로 프랑스의 샤를 페로(Charles Perrault, 1628~1703)의 동화집에 실려 있는 『신데렐라』『잠자는 공주』『빨간 모자』『장화 신은 고양이』가 있으며, 이들은 주로 구전되어 내려온 민담을 정리하여 수록한 것이다. 이 시기에는 문학도서보다는 유아를 교육하기 위한 교습용 책이 주종을 이루었는데, 1658년 출간된 세계 최초의 그림책인 『세계도회(Orbis Sensualium Pictus)』는 요한 아모스 코메니우스(Johann Amos Comenius, 1592~1670)가 유아가 알아야 할 지식들을 시각적으로 묘사한 지식 정보책이었다. 『세계도회』는 150가지의 주제가 그림과 함께 설명되어 있고, 유아를 성인의 축소판으로 보던 당시에 유아가 즐겁게 학습할 수 있도록 만들어졌다는 점에서 유아를 위한 세계 최초의 그림책으로 평가되고 있다.

코메니우스

『세계도회』

또한 영국의 존 뉴베리(John Newbery, 1713~1767)가 발간한 『챕북(Chapbook-A Little Pretty Pocket Book)』도 이 시기에 널리 보급되었는데, 주로 손바닥 크기의 작은 그림 이야기 책으로 옛날이야기, 동화, 전설, 로맨스, 종교 이야기, 유머, 괴기 등의 내용을 담고 있다. 『챕북』은 우리나라의 보부상 같은 상인들이 여러 가지 물건을 팔면서 좌판에 같이 내어놓고 팔던 값싼 책으로, 책이 귀했던 당시에 저렴한 읽을거리를 필요로 했던 수요에 부응하여 유행한 책이다. 챕북은 이야기가 짧고 내용이 단순하며 그림이 포함되어 있고 크기가 작아서 유아가 장난감처럼 갖고 놀기 좋았지만, 종교적이고 교훈적인 내용으로 인해 유아의 호응을 얻지는 못하였다. 전반적으로 19세기 이전까지는 성인을 위해 쓰인 문학이 상상적 요소나 모험, 도전 의지 같은 요소로 인하여 어린 아동에게 읽히면서 아동문학의 체계화를 위한 기반을 다지게 된다. 성인문학을 아동이 소화하기 시작한 대표적인 작품으로는 데니얼 디포(Daniel Defoe, 1659년경~1731)의 『로빈슨 크루소』, 조나단 스위프트(Jonathan Swift, 1667~1745)의 『걸리버 여행기』가 있다.

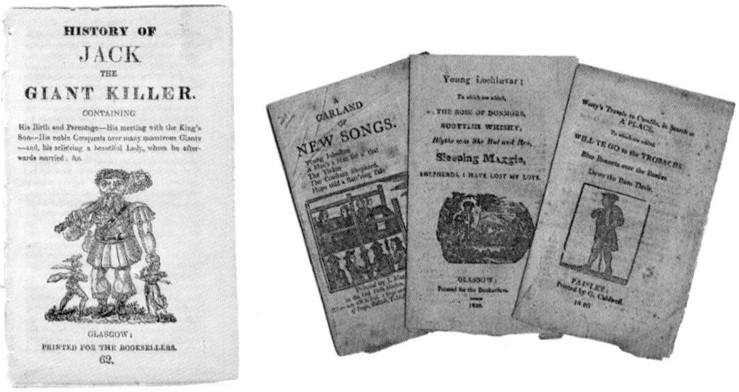

『챕북』

2) 19세기의 유아문학

전성설을 믿었던 19세기 이전은 유아를 성인의 축소판으로 보았고, 유아에게 요구되는 모든 행동과 사고의 규범도 성인의 기준을 적용하던 시기였다. 따라서 유아의 인격이나 권리가 존중받지 못했고, 유아가 성인과 다르게 사고한다는 사실도 인식되지 못했던 시대였다. 그러나 19세기에 들어와서 낭만주의 사조와 함께 장 자크 루소(Jean Jacque Rousseau)의 자연주의 사상이 등장하게 되었다. 루소는 아동은 태어날 때부터 선한 존재라고 보았으며, 어떠한 인위적인 개입 없이 자연스럽게 성장하도록 내버려 두는 것이 아동의 고유한 발달을 돕는 것이라 믿었다. 특히 성인과 다른 방식으로 사고하고 행동하는 아동 고유의 특성을 인정하는 루소의 사상은 아동중심주의의 틀을 마련하며 근대적 아동문학이 출현하게 되는 기틀이 되었다.

또한 19세기에 들어서면서부터는 전래동화와 전래동요에 대한 관심의 증가로 동화라는 문학적 형식이 등장하게 되었다. 독일의 그림형제(Jacob Grimm & Wihelm Grimm)는 전승되어 오던 민담을 수집한 『어린이와 가정을 위한 동화집』을 발간하였는데, 이 동화집은 정확한 자료 수집과 학문적인 연구와 재화를 통해 전래동화를 아동문학의 수준으로 자리매김하였다는 평가를 받고 있다. 게르만족 특유의 강건함이 저변에 흐르면서 이야기의 전개 과정이 문학성, 독창성 그리고 문학적 완결 구조를 가지는 이 동화집 속에는 『백설공주』『브레멘 음악대』『헨젤과 그레텔』『늑대와 일곱 마리 아기 양』 등이 수록되어 있다.

그림형제 동화집 1

글 · 그림 작가: 그림 형제 글, 펠릭스 호프만 그림/옮긴이: 한미희
출판사 및 출판연도: 비룡소(2005)
내용: 그림형제 동화를 탁월하게 해석한 호프만이 그림형제의 동화 총 240편 중 101편을 선별하여 만든 그림책으로, 1편에는 『라푼젤』『빨간 모자』『황금거위』 등이 수록되어 있다.

덴마크 출신으로 유아문학의 창시자라 불리는 한스 크리스티안 안데르센(Hans Christian Andersen, 1805~1875)은 『어린이를 위한 동화집』을 출간하여 약 150편의 창작동화를 발표하였다. 대표적인 작품으로는 그의 자전적 동화인 『미운오리새끼』를 비롯하여, 『인어공주』『벌거벗은 임금님』『눈의 여왕』『성냥팔이 소녀』 등이 있다. 이 외에도 『올리버 트위스트』를 쓴 영국의 찰스 디킨스(Charles Dickens, 1812~1870), 『호두까기 인형』을 쓴 독일의 에른스트 호프만(Ernst Theodor Amadeus Hoffmann, 1776~1822), 『알프스의 소녀 하이디』를 쓴 요하나 스피리(Joanna Spyri, 1827~1901) 등은 19세기 근대 유아문학의 틀을 형성한 작가들이다.

안데르센 동화집 1

글 · 그림 작가: 한스 크리스티안 안데르센 글, 빌헬름 페데르센 그림 /옮긴이: 햇살과나무꾼

출판사 및 출판연도: 시공주니어(2010)

내용: 안데르센이 발굴한 덴마크 화가인 빌헬름 페데르센이 그린 초등 학생 수준의 그림책으로, 『인어공주』 『황제의 새 옷』 등이 수록되어 있다.

인어공주

글 · 그림 작가: 안데르센 글, 보리스 디오도로프 그림/옮긴이: 김경미

출판사 및 출판연도: 비룡소(2005)

내용: 러시아의 화가인 보리스 디오도르프가 북유럽의 환상적인 자연과 상상 속의 주인공을 신비롭게 담아낸 책으로 1999년 브리티슬라바 국제 일러스트레이션 비엔날레 수상작이다.

또한 이 시기에 등장한 낭만주의 사상은 19세기 문학 사조에도 영향을 주게 되는데, 인간의 본능과 자유로운 감정을 중시하는 분위기는 아동문학에도 자유로운 공상과 상상을 허용하게 되었다. 환상동화의 절정이라 볼 수 있는 대표적인 작품은 영국 작가인 루이스 캐롤(Lewis Carroll, 1832~1893)의 『이상한 나라의 앨리스』다. 이 작품은 19세기 이전의 종교적이고 도덕적인 교훈 중심의 이야기에서 벗어나 유아의 상상과 즐거움을 마음껏 발산할 수 있는 환상의 세계를 다루었다는 점에서 아동문학의 역사상 매우 중요한 의미를 갖는다. 또 다른 작품으로 이탈리아 작가인 카를로 콜로디(Carlo Collodi, 1826~1890)의 『피노키오』를 들 수 있다. 피노키오는 동화적인 상상력과 더불어 무한한 환상의 세계에서 일어나는 모험, 기상천외한 사건들, 생동감 있는 이야기 속에 녹아 있는 교육적인 요소들로 인해 현재까지도 널리 사랑받는 작품이다. 한편, 과학소설의 선구자적 역할을 하게 된 『풍선 속의 5주일』은 기존의 작품들과는 달리 사실적이고 과학적인 소재를 통해 공상과 모험을 보여 주고 있다. 프랑스 작가인 쥘 베른(Jules Verne, 1828~1905)은 이 외에도 『해저 2만 마일』 『80일간의 세계일주』 『15소년 표류기』 등의 작품을 통해 논리적이고 과학적인 상상을 문학적으로 풀어내었다.

이상한 나라의 앨리스

글 · 그림 작가: 루이스 캐럴 글, 존 테니얼 그림/옮긴이: 김경미
출판사 및 출판연도: 비룡소(2005)
내용: 말도 안 되는 일들이 뒤죽박죽 얽혀 있는 이상한 나라에 간 앨리스의 모험을 삽화가 존 테니얼이 글과 그림을 완벽하게 조화시켜 완성한 작품이다.

피노키오

글 · 그림 작가: 카를로 콜로디/옮긴이: 김효정
출판사 및 출판연도: 대교출판(2002)
내용: 나무인형이 사람처럼 말도 하고 말썽을 부리면서 착한 아이가 되어 가는 이야기로, 거짓말을 하면 코가 길어지는 설정이 창의적인 고전이다.

19세기는 생활동화의 근거가 마련된 시기였다. 하인리히 호프만(Heinrich Hoffmann, 1809~1894)의 『게으른 피터』, 바너만 부인(Helen Bannerman, 1862~1946)의 『검둥이 삼보』와 같은 작품은 기성작가가 아닌 일반 부모의 작품으로, 자녀와의 일상 경험을 바탕으로 그려진 단순한 그림과 운율 있는 문장, 누적적으로 반복되는 이야기를 담고 있다. 이는 유아의 일상생활과 경험을 바탕으로 쓰인 작품으로, 생활동화의 기틀을 마련하였다는 평가를 받는다.

3) 20세기 이후의 유아문학

20세기 이후에는 유아문학 작품의 출판이 붐을 이루기 시작하여, 환상이나 공상의 요소가 다분한 작품과 함께 글과 그림이 다양하게 어우러지는 그림책들이 쏟아져 나오기 시작하였다. 유아의 세기라고 불릴 정도로 유아에 관한 연구도 다양하게 이루어져 그 영향이 문학에까지 이르게 되었다. 20세기 유아문학의 특징인 환상동화의 등장은 유아문학의 새 조류를 형성하게 되었고, 대표적으로 바움(L. F. Baum, 1856~1919)의 『오즈의 마법사』와 제임스 베리(James Berrie, 1860~1937)의

『피터팬』은 무궁무진한 상상의 세계에서 벌어지는 모험 이야기로 유아뿐 아니라 성인에게도 많은 사랑을 받았다. 1964년 칼데콧상을 수상한 모리스 샌닥(Maurice Sendak, 1928~2012)의 『괴물들이 사는 나라』, 레오 리오니(Leo Lionni, 1910~1999)의 작품들은 형식이나 소재에서 독특한 환상의 세계를 표현하였다.

모리스 샌닥의 작품

레오 리오니의 작품

20세기 이후의 사회 분위기는 도서관의 설립으로 인해 아동문학의 보급이 활발해지고, 아동문학상의 제정으로 인해 좋은 그림책에 대한 인식 및 관심이 증가하게 된다. 이는 아동 관련 책들의 창작이 촉진되는 계기가 되어 출판업이 성행하게 되었다. 베아트릭스 포터(Beatrix Potter, 1866~1943)의 『피터 래빗』과 밀른(A. A. Milne, 1882~1956)의 『아기 곰 푸우』, 생텍쥐페리(Antoine Marie Roger De Saint Exupery, 1900~1944)의 『어린왕자』 등이 이 시기에 출판된 도서의 대표적인 예다.

이 시기에는 빠르게 변화하는 사회적 분위기에 발맞추어 작품의 소재와 유형면에서 다양한 시도를 하게 되었다. 예를 들어, 이혼가정, 장애, 입양, 편부모가정, 환경문제, 다문화 등의 예민한 주제들이 유아문학에 등장하기 시작하였다.

또 다양한 유형의 책들이 출간되기 시작하였는데, 펼치면 그림이 튀어 오르는 팝업북(pop-up book), 접은 부분 뒤에 등장인물이 숨어 있는 플립북(flip book)과 같은 다양한 토이북(toy book)이 시도되기 시작하였다. 이러한 토이북은 그림책의 줄거리나 정보의 전달보다는 시각적인 표현과 장식에 중점을 둠으로써, '예술성을 갖춘 그림책의 시작'이라는 평가와 더불어 꿈과 환상을 주는 또 하나의 새로운 장르의 그림책이라는 평가를 받았다(신명호, 1994). 한 예로, 『몬테소리 책』은 일상생활습관을 형성하기 위해 단추 달기, 지퍼 올리기 등의 연습을 해 볼 수 있도록 헝겊으로 만들어졌다.

팝업북

플립북

김현희와 박상희(2008)는 미국 아동문학의 추세를 다음과 같이 정리하였다. 첫째, 1980년대 이후 그림책을 비롯한 아동도서가 양적으로 급성장하였다. 제2차 세계 대전 이전에는 『피터 래빗』을 쓴 베아트릭스 포터와 『백만 마리의 고양이』의 완다 가그(Wanda Gag, 1893~1946)를 비롯해 『작은 집 이야기』의 버지니아 리 버튼(Virginia Lee Burton, 1909~1968)이 그림책의 선구자적인 역할을 하였다.

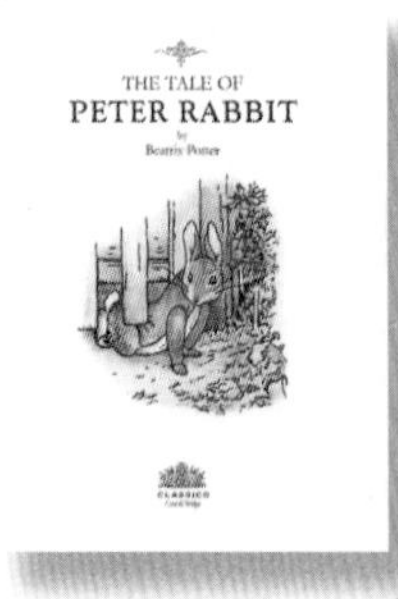

피터 래빗

백만 마리의 고양이

작은 집 이야기

제2차 세계 대전이 끝난 후에는 그림책을 만드는 기술과 인쇄술의 발달로 획기적인 시각적 효과를 보여 주는 그림책들이 출간되기 시작하였다. 대표적으로 모리스 샌닥은 절충주의 화가로 그림책 역사상 가장 창의적인 작가로 평가받고 있으며, 에즈라 잭 키츠(Ezra Jack Keats, 1916~1983)는 강렬한 흑백의 대비, 콜라주 기법, 다양한 소재의 사용 등으로 그림을 통한 이야기의 전달을 증명해 보인 작가다. 그 외 레오 리오니, 에릭 칼(Eric Carle, 1929~), 토미 웅거러(Tomi Ungerer, 1931~), 윌리엄 스타이그(William Steig, 1907~2003), 아놀드 로벨(Arnold Lobel, 1935~1987), 몰리 뱅(Molly Bang, 1943~) 등이 활발한 활동을 보였다.

둘째, 아동문학의 대표 장르인 그림책이 새로운 시장 개척을 시도하였다. 예를 들어, 1930년에 처음 선보였던 글 없는 그림책이 1970년대에 들어와서 그림을 읽는(picture reading) 시각적 문해(visual literacy)능력이 강조되면서 다량 출판되었는데, 대표적으로 머서 메이어(Mercer Mayer, 1943~)의 『A Boy, a Dog and a Frog』 시리즈는 흑백 톤의 그림만으로 이야기를 전달하는 글 없는 그림책의 전형을 보여 주고 있다. 그 외에도 팻 허친스(Pat Hutchins, 1942~)의 『Changes, Changes』, 토미 드파올라(Tomie dePaola, 1934~)의 『PANCAKES FOR BREAKFAST』, 데이비드 위즈너(David Wiesner, 1956~)의 『TUESDAY』 등의 다양한 글 없는 그림책은 그림만으로 줄거리를 전달하기도 하고, 특정 개념이나 정보를 전달하기도 하며, 약간의 글을 삽입하여 그림을 통해 상상의 날개를 펴도록 한다.

A Boy, a Dog and a Frog

Changes, Changes

PANCAKES FOR BREAKFAST

TUESDAY

셋째, 미국 출판계의 관심영역이 변화하였다. 6~7세 이하의 유아를 위한 그림책에 관심이 높아졌으며, 다큐멘터리와 시집의 질이 좋아지고, 초등학생을 위한 책의 경우에는 사실동화의 비중이 증가하고 있다. 특히 최근 들어 다양한 사회적 양상을 다루는 사회적으로 민감한 주제들에 대한 동화책의 출판이 증가하였다.

넷째, 그림책 속 글과 그림의 양식이 자유롭고 다양해졌다. 같은 이야기의 다양한 버전이 출판되고 있고, 세계 여러 나라의 민화들이 각각의 전통과 문화적 특성을 담아 출판되기 시작하였다. 또 영아를 위한 토이북들은 크기도 다양하고, 시청각적·촉각적 경험을 할 수 있도록 창의적인 시도들이 이루어졌다. 특히 컴퓨터의 보급으로 CD-ROM 형식의 전자책들의 출판도 눈에 띄게 증가하여, 종전의 2차원적 상호작용에 비해 유아가 적극적인 상호작용으로 시각적·청각적 자극과 함께 동적인 영상까지 즐길 수 있는 형식도 등장하였다.

다섯째, 유치원과 초등학교의 교육과정에서 언어교육의 자료로 문학작품의 사용이 증가하였다. 이는 언어교육방법의 다양화와 총체적 언어접근법의 확산으로 유아의 언어교육을 위해 양질의 문학작품이 최선의 자료라는 인식에 따라 이루어지게 되었다.

여섯째, 책의 질과 관련하여 검열이 엄격해졌다. 다양한 아동문학상의 제정과 함께 양질의 책을 선별해 내고자 하는 사회적 분위기가 조성되었다.

일곱째, 다양한 문화를 다룬 책에 대한 요구가 증가하였다. 공상과학이나 판타지류 그림책의 출판이 증가하였으며, 사실문학의 주제 면에서는 이혼이나 장애, 인종 차별, 입양, 환경 등 사회가 다양해진 만큼 다양한 삶의 모습이 그림책의 주제로 등장하고 있다.

2. 우리나라 아동문학의 역사

문학의 역사를 설명하기 위해 선행 연구를 인용할 필요가 있어 여기서는 유아문학을 포함하는 개념인 아동문학의 용어를 사용하기로 한다. 한국의 아동문학은 연구자에 따라 시대적 분류가 약간씩 차이가 난다. 이상현(1987)은 아동문학을 고대와 근대로 분류하여 설화문학과 현대문학으로 양분하였다. 석용원(1982)은 갑오개혁을 기점으로 분류하였으며, 이재철(1983)은 1945년 해방을 기점으로 아동문화운동시대(1908~1945)와 아동문학운동시대(1945~1988)로 나누었다. 다음에서는 이재철의 분류를 중심으로 아동문화운동시대와 아동문학운동시대 그리고 그 이후부터 현재까지의 시기로 구분하여 각 시대별 문학의 특징을 살펴보도록 하겠다.

1) 아동문화운동시대(1908~1945)

한국의 문학은 개화를 기점으로 본격적인 문학적 시도가 이루어지는 광복 이전까지 일정 기간의 과도기적 계몽 기간을 가졌다. 아동의 인권에 대한 자각도 미비하였고, 개화와 더불어 여러 가지 사회의식에도 혼란이 많았던 시기였으며, 일제강점기라는 진통을 겪고 있던 시기다. 따라서 아동문학이라는 순수한 문학적 시도보다는 아동인권운동, 개화 · 계몽사상의 확산, 모국어를 통한 민족의식의 고취라는 정신적 문화운동의 성격이 강한 시기로 볼 수 있다.

(1) 태동 · 초창기(1908~1923)

최남선이 19세 때 펴낸 것으로 알려진 잡지 『소년』은 그 창간사의 구호인 "우리 대한으로 하여금 소년의 나라로 하라……."에서 알 수 있듯이, 아동문학 잡지의 효시로 볼 수 있다. 『소년』은 아동을 대상으로 하는 교양적 내용을 담고 있으며, 당시 외국의 대표적인 아동문학의 번안물들이 실리기도 하였다. 또한 최남선의 대표적 신체시인 「해에게서 소년에게」를 비롯하여, 선구적 창작동요인 〈우리운동장〉이 게재되었다. 추후 『붉은 져고리』(1913), 『아이들 보이』(1913~1914), 『새별』(1913~1915) 같은 순수한 아동잡지가 발간되었고, 이들은 과도기적 상황에서 내용면으로는 신구사상이 병행되고, 한문의 숙어적 표현이 남은 채로 순수한 한글 표기를 시도하였다. 또한 신체시와 변조창가의 발생으로 동시와 동요의 출현을 자극하였다. 어쨌든 1910년을 전후하여 방정환이 아동문학의 본격적인 틀을 만들기 전까지 약 20년간은 한국의 아동문화운동의 태동기이자 아동문학운동의 발아기라고 볼 수 있다.

잡지 『소년』

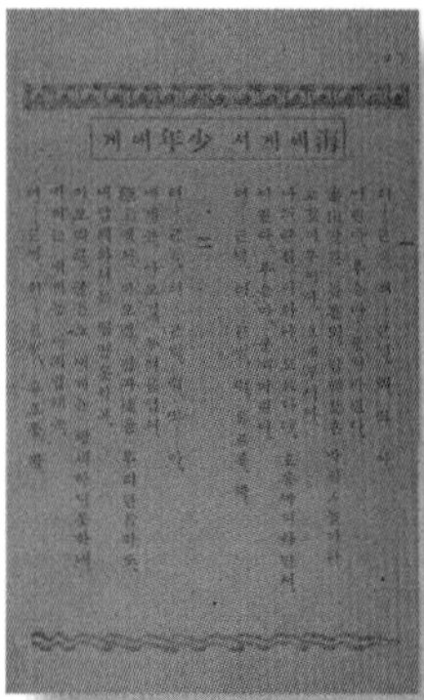

해에게서 소년에게

(2) **발흥 · 성장기**(1923~1940)

소파 방정환은 아동의 인권을 주장하면서 '어린이'라는 호칭을 만들어 보급하였으며, 어린이날을 제정할 것을 주창하였다. 그는 1923년에 『어린이』(1923~1934,

『붉은 져고리』

『아이들 보이』

『새별』

「어린이」(창간: 1923)

「신소년」(창간: 1923)

「별나라」(창간: 1926)

통권 122호)라는 잡지를 출간함으로써 동화, 동요 및 극본의 장르를 확립하였으며, 특히 동요의 황금시대를 열었다. 대표적인 동요작가로 서덕출, 윤석중, 이원수 등이 있다. 1920년대는 동요와 더불어 아동잡지도 다양하게 출간되었는데, 『신소년』(1923~1934), 『새벗』 『아이생활』 『별나라』 등이 대표적인 예다. 주로 사회·문화 운동가, 종교인, 언론인, 독립투사들이 집필을 맡았고, 자연스럽게 이 시기의 아동문학은 독립운동을 표방하고 민족문화운동의 성격을 띠게 되었다.

이 시기의 사회적 분위기는 동심주의와 현실주의 그리고 교양주의로 대별되었으며, 최초의 개인 동시집인 윤석중의 『잃어버린 댕기』(1931)를 시작으로 개인 동시집이 발간되었다. 산문문학의 경우에는 대부분 전래동화를 개작하는 수준이 일반적이었는데, 마해송이 『바위나리와 아기별』(1923)을 『새별』지에 발표함에 따라 우리나라 최초의 순수 창작동화의 장을 열었다.

바위나리와 아기별

글 · 그림 작가: 마해송 글, 정유정 그림
출판사 및 출판연도: 길벗어린이(1998)
내용: 아기별과 바위나리가 하늘과 바다를 오가며 키워 내는 사랑과 우정을 예쁘게 그린 우리나라 최초의 창작 그림책이다.

(3) 암흑 · 수난기(1940~1945)

이 시기는 광복 직전 일본의 패전을 앞두고, 민족의 독립을 위한 성격이 짙었던 민족문학운동에 대한 일본의 탄압이 가장 극명했던 시기다. 1940년 『소년조선일보』의 폐간 이후, 선교사에 의해 근근이 유지되던 『아이생활』이 1944년 폐간됨에 따라 아동문학의 진공 상태를 초래하였다.

2) 아동문학운동시대(1945~1988)

광복을 맞이하면서 우리나라의 아동문학은 비로소 민족운동이나 사회주의운동의 도구가 아닌 본격적인 문학으로서의 자리매김하게 되었다.

(1) 광복혼미기(1945~1950)

광복 이후 한국 사회는 사상적 분열로 인해 좌파와 우파의 영향이 혼재하였다. 따라서 아동문단에서도 좌우익 간의 대립이 있었으나, 잃었던 모국어의 회복으로 출판물이 양적으로 홍수를 이루게 되었다. 우익잡지인 『소년』(1948~1950), 좌익잡지인 『별나라』(1945), 아동문학 전문잡지인 『아동문학』(1948) 등이 사상의 합리화를 표명하며 출판되었다. 단행본으로는 윤석중의 동요집 『초생달』(1946)과 마해송

윤석중 동요집 『초생달』

마해송 동화집 『토끼와 원숭이』

의 동화집 『토끼와 원숭이』(1946)가 출간되었으며, 산문문학의 질적인 팽창으로 1960년대 본격적인 동화운동의 기반을 다지게 되었다.

(2) 통속 · 팽창기(1950~1960)

한국전쟁으로 인한 출판 시설의 파괴는 향락적이고 자극적인 대중적 기호에 영합하여 빈약한 출판 기회를 얻기 위해 경쟁하는 사회적 분위기를 조성하였다. 따라서 이 시기에 출판된 어린이 잡지의 내용은 통속화 현상을 보여 주게 된다. 그러나 순수문학가들의 활동도 꾸준히 증가하면서 강소천, 마해송, 이원수, 김요섭, 신지식 등의 동화작가들의 작품 활동이 아동문학의 맥을 이어 주었다. 이 시기는 전체 문학사를 통해 볼 때 과도기적인 요소가 다분하고 1960년대에 나타나는 본격 문학운동의 교량적 역할을 한 것으로 평가된다.

(3) 정리 · 형성기(1960~1976)

1960년대에 들어서면서 유능한 신인의 등장, 문학동인 중심의 문학 단체 결성, 출판물의 정리 작업, 문학상 제정과 발표 무대의 확장의 요인으로 인하여 본격적으로 문단이 형성되었다. 특히 4·19 혁명 이후 정신적 기초가 풍부해지면서 을유문화사의 『한국 아동문학독본』(전 10권, 1962), 민중서관의 『한국 아동문학전집』(전 12권, 1964), 배영사의 『강소천 아동문학전집』(전 6권, 1964), 삼도사의 『소파 아동문학전집』(전 6권, 1969) 등이 개인 전집의 형태나 세계 명작 시리즈로 출판되었다. 이에 발맞춰 제정된 소천아동문학상(1965), 해송 동화상(1967), 세종아동문학상(1968), 한정동 아동문학상(1969) 등은 아동문학 작가의 창작 의욕을 자극하고 문학 작품의 질을 높이는 결과를 가져오게 되었다.

이 시기 동시 분야의 특징은, 동시인 동인회(童詩人 同人會, 1966)를 중심으로 시적 실험정신이 강조되다가 1970년대에 들어서서 '아동을 위한 시'라는 정체성을 가지고 일반 독자층을 넓혀 나가게 된 것이다. 동화 부문에서는 서민적 정서를 바탕에 두는 이영호, 권정생의 작품이 두드러졌다. 1970년부터 1974년 사이에 출간된 김요섭의 『아동문학사상』은 10집의 구성을 통해 환상과 현실, 창작기술론, 안데르센 연구, 동요와 시의 전망, 전래동화의 세계 등의 주제를 통해 한국 아동문학의 이론적 기초를 마련하였다. 또한 계간지인 『아동문학 평론』(1976)이나 아동문학 세미나를 통해 문학의 본질에 대한 비평과 논쟁이 뜨겁게 이루어졌다.

(4) 전환 · 발전기(1976~1988)

이 시기의 두드러진 특징은 출판사들이 앞다투어 국내 전문 아동문학가들의 창작집을 발간하기 시작하였고, 창작동화와 아동소설의 전집류를 발간하였다는 점이다. 『창비 아동문고』『한국 아동문학총서』『웅진 아동문고』『소년소녀 한국 창작동화』『이원수 아동문학전집』『한국 아동문학 대표작 선집』『새싹의 벗 윤석중 전집』 등이 그 예다.

동시 부문에서도 다양한 시도가 이루어져 서사시, 동화시, 연작시 등 형태 면에서 변화를 가져왔다. 권정생의 『무명저고리와 엄마』(1977)는 동화시의 대표적인 사례다. 1970년대 후반부터 시도되었던 리얼리즘 문학운동은 어린이의 생활을 소재로 하여 꿈과 낭만뿐 아니라 현실적 실존을 다루는 동화가 나타나기 시작하였다. 이오덕의 평론집 『어린이를 지키는 문학』(1984)은 이러한 리얼리즘 문학이론을 정리해 놓은 저서이며, 이때부터 비로소 아동문학이 하나의 학문으로 자리매김하게 되는 기틀이 마련되었다.

무명저고리와 엄마

어린이를 지키는 문학

(5) 전환 · 발전기 이후(1989~2000)

1990년대의 시대별 특징을 김현희와 박상희(2008)는 다음의 네 가지 특징으로 정리하고 있다.

첫째, 그림책의 양적 팽창이다. 1970년대 이후 조기교육의 열풍은 그림책을 통한 인지 발달의 요구와 맞물려 영재교육이나 조기교육을 위한 다양한 그림책의 출판이 급성장하도록 하였다. 그러나 국내 작가나 전문 일러스트레이터의 부재로 외국 그림책의 무분별한 번역물들이 큰 비중을 차지하였다. 1990년대 후반에 들어와서야 류재수, 정승각 등 우리나라 작가가 한국적 정서를 담은 작품들이 선을 보이게 되었다.

백두산 이야기
글 · 그림 작가: 류재수
출판사 및 출판연도: 보림출판사(2009)
내용: 백두산의 탄생 설화를 바탕으로 우리 민족의 삶과 정체성을 보여 주는 작품으로, 태양, 거인, 백두산의 분출 장면 등의 그림이 뇌리에 박힐 정도로 강렬하고 웅장하게 묘사된 그림책이다.

까막나라에서 온 삽사리
글 · 그림 작가: 정승각
출판사 및 출판연도: 초방책방(2011)
내용: 불이 없는 까막나라에서 불을 찾으러 떠난 불개의 이야기를 사방을 지키는 현무, 청룡, 백호, 주작과 함께 풀어낸 이야기 책으로 『강아지똥』의 그림 작가인 정승각이 제작한 그림책이다.

둘째, 다양한 소재와 주제의 그림책들이 등장하게 되었다. 과거의 그림책들이 주로 인지적 정보를 전달하기 위한 소재나 주제를 다룬 것이었다면, 1990년대에 들어와서는 유아의 사고력을 촉진하기 위한 논리 시리즈는 물론, 성에 관한 주제, 문화에 대한 주제, 소외계층이나 장애의 문제 등을 다룬 다양한 그림책이 출판되기 시작하였다.

셋째, 동화와 관련된 전문활동이 시작되었다. 어린이 책방에서 시작되어 그림책을 위한 연구 모임으로 확산된 초방모임을 비롯하여, 어린이 도서연구회 등은 좋은 그림책을 선정하기 위한 기준 확립뿐만 아니라 다양한 그림책 관련 연구를 진행하며 독서 문화운동을 전개하게 되었다.

마지막으로, 국제 아동문학 집단과의 활발한 교류를 들 수 있다. 1996년에 국제어린이도서협의회(International Board on Books for Young Children: IBBY) 한국지부가 결성된 것을 시초로 유아문학의 세계적인 흐름에 발맞춰 나아갈 수 있게 되었다. 또한 서울국제도서전시회가 해마다 개최되어 일반인도 국내외에서 출판된 책들을 접할 수 있는 기회를 제공하게 되었다.

(6) 2000년 이후~현재

최근 한국의 분위기는 여전히 유아문학작품의 양적 팽창의 시기라고 볼 수 있다. 경기 불황으로 운영난에 봉착한 많은 성인을 대상으로 하는 출판사들이 앞다투어 아동물에 손을 대기 시작하여 그림책 출판사의 수가 급증하고 있다.

2000년 이후 우리나라 그림책 시장의 특징을 요약하면 다양한 국가와 작가, 다양한 양식의 그림책이 소개되고 있다는 점이다. 최근에는 그림책의 질에도 눈을 돌려, 유아의 발달 특성과 요구에 민감한 전문 그림책 작가가 늘어나고 있으며, 다양한 예술적 시도를 그림책에 접목하는 전문 일러스트레이터들이 등장하고 있다. 특히 근래에 우리 작가들이 직접 쓰고 그린 그림책들이 그 우수성을 세계적으로 인정받기 시작한 점은 주목할 만한 현상이다. 류재수의 『노란 우산』과 이호백의 『도대체 그 동안 무슨 일이 일어났을까?』는 『뉴욕타임스』 선정 최우수 어린이 그림책에 뽑혔으며, 이호백 글, 이억배 그림의 『세상에서 제일 힘센 수탉』과 류재수의 『노란 우산』은 국제어린이도서협의회의 좋은 책 부문에 선정되기도 하였다. 백희나의 『구름빵』, 최숙희의 『세상을 담은 그림지도』 등이 볼로냐 국제어린이도서전에서 수상작으로 선정되었고, 신동준의 『지하철은 달려온다』와 정진호의 『벽』도 볼로냐 라가치상을 수상하였다. 이 외에도 다양한 신인 작가의 끊임없는 창작 의욕에 의해 신선하고 창의적인 그림책들이 계속 선보일 것으로 전망되고 있다.

노란 우산

글 · 그림 작가: 류재수

출판사 및 출판연도: 보림출판사(2007)

내용: 비 오는 날의 잿빛 배경 속에서 선명한 색상의 노란 우산이 빨간 우산을 만나고 다시 파란 우산을 만나 걸어가는 모습이 공중에서 본 각도로 묘사되어 있다. 놀이터를 지나고 빌딩을 지나고 횡단보도를 건너 하나둘 모인 형형색색의 우산들이 학교를 향해 가는 모습이 무척 서정적이다.

도대체 그 동안 무슨 일이 일어났을까?

글 · 그림 작가: 이호백

출판사 및 출판연도: 재미마주(2001)

내용: 베란다에서 키우는 토끼가 가족들이 집을 비운 사이에 집 안에 들어와 냉장고 안의 음식도 먹고, 책상에서 책도 보고, 아이 방에서 장난감도 갖고 노는 등 여러 가지 일을 벌이다가 시간이 되어 다시 제자리로 돌아가는 이야기다. 군데군데 토끼 똥을 남겨 두고…….

세상에서 제일 힘센 수탉

글 · 그림 작가: 이호백 글, 이억배 그림

출판사 및 출판연도: 재미마주(1997)

내용: 수평아리로 태어나 세상에서 제일 힘센 수탉이 되었지만 결국에 늙게 되고 자기보다 더 힘이 센 수탉이 나타나게 되면서, 튼튼하게 자라는 손자손녀 병아리와 아들딸의 모습을 통해 자부심을 갖게 되는 이야기다. 그림 사이사이에 감추어진 유머가 보는 재미를 더해 준다.

구름빵

글 · 그림 작가: 백희나 글, 김향수 그림

출판사 및 출판연도: 한솔수북(2007)

내용: 비가 오는 날 나뭇가지에 걸려 있는 작은 구름을 조심조심 갖다 드리자 엄마는 구름을 반죽하여 빵을 만든다. 빵을 먹은 엄마와 아이들은 구름처럼 둥실둥실 몸이 떠올라, 아빠에게 빵을 갖다 드린다. 기발한 상상력과 입체감 있는 그림, 가족의 사랑을 전하는 메시지가 있는 그림책이다.

세상을 담은 그림지도

글 · 그림 작가: 김향금 글, 최숙희 그림

출판사 및 출판연도: 보림출판사(2008)

내용: 지도가 왜 필요한지, 어떻게 만들어졌는지, 어디에 쓰이는지를 유아의 눈높이에서 보여 주는 책으로 우리나라의 옛 지도들을 볼 수 있는 그림책이다.

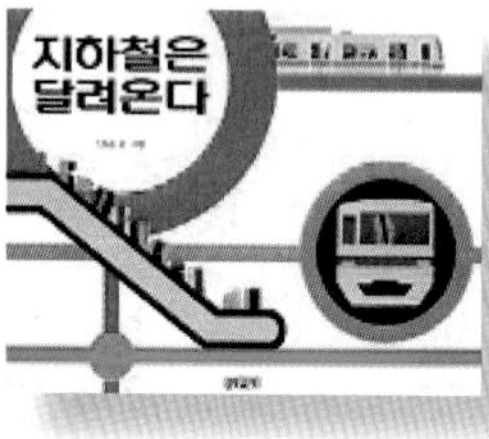

지하철은 달려온다

글 · 그림 작가: 신동준

출판사 및 출판연도: 초방책방(2010)

내용: 바람이 불어오고 지하철은 달려온다. 일상에서 늘 접하는 지하철 풍경을 친근하게 묘사한 내용으로 문명의 이기를 정겹게 느끼게 하는 그림책으로 평가받는다. 콜라주 기법을 사용하였고, 2004년 볼로냐 라가치상의 논픽션 부문 한국 최초 수상작이다.

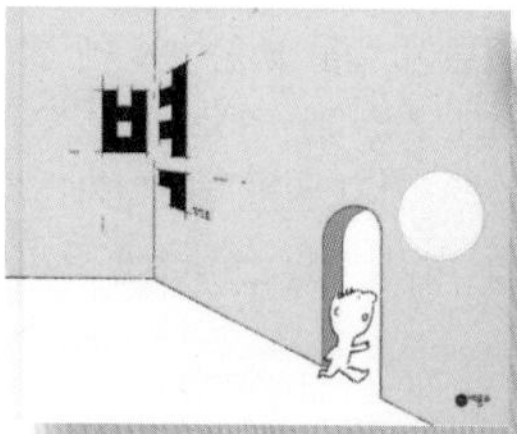

벽

글 · 그림 작가: 정진호

출판사 및 출판연도: 비룡소(2016)

내용: 직선과 곡선, 노랑과 파랑으로 만들어진 벽의 책장을 바닥에 내려놓고 책장 사이를 들여다보면 벽과 벽 사이의 거리나 위치가 생동감 있게 다가온다. 앞과 뒤, 위와 아래, 안과 밖, 왼쪽과 오른쪽과 같은 방향과 공간 개념을 키울 수 있는 책으로 황금도깨비상과 라가치상을 모두 받은 작품이다.

3. 아동문학상

1) 서양의 아동문학상

(1) 뉴베리상(The Newbery Medal Awards)

뉴베리상은 유아문학 작가에게 주어지는 상으로서, 1921년 미국 도서관협회의 아동문학 분과회의에서 제안하여 시작되었다. 영국의 서적상인 존 뉴베리의 이름에서 따온 것으로 1922년부터 시상하기 시작하였으며, 대표적인 수상작으로는 엘윈 브룩스 화이트(Elwyn Brooks White, 1899~1985)의 『샬롯의 거미줄』『행복을 나르는 버스』 등이 있다. 뉴베리상은 글 작가에게 수여되는 상으로 수상작들은 유아 수준을 넘어선 작품들이 대부분이다. 2016년의 수상작인 맷 데 라 페냐(Matt De La Peña)의 『행복을 나르는 버스』는 그림책 최초로 뉴베리상을 수상한 작품이며, 칼데콧 명예상도 동시에 수상하였다.

샬롯의 거미줄

글 · 그림 작가: 엘윈 브룩스 화이트 글, 가스 윌리엄즈 그림/옮긴이: 김화곤

출판사 및 출판연도: 시공주니어(2000)

내용: 아기 돼지 윌버와 거미 샬롯 사이의 끈끈한 관계가 작품의 모티프다. 윌버를 구하기 위해 자신을 희생하는 거미 샬롯과 샬롯이 죽은 후 남겨진 샬롯의 새끼 거미들을 보살피려는 윌버를 통해 진정한 우정이 무엇인가를 보여 주는 작품이다.

행복을 나르는 버스

글 · 그림 작가: 멧 데 라 페냐 글, 크리스티안 로빈슨 그림/옮긴이: 김경미

출판사 및 출판연도: 비룡소(2016)

내용: 할머니와 어린 손자 시제이가 버스를 타고 가면서 마주치는 여러 사람을 통해 행복이 무엇인가를 깨닫게 해 주는 이야기로, 끊임없는 손자의 질문에 지치지 않고 답해 주는 할머니의 사랑도 함께 느낄 수 있다.

(2) 칼데콧상(The Caldecott Medal Awards)

이 상은 19세기 후반의 영국 출신 일러스트레이터인 랜돌프 칼데콧(Randolph Caldecott, 1846~1866)을 기념하여 만든 상이다. 미국도서관협회 산하의 어린이 도서관협회에서 매년 여름에 수여하는 상으로, 한 해 전에 가장 뛰어난 그림책을 만든 일러스트레이터에게 주어진다. 미국에서 뉴베리상이 그림책의 저자에게 주어지면서 뛰어난 그림을 그린 삽화가에게도 상을 주자는 제안에 따라 시작되었다. 칼데콧상을 수상한 대표적인 작품으로는, 심스 태백(Simms Taback, 1932~2011)의 『요셉의 작고 낡은 오버코트가…?』, 모리스 샌닥의 『괴물들이 사는 나라』와 『깊은 밤 부엌에서』, 제럴드 맥더멋(Gerald McDermott, 1941~)의 『태양으로 날아간 화살』 등이 있다.

요셉의 작고 낡은 오버코트가…?

글 · 그림 작가: 심스 태백/옮긴이: 김정희
출판사 및 출판연도: 베틀북(2000)
내용: 요셉의 낡은 오버코트가 조끼가 되고, 멜빵이 되고, 넥타이가 되고, 단추가 되기까지 알뜰함과 절약의 지혜를 유머스럽게 보여 주는 그림책이다.

괴물들이 사는 나라

글 · 그림 작가: 모리스 샌닥/옮긴이: 강무홍
출판사 및 출판연도: 시공주니어(2002)
내용: 장난을 치다가 혼이 난 맥스가 꿈속에서 괴물들이 사는 나라로 가 왕이 되는 이야기. 꿈에서 깨어 보니 따뜻한 음식이 준비돼 있는 장면으로 엄마와의 갈등을 해결하는 상황을 환상적인 그림으로 묘사하고 있다.

깊은 밤 부엌에서

글 · 그림 작가: 모리스 샌닥/옮긴이: 강무홍
출판사 및 출판연도: 시공주니어(2017)
내용: 깊은 밤 잠에서 깬 미키가 꿈속에서 부엌으로 떨어져 요리사들과 함께 즐겁게 빵 만들기를 하다가 다시 잠자리에 드는 이야기다. 미키, 밀크(우유), 미키웨이(은하수)의 언어유희가 즐겁고 애니메이션 기법을 활용한 그림이 독특하다.

태양으로 날아간 화살

글 · 그림 작가: 제럴드 맥더멋/옮긴이: 김명숙
출판사 및 출판연도: 시공주니어(2017)
내용: 뉴멕시코 푸에블로 인디언의 설화를 모티프로 주황색, 검은색, 황토색을 이용한 기하학적 그림은 풍부한 상징과 구도를 가진 독특한 화풍을 보여 준다. 태양신 아버지와 땅의 어머니 사이에서 태어난 소년이 시련을 극복하며 성장하여 추장이 되는 줄거리를 담고 있다.

(3) 한스 크리스티안 안데르센상(Hans Christian Andersen Awards)

안데르센상은 단순히 한 작품을 대상으로 평가하지 않고 작가의 모든 작품을 대상으로 하기 때문에 작은 노벨상이라 불린다. 이 상은 덴마크 작가인 안데르센을 기념한 상이며, 1956년부터 짝수 해에 수여되기 시작하여 1996년 이래로는 일러스트레이션 부문도 시상하기 시작하였다. 이 상은 매우 받기 어려운 상으로, 이 상의 수상은 작가 생애 최고의 영예이며 예술성을 인정받았다는 중요한 의미를 갖는다. 토미 웅거러의 『크릭터』, 앤서니 브라운(Anthony Browne)의 『돼지책』과 『터널』 등이 수상작이다.

크릭터

글 · 그림 작가: 토미 웅거러/옮긴이: 장미란

출판사 및 출판연도: 시공주니어(2017)

내용: 아프리카에서 프랑스로 보내진 보아뱀에게 학교 할머니 선생님은 크릭터라는 이름을 지어 주고 정성껏 돌본다. 크릭터는 학교에 가서 아이들에게 자신의 몸을 이용하여 알파벳과 숫자를 알려 주기도 하고, 집에 침입한 도둑을 잡아 훈장까지 받는다. 뱀의 몸을 이용한 그림 구성이 재미있다.

돼지책

글 · 그림 작가: 앤서니 브라운/옮긴이: 허은미

출판사 및 출판연도: 웅진주니어(2016)

내용: 집안일을 혼자 도맡아 하던 엄마가 어느 날 사라지고 "너희들은 돼지야."라는 메시지만 남아 있다. 설거지도 빨래도 안 해 돼지우리처럼 변한 집으로 엄마가 돌아오고, 가족들은 그제서야 집안일을 함께하며 행복해한다. 그림책으로는 드물게 페미니즘적 사고를 담고 있으며, 초현실주의 기법을 사용하여 무겁고 진지한 주제를 기발한 상상력, 풍자와 역설로 즐겁게 표현하고 있다.

터널

글 · 그림 작가: 앤서니 브라운/옮긴이: 장미란

출판사 및 출판연도: 논장(2018)

내용: 닮은 데라곤 하나도 없는 정반대의 성격을 가진 오누이가 터널 속으로 들어가면서 서로에 대한 끈끈한 애정을 발견하게 되는 이야기로 형제자매 간에 내재해 있는 갈등의 본질을 앤서니 브라운만의 독특한 구성으로 보여 주고 있다.

2019년 서울에서 개최된 〈그림책 NOW〉전에는 2018년 한스 크리스티안 안데르센상 일러스트레이션 부문 수상 작가인 러시아의 이고르 올레니코프(Igor Oleynikov, 1953~)의 그림이 전시되었다. 이고르 올레니코프는 '그림을 생동감 있게 만드는 화면 설계와 구성의 대가'라는 평을 얻은 바 있다. 중국 최고의 아동문학가인 차오원쉬엔의 글에 이고르 올레니코프가 그림을 그린 책 『달려라, 마오마오』는 어릴 적 입양된 개 마오마오가 서로 떨어져 살게 된 부부를 만나기 위해 두 도시 사이의 먼 길을 끝없이 달리며 오가는 모습을 계절의 변화 묘사와 달의 위치 변화를 통해 보여 주고 있다.

(4) 케이트 그린어웨이상(The Kate Greenaway Awards)

이 상은 영국의 도서관협회에서 1877년에 설립하였으며, 19세기에 활동했던 케이트 그린어웨이(Kate Greenaway, 1846~1901)를 기념하여 창설되었다. 그림책의 그림이 유아의 시각적 경험을 풍부하게 하였는가와 그림과 텍스트의 적절한 조화 여부가 심사의 주요 기준으로 알려져 있다. 대표적인 수상작은 헬렌 옥슨버리(Helen Oxenbury, 1938~)의 『쾅글왕글의 모자』, 레이먼드 브릭스(Raymond Briggs, 1934~)의 『산타 할아버지』, 존 버닝햄(John Burningham, 1936~2019)의 『검피 아저씨의 뱃놀이』 등이 있다.

쾅글왕글의 모자

글 · 그림 작가: 에드워드 리어 글, 헬렌 옥슨버리 그림
출판사 및 출판연도: 보림출판사(2008)
내용: 쾅글왕글의 비버 털모자 위에 카나리아, 황새, 오리, 고슴도치 등 다양한 동물이 집을 짓는데, 무거운 모자 때문에 불편해하기보다 오히려 행복해하는 쾅글왕글의 이야기를 담고 있다. 이 작품의 묘미는 화려한 색깔의 동물들의 모습과 다양한 의성어, 의태어가 주는 즐거움이다.

산타 할아버지

글 · 그림 작가: 레이먼드 브릭스/옮긴이: 박상희
출판사 및 출판연도: 비룡소(1995)
내용: 산타 할아버지는 크리스마스 이브에 나눠 줄 선물을 준비하면서 날씨가 춥다고, 굴뚝의 검댕이 지겹다고 투덜댄다. 그러나 예정대로 온 세상의 아이들에게 선물을 열심히 나눠 주고는 차를 마시고 목욕을 하는 장면에서 산타 할아버지는 영락없는 동네 할아버지의 모습과 닮았다.

검피 아저씨의 뱃놀이

글 · 그림 작가: 존 버닝햄/옮긴이: 이주령
출판사 및 출판연도: 시공주니어(2017)
내용: 강가에 사는 검피 아저씨의 배에 동네 꼬마들과 여러 동물이 타게 된다. 문제를 일으키지 않겠다는 약속을 했지만, 모두들 약속을 지키지 않아 배가 기우뚱하게 되고 강물에 빠지게 된다. 펜과 물감, 크레용을 사용한 다양한 그림 기법 때문에 반복되는 장면에도 지루하지 않다.

2) 한국의 아동문학상

우리나라의 아동문학상은 문화체육관광부, 대한출판문화협회, 신문사, 출판사 등에 의해 비정기적으로 제정되고 수여되었으나, 운영상의 어려움 등의 이유로 인해 지속적으로 시행되지 못하고 있다. 아동문학상의 몇 가지 예로, 방정환 아동문학상, 대한출판문화협회가 주관하는 한국어린이도서상, 출판사 비룡소가 주관하는 황금도깨비상, 출판사 문학동네가 주관하는 서울동화일러스트레이션상 등이 있다. 이 외에도 보림출판사에서 개성 있는 신작을 발굴하기 위해 공모하는 보림창작공모전이 있으며, 아이코리아(전 새세대육영회)가 주관하고, KBBY(국제아동도서협의회 한국위원회)가 후원하는 한국안데르센상이 있다. 2004년에 처음 재정된 이래로 2013년에는 장현정의 『겨울이야기』, 정진호의 『부엉이』, 이미나의 『구름숲』이 미술 부문 수상작으로 선정되었다.

해외 그림책의 번안물의 홍수 속에서 우리 그림책의 양적 · 질적 발달을 도모하기 위해서는 한국 아동문학상의 정립이 필요하며, 공신력 있는 기관의 주관으로, 객관적 검증 과정을 거쳐 정기적·지속적으로 시행될 필요가 있다.

〈표 2-1〉 한국의 아동문학상

상	책 정보		내용
방정환 아동문학상		**댕기 땡기** 글·그림 작가: 이상교 글, 백남원 그림 출판사 및 출판연도: 시공주니어(2005)	떠돌이 강아지가 낳은 새끼강아지를 둘러싸고 생기는 가족 이야기이며, 강아지가 예쁘고 사랑스러울 때 주인공이 부르는 이름이 댕기이고, 밉고 귀찮을 때 부르는 이름이 땡기다.
서울 동화일러스트레이션상		**아빠는 어디쯤 왔을까?** 글·그림 작가: 고우리 출판사 및 출판연도: 문학동네(2006)	아이스크림을 사 가지고 오신다는 아빠를 기다리는 주인공 소녀. 5분마다 보채는 소녀와 층층의 아이스크림을 들고 서둘러 오는 아빠의 퇴근길 움직임이 재미있게 나타나 있다.
		**우물 속 도마뱀** 글·그림 작가: 김선숙 출판사 및 출판연도: 문학동네어린이(2005)	주인공 꼭지는 우물에서 물을 길어 보려 하지만, 두레박이 없어 고민한다. 도마뱀이 둥둥둥 배를 두드리며 나타나 물을 길으려 우물 속으로 내려간다. 그러나 나오는 건 물이 아니라 형형색색의 동물들뿐이다. 리듬감 있는 이야기와 그림이 즐거움을 주는 책이다.
황금도깨비상		**바람 부는 날** 글·그림 작가: 정순희 출판사 및 출판연도: 비룡소(1996)	놀이터에서 가지고 놀던 연이 바람에 날아 가버려 연을 찾기 위해 이리저리 헤매는 아이의 심리를 통해 동심의 세계와 바람 부는 날의 정경을 잘 표현하였다. 아이의 마음을 드러내는 문장이 동양화풍의 그림과 어울려 한 폭의 수채화를 보는 듯하다.

입이 똥꼬에게

글 · 그림 작가: 박경효
출판사 및 출판연도: 비룡소(2018)

우리 몸에서 자신이 가장 소중한 존재라고 믿던 입은 똥꼬를 더럽고 지저분하다고 무시한다. 어느 날 똥꼬가 없어지고, 먹은 음식이 배설되지 못해 입으로 토하게 되자 똥꼬의 소중함을 깨닫게 된다는 이야기이며, 붓으로 큼직하게 그린 투박한 그림과 유머러스한 문체가 즐거움을 주는 그림책이다.

황금도깨비상

비야, 안녕!

글 · 그림 작가: 한자영
출판사 및 출판연도: 비룡소(2011)

지렁이, 달팽이, 거북이가 비 오는 날 물 왕관을 쓰고, 나뭇잎 사이를 뛰어다니기도 하고, 나뭇잎 배도 타고, 물장구치고 노는 모습을 수묵담채화와 유화로 표현한 동양화풍의 그림책이다. 다양한 비의 소리와 빛깔을 아름답게 표현하였다.

행복한 두더지

글 · 그림 작가: 김명석
출판사 및 출판연도: 비룡소(2012)

소심한 성격으로 혼자 외롭게 살아가는 두더지가 자신의 집을 아름답게 꾸민다. 그러나 여전히 외톨이다. 어느 날 친구들이 찾아와 행복하게 잠이 들었지만 꿈이었다. 그때 똑똑똑 문을 두드리는 소리가 난다. 독특한 색채와 판화기법이 만난 그림책이다.

한국어린이도서상

욕 시험

글 · 그림 작가: 박선미 글, 장경혜 그림
출판사 및 출판연도: 보리(2014)

친구들끼리 욕을 하는 모습을 지켜보던 선생님이 어느 날 종이 한 장씩을 나눠 주면서 말한다. "너거들 욕을 얼마나 아는지 어데 한번 보자. 아는 대로 다 적어 봐라." 아무것도 적지 못하고 펑펑 울어 버린 주인공의 이야기다.

한국어린이도서상		**강아지** 글 · 그림 작가: 현덕 글, 장호 그림 출판사 및 출판연도: 길벗어린이(2013)	강아지를 갖고 싶은 주인공 소년이 친구네 강아지를 부러워하다가, 친구가 새 자전거를 갖게 되면서 강아지한테 관심이 없어지자 강아지랑 놀면서 교감하는 이야기를 담고 있다.
		**한글이 된 친구들** 글 · 그림 작가: 이호백 출판사 및 출판연도: 재미마주(2008)	한글의 자모음을 빨강, 노랑, 파랑, 검정 장난감 블록처럼 표현하여 감각놀이를 하면서 한글을 깨우치도록 만들어진 그림책이다.
한국안데르센상		**꼬리 달린 두꺼비, 껌벅이** 글 · 그림 작가: 김하은 글, 김준철 그림 출판사 및 출판연도: 해와나무(2011)	올챙이에서 두꺼비가 되었는데 아직 꼬리가 남아 있는 두꺼비, 껌벅이. 친구들에게 놀림받고 무시당하기 일쑤였지만, 어떤 이야기도 재미있게 풀어내는 재주가 있어 더 이상 놀림받지 않고 이야기꾼으로 살아가는 모습을 그린 그림책이다.
보림창작공모전		**바람이 불지 않으면** 글 · 그림 작가: 서한얼 출판사 및 출판연도: 보림출판사(2010)	봄이는 자기가 좋아하는 빨간 모자가 바람에 날아가자 바람 따위는 없어져 버렸으면 좋겠다고 생각한다. 그러나 연을 띄우기도 하고 풍차를 돌리기도 하는 바람의 필요성을 느끼게 되면서 자기중심적 사고를 넓혀 가는 내용의 그림책이다.
		**뱀이 좋아** 글 · 그림 작가: 황숙경 출판사 및 출판연도: 보림출판사(2011)	주인공은 뱀을 좋아해서 키우고 싶어 하고, 부모님은 뱀이 사람을 해칠 수 있고, 보기만 해도 기분이 나쁘고, 만지면 끈적끈적하고, 나쁜 냄새가 날 거라는 이유로 못 키우게 한다. 주인공이 부모의 말이 사실이 아니며 단지 편견일 뿐이라는 것을 하나하나 보여 주는 이야기다.

책 읽어 주는 고릴라

글 · 그림 작가: 김주현
출판사 및 출판연도: 보림출판사(2010)

책 읽기를 좋아하는 고릴라가 책을 읽지 못하는 동물들에게 책을 읽어 주어야겠다고 생각한다. 눈이 침침한 코끼리, 몸이 아파 외출을 못하는 여우, 글자를 모르는 하마에게 책을 읽어 주는데 고릴라가 읽어 주는 이야기를 듣고 책 속으로 빠져드는 코끼리, 여우, 하마의 모습이 샛노란 고릴라의 모습과 함께 인상적이다.

제3장 유아와 그림책

그림책(picture book)이란 글과 그림이 조화롭게 결합된 책이다. 그림책의 글은 유아의 사고를 촉진하고 정보를 제공하며 어휘 발달을 돕는다. 잘 구성된 이야기는 유아의 문학적 구조에 대한 개념을 발달시킬 뿐 아니라 감정이입을 통해 자신과 세상에 대한 이해를 돕는다. 그림책의 그림은 단순히 이야기의 이해를 위해 삽입된 것이 아니라 그림 자체만으로도 이야기를 전달하는 시각적 언어로서의 기능을 한다. 러셀(Russell, 2005)은 그림책을 글과 그림의 행복한 결혼에 비유하였다. 예를 들어, 모리스 샌닥의 『괴물들이 사는 나라』에서는 그림이 환상과 실제를 표현할 뿐 아니라, 주인공 맥스의 마음속 심리 상태까지 보여 주고 있으며, 글은 그림으로는 표현할 수 없는 소리와 움직임을 보여 주고 있다(현은자, 변윤희, 강은진, 심향분, 2004). 글과 그림이 각각 다른 역할을 하고 있는 셈이다. 이엘라 마리(Iela Mari)의 『나무』는 글 없이 그림만으로 사계절의 변화를 보여 주고 있으며, 유리 슐레비츠(Uri Shulevitz, 1935~)의 『비 오는 날』도 비가 내리는 날의 도시 풍경과 사람들의 모습, 비가 모여 강물을 이루고 바다로 흘러드는 모습 등이 그림을 통해 자세히 묘사되어 있다. 그림책의 독자는 읽고 쓰는 능력이 완전하지 않은 어린 대상이기 때문에 유아는 어른이 읽어 주는 글을 귀로 듣는 것과 동시에 눈으로는 그림을 보면서 그림책에 관한 시각적 이미지와 이야기를 구성한다. 따라서 그림책 속에서 잘 연결된 글과 그림은 유아의 그림책 이해를 위해 매우 중요한 요소라고 할 수 있다. 다음의 글은 그림책의 그림이 갖는 의미를 잘 표현하고 있다.

> 그림책의 좋은 그림이란 볼수록 더 많이 알게 되고,
> 더 많이 알게 될수록 더 깊이 느끼게 되고,
> 더 깊이 느낄수록 사고가 심오해진다.
> 그림을 본다는 것은 모든 것이다.
>
> – P. Cianciolo(이송은, 이선영, 2005에서 재인용)

1. 그림책의 구성

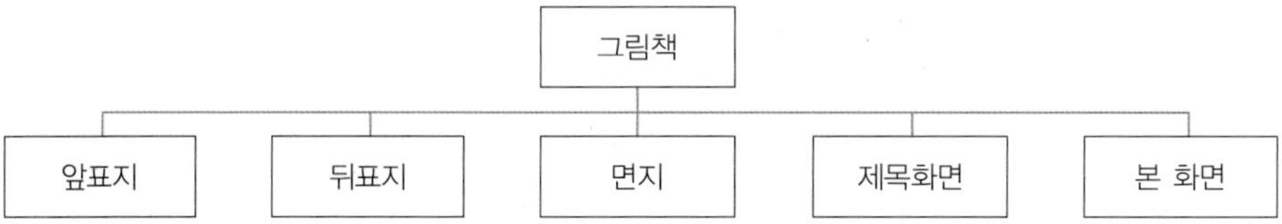

[그림 3-1] 그림책의 구성

그림책은 앞표지, 뒤표지, 면지, 제목화면, 본 화면으로 구성되어 있다. 앞표지는 책의 내용과 특징을 한눈에 알 수 있고 독자로 하여금 보고 싶다는 생각이 들도록 매력적이어야 한다. 대개 본 화면 중 대표적인 장면의 그림이 앞표지로 사용되기도 하고, 독립적인 그림으로 표지를 구성하기도 한다. 뒤표지는 그림책의 마지막에 여운을 남기기 위해 아무것도 그리지 않기도 하지만, 상징적인 작은 그림이 들어가거나 다음에 이어질 이야기를 담기도 한다. 면지란 표지를 열었을 때의 펼친 면을 의미하는데, 기능적으로는 책장과 표지를 연결하는 역할을 한다. 최근

에는 면지를 이용하여 그림책의 정서를 색으로 표현하기도 하고, 이야기 내용과 관련된 문양이나 대표적인 이미지를 넣어 책의 단서를 복선적으로 제공하기도 한다. 제목화면은 표지와 면지 이후에 나오는 화면으로 그림책의 도입부라고 볼 수 있다. 제목과 함께 헌정사를 넣기도 하고, 본 이야기와 관련된 서두를 적어 넣기도 한다. 마지막으로, 그림책의 가장 많은 비중을 차지하는 것은 본 화면이며, 이는 이야기의 연속성과 통일성을 가지고 연결되어 있다.

2. 그림책의 요소

좋은 그림책은 글이 갖는 문학적 요소, 그림이 갖는 미술적 요소 그리고 전체적으로는 교육적 요소를 갖춘 것이어야 한다. 각각의 요소를 자세히 살펴보면 다음과 같다.

1) 문학적 요소

그림책의 문학적 요소로는 플롯, 등장인물, 배경, 주제, 양식이 있다.

(1) 플롯

플롯(plot)이란 이야기 속에서 사건이 전개되는 순서와 구성을 말한다. 발단-전개-절정-결말에 이르는 과정이 명확하고 재미있으며 만족스러운 결말을 갖는 이야기 구조가 유아에게 적합하다.

구성에는 단선적 형식, 일화적 형식, 누적적 형식, 연쇄적 형식, 순환적 형식이 있으며, 이 중에서 시간의 흐름에 따라 순서적으로 이야기를 전개하는 단선적 형식의 이야기 구조가 유아에게 가장 일반적이다.

❶ 단선적 형식의 예

심심해서 그랬어

글 · 그림 작가: 윤구병 글, 이태수 그림
출판사 및 출판연도: 보리(1997)
내용: 엄마 아빠가 일 나간 사이, 돌이는 염소 고삐를 풀어 주고, 토끼장이랑 닭장도 열고, 돼지우리와 외양간도 열어 준다. 신이 난 동물들은 채소밭을 엉망으로 만들어 버린다. 그림이 만지면 살아 움직일 것 같은 느낌을 주는 세밀화로 한여름 날의 따뜻한 기억을 떠올리게 한다.

일화적 형식이란 한 권의 책에 여러 사건이 모여 있는 구조인데 우리나라에서 출판된 그림책에서는 이 형식을 찾기가 어렵다. 누적적 형식이란 문장이나 사건이 반복되면서 확장되는 형식으로 『야, 우리 기차에서 내려!』와 우크라이나 민화인 『장갑』 『비 오는 날 생긴 일』 『커다란 무』 등이 누적적 형식의 예다. 누적적 이야기가 갖는 상황의 반복, 등장인물의 첨가, 대사의 반복 등의 특성은 유아의 개념 발달을 돕고 홍미를 유발하며, 특히 동극으로 확장 활동을 유도하기에 매우 적합하다.

❷ 누적적 형식의 예

야, 우리 기차에서 내려!

글 · 그림 작가: 존 버닝햄/옮긴이: 박상희
출판사 및 출판연도: 비룡소(1995)
내용: 코끼리, 물개, 두루미, 호랑이, 사자가 차례로 기차에 타자, 주인공은 "야, 우리 기차에서 내려!"라고 소리친다. 동물들은 하나씩 하나씩 기차에 타게 되고 한결같이 사람들 때문에 먹을 것이 없다고 호소한다. 상황이 반복되면서 기차에 탄 동물들의 수가 누적되는 형식의 이야기로, 브라질의 환경운동가 치코멘데스를 기려 만든 그림책이다.

연쇄적 형식은 한 가지 행위나 사건이 원인이 되어 다른 상황이 지속적으로 연결되어 발생하는 구조로 이루어진 형식으로 『좁쌀 한 톨로 장가든 총각』이 그 예다.

❸ 연쇄적 형식의 예

좁쌀 한 톨로 장가든 총각

글 · 그림 작가: 이상교 글, 주경호 그림

출판사 및 출판연도: 보림출판사(1997)

내용: 게으른 총각의 좁쌀 한 톨을 쥐가 먹고, 쥐는 고양이가 잡아먹고, 고양이는 개가, 개는 당나귀가, 당나귀는 소가 죽게 만들어 게으른 총각은 좁쌀 하나에서 시작하여 마침내 소 한 마리를 갖게 되었다. 부자가 된 총각은 예쁜 아내를 얻어 결혼을 한다는 이야기로, 한 가지 사건이 연속해서 인과관계로 얽히는 연쇄적 형식을 보여 준다.

순환적 형식은 이야기가 시작되어 사건이 진행되고 마지막에는 다시 원점으로 돌아오는 구조로 되어 있는 이야기로, 『사윗감 찾아 나선 두더지』 『곰 사냥을 떠나자』 등이 있다.

❹ 순환적 형식의 예

사윗감 찾아 나선 두더지

글 · 그림 작가: 김향금 글, 이영원 그림

출판사 및 출판연도: 보림출판사(2009)

내용: 예쁜 딸을 가진 두더지 부부는 세상에서 가장 힘이 센 사위를 얻기 위해 해, 구름, 바람을 찾아가지만, 해는 구름에 가리우고, 구름은 바람에 흩어지고, 바람은 미륵을 넘어뜨리지도 못하는데, 두더지가 미륵을 넘어뜨리는 것을 보고 결국 두더지 사위를 맞이한다는 이야기다.

(2) 등장인물

등장인물(character)은 이야기를 끌어가는 주체다. 대개 전래동화의 등장인물은 매우 전형적으로 묘사된다. 착하고 예쁜 공주, 용감한 왕자, 사악한 계모, 선한 농부, 효성이 지극한 아들, 딸이 그 예다. 사실동화나 생활동화의 주인공들은 도덕적 의지와 가치 판단력을 지닌 인물로 다양한 상황 속에서 유아에게 정서와 행동, 사고의 모델이 되는 경우가 많으며 유아의 삶을 그대로 전달하여 자기성찰과 감정적 동화를 가능하게 해 준다. 환상동화의 등장인물은 유아의 욕구를 충족시킬 수 있는 가상의 캐릭터인 경우가 많고, 현실과 꿈 사이를 넘나드는 상상 속 주인공일 수도 있다. 일반적으로 이야기 속 등장인물의 성격이나 행동 패턴은 유아에게 감정이입과 모델링의 대상이 되기 때문에 유아가 동일시하기 쉬운 대상이 적합하다.

(3) 배경

배경(setting)이란 이야기가 전개되는 시간적·공간적 상황을 의미하며, 대개는 그림책의 전반부에 묘사되어 있다. 배경에 관한 설명은 대개 그림으로 제시되어 굳이 설명하지 않아도 전체적인 분위기 속에 파악되는 경우가 많다. 예를 들어, 전래동화는 '옛날옛날 깊은 산골에…….'로 시작하는 경우, 그림 속에 산골의 지형적 특성과 함께 계절이나 등장할 동물의 모습이 담겨 있어 전개될 이야기를 암시하는 경우가 많다. 창작동화의 경우도 이야기가 전개되는 장소, 시간, 계절 및 상황에 대한 정보는 이야기의 논리적 전달을 위해 매우 중요하다.

(4) 주제

주제(theme)란 이야기를 통해 지속적으로 전달되는 하나의 사고를 말한다. 주제는 보편타당한 진리를 담고 있는가, 기본적 욕구를 만족시키는가, 정서적 안정감을 주며 애정과 행복이 넘치는 주제인가, 발달수준에 적합한가, 다양한 사회문화적 가치 기준에 부합하는가 등의 요인을 충족시켜야 한다. 서정숙과 남규(2005)는 유아를 위한 그림책의 주제로 문제해결 및 심리적 발달, 가족과의 관계, 가족 외 생명과의 관계, 자연의 모습이나 자연과의 관계, 다문화, 반편견, 여러 가지 문제 상황 등이 적절하다고 설명하고 있다. 유아의 발달적 특성과 일상적 삶을 잘 반영하고 있는지가 중요한데, 예를 들어 성장이라는 주제를 보여 주는 그림책의 경우에는 유아가 아직 어리고 발달의 과정에 있기에 겪게 되는 수많은 일을 내용으로 담고 있다.

『다시는 너랑 안 놀 거야!』는 자기중심적 사고 단계에 있는 어린 유아가 숨바꼭질을 하면서 타인의 조망을 이해하지 못해 벌어지는 우스꽝스러운 일화를 보여준다. 『병원에 입원한 내 동생』은 자매들이 성장하는 동안에 나타나는 우애와 경쟁심을 묘사하고 있다. 『이슬이의 첫 심부름』에는 작고 어린 유아가 자신에게 보이는 커다란 세상에 대한 두려움을 극복하는 과정이 따뜻하게 묘사되어 있다.

요컨대, 독립심과 자율성, 유아의 기본 욕구의 충족 등의 주제가 자주 등장한다. 이러한 주제는 가끔 유아의 연령에 비해 매우 추상적이거나 발달수준을 넘어서는 경우가 있는데, 아무리 우수한 글과 그림으로 구성된 책이라 할지라도 발달에 적합한가의 여부를 결정하는 데는 주제가 큰 몫을 차지한다. 『까마귀 소년』은 또래 사이에서 왕따였던 소년의 성장을 다루고 있고, 『늑대가 들려주는 아기돼지 삼형제 이야기』의 경우도 등장인물의 관점을 뒤집은 이야기로, 조망수용능력이 발달되어 타인의 관점을 이해하게 된 유아에게 적합한 주제의 그림책이라 볼 수 있다.

다시는 너랑 안 놀 거야!

글 · 그림 작가: 크로스비 본셀/옮긴이: 이경혜
출판사 및 출판연도: 베틀북(2000)
내용: 어린 여동생에게 숨바꼭질 놀이를 가르쳐 주는 오빠, 아무리 가르쳐 줘도 숨을 줄도, 찾을 줄도 모르는 여동생. 천진한 어린 여동생의 표정과 답답해 죽을 지경인 오빠의 표정을 보다 보면 어느새 귀여움의 미소가 입가에 번진다.

이슬이의 첫 심부름

글 · 그림 작가: 쓰쓰이 요리코 글, 하야시 아키코 그림/옮긴이: 이영준

출판사 및 출판연도: 한림출판사(1991)

내용: 난생처음 심부름을 나선 이슬이는 가다가 넘어져 동전을 떨어뜨리기도 하고, 가게 아주머니에게 우유 달라는 말을 크게 하지 못해 새치기를 당하기도 한다. 겨우 우유 한 팩을 사 들고 돌아오는 이슬이와 걱정되어 나와 있는 엄마가 마주치는 장면으로 이야기는 끝이 난다.

병원에 입원한 내 동생

글 · 그림 작가: 쓰쓰이 요리코 글, 하야시 아키코 그림/옮긴이: 이영준

출판사 및 출판연도: 한림출판사(2000)

내용: 동생이 맹장염으로 입원하게 되자, 언니인 영이만 홀로 집을 지키게 된다. 동생의 소중함을 새삼 느끼게 되면서 종이접기와 평소 못 만지게 했던 납작코 인형을 소중하게 포장하여 동생에게 갖다 주는 이야기이다. 명콤비인 하야시 아키고와 쓰쓰이 요리코의 작품이다.

까마귀 소년

글 · 그림 작가: 야시마 타로/옮긴이: 윤구병

출판사 및 출판연도: 비룡소(1996)

내용: 늘 외톨이로 산에서 타박타박 학교를 다니던 땅꼬마는 왕따의 대상이었다. 그러나 새로 오신 선생님의 따뜻한 관심으로 자신이 가진 재주를 학예회 때 발표하게 되고, 온갖 종류의 까마귀 소리를 흉내 내던 땅꼬마는 더 이상 외롭지 않게 되고 까마귀 소년이라는 새로운 별명을 갖게 된다.

늑대가 들려주는 아기돼지 삼형제 이야기

글 · 그림 작가: 존 셰스카 글, 레인 스미스 그림/옮긴이: 황의방

출판사 및 출판연도: 보림출판사(2008)

내용: 흔히 알려진 전래동화인 『아기돼지 삼형제』의 이야기를 늑대의 관점에서 패러디한 작품이다. 늑대가 아기돼지 삼형제의 집을 부수고, 돼지들을 잡아먹은 자신의 행동에 대해 변론을 하는 모습이 그럴싸하게 재미있다.

(5) 양식

그림책은 성인이 유아에게 읽어 주는 책이기 때문에 읽어 주기 쉬우면서 유아의 수준에서 이해하기 쉬운 언어 양식(style)을 가져야 한다. 특히 소리 내어 읽을 때, 언어의 리듬감이나 생동감은 매우 중요하다. 전래동화의 경우는 "옛날에 옛날에 깊은 산속에, 팥밭을 가꾸는 할머니가 살았대. …… 그런데 어느 날 호랑이 한 마리가 나타났지 뭐니?"와 같이, 구어체의 표현을 통해 마치 할머니가 손자 손녀에게 이야기를 들려주는 듯한 양식이 많다. 유리 슐레비츠의 『새벽』에는 고요하고 명상적인 분위기의 절제된 양식이 사용되었고, 『누가 내 머리에 똥 쌌어?』는 유쾌한 구어의 장난기 섞인 반복으로 유아의 웃음을 자아내는 양식을 사용하고 있다.

새벽

글 · 그림 작가: 유리 슐레비츠/옮긴이: 강무환
출판사 및 출판연도: 시공주니어(1993)
내용: 달빛 아래 고요한 호수에서 할아버지와 손자가 배를 저어 나아간다. 느리게 서서히 걷히는 새벽, 검푸른 회색의 잔잔함은 어느새 초록이 되어 빛으로 가득한 세상을 시간의 흐름에 따른 색채의 변화로 보여 준다.

누가 내 머리에 똥 쌌어?

글 · 그림 작가: 베르너 홀츠바르트 글, 볼프 에를브루흐 그림
출판사 및 출판연도: 사계절(2008)
내용: 땅속에서 고개를 내민 두더지의 머리 위에 똥이 한 덩어리 떨어진다. 누구의 똥인지 찾으러 다니는 과정에서 여러 동물의 똥의 생김새와 똥 싸는 소리들이 웃음을 자아낸다. 의성어와 의태어로 언어유희를 즐길 수 있는 그림책이다.

2) 미술적 요소

좋은 그림책은 움직이는 갤러리라고 하였다. 그림책의 그림이 단순히 이야기를 보조하는 삽화가 아니라, 이야기와 함께 정보를 전달하면서 유아의 감성과 심미감을 발달시킬 수 있기 때문이다. 매체와 기법, 양식에 따라 다양한 질감을 형성하는 그림책의 그림은 예술로서의 가치뿐 아니라 본문의 이야기와도 조화로운 통합성을 추구한다. 컬리넌과 갤다(Cullinan & Galda, 2002)는 기본적인 미술적 요소를 다음과 같이 설명한다.

(1) 선

선(line)은 모양을 나타내기도 하고 굵기나 강도에 따라 질감을 보여 주기도 한다. 선의 방향과 움직임, 굵기와 길이, 각도 등을 통해 다양한 느낌을 가질 수 있다. 직선과 곡선, 단정한 선과 산만한 선, 굵고 힘찬 선과 가늘고 약한 선은 독자에게 서로 다른 정서를 전달한다. 예를 들어, 수직선은 냉정하고 차가운 느낌, 수평선은 안정감, 곡선은 따뜻함과 자유로움, 날카로운 Z자형 직선은 흥분과 빠른 운동성, 물결 모양의 선은 동적인 에너지를 표현한다. 앤서니 브라운은『고릴라』에서 무심한 아빠와 딸 사이의 냉랭한 관계를 자를 대고 그린 듯한 직선들의 사용을 통해 보여 주고 있다.『기차ㄱㄴㄷ』에서는 수평으로 달리는 기차 여행의 편안함을 떠올리게 하며,『쏘피가 화나면—정말, 정말 화나면…』에서는 복잡하고 산만한 선들의 묘사를 통해 쏘피의 폭발할 듯한 심리 상태를 보여 준다. 존 버닝햄의『지각대장 존』에서는 자신의 말을 믿어 주지 않아 존재감이 축소된 주인공의 모습이 가늘고 약한 선으로 묘사되어 있다.

고릴라

글 · 그림 작가: 앤서니 브라운/옮긴이: 장은수
출판사 및 출판연도: 비룡소(1998)
내용: 늘 바쁜 아빠를 대신해서 아빠가 사 준 고릴라 인형과 동물원에 가면서 주인공 한나가 행복해지는 이야기이며 책 속에서 고릴라는 아빠를 상징하고 있다. 숨은그림찾기 식의 파격적인 화풍이 상상력을 자극하는 그림책이다.

기차ㄱㄴㄷ

글 · 그림 작가: 박은영
출판사 및 출판연도: 비룡소(1997)
내용: 유아들이 좋아하는 기차를 따라가면서 즐겁게 한글 자음을 익힐 수 있도록 구성한 그림책으로, 색채의 절묘한 조화, 대담하고 간결한 터치가 특징이다.

쏘피가 화나면—정말, 정말 화나면…

글 · 그림 작가: 몰리 뱅/옮긴이: 이은화
출판사 및 출판연도: 케이유니버스(2003)
내용: 주인공 쏘피가 화가 많이 났을 때 보여 주는 행동을 통해 자신의 감정을 이해하는 능력을 발달시킬 수 있는 이야기다. 글을 모르는 아이도 느낄 수 있도록 강한 선과 색으로 화의 감정을 생생하게 표현하고 있다. 몰리 뱅이 딸 모니카에게 영감을 받아 만든 책이라고 한다.

지각대장 존

글 · 그림 작가: 존 버닝햄/옮긴이: 박상희
출판사 및 출판연도: 비룡소(1995)
내용: 늘 어처구니없는 이유로 지각을 하는 존과 그의 말을 믿지 않는 선생님이 지나친 벌을 주는 이야기를 통해 교육 현실의 이해와 관심, 소통의 문제를 다루고 있다. 마지막에 고릴라에게 잡혀 있는 선생님이 도와 달라고 하자 존이 믿지 않고 거절하는 장면은 웃음을 자아낸다.

(2) 모양

모양(shape)은 선에 의해 둘러싸인 영역으로 독자의 관점과 사고를 나타낸다. 『태양으로 날아간 화살』은 기하학적 모양을 보여 주고 있으며, 레오 리오니의 『파랑이와 노랑이』는 파랑과 노랑을 추상적 형태로 표현하였고, 『부엉이와 보름달』은 실제의 모습을 담은 재현적 형태를 보여 주고 있다. 모양에는 넓은 의미로 공간도 포함되는데, 에드 영(Ed Young, 1961~)의 『일곱 마리 눈먼 생쥐』는 검고 넓은 배경으로 공간을 표현하고 있으며, 에즈라 잭 키츠는 『눈 오는 날』에서 흰 여백을 통해 눈 덮인 세상의 평화로운 세계를 묘사하고 있다.

파랑이와 노랑이

글 · 그림 작가: 레오 리오니/옮긴이: 이경혜
출판사 및 출판연도: 물구나무(2003)
내용: 둘도 없는 친구 노랑이가 없어지자 파랑이는 온 동네를 돌아다니다 노랑이를 발견한다. 반가운 마음에 얼싸안으니 둘은 초록이 되어 버린다. 초록이 된 파랑이와 노랑이를 엄마 아빠가 알아보지 못해 엉엉 울자 다시 파랑이와 노랑이로 돌아온다는 이야기다. 불규칙한 동그라미, 기하학적 선과 모양으로 그려진 교실 장면 등 색종이를 손으로 찢어 오린 듯 거칠어 보이면서도 신선한 색감과 자연스러운 색의 혼합이 돋보이는 작품이다.

부엉이와 보름달

글 · 그림 작가: 제인 욜런 글, 존 쇤헤르 그림/옮긴이: 박향주
출판사 및 출판연도: 시공주니어(1997)
내용: 추운 겨울밤, 부엉이를 보기 위해 숲으로 가는 아이와 아버지. 추위와 무서움을 참으며 깊은 숲까지 들어가는 동안 아이와 아버지는 아무 말도 하지 않는다. 부엉이의 소리를 흉내 내자 커다란 부엉이가 나타나는 이야기로 시를 읽는 듯한 아름다운 문장과 원근감을 살려 다양한 각도에서 그린 그림이 인상적인 작품이다.

일곱 마리 눈먼 생쥐

글 · 그림 작가: 에드 영/옮긴이: 최순희
출판사 및 출판연도: 시공주니어(1999)
내용: 일곱 마리 눈먼 생쥐가 코끼리를 발견하지만, 각각 전체를 보지 못하고 부분만 보게 되면서 자신들이 본 것이 무엇인지를 알 수 없게 된다. 진실은 전체를 보아야만 알 수 있다는 교훈을 보여 주는 이야기다. 그림이 선명하고 색이 아름다운 책이다.

눈 오는 날

글 · 그림 작가: 에즈라 잭 키츠/옮긴이: 김소희

출판사 및 출판연도: 비룡소(1995)

내용: 눈이 온 세상을 하얗게 덮어 버린 날, 흑인 소년 피터가 눈 속에서 경험한 일들을 서술하고 있다. 소중한 눈을 뭉쳐 주머니에 넣어 갖고 들어온 피터는 눈이 녹아 사라진 사실에 슬퍼하며 잠이 들고, 또다시 눈 내리는 아침 이번에는 친구와 눈 속으로 걸어 나간다.

(3) 색

색(color)은 다른 요소들에 비해 일러스트레이터의 상상력이 덜 개입되는 요소다. 왜냐하면 하늘은 푸르고, 잔디는 초록색이라는 사실과, 노랑이나 빨강은 따뜻한 느낌, 파랑이나 초록은 시원하거나 차가운 느낌을 준다는 일반적인 생각 때문이다. 작가는 이러한 색을 통해 등장인물의 성격, 분위기, 정서 및 심리 상태를 표현한다. 따뜻함, 시원함, 따뜻하고 다정한 감정의 교류, 심리적 위축과 소외감 등이 색을 통해 드러날 수 있다.

몰리 뱅의 『쏘피가 화나면—정말, 정말 화나면…』에서 작가는 화가 머리끝까지 난 쏘피의 감정 상태를 빨강으로, 화가 가라앉아 평안해진 상태를 파랑으로 표현하고 있다. 유리 슐레비츠의 『새벽』은 밤부터 아침까지의 시간적 변화를 색을 통해 표현하고 있다. 데이비드 위즈너의 글 없는 그림책 『이상한 화요일』에서도 푸른색의 배경을 통해 저녁과 아침의 시간적 배경을 환상적으로 묘사하였다. 에즈라 잭 키츠의 『눈 오는 날』이나 완다 가그의 『백만 마리 고양이』는 흑백을 효과적으로 대비시켜 표현한 작품이다.

이상한 화요일

글 · 그림 작가: 데이비드 위즈너
출판사 및 출판연도: 비룡소(2002)
내용: 화요일 저녁, 개구리와 두꺼비들이 하늘을 날기 시작한다. 공중에서 돌기도 하고, 사나운 개도 도망치게 만든다. 다음 날 아침, 경찰은 연꽃 잎사귀를 조사하고 목격자의 진술을 듣지만 아무것도 알아내지 못한다. 또다시 다음 주 화요일 저녁, 이번에는 돼지들이 하늘을 날기 시작한다. 상식과 질서를 벗어나 글 없이 그림만으로 환상의 세계를 표현하는 이 책은 1992년 칼데콧 수상작이다.

백만 마리 고양이

글 · 그림 작가: 완다 가그/옮긴이: 강무환
출판사 및 출판연도: 시공주니어(2009)
내용: 보헤미아 민화로 적적했던 노부부가 백만 마리 고양이들 중에서 딱 한 마리만 데려가서 키우기로 한다. 백만 마리 고양이는 서로 자기가 제일 예쁘다고 싸워, 모두 죽고 가장 못난 고양이 한 마리만 살아남게 된다. 자신을 낮추고 조용히 있던 고양이만이 노부부에게 선택되어 사랑받고 살게 된다는 이야기다.

(4) 질감

질감(texture)은 그림 표면의 느낌으로 실제감, 운동감, 거칠고 부드러운 정도 등을 나타낸다. 보고 싶고 만져 보고 싶은 호기심을 유발한다. 점토로 빚은 인형과 흙담, 지푸라기로 표현한 주경호의 『우리 할아버지가 꼭 나만 했을 때』는 질감이 살아 있는 책이며, 마르쿠스 피스터(Marcus Pfister, 1960~)의 『무지개 물고기』는 반짝이는 물고기 비늘을 사용하였고, 『마쯔와 신기한 돌』에서는 반짝이는 돌을 홀로그램으로 표현하여 유아로 하여금 만져 보고 싶은 욕구를 갖도록 만든다. 곽영권 그림의 『사물놀이 이야기』도 한지와 수묵담채화의 느낌으로 전통적인 질감을 보여 주고 있다.

우리 할아버지가 꼭 나만 했을 때

그림 작가: 전래동요/인형: 주경호

출판사 및 출판연도: 보림출판사(1999)

내용: 27편의 우리나라 전래동요를 실은 책으로 의성어, 의태어, 라임의 언어 놀이를 즐길 수 있다. 그림 작가는 흙, 점토, 종이, 나무 등을 이용해 만든 인형 사진으로 입체감 있게 책을 구성하였다.

마쯔와 신기한 돌

글 · 그림 작가: 마르쿠스 피스터

출판사 및 출판연도: 아가월드(1999)

내용: 반짝이는 신기한 돌을 가지고 조상들을 찾아 모험을 떠난 마쯔는 신기한 돌로 인해서 행복하게 끝나는 이야기와 슬프게 끝나는 이야기로 이중적인 결말을 보여 주고 있다. 마르쿠스 피스터의 『무지개 물고기』와 동일하게 홀로그램을 이용한 그림책이다.

사물놀이 이야기

글 · 그림 작가: 김동원 글, 곽영권 그림

출판사 및 출판연도: 사계절(2001)

내용: 우리의 고유한 음악이면서 세계적으로 널리 알려진 사물놀이를 유아의 수준에서 이해하고 즐길 수 있도록, 그 속에 담긴 뜻과 기원을 신화의 형식으로 풀어낸 창작 그림책이다.

(5) 디자인

디자인(design)은 작가가 구도(composition), 배치(placement), 원근법 또는 조망(perspective)을 사용하여 그림을 묘사한 것이다. 모리스 샌닥의 『괴물들이 사는 나라』에서는 글자와 그림의 배치, 그림 크기의 변화를 통해 현실세계와 환상세계 간의 이동을 시각적으로 표현하고 있다. 원근법을 이용한 『작은 집 이야기』가 그 한 예다. 『곰 사냥을 떠나자』에서도 "곰 잡으러 간단다. 큰 곰 잡으러 간단다. 우린 하나도 안 무서워."라는 반복적 문형과 문제 상황, 의성어와 의태어를 통한 문제해결 과정이 공간적으로 리듬감 있게 배치되어 있다.

작은 집 이야기

글 · 그림 작가: 버지니아 리 버튼/옮긴이: 홍연미

출판사 및 출판연도: 시공주니어(1993)

내용: 작은 집이 있던 언덕이 도시로 변하는 과정을 차분하고 객관성 있게 묘사하고 있고, 나선형으로 그려진 문장과 S자형의 독특한 구도가 돋보이는 그림책이다.

곰 사냥을 떠나자

글 · 그림 작가: 마이클 로젠 글, 헬렌 옥슨버리 그림/옮긴이: 공경희

출판사 및 출판연도: 시공주니어(1994)

내용: 반복 구조와 출발점으로 돌아오는 순환적 구조를 가진 그림책이다. 풀밭, 개울 등을 통과하는 과정에서 '사각 서걱' 같은 의성어가 리드미컬하게 반복되면서, 글씨의 크기가 점점 커져 읽는 사람이 점점 크게 소리 내어 읽도록 디자인되어 있다.

(6) 매체와 기법

그림책의 매체와 기법은 점차 다양하게 시도되어 최근 출판되는 그림책의 경우에는 채색 기법과 드로잉, 판화, 콜라주, 스크래치 보드, 사진, 컴퓨터 그래픽, 점토 조각 등이 다양하게 사용되고 있다. 채색 기법으로는 부드럽고 섬세한 느낌을 주는 수채화 물감의 사용과 안료에 무엇을 섞느냐에 따라 달라지는 템페라 물감, 아크릴 물감, 유화 물감 등의 불투명 물감의 사용을 볼 수 있다.

드로잉 기법에서는 연필과 콩테, 색연필 등이 사용되며, 판화 기법과 콜라주의 사용도 그림책에서 다양하게 시도되고 있다. 에릭 칼의 작품들은 다양한 색상과 무늬의 종이들을 콜라주하고 크레용을 사용하여 함께 그림을 구성하고 있다(예: 『배고픈 애벌레』 『아빠, 달님을 따 주세요』 등). 존 버닝햄의 『구름 나라』에서는 사진 기법과 콜라주를 복합적으로 사용하였다. 현대 그림책에서는 이러한 다양한 매체와 기법을 혼용하는 경향을 보이는데, 유애로의 『쪽빛을 찾아서』는 헝겊에 염료와 아크릴 물감을 사용하였고, 이영경의 『아씨방 일곱 동무』는 화선지와 아교를 사용하였으며, 윤미숙의 『팥죽할멈과 호랑이』도 새로운 느낌을 연출하기 위해 한지를 사용하였다.

배고픈 애벌레

글 · 그림 작가: 에릭 칼/옮긴이: 이희재
출판사 및 출판연도: 더큰(2007)
내용: 알에서 깨어난 애벌레가 월, 화, 수, 목, 금, 토요일에 여러 가지 음식을 차례로 먹고 배탈이 나자 일요일에 싱싱한 나뭇잎을 먹고 괜찮아진다. 크고 뚱뚱해진 애벌레가 고치를 만들어 들어간 후 나비로 태어나는 나비의 한 살이를 보여 주는 그림책이다.

쪽빛을 찾아서

글 · 그림 작가: 유애로
출판사 및 출판연도: 보림출판사(2005)
내용: 하늘과 바다를 닮은 쪽빛을 자연에서 찾기 위해, 온 세상을 돌아다니다가 자연에서 얻은 쪽풀로 물감을 내어 옷을 만들고, 그 물이 빠지지 않도록 끊임없이 노력하는 물장이의 모습을 그린 그림책이다.

구름 나라

글 · 그림 작가: 존 버닝햄/옮긴이: 고승희
출판사 및 출판연도: 비룡소(1997)
내용: 가족과 함께 산에 올라갔다가 절벽 아래로 떨어진 알버트를 구름 나라 아이들이 구출하게 되고, 함께 재미있게 놀다가 집으로 돌아가는 이야기다. 실제 하늘과 구름 사진에 사람들 모습을 그려 붙인 독특한 기법을 사용한 그림책이다.

아씨방 일곱 동무

글 · 그림 작가: 이영경
출판사 및 출판연도: 비룡소(1998)
내용: 『규중칠우쟁론기』를 원작으로 빨강 두건 아가씨의 바느질을 돕는 자, 가위, 바늘, 실, 골무, 인두, 다리미 일곱 동무의 자기 자랑을 담고 있다. 결국 아가씨와 일곱 동무는 누구 하나 빼놓을 수 없는 소중한 존재라는 것을 알고 화해한다. 민화풍의 익살스런 그림이 재미있다.

(7) 양식

양식은 그림책 일러스트레이터의 예술적 취향과 개성을 의미한다. 유아문학의 그림책에 빈번하게 등장하는 양식의 몇 가지 사례를 보면 다음과 같다.

❶ 재현주의(representationalism)

사물을 사진과 같이 사실적으로 표현하는 방법으로 사실에 가까운 형, 색, 비율을 지니며 의인화된 동물의 경우도 실제와 흡사하게 표현된다.

동강의 아이들
글 · 그림 작가: 김재홍
출판사 및 출판연도: 길벗어린이(2000)
내용: 엄마를 기다리는 동생을 데리고 엄마를 마중 나간 오누이와 동강의 아름다운 자연을 보여 주는 그림책이다. 동강의 계곡, 짙푸른 녹음, 맑고 깊은 물, 바위, 모래밭이 매우 사실적으로 묘사되어 있다. 강가의 바위로 사람이나 동물의 형상을 나타낸 '그림 속에 숨은 그림'을 발견하는 것도 재미있다.

❷ 표현주의(expressionism)

사물을 정확하게 묘사하는 사실주의에 반발하여 등장한 사조로 작가의 느낌을 주관적으로 표현하는 방법이다. 선, 공간, 색, 형태, 질감, 구도와 같은 미술적 요소를 의도적으로 변형하고 조작하며 과장하는 것이 특징이다.

씩씩한 마들린느
글 · 그림 작가: 루드비히 베멀먼즈/옮긴이: 이선아
출판사 및 출판연도: 시공주니어(2001)
내용: 기숙사에 사는 씩씩한 소녀 마들린느는 갑자기 배가 아파 맹장수술을 받는다. 평소에도 겁이 없고 용감했지만, 맹장수술 자국까지 보여 주며 자랑을 하자 이를 부러워한 친구들이 모두 배가 아프다고 소동을 부리는 이야기다.

❸ 인상주의(impressionism)

인상주의는 빛과 색의 상호작용을 강조하여 마술적이고 꿈 같은 분위기를 자아내는데, 에드 영의 『론포포』, 존 버닝햄의 『검피 아저씨의 뱃놀이』가 그 예다.

론포포
글 · 그림 작가: 에드 영/옮긴이: 김윤태
출판사 및 출판연도: 보림출판사(1996)
내용: 우리나라 전래동화인 '해와 달이 된 오누이'의 중국 버전이다. 론은 늑대, 포포는 할머니를 뜻하는 말로 결국 늑대 할머니를 말한다. 마치 살아 있는 듯한 그림은 약간 무섭기까지 하다.

❹ 초현실주의(surrealism)

초현실주의 그림은 통념을 깨는 풍자적 색채가 강하고 일반적이지 않은 이미지와 부조화를 포함한다. 크리스 반 알스버그(Chris Van Allsburg, 1949~)의 『자수라, 끝나지 않은 이야기 주만지』, 데이비드 위즈너의 『이상한 화요일』, 앤서니 브라운의 『고릴라』 등이 있다.

자수라, 끝나지 않은 이야기 주만지
글 · 그림 작가: 크리스 반 알스버그/옮긴이: 조은수
출판사 및 출판연도: 베틀북(2003)
내용: 엄마 아빠가 집을 비운 사이 주인공 형제가 '자수라'라는 게임을 통해 우주 탐험을 하고 돌아오는 이야기다. 주사위를 굴리고 말을 움직이면 별똥별 소나기가 내려 지붕에 구멍이 뚫리고, 다시 주사위를 굴리면 중력이 사라지고, 블랙홀에 빠지는 등의 위기에 처한다.

❺ 만화(cartoon)

만화는 선을 주로 사용하여 인물의 특성을 묘사하고, 형태를 단순화하거나 과장하여 유머러스하게 표현하기 때문에 유아에게 친숙하고 흥미 있는 양식이다.

대표적인 예로, 윌리엄 스타이그의 『당나귀 실베스터와 요술 조약돌』, 데이빗 섀논(David Shannon, 1959~)의 『안 돼, 데이빗!』이 있다.

안 돼, 데이빗!
글 · 그림 작가: 데이빗 섀논
출판사 및 출판연도: 지경사(1999)
내용: 쉴 새 없이 말썽을 피우는 데이빗. 엄마와 선생님은 늘 "안 돼, 데이빗!" 하고 야단을 치지만 아무 소용이 없다. 그런 말썽꾸러기 데이빗을 사랑하는 엄마와 선생님의 모습이 담긴 밝은 원색 그림이 돋보이는 작품이다.

❻ 민속그림(folk art)

민속그림은 고유한 문화와 전통이 드러나는 그림으로 한 민족 고유의 문양이나 색, 토속적인 상징이나 심리적 원형을 소재로 하는 양식이다. 정승각의 『까막나라에서 온 삽사리』는 우리 고유의 단청색과 고대 동물이 등장하며, 게일 헤일리(Gail Haley, 1939~)의 『이야기 이야기』는 아프리카의 전통 문양을 보여 주고 있다.

이야기 이야기
글 · 그림 작가: 게일 헤일리/옮긴이: 엄혜숙
출판사 및 출판연도: 보림출판사(2007)
내용: 아프리카에 전해지는 옛이야기로 독특하고 대담한 목판화가 아프리카 분위기를 보여 준다. 세상에 이야기가 없던 시절, 거미 아난스가 무시무시한 이빨이 있는 표범, 불처럼 쏘는 말벌, 사람 눈에 안 보이는 요정을 거미줄로 묶어서 하느님께 바치고 이야기를 사 와서 세상에 이야기가 나오게 되었다는 내용이다.

(8) 글과 그림의 관계

그림책은 글과 그림이 결합하여 다양한 관계를 형성하는 문학작품이다. 글은 시간의 흐름에 따라 순차적으로 내용을 전달하는 반면, 그림은 하나의 공간 속에서 한 번에 동시에 여러 가지 정보를 전달한다. 따라서 그림책은 논리적·분석적 사고를 담당하는 좌뇌와 공간적·종합적 사고를 관장하는 우뇌를 동시에 사용하여 감상하는 문학작품이라 할 수 있다. 글이 이야기를 주도하면서 부분적으로 삽화가 첨가된 아동문학과는 달리, 그림책은 글과 그림이 대등한 비중으로 이야기를 표현하거나(예: 팻 허친스의 『로지의 산책』), 때로는 그림이 글보다 더 많은 비중을 차지하기도 하고(예: 이영경의 『넉 점 반』), 아예 글이 전혀 없이 그림만으로 이야기를 묘사하기도 한다(예: 레이몬드 브릭스의 『눈사람 아저씨』).

로지의 산책

글·그림 작가: 팻 허친스/옮긴이: 오정환

출판사 및 출판연도: 더큰(2007)

내용: 밝고 화려한 색깔의 닭 로지가 산책을 나가고 그 뒤를 배고픈 여우가 뒤따른다. 로지는 여우의 존재를 전혀 모르는 채 산책을 즐기는데 여우는 매번 수난을 당하고, 벌집을 건드려 도망치고 만다. 이 사실을 전혀 모르는 로지는 산책을 마치고 식사 시간에 맞춰 집으로 돌아가는 이야기다. 글은 로지의 움직임을, 그림은 여우의 움직임을 묘사하고 있다.

넉 점 반

글·그림 작가: 윤석중 글, 이영경 그림

출판사 및 출판연도: 창비(2004)

내용: 윤석중 선생의 동시를 그림책으로 만든 작품이다. 단발머리 여자아이가 구멍가게로 시간을 물으러 간다. "넉 점 반, 넉 점 반……."을 중얼거리며 집으로 가면서 물 먹는 닭, 접시꽃 담장 밑 개미 떼, 날아가는 고추잠자리를 구경하느라 해가 저문다. 돌아가서 엄마에게 "시방 넉 점 반이래."라고 말하는 아이. 아이가 집으로 오는 동안 구경하면서 보내는 시간의 흐름은 오직 그림으로만 알 수 있다.

눈사람 아저씨

글·그림 작가: 레이몬드 브릭스

출판사 및 출판연도: 마루벌(1997)

내용: 눈 오는 날 아침, 소년은 눈사람을 만들어 정성스럽게 보살펴 준다. 소년과 눈사람 아저씨는 모두 잠든 밤에 풍선을 불고 음식도 먹으며 눈 오는 밤하늘을 신나게 날아다닌다. 파스텔 그림만으로 이야기를 전달한다.

그림책에서 글과 그림과의 관계는 글과 그림이 차지하는 비중과는 별개로, 글과 그림이 어떻게 이야기를 전개하는가의 차원에서도 살펴볼 수 있다. 이는 크게 세 가지의 서로 다른 형태로 나누어지는데, 반복, 협력, 분리가 그것이다. 반복의 관계는 글과 그림이 같은 이야기를 하고 있는 것을 말한다. 대부분의 영유아용 그림책이 그렇듯 글과 그림이 정확히 일치하는 경우다. 협력의 관계는 글과 그림이 서로의 빈틈을 채워 주면서 교대로 이야기를 전개하는 것을 말한다. 그림이 보여 주지 못하는 것은 글이 설명하고, 글로 설명할 수 없는 내용은 그림이 보여 주는 식이다. 마지막으로, 분리의 관계는 글과 그림이 서로의 내용을 부인하는 상호모순적 이야기를 하거나 서로 아무런 상관이 없는 이야기를 하는 경우다 (예: 팻 허친스의 『로지의 산책』).

3) 교육적 요소

문학이란 범주는 다양한 해석이 가능한 영역이기 때문에 성인을 위한 문학은 비도덕적이거나 비정상적인 주제도 가능하지만, 아직 개념이나 가치관의 형성이 미완인 유아의 경우는 항상 전인 발달을 염두에 두어야 한다. 이는 반드시 책 속에 교훈적인 가르침이 있어야 한다는 의미는 아니며, 앞서 기술한 문학적 요소와 미술적 요소를 망라하여 전체적으로 우수한 준거들을 갖추고 있어야 한다는 의미다. 유아를 위한 그림책은 무엇보다 유아에게 즐거움을 줄 수 있어야 하고, 긍정적 세계관 및 자아존중감이 형성되도록 도와줄 수 있어야 하며, 좋은 우리말을 통해 심미적 경험을 제공해야 한다. 또한 유아의 호기심을 자극하여 사고를 확장시키고, 나아가 책을 사랑하는 인간으로 성장하도록 하여야 한다.

교사는 이러한 교육적 요소를 염두에 두고 문학적 본질을 갖추고 있으면서도 심미적이고, 발달에 적합하며, 감동을 주면서 여운을 남기는 좋은 그림책을 선정하도록 노력해야 한다. 이렇게 유아기에 경험한 책과의 즐거운 상호작용은 훗날 책 읽기를 즐기는 성인으로 발달하는 데 긍정적인 영향을 미치게 된다.

3. 좋은 그림책의 조건

최근 들어 유아용 도서의 출판은 국내 창작동화뿐 아니라 전 세계 동화의 번안물을 위시하여 그야말로 그림책의 홍수라는 표현을 써야 할 정도로 만연해 있다. 유아의 건강한 발달을 위해 균형 있는 식사를 제공해야 하는 일 못지않게 유아에게 매일 규칙적으로 책을 읽어 주는 부모의 역할이 강조되는 시점이다. 그러나 어떤 책이 유아에게 적합하고 좋은 책인가를 선정하는 일은 쉬운 일이 아니다. 이경우(1998)는 유아가 좋은 책을 볼 권리가 있기 때문에, 부모나 교사는 그림책을 선정할 때 유아의 기호와 선호도를 고려해야 한다고 하였다. 많은 학자가 좋은 그림책을 〈표 3-1〉과 같이 정의하고 있다.

〈표 3-1〉 좋은 그림책의 정의

학자	좋은 그림책의 정의
Holdaway	유아가 반복해서 읽는 책
Butler	유아가 즐길 수 있는 문학적 경험을 가진 책
Jalongo	내용이 쉽고, 유아의 정서적 반응을 쉽게 끌어내며, 상상의 여지가 풍부하고, 세상과 자신을 돌아볼 수 있는 책
Bromly	우수성, 영속성, 개인적인 호소력이 있는 책
김현희	동심과 판타지가 글과 그림에 균형 있게 녹아 있는 책

유아기 동안의 문학적 경험은 후일 성인이 된 후의 문학적 취향을 결정한다 해도 과언이 아니다. 특히 유아의 책 읽기에 대한 태도와 습관 형성에 큰 영향을 미치게 되는데, 유아는 스스로 책을 선택하는 능력이나 기회가 부족하기 때문에 부모나 교사의 책임이 더 크다고 할 수 있고, 수많은 그림책을 다 읽어 줄 수는 없으므로 양질의 책을 선별하는 일은 매우 중요하다.

좋은 그림책은 다음의 세 가지 요소를 포함해야만 한다. 문학적 요소, 미술적 요소, 교육적 요소가 그것이다. 이 요소들의 충족은 좋은 그림책의 중요한 조건이 된다.

1) 문학적 요소

자롱고(Jalongo, 1988)는 주제, 구성, 인물과 같은 문학적 요소가 효과적으로 사용되었는지가 중요하다고 하면서 그림책 속의 글이 갖는 문학성을 기준으로 좋은 그림책을 판별해야 한다고 하였다. 다음은 좋은 그림책을 판별하기 위한 문학적 요소의 특징이다.

- 이야기의 줄거리가 단순하고 명쾌하며 흥미로운가?
- 유아에게 친숙한 소재를 다루고 있어서 유아가 쉽게 공감하고 동일시할 수 있는가?
- 유아의 생활과 관련되어 있고 희로애락의 정서가 다양하게 담겨 있는가?
- 주인공의 행위를 통해 유아가 성취감을 느낄 수 있는가?
- 이야기의 구성이 생동감 있고 안정되어 있는가?
- 단순하고 재미있는 대화체의 문장인가?
- 쉽고 반복적이며 리듬 있는 언어인가?
- 모국어의 아름다움을 경험할 수 있는 언어로 구성되어 있는가?

2) 미술적 요소

자롱고는 그림책의 그림에 대해 다음과 같은 평가 준거를 언급하였다(이송은, 이선영, 2005에서 재인용).

- 그림과 글이 통일된 의미를 가지는가?

• 그림이 전달하는 분위기가 이야기의 분위기를 보완하는가?
• 그림의 세부 묘사가 글과 일치하는가?
• 유아가 그림을 봄으로써 기본적 개념이나 이야기 줄거리를 알게 되는가?
• 그림이나 사진에서 아름다움을 느낄 수 있는가?
• 인쇄(명확성, 형태, 선, 사진)가 양질의 것인가?
• 유아가 그림을 보면 볼수록 더 많은 것을 느끼고 알게 되는가?
• 그림의 스타일과 복잡성이 유아의 연령 수준에 맞는가?

3) 교육적 요소

유아문학은 발달의 과정에 있고 아직 가치관이 형성되지 않은 연령의 유아를 대상으로 하기 때문에 유아의 전인적 발달을 위한 교육적 요소를 갖추고 있지 않으면 안 된다. 그러나 교육성이 곧 교훈성을 의미하는 것은 아니기 때문에(김세희, 2000), 그림책의 주제가 유아의 성숙을 돕고, 유아가 살고 있는 세상에 대한 이해가 일러스트레이터의 독창적이고 예술적인 표현과 들어맞은 작품이어야 한다. 따라서 교육성이 높은 그림책이란 즐거움, 긍정적 세계관, 자아존중감의 격려, 건전한 우리말의 습득, 심미적 경험의 충족, 호기심과 사고의 촉진, 책을 사랑하는 유아로 성장하도록 돕는 특성 등을 포함하여야 한다.

다음은 그림책의 교육적 요소의 특징이다.

• 그림책이 유아의 가치관에 긍정적인 영향을 주는가?
• 그림책의 주제가 가치 있고 유아의 발달에 적합한가?
• 그림책이 유아뿐 아니라 책을 읽어 주는 부모나 성인에게도 흥미로운가?
• 유아의 상상력과 창의력을 자극하는가?
• 책이 견고하고 내용이 충실한가?
• 그림책이 다양한 생활상을 담고 있는가?

• 이야기가 인종, 장애, 성역할에 고정관념을 보이지 않는가?

4) 좋은 그림책의 선정 기준

다음은 좋은 그림책을 선정하는 기준을 종합적으로 정리한 것이다.

첫째, 유아에게 재미와 즐거움을 주는 책인가?
둘째, 유아의 발달수준에 적합하고 이해할 만한 수준인가?
셋째, 주제가 가치 있고 교육적인가?
넷째, 그림이 예술로서의 가치가 있으면서 글과 조화를 이루는가?
다섯째, 글이 반복과 예측 경험, 새로운 어휘를 포함하는가?
여섯째, 그림과 글이 유아의 상상력과 호기심, 창의적인 사고를 자극하는가?
일곱째, 인종이나 성, 연령에 대한 고정관념을 탈피하도록 유도하는가?
여덟째, 적은 비용으로 쉽게 구할 수 있는 책인가?

그 밖에도 그림책이 전문가의 추천을 받은 책인지의 여부도 좋은 그림책의 선정 기준에 포함될 수 있다. 또한 최근에는 외국 그림책들의 번역물들이 앞을 다투어 출간되고 있는 실정이다. 그림책의 줄거리가 문학적 감성을 잘 살려 올바르게 번역되었는지, 그림책의 주제가 우리 사회의 가치관과 상충되지는 않는지 등의 여러 가지 항목을 꼼꼼하게 점검하고 좋은 그림책을 선별하여 제공하도록 노력하여야 한다.

4. 그림책의 발달 과정과 앱북의 출현

그림을 통해 의사소통하는 방식의 원형은 약 1~2만 년 전의 알타미라 동굴의 벽화에서 찾을 수 있다. 그러나 유아를 독립된 인격체로 보지 않았던 사회적 분위기 때문에 유아를 위한 그림책의 역사는 불과 300년 정도밖에 되지 않았다. 코메니우스가 『세계도회』를 만든 이래로, 유아를 위한 그림책은 꾸준히 진화하여 컬러북, 펼친 그림, 팝업북과 같은 토이북이 등장하게 되었으며, 다양한 문학적·예술적 시도를 통해 그 주제와 양식 면에서 양적·질적으로 괄목할 만한 성장을 보여 주게 되었다. 또한 시각적 메시지뿐 아니라 청각적 메시지를 함께 전달하는 CD-ROM 그림책, 웹 그림책이 등장하였고, 최근에는 스마트폰, 태블릿 PC와 같은 전자기기의 발달로 더 쉽고 편리하게 그림책을 접할 수 있는 앱북이 개발되어 그 시장이 확산되고 있다. 〈표 3-2〉는 그림책의 발달 과정이다.

〈표 3-2〉 그림책의 발달 과정

	구분	주요 작품	매체	내용
인쇄 기반의 그림책	최초의 그림책	코메니우스 『세계도회』(1658)	목판흑백 인쇄	• 내용을 쉽고 정확히 이해할 수 있도록 그림으로 시각적인 설명 • 유아의 발달과 특성을 고려한 그림책
	컬러북	윌리엄 멀레디 『The Butterfly's Ball, and the Grasshopper's Feast』(1808)	나이테 목판, 손채색	• 그림에 색이 입혀지면서 읽는 책에서 보는 책으로 그림의 비중 커짐 • 지식 전달의 매체에서 즐거움을 주는 매체로 전환됨
	펼친 그림	하인리히 호프만 『더벅머리 아이』(1845)	다색 목판 인쇄	• 주요 메시지가 그림에 있고 글은 그림의 분위기를 보조하며 나머지를 채움 • 그림이 이야기를 전달하는 시각적 의사소통 기능
	토이북	루이스 스콧 『신데렐라』(1979)	다양한 소재 활용	• 스토리보다는 흥미 위주의 그림책으로 입체, 룰렛, 카드 등의 형태 • 장난감과 책의 중간 역할을 하는 그림책으로 느끼고 실감하는 매체
	다양한 감각을 활용하는 그림책	브루노 무나리 『I Prelibri Libro』(1980)	다양한 소재 활용	• 시각 중심의 그림책이 아닌 다양한 감각을 이용해 활동하는 방법을 제시하는 그림책 • 다른 색, 소재, 시점을 통해 어린이의 호기심을 불러일으키고 스스로 적극적인 사고를 하게 함
멀티미디어 기반의 그림책	그림책 비디오	크로켓 존슨 『해롤드의 모험』(1959)	비디오	• 작가의 의도와 관점에서 정해진 화면과 시간의 흐름 속에 시뮬레이션화된 내용을 일방적으로 전달받는 매체
	CD-ROM 그림책	브로더번드 사의 『Living Books』 시리즈(1993)	CD-ROM	• 고정된 화면과 슬라이드식 이동 화면의 혼합된 형태 • 기존의 책과 마찬가지로 각각의 장면 읽기 가능 • 동시에 마우스의 탭에 따라 다각적 공간에서 다양한 이야기가 입체적으로 펼쳐짐
	웹 그림책	부키의 동화나라 (http://www.buki.co.kr)	웹	• CD-ROM 그림책의 특징에 언제 어디서나 접속할 수 있는 웹의 장점을 추가한 매체 • 인터넷을 통해 자료를 공급하기 때문에 저렴한 비용으로 여러 지역의 다수의 대상이 이용 가능
	앱북	교원이솝극장	애플리케이션	• 한 권의 전자책이 하나의 애플리케이션으로 제작 • 다양한 상호작용 기능을 구현할 수 있는 매체

출처: 허정은(2012). p. 6.

1) 인쇄 기반의 그림책

1658년에 제작된 코메니우스의 『세계도회』는 최초의 인쇄 기반 그림책이다. 이후 19세기 초 영국에서 존 해리스(John Harris)가 수공업적 채색 작업을 시작하였고, 1850년 에드먼드 에반스(Edmund Evans)에 의해 다색판화를 이용한 컬러북의 대량생산이 가능해졌다. 19세기 중엽에 들어서서 펼친 그림책, 팝업북, 책장을 접고 오리고 붙이고 파내어 만든 토이북 등이 등장한다. 이들은 장난감과 책의 중간 역할을 하면서 그림책이 단순히 시각적 자극을 제공한다는 사고의 틀을 깨고, 다양한 감각을 활용하는 그림책의 새 장을 열었다.

인쇄 기반의 그림책은 텍스트와 정지된 이미지로 내용을 전달하며, 유아는 논리적 사고와 상상력을 사용하여 그림책의 세계를 이해해야 한다. 인쇄 기반의 그림책이 갖는 지면의 제한성은 보는 유아로 하여금 다 표현되지 않은 생략된 장면에 대해 추론하고 상상하는 경험을 하도록 하기 때문에, 상상력과 사고력을 확장할 수 있는 장점이 있다. 따라서 인쇄 기반의 그림책은 독자에게 주도권을 주며 읽는 이의 적극적인 참여를 요구한다.

2) 멀티미디어 기반의 그림책

멀티미디어란 '여러 가지'라는 의미의 'multi'와 '매체'라는 의미의 'media'의 합성어다. 따라서 텍스트, 이미지, 사운드, 애니메이션 그리고 비디오의 다섯 가지 매체를 복합적으로 사용하는 것을 의미한다(이만재, 2003: 허정은, 2012에서 재인용)

(1) 그림책 비디오

그림책 비디오란 그림책을 기반으로 그래픽 영상과 성우의 대사와 해설, 음악과 음향 효과를 첨가하여 제작한 매체다. 그림책이 정적인 매체라면 그림책 비디오는 동적인 움직임과 소리의 합성 매체라고 볼 수 있으며, 영상으로 이야기를 들려주는 것이다(현은자, 2005). 그림책 비디오는 시각적 영상으로 움직임을 보여 주며, 음악과 대사, 음향 효과를 들려주기 때문에 인쇄된 그림책보다는 훨씬 완성도 높은 자극과 정보를 유아에게 제공한다. 또한 정지된 장면 사이에 미처 표현되지 못한 동작이나 움직임을 영상으로 재현해 주기 때문에 유아가 그림책의 내용을 보다 쉽게 이해할 수 있으며 보다 현실감 있게 받아들인다. 그러나 이러한 그림책 비디오의 특성은 유아가 내적으로 이미지를 상상하거나, 이야기를 능동적으로 구성하는 기회를 박탈하고 수동적으로 이야기를 받아들이게 만드는 단점이 되기도 한다.

(2) CD-ROM 그림책

CD-ROM은 멀티미디어 기록 매체로서, 1990년대 초반에 동화책을 애니메이션 기법으로 제작하여 그래픽, 애니메이션, 음성, 배경음악 등을 넣어 활용되었다. 마우스의 조작에 따라 사용자와 상호작용이 가능하도록 제작한 CD-ROM 그림책은 교육과 재미를 합친 에듀테인먼트(edutainment)를 지향하는 매체라고 볼 수 있다. 브로더번드(Broderbund)사에서 출시되었던 'Living Books 시리즈'는 CD-ROM 그림책의 대표적인 사례였고[예: 『토끼와 거북이』, 머서 메이어의 『할머니와 둘이서』], 이러한 CD-ROM 그림책은 화면의 캐릭터를 마우스로 클릭하면 다양한 움직임과 음향이 함께 출현하며 재미를 주기 때문에 유아에게 상당한 인기를 끌었다. 캐릭터뿐만 아니라 모니터상에 나타나 있는 배경 화면이나 작은 소품까지도 클릭만 하면 예상치 않은 소리나 움직임을 보여 주었기 때문에 독자의 능동적이고 적극적인 조작에 따라 원하는 만큼의 즐거움을 얻을 수 있는 특성이 있었다. 그러나 가격 면에서 대중화되는 데 한계가 있었기 때문에 소비자가 웹 그림책으로 옮겨 가는 계기가 되었다.

아리수 에듀의 CD-ROM 그림책

(3) 웹 그림책

CD-ROM 그림책과 동일한 매체이지만, CD-ROM 타이틀을 일일이 구매해야 하는 부담 없이 저렴하게 언제 어디서나 해당 사이트에 접속만으로 이용할 수 있는 이점이 있다. 또 CD-ROM 그림책에 비해 더 많은 정보를 담을 수 있고, 사용하는 데 시간과 공간의 제약도 없으며, 동시에 여러 사람이 사용할 수 있는 한층 진보된 매체다.

(4) 앱북

앱북이란 스마트 디바이스(예: 스마트폰, 태블릿 PC 등)를 통해 접할 수 있는 책을 의미하며, 일반적으로 스마트폰의 애플리케이션을 통해 인쇄된 그림책의 30~40%의 가격에 앱북을 다운로드하여 볼 수 있다. 앱북은 영상, 이미지, 소리와 상호작용까지 더해진 매체이며, 웹 그림책과는 달리 스마트 기기의 특성에서 비롯되는 휴대성을 가진 매체다. 또 휴대용 단말기를 사용하기 때문에 마우스의 클릭이 아닌 소리, 장치 흔들기, 탭, 스핀과 같은 다양한 동작을 통해 상호작용할 수 있는 특성이 있다. 앱북은 인쇄 기반의 그림책, 그림책 비디오, 웹 그림책의 성격을 모두 가지며 동시에 휴대가 가능하기 때문에 가장 다각적인 자극과 기능을 고루 갖춘 매체라고 볼 수 있다. 허정은(2012)은 종이라는 매체를 이용한 인쇄 기반의 그림책과 스마트 디바이스를 매체로 하는 앱북은 그 매체의 특성상 상이한 경험을 제공하기 때문에 각각의 매체의 특성에 맞는 디자인이 연구 개발될 필요가 있다고 주장하면서 팝업북을 이용하여 앱북으로 전환하는 연구를 실시하였다. 그는 앱북은 유아문학의 가치를 판단하는 기준인 문학성, 예술성, 교육성과 더불어 흥미성과 매체 활용성을 갖추어야 한다고 주장하였다.

제4장 유아문학의 장르

성인을 위한 문학에서와 마찬가지로 유아문학에도 다양한 갈래가 있다. 문학의 장르는 문학작품을 유형별로 구분하여 질서 있게 체계화한 것으로, 이렇게 유형화하여 범주를 구분함으로써 문학을 보다 체계적으로 이해할 수 있도록 해 준다. 프랑스어로 장르(genre)는 생물학에서의 종을 구분할 때 쓰이던 표현이다. 동식물의 공통적 특성과 상이성에 따라 종을 구분하듯이, 문학에서의 장르는 문학의 특성을 어떤 동일한 기준에 따라 분류하기 위해 차용된 것이라 볼 수 있다. 문학의 장르를 구별하는 기준은 언어의 형태에 따라 리듬감이 없는 산문문학과 언어에 리듬감을 부여하여 정서적·감상적인 효과를 가져오는 운문문학으로 구별되고, 저자의 유무와 전달 방식에 따라 구비전승문학과 창작기록문학으로 구별된다. 또한 이야기의 사실성과 허구성에 따라서는 사실문학과 환상문학으로 구별될 수 있는데, 이를 간략히 표로 나타내면 〈표 4-1〉과 같다.

〈표 4-1〉 문학의 장르

분류 기준	장르	
언어의 형태	산문문학	운문문학
저자의 유무	구비전승문학	창작기록문학
이야기의 사실성	사실문학	환상문학

이러한 문학의 분류 기준을 참고로 유아문학도 다양한 학자에 의해 분류되었다. 러셀(Russell, 2005)은 유아문학을 유아기 책, 그림 이야기책, 전승문학, 시, 환상문학, 사실문학, 전기, 정보 제공책으로 나누었다. 서덜랜드(Sutherland, 1997)는 그림책, 전승문학, 근대 환상문학, 근대 사실동화, 시, 역사동화, 전기, 지식정보책으로 분류하였다.

김현희와 박상희(2008)는 유아문학을 크게 산문과 운문으로 나누고, 이를 전승문학과 창작문학으로 구분하여 세분화하였다. 이들은 전승문학 속에 민담, 신화 및 전설, 우화, 전래동요를 포함시켰고, 창작문학 속에는 환상문학, 사실문학, 정보 그림책과 동요·동시를 포함시켰다. 사실문학에는 사실동화, 역사동화, 전기를 포함시켰고, 환상문학에는 환상동화와 공상과학동화가 들어 있다. 이 중에서 동요·동시와 전래동요는 운문문학으로 따로 분류하였다.

이러한 유아문학의 분류 기준을 참고하여 여기서는 유아문학의 장르를 옛이야기 그림책, 동요·동시 그림책, 환상 그림책, 사실 그림책, 정보 그림책, 글 없는 그림책으로 분류하였다. 이를 도식으로 나타내면 [그림 4-1]과 같다.

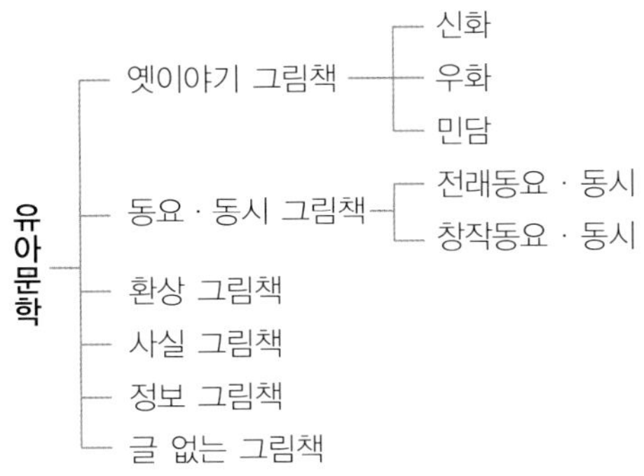

[그림 4-1] 유아문학의 종류

이 분류에 따른 문학적 갈래의 특징과 그 사례가 되는 그림책들을 소개하면 다음과 같다.

1. 옛이야기 그림책

옛이야기 그림책은 국문학에서는 구비문학, 전승문학이라고 분류되는 문학의 한 갈래다. 유아문학에서는 기록되지 않고 입에서 입으로 전해 내려오다가, 최근에 출판된 종류의 문학을 통칭한다. 이 옛이야기는 오랜 세월 동안 사람들의 기억에 의존하여 구전되어 내려왔기 때문에 지역마다 서로 다른 내용과 결말을 갖기도 한다.

최운식과 김기창(1988)은 이러한 전승문학의 특징을 다음과 같이 정리하였다. 첫째, 전승문학은 말로 된 문학이다. 이는 말소리로 존재하고 말로 전해져서 기록되지 않은 채 보존된 문학이라는 의미다. 따라서 시공을 초월한 보존은 불가능하며, 말의 특성상 이야기 내용에 가감이 있을 수밖에 없는 성격을 갖는다. 둘째, 전승문학은 구연되는 문학이다. 사람의 입을 통해 표현되는 형식을 갖기 때문에 표정과 몸짓이 수반되는 음성적 표현의 성격을 갖는다. 셋째, 전승문학은 공동작의 문학이다. 전승문학은 오랜 시간을 거쳐 여러 사람의 기억에 의존하여 입에서 입으로 전해 내려오는 특성을 갖기 때문에, 시대적 특성이나 개인적 취향에 따라 다양하게 변화되게 마련이다. 따라서 전승문학의 근원은 수많은 숨은 작가에서 찾을 수 있다. 넷째, 전승문학은 단순하며 보편적인 문학이다. 오랫동안 여러 사람의 기억을 통해 사라지지 않고 전승되었다는 점은 문학의 형식이나 구조면에서 단순했기 때문에 가능한 것이라 볼 수 있고, 시대적 차이에도 불구하고 인간의 본질적 속성을 담아내는 보편적 특성이 있기에 가능한 것이다. 다섯째, 전승문학은 민중적이며 민족적인 문학이다. 대개 문학은 개인의 삶과 사회의 가치관을 반영하게 되는데, 오랫동안 사회 구성원들에 의해 생산되고 전달되면서 그들 삶의 모습을 담아내는 전승문학은 가장 민중적이고 민족적인 속성을 갖는다.

전승문학은 신화(myth), 우화(fable) 및 민담(folktale)으로 구분되며, 이렇게 전해 내려오는 이야기들 중에서 동심이 바탕에 깔려 있는 이야기인 전래동화가 대표적인 전승문학으로 언급된다. 그러나 모든 전승문학이 동심을 바탕으로 한 것이 아니기 때문에, 이야기의 기저에 동심이 있고 교육적인 내용으로 구성되어 있으면 이를 전래동화라고 하는데, 여기서는 이를 옛이야기 그림책으로 명명하였다. 옛이야기 그림책을 종류별로 살펴보면 다음과 같다.

1) 신화

신화(myth)는 신성시되는 이야기로서, 현실에서 흔히 일어나지 않는 위대하고 숭고하며 특이한 내용이 포함되어 있다. 예를 들어, 알에서 태어나거나, 부모에게 버림받아 짐승의 보호를 통해 성장한다거나, 현실적으로 불가능한 시련을 극복하여 위대한 승리를 거두는 등의 비현실적 요소를 갖는 것이 일반적이다. 단군신화에서 등장하는 호랑이와 곰의 이야기는 이러한 신화적 요소를 전형적으로 갖고 있다. 100일 동안 쑥과 마늘을 먹었다는 이야기 설정과 그러한 인내의 결과로 사람이 되었다는 결말은 신화를 통해 인간 행위의 규범이나 당위를 설정하는 기준이 되기도 한다. 우화가 단순한 구조를 갖는 데 비해, 신화는 더 복잡하며 존재의 근원에 대한 문제를 매우 상징적으로 묘사하는 경우가 대부분이다. 즉, 생명의 기원이나 천지창조의 시발점, 우주의 현상 혹은 인류 문명의 기원, 종교나 사회관습의 기원에 대한 역사적 조망을 다루고 있다. 흔히 '왜 이야기(why story)'라고 칭해지는 '뿌루꾸아(pourquoi tale)'들이 그 예다.

이러한 신화는 인간의 삶 속에서 필연적으로 당면하게 되는 여러 가지 종류의 고통(질병, 죽음, 이별, 불행 등)에 대처하는 데 도움을 주기도 한다. 왜냐하면 과학적·논리적으로 설명할 수 없는 불가사의한 신성불가침의 영역을 다루고 있기 때문이다. 인간의 힘으로 해결할 수 없는 문제들에 대해 자연이나 신의 뜻으로 순종하고 받아들이도록 하는 역할을 하기도 한다는 것이다.

신화의 특성을 문학적 요소별로 살펴보면, 우선 등장인물은 그 수가 적고 신적인 존재들이다. 단군신화를 예로 든다면 환웅과 웅녀 사이에서 태어난 단군을 찾아볼 수 있다. 신화의 줄거리는 하나이거나 아주 단순한 사건으로 이루어져 있으며, 시간적·공간적 배경도 단순하고 피상적이다. 예를 들면, 그냥 '옛날 옛적에…….' '세상이 처음 생겨날 때…….'처럼 불특정한 시간과 공간에 대한 설정으로 미스터리한 요소를 갖는다. 반면, 신화의 주제는 광범위하고 보편적이며 대개 엄숙하고 신비로운 면을 갖는다. 서덜랜드(Sutherland, 1997)는 신화가 사고와 언어의 기원을 알려 주기 때문에 유아에게 신화를 접할 기회를 많이 주어야 한다고 하였다. 영어의 어휘들 중에는 그리스 로마 신화의 신들의 이름에서 기원한 용어들이 많으며, 천지창조에 관한 이야기들은 세상의 기원을 알려 주는 원천이 된다.

모기는 왜 귓가에서 앵앵거릴까?

글 · 그림 작가: 버나 알디마 글, 리오 딜런 · 다이앤 딜런 그림/옮긴이: 김서정

출판사 및 출판연도: 보림출판사(2003)

내용: 아프리카의 정글에서 허풍쟁이 모기 때문에 이구아나가 귀를 막게 되고, 비단뱀, 토끼, 까마귀, 원숭이에게 차례차례 영향을 주면서 아기 올빼미 한 마리가 죽게 된다. 슬픔에 빠진 엄마 올빼미가 해를 부르지 않아 정글이 어둠에 잠기게 된다는 이야기다.

마고할미

글 · 그림 작가: 정근 글, 조선경 그림

출판사 및 출판연도: 보림출판사(2006)

내용: 제주도 창세신화인 설문대할망을 그림책으로 엮은 책이다. 한라산을 베고 누웠을 만큼 거대한 마고할미의 움직임에 의해 산, 강, 벌판, 섬들이 만들어진 이야기를 담고 있다.

거미 아난시

글 · 그림 작가: 제럴드 맥더멋/옮긴이: 윤인웅

출판사 및 출판연도: 열린어린이(2005)

내용: 아프리카의 민담 영웅인 거미 아난시의 모험담을 담은 그림책이다. 거미 아난시에게 여섯 명의 아들이 있었는데, 아난시가 곤경에 처했을 때 아들들이 모두 아빠를 구한다. 무척 신비한 빛구슬을 발견한 아난시는 어떤 아들에게 줄까 고민하는데, 만물의 신인 니아메가 누구나 볼 수 있도록 하늘에 갖다 두었다는 이야기다.

단군신화

글 · 그림 작가: 이형구 글, 홍성찬 그림

출판사 및 출판연도: 보림출판사(2007)

내용: 하늘에서 환웅이 바람신, 비신, 구름신과 신단수 아래로 내려와 사람을 다스린다. 환웅은 사람이 되고 싶어 하는 곰과 호랑이에게 쑥과 마늘을 주며, 백일 동안 햇빛을 보지 말라고 하였다. 호랑이는 견디지 못했고, 곰은 예쁜 여자로 변해 환웅과 결혼하여 단군이 태어났다는 내용의 탄생신화다.

노아의 방주를 탄 동물들

글 · 그림 작가: 바바라 레이드/옮긴이: 김장성

출판사 및 출판연도: 사계절(2001)

내용: 구약 성경에 나오는 노아의 방주 이야기를 재현한 그림책으로, 세상의 모든 동물이 암수 짝지어 방주 안으로 들어오는 모습이 재미있다.

미다스 왕과 황금 손길

글 · 그림 작가: 샤를로트 크래프트 글, 키누코 크래프트 그림/옮긴이: 문우일

출판사 및 출판연도: 미래아이(2003)

내용: 황금을 사랑한 미다스 왕이 만지는 것마다 황금으로 변하게 만들어 달라는 소원을 이루게 되었다. 황금보다 더 사랑하는 딸 오펠리아가 황금으로 변해 버리자, 자신의 탐욕을 뉘우치고 샘물로 딸을 되찾아 지혜로운 왕이 된다는 이야기다.

2) 우화

전승문학의 하위 갈래인 우화(fable)는 도덕적이고 윤리적인 문제를 다룸으로써 인간의 사고나 태도에 영향을 주는 이야기다. 대개 동물이 주인공으로 등장하며, 어떤 단순한 상황에서 보이는 동물의 행위를 통해 인간의 삶에 필요한 도덕적 교훈이나 설교적 메시지를 전달한다. 우화 속에 등장하는 동물들은 대개 의인화된 표현으로 묘사되어, 인간처럼 사고하고 말하고 행동한다.

우화의 플롯은 단일한 사건을 중심으로 짧고 간결하게 구성되어 있고, 시간적·공간적 배경도 세부적이지 않으며, 기승전결의 과정도 구체적이지 않은 특성을 갖는다. 우화의 주제는 세상을 살아가는 데 필요한 처세나 도덕적 가치를 담고 있기 때문에 다분히 비유적이며 교훈적이다. 우화의 대표적인 예로는 그리스의 『이솝우화』가 있다. 중세에는 교과서로 사용된 적도 있으며, 오늘날에는 세계 여러 나라의 언어로 번역되어 가장 널리 사랑받는 우화가 되었다. 대표적인 이야기로는 『여우와 두루미』『시골 쥐와 서울 쥐』『개미와 베짱이』『여우와 신 포도』

『토끼와 거북이』 등이 있다. 『바람과 햇님』으로 알려진 프랑스의 『라퐁텐 우화』도 국내에 소개되어 있고, 그 밖에 인도의 『판차탄트라 (Panchatantra)』가 있다.

김용택 선생님이 들려주는 이솝우화 50
글 · 그림 작가: 김용택 편저
출판사 및 출판연도: 은하수미디어(2013)
내용: 전 세계적으로 사랑받는 이솝우화를 섬진강 시인 김용택이 엮은 책으로 『햇님과 바람』 『개미와 베짱이』 『토끼와 거북이』 등 50편이 실려 있다.

라퐁텐 우화집
글 · 그림 작가: 라퐁텐
출판사 및 출판연도: 크레용하우스(2001)
내용: 프랑스의 우화 30편이 실린 책으로 『떡갈나무와 갈대』 『황소와 개구리』 『구두 수선공과 부자』 등의 이야기가 실려 있다.

3) 민담

민담(folktale)은 특정한 작가가 없이 널리 알려진 이야기나 소문과 같은 이야기로 정의되며(김현희, 박상희, 2008에서 재인용), 독일의 메르헨(Marchen)과 영국의 요정 이야기(fairy tale), 북유럽의 에벤튀레(eventyre)가 있다. 김서정(2007)은 민담의 의미를 작은 이야기라고 적고 있고, 일반적으로 인간의 보편적인 정서인 즐거움, 슬픔, 기쁨, 질투, 공포 등을 포함하는 사회상을 담고 있으며, 친숙하고 호소력이 있어 유아가 접근하기에 매우 용이하다고 하였다.

민담의 특징은 다음과 같다. 첫째, 반복적 특성을 갖는다. 단어나 어구, 문장의 반복, 주인공의 행위의 반복 등 동일한 상황들이 지속적으로 반복되는 특성이 있다(예: 『아기 돼지 삼형제』). 둘째, 3이라는 숫자의 공통된 원형이 존재한다. 예를 들면, 삼 형제, 삼 남매, 세 마리 동물, 세 가지 소원, 삼 년 고개 등과 같이 등장인물이나 사건의 수에서 숫자 3이 반복된다(예: 『우락부락 염소 세 형제 이야기』). 셋째, 민담은 일반적으로 '옛날 옛적에(Once upon a time)'로 시작하여 '행복하게 잘 살았다(They lived happily ever after)'로 끝나는 단순한 이야기다(예: 『신데렐라』 『콩쥐팥쥐』). 넷째, 민담은 주인공들이 대개 길고 먼 여행을 떠나 겪게 되는 문제 상황들을 해결하는 구조로 되어 있다. 이러한 문제해결의 과정에서 힘과 용기, 지혜 등이 표현된다(예: 『좁쌀 한 톨로 장가든 총각』 『반쪽이』). 다섯째, 민담 속에는 대립의 요소가 들어 있다. 착한 사람과 나쁜 사람, 평범과 비범, 가난과 부 등의 대립을 기초로 이야기가 전개된다(예: 『홍부와 놀부』 『혹부리 영감』 『금도끼 은도끼』 『콩쥐팥쥐』 등).

(1) 한국 민담의 문학적 요소별 특징

❶ 주제

우리나라 민담의 주제는 권선징악, 인과응보(예: 『해와 달이 된 오누이』)와 같은 교훈적이고 도덕적인 내용을 담고 있다.

❷ 플롯

발단, 전개, 절정, 결말의 점진적인 플롯(progressive plot)을 갖는다. 서두는 '옛날 옛적에 ○○가 살았는데…….'와 같은 전형적인 표현과 '오래오래 행복하게 살았대요.'라는 식의 결말을 가지며 대립과 반복의 형식을 갖는다. 선과 악의 대립, 힘과 꾀의 대립, 미와 추의 대립의 구조를 가지며 동일한 사건의 반복이나 누적적 반복이 일반적이다. 진행의 형식은 시간의 흐름에 따라 이야기가 진행되는 단선적 형식, 누적적 형식이 있다(예: 『좁쌀 한 톨로 장가든 총각』). 이러한 종류의 이야기 구조는 중간 이야기를 생략하면 이해되지 않는다.

연쇄적 형식은 인과관계가 없는 반복을 보이는 이야기 구조로 어느 한 가지를 빼도 인과관계가 성립된다. 예로는 『강물에 빠진 호랑이』가 있다. 회귀적 형식은 비슷한 방식이 반복되다가 다시 처음 원점으로 돌아가는 형식으로 『사윗감 찾아

나선 두더지』와 같은 이야기가 전형적인 예다.

❸ 등장인물

민담의 등장인물은 전형적인 경우가 많으며, 등장인물 간의 성격은 대립적인 경우가 많다. 착하거나 악하거나(예: 『혹부리 영감』), 아주 예쁘거나 못생겼거나(예: 『콩쥐팥쥐』), 극히 부자이거나 가난뱅이이거나(예: 『흥부와 놀부』), 똑똑하거나 어리석거나(예: 『호랑이와 토끼』) 하는 대립된 성격의 등장인물이 나오며, 이 인물들은 또한 다분히 고정관념적인 전형성을 갖는다. 예를 들어, 계모는 반드시 사악하고, 악당은 어딘가 한 군데의 장애를 가지고 있거나, 모든 왕자와 공주는 잘생겼고, 바보는 대개 키도 작고 못생겼다는 식이다.

우리나라 민담의 경우는 여성보다는 남성이, 어린이보다는 어른이 주인공이 되는 가부장적인 문화적 배경을 보인다. 우리나라 민담에는 초자연적인 존재와 동물이 많이 등장하는데, 가장 많이 등장하는 동물은 단연 호랑이다. 호랑이는 힘과 권력의 상징으로 민담의 주 대상인 약한 백성의 잠재된 의식을 보여 준다고 볼 수 있다.

❹ 배경

민담의 시간적·공간적 배경은 대개 구체적이지 않은 것이 특징이고, 사건의 전개에 큰 영향을 미치지 않는 형태로 서술되어 있다. 예를 들어, '옛날 옛적 호랑이가 담배 피던 시절에…….' '산골 어느 마을에…….'와 같이 두루뭉술하게 표현되어 있다.

(2) 민담의 교육적 의의

첫째, 민담은 바람직한 인성을 형성하는 데 도움이 된다. 민담은 주제가 권선징악적이고 도덕적이며 교훈적인 경우가 대부분이기 때문에 이야기를 통해 착하게 살면 복을 받고, 정직하고 성실하고 다른 사람에게 덕을 베풀어야 한다는 도덕적 가치를 심어 주게 된다.

둘째, 민담은 전통문화를 계승·발전시킨다. 민담에는 우리 민족 고유의 풍속, 생활양식, 사상, 신앙 등의 가치관이 내포되어 있어 이야기를 듣는 동안 자연스럽게 전통의 문화와 사고를 내면화하게 된다.

셋째, 민담은 유아의 욕구를 만족시켜 준다. 정서적인 안정에 대한 욕구, 사랑하고 사랑받고 싶은 욕구, 고난을 극복하고자 하는 욕구, 원하는 것을 소유하고 싶은 욕구, 자아를 실현하고 싶은 욕구 등이 흥미 있는 이야기를 통해 대리만족된다.

2. 동요 · 동시 그림책

유아는 태어나면서부터 엄마가 들려주는 자장가를 들으면서 잠이 든다. 흔히 아기를 어르거나, 옹알이 상대를 해 줄 때에도 엄마는 리드미컬한 이야기를 들려준다. 짧은 문장이 운율을 가지고 반복되며 읽히면 그 자체가 하나의 시가 되고 음악이 될 수 있다. 또한 시에 표현된 어휘는 함축적이며 리듬감을 가지고 있기 때문에 유아에게 언어를 가지고 놀이하는 유희적 요소와 심미감을 경험하게 해 준다. 여기서는 전래동요·동시와 창작동요·동시의 특징을 살펴보고, 그 교육적 의의와 양질의 동요·동시 그림책 선정 기준을 살펴보고자 한다.

1) 전래동요 · 동시

(1) 전래동요 · 동시의 특징

전래동요는 구비전승문학의 특성상 유아의 놀이와 함께 세월을 타고 전해 내려왔기 때문에 대중의 구미에 맞도록 첨삭·변형되는 특징을 갖는다. 이러한 전래동요의 수집 및 출판 작업은 현대에 와서 이루어졌으며, 대개 형식과 내용 면에서 대중적이고 보편적인 동요들이 주 대상이 되었다. 이상금과 장영희(2001)는 우리나라의 전래동화가 계급에 대한 비판적인 견해를 보이는 것과는 달리, 전래동요는 순수하고 솔직하면서도 직선적인 비유를 갖는다고 분석하였다. 우리나라의 전래동요는 리듬감이 풍부하고 반복이 많으며 유아의 놀이와 결합할 수 있는 특성을 가진 것들이 많다.

예를 들어, 한국어린이육영회 편의 전래동요 시리즈들을 살펴보면 〈우리 집에 왜 왔니?〉 〈여우야, 여우야〉 〈꼭꼭 숨어라 머리카락 보인다〉와 같이 유아들이 집단으로 놀이하면서 부르던 사례들이 있고, 〈두껍아, 두껍아 헌 집 줄게 새 집 다오〉처럼 흙장난을 하면서 부르고 놀던 동요들도 있다. 줄넘기를 하며 부르던 〈꼬마야 꼬마야〉 〈똑똑 누구십니까?〉도 널리 불리던 전래동요다. 한편, 홍양자(1997)는 손유희의 종류인 〈아침바람〉과 더불어 이러한 전래동요의 대부분이 일본의 영향을 받았다고 주장하였다.

(2) 전래동요 · 동시의 종류

❶ 동물요

동물을 소재로 한 전래동요를 칭하며, 〈두꺼비〉 〈잠자리〉 〈새야 새야〉 〈나비〉 〈까치〉 〈꿩 꿩 장서방〉 등이 있다. 이 중에서 녹두장군 전봉준을 빗대어 불렸다고 전해지는 〈새야 새야〉는 경기도와 전라도 지역을 중심으로 전해 내려왔다.

〈두꺼비〉는 모래놀이와 함께 불린 노래인데, 왼손을 모래에 파묻고 오른손으로 두드려 두꺼비 굴을 만들면서 부르는 노래다. 이 노래는 전국적으로 널리 퍼져 있는 전래동요이며, 굴을 만들고 난 후 왼손을 살그머니 뺐을 때 굴이 무너지지 않도록 하는 것이 놀이의 관건이다. 〈꿩 꿩 장서방〉은 장끼라 불리는 수꿩을 부르는 노래다. 〈나비〉는 충청도를 중심으로 중부 지방에 퍼졌던 노래인데, 봄날 노랑나비와 흰나비들이 날아다니는 모습을 표현하고 있다.

새야 새야

새야 새야 파랑새야
녹두밭에 앉지 마라
녹두꽃이 떨어지면
청포장수 울고 간다

두꺼비

두껍아 두껍아 헌 집 줄게 새집 다오
두껍아 두껍아

나비

나비야 나비야 이리 날아 오너라
노랑나비 흰나비 춤을 추며 오너라
봄바람에 꽃들도 방긋방긋 웃으며
참새도 짹짹짹 노래하며 춤춘다

❷ 식물요

식물에 관한 전래동요로는 〈고사리〉 〈신랑방에 불 켜라〉 〈외따기〉 〈찔레 먹고〉 등이 있다.

찔레 먹고*

찔레 먹고 찔찔
고추 먹고 골골
달래 먹고 달달
삐비 먹고 삐삐
나승개** 먹고 나섰다

*전북 정읍 지방
**나승개: '냉이'의 방언

❸ 놀이요

놀이요는 놀이를 하면서 부르는 전래동요로 그 종류가 가장 많고 다양하다. 〈소꿉놀이〉 〈이거리 저거리 각거리〉 〈기와밟기〉 〈아이구 뜨거워〉 〈대문놀이〉

〈꼬마야 꼬마야〉〈얼굴 그리기〉 등이 있다.

〈이거리 저거리 각거리〉는 신체놀이의 한 종류로, 여러 유아가 자신의 두 다리를 다른 친구들의 다리와 서로 어긋나게 끼워 펴고 앉아 두드리며 부르는 노래다. 한쪽에서 차례로 다리 하나씩 두드리며 노래를 부르다가 노래의 마지막 음절에 손이 닿은 다리를 집어넣게 되고, 차례로 빼다가 마지막 남은 다리를 가진 유아가 술래가 되는 놀이다. 이 놀이와 전래동요는 중부 지방을 중심으로 퍼졌으며, 재미있는 음운 표현을 즐길 수 있던 노래다.

〈얼굴 그리기〉는 노랫말에 따라서 얼굴 그림을 그리며 부르는 노래다. 땅바닥에 주저앉아 흙 위에 손가락으로 그리기도 하고, 종이에 연필로 그리면서 부르기도 하였다.

얼굴 그리기

아침 먹고 땡
점심 먹고 땡
저녁 먹고 땡
창문을 열었더니 비가 오더래
지렁이가 세 마리
해골바가지
아이구 무서워

〈꼬마야 꼬마야〉는 새끼줄 줄넘기를 하면서 부르는 노래로, 두 명의 유아가 긴 새끼줄을 돌리면 한 명씩 돌아가는 줄 사이로 들어와 줄을 넘으면서 노랫말에 따라 움직이는 놀이다. 한 유아가 성공을 하고 나가면 다음 차례의 유아가 돌고 있는 줄 사이로 걸리지 않고 들어와서 줄넘기를 하고, 앞서 줄넘기를 성공한 유아는 다시 줄 뒤로 가서 선다. 이렇게 계속 돌고 도는 집단 놀이로서 경기도와 충청도를 중심으로 퍼져 있다.

꼬마야 꼬마야

꼬마야 꼬마야 뒤를 돌아라
돌아서 돌아서 땅을 짚어라
짚어서 짚어서 만세를 불러라
불러서 불러서 잘 가거라

❹ 애무요

어른이 아이를 달래거나 놀리면서 부르는 노래로, 〈자장가〉 〈둥개 둥개 둥개야〉 〈들강 달강〉 등이 있다. 〈자장가〉는 전국적으로 다양한 노래가 전해 내려오고 있고, 〈둥개 둥개 둥개야〉는 어른이 아기를 안고 위아래로 어르면서 부르는 노래다.

자장가*

새는 새는 낭게** 자고
쥐는 쥐는 궁게*** 자고
소는 소는 마구**** 자고
우리 같은 애기들은
엄마 품에 잠을 잔다

*경기도 지방
**낭게: 나무에
***궁게: 구멍에
****마구: 마굿간

자장가*

자장 자장 우리 애기
선녀같이 예쁜 애기
곱게 곱게 자는 방에
괴**도 개도 아니 온다
자장 자장 우리 애기
샛별같이 맑은 눈에
조랑조랑 맺히어라

*경남 고성 지방
**괴: 고양이

❺ 서정요

서정요는 동심을 표현한 전래동요로, 〈이 박 저 박〉 〈달아 달아〉 〈앞니 빠진 중강 새〉 〈새야 새야〉 〈비야 비야〉 등이 있다.

〈비야 비야〉는 경상도 지방의 노래로 시집가는 누나의 단장이 비로 망가질까 봐 걱정하는 동생의 마음이 나타나 있는 전래동요다. 〈달아 달아〉는 〈새야 새야〉와 같은 곡조에 맞춰 부르는 노래로 구슬픈 가락과 함께 달밤의 정서가 잘 나타나 있는 노래다.

고추 먹고 맴맴

글 · 그림 작가: 김원석 글, 정승희 그림

출판사 및 출판연도: 처음주니어(2008)

내용: 조상의 슬기와 얼이 담긴 전래동요 40편을 엮어 만든 그림책으로, 〈두껍아 두껍아〉 〈고추 먹고 맴맴〉 등의 동요가 엄마의 사랑, 일과 놀이, 곤충과 동물 등의 주제로 실려 있다.

2) 창작동요 · 동시

창작동요와 동시의 특징을 이해하기 위해 시의 문학적 정의를 살펴보면 다음과 같다.

시는 인간의 생각이나 느낌을 언어의 리듬과 같은 음악적 요소와 언어의 이미지와 같은 회화적 요소에 의해 일정한 형식으로 표현된 것이며, 독자의 감각이나 감정에 호소하고, 상상력을 자극하여 깊은 감명을 주는 것을 목적으로 하는 운문문학의 한 갈래다. 『브리태니커 백과사전』에서는 "시란 정감 있고 리듬감 있는 언어로 인간의 마음에 대해 구체적이면서 예술적으로 표현한 것이다."라고 정의하고 있다.

(1) 시의 요소

❶ 운율

시의 음악적 요소를 운율이라 하는데, 운율은 시를 읽을 때 느껴지는 가락을 의미한다. 운율은 대개 동음 반복, 음수 반복, 의성어나 의태어 반복, 통사적 구조의 반복을 통해 만들어진다. 이러한 운율을 통해 독자는 음악을 듣는 듯한 느낌을 받게 되며, 소리의 규칙성이 주는 즐거움과 함께 무뎌진 일상적인 말 표현에 대한 감각을 깨우기도 한다.

〈표 4-2〉 시의 운율을 만드는 요소

운율의 요소	의미	예
동음 반복	특정한 음운(두운, 각운, 특정 자음 혹은 모음)의 반복	봄비 맞고 새순 트고 여름비 맞고, 몸집 크고……
음수 반복	일정한 음절 수(3 · 4조, 7 · 5조 가락)의 반복	자리자리 잠자리
의성어 · 의태어 반복	감각적 반응을 일으키는 표현의 반복	살랑살랑, 통통통, 또깍또깍……
통사적 구조 반복	같거나 비슷한 문장 짜임의 반복	신호등은 선생님이에요 자동차도 사람도 말 잘 듣는 아이예요

❷ 심상

시에는 음악적 요소인 운율과 함께 회화적 요소인 심상(image)이 존재한다. 심상이란 시를 읽을 때, 마음속에 떠오르는 상(象) 또는 느낌을 말한다. 이러한 심상은 과거의 경험을 바탕으로 감각기관을 통하여 형성된다. 심상의 종류에는 시각적 심상, 청각적 심상, 미각적 심상, 후각적 심상, 촉각적 심상 그리고 공감각적 심상이 있다.

〈표 4-3〉 시의 심상의 종류

심상의 종류	의미	예
시각적 심상	색채, 명암, 모양, 움직임을 나타내는 시어	구겨진 넥타이처럼……
청각적 심상	구체적인 소리를 나타내는 시어	뻐꾹뻐꾹……

미각적 심상	맛을 나타내는 시어	달콤한 초콜릿…… 쓰디쓴 약……
후각적 심상	냄새를 나타내는 시어	복숭아 향, 사과 향…… 라일락 향기가
촉각적 심상	촉감을 나타내는 시어나 시구	까칠까칠한……
공감각적 심상	둘 이상의 감각적 표현이 함께 어우러진 시어	푸른 휘파람 소리……

(2) 창작동요 · 동시의 특징

동시는 순수한 즐거움을 선사하는 시의 속성을 갖춤과 동시에 읽는 대상이 유아라는 특성 때문에 동심에 호소하는 내용을 담고 있어야 하며, 유아의 인지적 · 언어적 수준에 적합하여야 한다. 또한 동시가 가지고 있는 리듬과 운율은 유아에게 청각적인 즐거움을 주기 때문에 동시를 제대로 즐기게 하려면 리듬과 운율을 잘 살리면서 읽어 주는 것이 필요하다.

동요와 동시는 형식적으로 유사하나, 동요는 노래 부르는 특성을 가지고 있는 반면에 동시는 사색적 특징을 갖는다.

우산

윤석중

이슬비 내리는 이른 아침에
우산 셋이 나란히 걸어갑니다
파란 우산, 깜장 우산, 찢어진 우산
좁다란 학교 길에 우산 세 개가
이마를 마주 대고 걸어갑니다

빨래집게

민현숙

한 번 입에 물면
놓아주지 않는다
개구쟁이 바람이
바지가랭이를 잡고 늘어져도

꽉 문 빨래
놓치지 않는다.

조그만 게
고 조그만 게
덩치 큰
바람을 이긴다.

신발장에서

문삼석

아빠 신발 위에
작은 내 신발……

좁디좁은
신발장 안에서도,

내 신발 업어주는
아빠 큰 신발……

풀벌레

오순택

온종일
풀잎에 앉아 놀더니

온몸에
초록물이 들었구나.

(3) 동요 · 동시의 교육적 의의

좋은 동요·동시를 듣고 읽는 경험은 유아에게 심미감을 발달시키고 자신과 다른 사람의 감정을 이해하고 통찰하는 기회를 제공한다. 운율을 따라 리듬감 있게 묘사된 시적 표현들은 유아로 하여금 듣는 즐거움을 만끽하게 하며, 이러한 시어의 모방과 창작 경험은 자신의 감정을 아름다운 언어로 표현할 수 있도록 도움으로써 언어유희의 묘미까지 느낄 수 있게 해 준다. 유아 수준의 생각과 정보, 주변 사물이나 환경에 대한 통찰, 일상생활에서 겪는 여러 가지 다양한 사건에 대한 시적 표현들은 유아의 감각을 깨워 삶을 활기차고 생생하게 느끼게 해 준다.

동요·동시의 교육적 의의를 간단히 정리하면 다음과 같다.

- 함축된 시어를 접함으로써 언어의 아름다움을 느낄 수 있다.
- 시의 리듬감과 운율을 통해 감각적인 즐거움을 갖는다.
- 정서적으로 풍부한 경험을 하게 된다.
- 감성과 상상력을 풍부하게 한다.
- 자연과 사물, 삶에 대한 이해와 통찰력을 길러 준다.
- 자신의 감정을 자연스럽게 언어로 표현하는 방법을 익히도록 해 준다.

(4) 동요 · 동시의 선정 기준

김현희와 박상희(2008)는 좋은 시의 요건을 다음과 같이 정리하였다. 첫째, 좋은 음률 및 소리와 주제의 조화를 가지고 음악적으로 표현되었는가? 둘째, 섬세하면서도 기억에 남을 만큼 감각적이며 함축적인 뛰어난 언어를 사용하였는가? 셋째, 시의 주제가 풍부한 의미를 지니면서 일상생활의 평범한 경험이나 신기한 경험을 잘 그리고 있는가? 버크(Burke, 1990)는 좋은 시의 기준을 다음과 같이 제안하였다.

- 시를 다시 듣고 싶은가?
- 시의 리듬이 뚜렷하게 나타나는가?
- 시 속에 간결하고 단순한 심상이 있는가?
- 시가 주제를 가지고 있는가?
- 시에 운율이 있는가?

• 시에 유머가 있는가?

김세희(2000)는 유아에게 적절한 시의 선정 기준을 다음과 같이 설명하였다.

• 교사가 먼저 그 시를 좋아해야 한다.
• 행동의 이미지를 묘사한 시를 선택한다.
• 운율과 리듬감이 있는 시를 선택한다.
• 오래된 시와 현대시를 골고루 선택한다.
• 유아가 등장하는 시를 선택한다.
• 짧은 시를 선택한다.
• 시의 주제가 색다르거나 일상생활에 새로운 의미를 부여하는 시를 선택한다.
• 감각적이고, 함축성 있고, 명백하고, 기억될 만한 시어(예: 의성어, 의태어)를 사용한 시를 선택한다.
• 시대가 변하여도 공감이 되는 시를 선택한다.
• 유아에게 흥미로운 시각적인 시인 모양시(시의 단어들이 일정한 모양이나 패턴을 가진 시)를 선택한다.
• 유머가 있는 시를 선택한다.

현은자와 김세희(2005)는 좋은 시의 평가 기준으로서, 글은 감동적 요소가 있고, 운율과 리듬감이 있어야 하고, 글을 읽을 때 이미지가 떠올라야 하고, 모국어의 아름다움을 느낄 수 있어야 하고, 시대가 변해도 공감이 되어야 하며, 그림책 제작에 적합한 운문이어야 한다고 주장하였다.

3. 환상 그림책

환상 그림책은 작가의 상상력으로 쓰인 이야기로서 현실 속에서는 일어날 수 없는 환상적 요소가 많이 가미된 유아문학의 갈래다. 김요섭(1986)은 유아에게 동심을 그리는 환상적인 이야기를 많이 들려주는 것이 좋다고 하였고, 베틀하임(Bettelheim, 1976)은 요정 이야기의 환상적인 요소가 유아의 상상력을 자극하고, 내재된 공포를 극복하는 자신감을 회복하게 해 준다고 하였다. 한편, 환상 그림책의 긍정적인 측면에도 불구하고 유아에게 지나친 상상과 허무맹랑한 환상의 세계를 경험하게 하는 것에 반대하는 의견도 있다. 예를 들어, 마리아 몬테소리(Maria Montessori, 1870~1952)는 환상동화나 우화, 공상적 이야기를 통해 유아에게 터무니없는 환상의 세계를 경험하게 하는 데 부정적 견해를 가지고 있었다. 그러나 김종상(1989)은 삶의 현실이 참담할수록 환상적인 이야기가 중요하며, 윤수천(1989)도 유아를 위한 문학은 반드시 꿈과 희망과 용기를 주는 문학이어야 한다고 주장하였다.

환상 그림책은 일반적으로 『괴물들이 사는 나라』『이상한 나라의 앨리스』처럼 현실과 전혀 동떨어진, 시간과 공간을 초월한 상상 속의 이야기를 말한다. 경우에 따라서는 인간이 아닌 동물이나 장난감(예: 코듀로이)들이 의인화되어 인간처럼 말하고 생각하고 움직이는 이야기도 환상동화의 범주에 속할 수 있다. 이러한 그림책들은 환상성이 조금 떨어지기는 하지만 유아의 물활론적 사고 특성이나 인공론적 사고에 따라 적절하게 호소하여 영향을 주기도 한다. 환상 그림책은 현실과는 동떨어진 세상의 이야기이지만, 현실과 유사한 골격을 갖고 있어서 유아는 환상 그림책을 통해 현실적 삶에 적용할 수 있는 일관된 진실을 경험하게 된다.

1) 환상 그림책의 문학적 요소별 특징

(1) 등장인물

환상 그림책 속의 주인공들은 평범하고 전형적인 등장인물을 갖는 옛이야기 그림책과는 달리 구체적이고 섬세하게 묘사되어 있다. 현실과는 동떨어진 상상 속의 이야기를 그려 내야 하기 때문에 이야기 속의 주인공들도 초현실적이거나 초자연적인 존재 혹은 의인화된 존재로서 입체적이고 다면적으로 묘사되는 경우가 많다(예: 『피터팬』『크릭터』『마녀 위니』).

(2) 플롯

환상 그림책의 플롯은 다양하다. 발단, 전개, 절정, 결말의 구조를 갖기는 하지만, 환상 그림책의 결말은 반드시 해피엔딩이 아니며, 이렇다 할 결말이 없이 열린 구조로 이야기가 끝을 맺는 경우도 많다. 이야기가 전개되는 과정이 상상적이었기 때문에, 그 결말 또한 독자의 상상에 맡기는 경우도 있다(예: 『지각대장 존』『달사람』『모자』).

(3) 배경

환상 그림책의 배경은 매우 다양하다. 옛이야기 그림책의 배경이 단순하고 전형적이었던 것에 비해, 환상 그림책은 상상 속의 어떤 시간이나 공간이든 모두 이야기의 배경이 될 수 있다(예: 『이상한 나라의 앨리스』『구름 나라』).

(4) 주제

환상 그림책은 다양한 주인공과 배경, 플롯을 갖기 때문에 주제도 다양할 수밖에 없다.

2) 환상 그림책의 교육적 의의

첫째, 환상 그림책은 환상의 세계를 현실과 대비시켜 사실성을 더 분명히 드러나게 한다(예: 『동물원』 『터널』).

둘째, 환상 그림책은 논리적이거나 이성적이어야 할 필요 없이 무한정 자유로운 상상의 세계에 유아가 머물 수 있도록 해 준다(예: 『하늘에서 음식이 내린다면』 『마술연필』 『요정나라 시장구경』 『구름빵』 등).

셋째, 환상 그림책은 상상 속의 주인공이 벌이는 가상의 경험에 유아를 동일시하게 함으로써 심리적인 위안을 준다(예: 『내 머리가 길게 자란다면』).

넷째, 환상 그림책은 인간이 할 수 있는 무한한 상상력을 통해 인지적 활동을 격려한다.

3) 환상 그림책의 종류

(1) 민담의 요소를 가진 환상 그림책(literary fairy tale)

전승문학을 재화한 형태나 민담을 재치 있게 고쳐 만든 이야기로, 초현실적 사건과 등장인물을 갖는 그림책이 이 유형에 속한다. 그러나 구전된 이야기가 아닌 작가의 상상력에 의해 만들어진 작품들이다.

안데르센 동화집
글 · 그림 작가: 한스 크리스티안 안데르센/옮긴이: 이나경
출판사 및 출판연도: 현대문학(2011)
내용: 『임금님의 새 옷』 『눈의 여왕』 『인어공주』 『성냥팔이 소녀』 『엄지공주』 『빨간 구두』 등의 동화가 실려 있는 동화집이다.

손 큰 할머니의 만두 만들기

글 · 그림 작가: 채인선 글, 이억배 그림
출판사 및 출판연도: 재미마주(2007)
내용: 무엇이든 넘치게 만드는 손 큰 할머니, 해마다 설날이면 엄청난 양의 만두를 빚는다. 만두소가 줄어들지 않아 동물들이 힘들어하자, 할머니는 만두피를 넓게 깔고 만두소를 몽땅 쏟아 세상에서 제일 큰 만두를 만들어 나누어 먹는 이야기다.

(2) 순수한 상상을 포함하는 환상성이 높은 그림책(tales of the pure imagination)

이 이야기들은 교훈적이거나 종교적인 이야기가 아니며, 논리적으로 말이 되지 않는 난센스와 유머가 풍부하여 순수하게 상상적 즐거움을 제공한다. 주인공이 상상 속의 공간으로 여행을 하거나, 초현실적 능력을 가진 등장인물을 갖거나, 시간과 공간 속의 자유로운 여행을 다룬 이야기들이 이 유형에 속한다.

도깨비를 빨아 버린 우리 엄마

글 · 그림 작가: 사토 와키코/옮긴이: 이영준
출판사 및 출판연도: 한림출판사(2007)
내용: 빨래하는 것을 좋아하는 엄마는 뭐든 가리지 않고 빨아 버린다. 지저분한 도깨비가 잘못 걸려 빨리고 나니 눈코입이 없어져 버렸다. 눈코입을 그려 주자 예쁜 도깨비가 되었고, 온 세상 도깨비들이 자기도 빨아 달라고 몰려드는 이야기다.

알사탕

글 · 그림 작가: 백희나
출판사 및 출판연도: 책읽는곰(2017)
내용: 동네 문방구에서 산 신기한 알사탕은 깨물 때마다 소리가 들린다. 낡은 소파, 늙은 개 구슬이, 아빠, 할머니의 마음이 말소리가 되어 들리면서 다른 사람의 마음을 헤아릴 수 있게 된다는 이야기를 담고 있다.

프레드릭

글 · 그림 작가: 레오 리오니/옮긴이: 최순희
출판사 및 출판연도: 시공주니어(1999)
내용: 다른 들쥐들이 일을 하는 동안 프레드릭은 빛과 색깔을 모은다. 추운 겨울 프레드릭이 햇살 이야기를 하면 몸이 따뜻해지고, 파란 덩굴꽃과 노란 밀집, 붉은 양귀비꽃, 초록 딸기 덤불의 선명한 색깔도 볼 수 있게 되는 이야기다.

(3) 의인화된 동물, 장난감을 다룬 환상 그림책

동물이지만 사람처럼 말을 하고, 생각하고, 행동하거나, 장난감 같은 무생물이 의인화되어 이야기를 진행하는 그림책이다. 이는 애니미즘적 사고를 하는 유아기 그림책에 흔히 등장하는 유형이다.

짧은 귀 토끼

글 · 그림 작가: 다원시 탕탕/옮긴이: 심윤섭
출판사 및 출판연도: 고래이야기(2006)
내용: 자신의 짧은 귀를 길게 만들려고 여러 가지 시도를 하다가 빵을 귀에 붙이게 되는데, 그 빵을 먹은 독수리가 빵 맛에 반해 소문이 나면서 빵집으로 성공하게 되는 토끼의 이야기다.

도서관에 간 사자

글 · 그림 작가: 미셸 누드슨 글, 캐빈 호크스 그림/옮긴이: 홍연미
출판사 및 출판연도: 웅진주니어(2007)
내용: 도서관에 간 사자를 통해 도서관에서 지켜야 할 규칙들과 도서관에 가면 볼 수 있는 장면들이 사자의 관점에서 그려진 그림책이다.

행복한 사자

글 · 그림 작가: 루이제 파쇼 글, 로저 뒤봐젱 그림/옮긴이: 지혜연
출판사 및 출판연도: 시공주니어(2017)
내용: 동물원을 나온 사자가 사람들의 달라진 태도에 당황했지만 우리 밖에서도 여전히 다정하게 대해 주는 프랑소와를 만나 동물원으로 돌아가면서 행복해하는 이야기다.

4. 사실 그림책

사실 그림책도 환상 그림책과 마찬가지로 뚜렷한 저자가 있는 가상의 이야기다. 그러나 현실과 동떨어진 상상 속에서 이야기가 진행되는 환상 그림책과는 달리, 사실 그림책은 모든 사건이 실제로 일어남직하고 그럴듯해서 현실적으로 납득이 가는 종류의 그림책이다. 사실 그림책에는 사실(fact)과 역사 이야기 그리고 위인의 일생을 다룬 전기가 포함된다. 이러한 책들은 유아로 하여금 자신의 개인적 문제들을 객관화하여 줌으로써 사회와 역사에 대한 통찰을 가능하게 해 주고, 위대한 위인의 삶을 통해 삶의 지표를 세우는 데 도움이 된다.

장 자크 루소와 존 듀이(John Dewey)는 유아에게 현실적인 소재를 다룬 이야기를 들려줌으로써 현실에서의 경험과 놀이에서의 경험을 통합하고자 하였다. 특히 유치원, 병원, 미장원, 백화점, 경찰서나 소방서, 은행 등의 인접한 주변 환경과 관련된 이야기 경험은 유아의 놀이 장면에 고스란히 등장하게 된다. 19세기 미국의 뱅크 스트리트 유아학교(The Bank Street School) 프로그램에서도 유아의 일상생활을 다룬 유아 자신의 이야기인 사실 그림책들을 주로 제공하였음을 볼 수 있다. 이들이 출판한 책의 제목 『Here and Now Story Book』에서도 알 수 있듯이, 유아에게 친숙하고 가까운 소재들에서 이야기가 출발하여 확장될 수 있도록 하였다.

사실 그림책은 환상 그림책처럼 동물이나 식물에 관한 이야기를 상상에 근거하여 진행하지 않고 동식물의 자연적 속성이나 있는 그대로의 이야기를 소재로 하여 만들어진다.

환상 그림책과 사실 그림책 간의 교육적 적합성 논쟁을 떠나, 유아에게는 문학적 완성도가 높은 작품이라면 어떠한 그림책이라도 제공되어야 한다. 환상의 정도와 사실성의 정도를 문학 장르별로 도식화하면 [그림 4-2]와 같다.

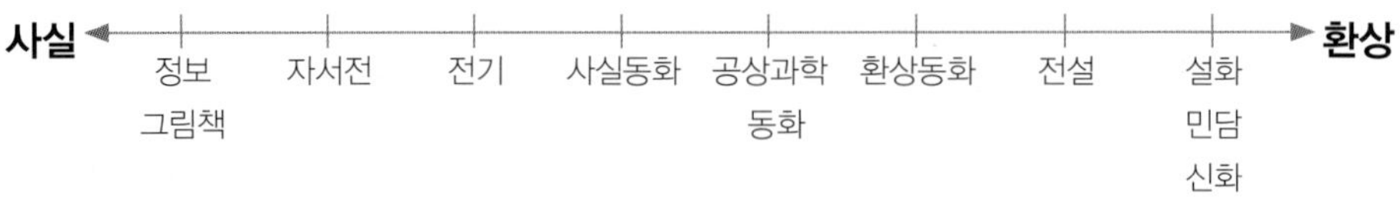

[그림 4-2] 문학 장르별 환상과 사실의 정도 구분

출처: 김현희, 박상희(2008). p. 213.

1) 사실 그림책의 문학적 요소별 특징

(1) 등장인물

사실 그림책의 등장인물은 실제적이다. 반드시 선남선녀이어야 할 필요도 없고, 부자이거나 초능력을 갖고 있지 않아도 된다. 사실 그림책의 주인공은 우리가 일상적으로 만날 수 있는 지극히 평범하고 흔한 보통 사람들이다. 이 인물들에 대한 묘사는 환상 그림책의 경우처럼 자세하고 입체적인 경우가 대부분이며, 이는 전승문학의 등장인물이 비교적 단순하고 전형적으로 묘사되는 것과는 대조적이다. 사실 그림책에 등장하는 동물도 환상 그림책에서처럼 의인화되거나 기이한 능력을 갖고 있지 않다. 예를 들어, 윌리엄 스타이그의 『아모스와 보리스』에서 고래 보리스와 생쥐 아모스는 고래와 생쥐 본래의 행동 특징을 보여 준다. 사실 그림책에서도 동물이 주인공이 되어 유아의 생활을 비유하는 경우가 있다. 동물이 일어나서 먹고 씻고 놀이하고 자는 이야기를 담은 경우에도 작가는 동물의 행위를 빌려서 유아의 생활에 대한 이야기를 할 뿐, 환상이나 허구적인 요소가 전혀 없는 것이 특징이다.

(2) 주제와 소재

사실 그림책의 주제는 유아가 경험할 수 있는 일상생활 속 여러 가지 문제, 혹은 간접적으로 체험할 수 있는 사람들의 살아가는 이야기들이기 때문에 매우 다양하다. 부모-자녀 간의 사랑, 형제간의 우애 또는 질투, 동생이 태어났을 때 부모의 사랑을 빼앗기는 느낌, 애완동물의 죽음으로 인한 상실감, 친구 간의 우정 또는 갈등 등 유아가 성장하면서 겪는 다양한 경험이 사실 그림책의 소재가 될 수 있다. 또한 사실 그림책은 유아가 자신의 삶과는 다른 삶의 모습들을 그림책을 통해 간접적으로 경험함으로써 세상에 대한 이해를 넓히도록 해 준다. 광부의 살아가는 이야기, 언어·인종·문화가 다른 사람의 삶의 모습, 최근 들어 늘어나고 있는 다양한 가족의 형태에 관한 이야기도 다문화 교육 차원에서 사실 그림책이 다룰 수 있는 민감한 주제다.

(3) 배경

사실 그림책은 대개 독자가 수긍하고 납득할 수 있는 시간적·공간적 배경을 갖는다. 작가가 그림책을 쓴 시기가 근현대의 가까운 시기이며, 공간적 배경도 실존하는 구체적인 장소인 경우가 대부분이다. 이러한 특징은 작품 속에서 과거·현재·미래의 세계가 시공을 초월하여 공존하는 환상 그림책과는 대조적이다.

(4) 플롯

사실 그림책의 플롯은 선정된 주제나 소재가 갖는 갈등 상황을 해결하는 과정으로 전개된다. 이야기 속에서 벌어지는 사건들이 현실적으로 일어남직하고, 갈등의 양상과 그 처리 과정이 논리적으로 개연성이 있는지의 여부는 이야기의 사실성 확보에 중요하다. 따라서 사실 그림책은 적절한 주제와 사건, 갈등 해결의 과정들이 철저하게 리얼리즘적 차원에서 전개되어야 한다. 이는 초자연적인 힘과의 갈등을 마술적인 힘이나 환상적인 요소에 의해 해결해 나가는 환상 그림책과는 다른 특징이다.

2) 사실 그림책의 교육적 의의

첫째, 사실 그림책은 삶에 대한 이해를 돕는다. 평범한 사람의 평범한 일상을 경험함으로써 세상살이에 대한 다양한 정보를 준다.

둘째, 이야기가 현실에 바탕을 두고 유아와 비슷한 또래의 경험을 소재로 삼기 때문에 등장인물과의 동일시가 수월하다.

셋째, 동화 속의 내용이 유아가 가지고 있는 문제나 걱정거리와 일치할 때, 유아는 세상에서 혼자가 아님을 느끼게 되며 심리적 안정감을 갖게 된다.

넷째, 현실적이고 평범한 주인공이 문제를 해결해 나가는 과정을 보면서 용기와 문제해결력, 자신감을 북돋울 수 있다.

다섯째, 자신이 직접 경험하지 않은 일들을 간접적으로 경험하게 해 준다.

여섯째, 이야기 속에 유머와 반복의 요소를 통해 책 읽는 즐거움을 갖도록 해 준다.

순이와 어린 동생

글 · 그림 작가: 쓰쓰이 요리코 글, 하야시 아키코 그림

출판사 및 출판연도: 한림출판사(1995)

내용: 엄마가 잠시 외출한 사이에 동생을 보던 순이는 그림 그리는 틈에 동생을 잃어버린다. 어린 가슴을 콩닥거리며 동생이 갔을 만한 곳을 찾아다니는 순이의 얼굴에는 긴장감이 역력하다. 마침내 놀이터에서 동생을 발견하면서 미소 지으며 서로를 안아 주는 자매의 사랑이 따뜻하게 묘사된 그림책이다.

비 오는 날 또 만나자

글 · 그림 작가: 사토우치 아이 글, 히로노 다카코 그림/옮긴이: 고광미

출판사 및 출판연도: 한림출판사(2017)

내용: 비 오는 날 모습을 드러내는 여러 생물, 즉 달팽이, 두꺼비, 뿔 호랑나비 애벌레, 배추흰나비 애벌레, 청개구리 등이 살아가는 모습을 자연과 더불어 사는 삶의 시각으로 잔잔하게 보여 주는 그림책이다.

피터의 의자

글 · 그림 작가: 에즈라 잭 키츠/옮긴이: 이진영
출판사 및 출판연도: 시공주니어(1996)
내용: 동생이 태어나자 엄마 아빠는 피터가 쓰던 물건들을 동생 수지에게 준다. 엄마 아빠의 사랑까지 빼앗긴 것 같은 피터가 의자만은 빼앗기지 않으려고 집을 나온다. 앉아 보니 이제는 피터가 앉기엔 의자가 너무 작다. 가족의 일원이 된 동생을 받아들이는 마음이 피터가 아빠를 도와 페인트칠을 하는 행동에 잘 담겨 있다.

5. 정보 그림책

정보 그림책은 유아에게 유용한 정보를 담고 있으며, 꾸준히 즐겨 읽히는 장르이지만 유아문학의 범주에 포함시키기 어려운 측면이 있다. 왜냐하면 유아문학을 규정하는 가장 중요한 준거는 이야기가 가지고 있는 예술적 · 미학적 특성인데, 정보 그림책은 작가의 상상력과 문학성으로 유아의 동심을 자극하는 문학적 본질을 갖고 있지 않기 때문이다. 대개 정보를 주는 그림책은 특정 분야의 지식을 정확하게 기능적으로 전달하는 데 초점이 있을 뿐, 이를 예술적으로 표현하려고 하지 않는다. 그러나 정보 그림책은 유아가 알아야 할 여러 가지 개념이나 사실에 대한 정보를 담고 있기 때문에 부모나 교사가 읽기를 권장하는 책이며, 유아의 세상에 대한 호기심과 앎에 대한 욕구를 충족시키기에 매우 효율적인 매체다.

유애로의 『갯벌이 좋아요』는 갯벌 속 생물들의 모습에 대한 정확한 정보와 함께 생물들 간의 대화를 표현하는 형식으로 환상적인 요소를 가미함으로써, 문학성을 갖춘 정보 그림책의 좋은 예다.

1) 정보 그림책의 교육적 의의

첫째, 자연과학 분야의 생물과 관련된 지식과 정보를 흥미롭게 전달해 준다.

둘째, 사실과 허구의 관계를 명확히 보여 주어 실용적 측면에서 사실과 진리에 접근하도록 한다.

셋째, 다양한 정보와 지식을 전달해 줌으로써 유아의 선천적 호기심을 충족시켜 준다.

2) 정보 그림책의 종류

정보 그림책은 각 학문의 영역에 따라 그 종류가 무궁무진하다. 지구과학 분야에는 지구와 우주, 태양계의 천체와 행성들에 대한 정보를 담은 책이 있으며, 생물과학 분야에는 동물과 식물의 종류와 한살이, 생태계에 관한 정보 그림책이 있다. 사회과학 분야에는 유적지, 다양한 인종과 문화·음식·의상에 대한 정보 그림책이 있으며, 그 외에도 인간의 인체에 관한 정보, 세계의 종교나 스포츠에 관한 다양한 내용을 소개하는 책도 있다. 유아의 연령이 낮다면, 숫자나 글자, 색이나 모양의 이름, 신체 기관의 명칭, 일상생활용품을 소개하는 정보 그림책들이 유용할 것이다.

갯벌이 좋아요
글 · 그림 작가: 유애로
출판사 및 출판연도: 보림출판사(2004)
내용: 꽃발게의 모험을 통해 갯벌의 생태를 보여 주며 갯벌에서 만난 망둥이, 물새, 조개, 갯지렁이의 특징과 생활을 통해 갯벌이 왜 중요한지 알 수 있게 해 주는 그림책이다.

선인장 호텔

글 · 그림 작가: 브렌다 기버슨 글, 메건 로이드 그림/옮긴이: 이명희

출판사 및 출판연도: 마루벌(2008)

내용: 사막의 사구아로 선인장에 관련된 생태그림책으로, 많은 동물이 사구아로 선인장에 집을 짓고 싶어 한다는 설정을 통해 사막에 사는 동물들의 종류와 특성을 재미있게 보여 주고 있다.

개구리가 알을 낳았어

글 · 그림 작가: 이성실 글, 이태수 그림

출판사 및 출판연도: 다섯수레(2001)

내용: 개구리가 알을 낳아 올챙이가 되고, 올챙이가 변하여 개구리가 되는 과정 그리고 개구리의 세부 모습과 행동 특징 등을 구체적으로 보여 주고 있다.

도서관

글 · 그림 작가: 사라 스튜어트 글, 데이비드 스몰 그림/옮긴이: 지혜연

출판사 및 출판연도: 시공주니어(2017)

내용: 깡마르고 수줍음이 많은 엘리자베스 브라운이라는 소녀의 책 읽기에 대한 이야기로, 책을 좋아해서 책 속에 묻혀 살다가, 전 재산인 책들을 기증하고 자기 이름으로 된 도서관을 만들어 또 책을 읽는 이야기다.

6. 글 없는 그림책

최근 주목을 받고 있는 글 없는 그림책은 19세기 프랑스에서 최초로 출판되었다. 스타엘과 아셰트 출판사에서 1869년경 출판한 『어린아이가 들려준 글 없는 서른 가지 이야기: 말하기로 가기 위한 첫 번째 책』이 그것이다. 그러나 이 그림책의 목적은 말하기 교육에 있었다.

그림만으로 장작 내러티브를 보여 준 진정한 의미의 글 없는 그림책은 1960년대 이탈리아 작가인 이엘라 마리의 『빨간 풍선의 모험』이 시초이다. 이 그림책은 유아에게 말을 시키고, 구두표현을 하게 하기 위한 교육적 목적이 아니라 순수하게 문학적 미적 경험을 의도한 최초의 글 없는 그림책인 셈이다. 이후 머서 메이어의 『A Boy, a Dog, and a Frog』, 『Frog Goes to Dinner』 『Frog, Where are You?』 시리즈, 피터 스피어(Peter Spier, 1927~)의 『노아의 방주』, 바바라 리만(Barbar Lehman, 1963~)의 『나의 빨강 책』, 데이비드 위즈너의 『이상한 화요일』 등의 글 없는 그림책이 출간되며 여러 글 없는 그림책이 칼데콧 수상의 영예를 안게 되었다. 21세기에 들어와서는 숀 탠(Shaun Tan, 1974~)의 『도착』, 제리 핑크니(Jerry Pinkney, 1939~)의 『사자와 생쥐』 등의 글 없는 그림책들이 출간되어 그림만으로도 효과적인 이야기를 전달하고 있다. 글 없는 그림책도 문학적 요소를 고루 갖춘 완결의 문학이기 때문에 유아는 이야기 구성(story making)을 통해 단지 그림을 감상하는 것이 아닌 문학적 경험을 하게 된다.

1) 글 없는 그림책의 종류

글 없는 그림책은 다음과 같이 세 가지 유형으로 분류된다.

첫째, 스토리가 있는 글 없는 그림책으로, 글이 있는 그림책의 경우처럼 문학의 요소를 모두 갖추고 글만 제공되지 않는 종류의 책이다. 이런 경우의 글 없는 그림책은 글 없이 그림만으로 문학적 경험을 유발해야 하기에, 작가는 그림을 통해 세부적인 묘사를 하고, 유아는 그림 속 단서를 가지고 상상력과 논리적 추론을 통해 이야기를 끌어내야 한다. 이러한 종류의 글 없는 그림책은 유아에게 문학적 경험을 제공해 줌과 동시에 그림만으로 이야기를 추론해 나가는 경험을 하게 한다. 따라서 시각적 문해와 논리적 추론능력을 발달시킬 수 있으며, 작가의 의도와 관계없이 자유롭게 이야기를 꾸며 낼 수 있기 때문에 이야기를 말이나 글로 표현하는 활동을 통해 구두 언어 능력과 이야기 짓기 능력, 쓰기 능력까지 향상시킬 수 있다.

A Boy, a Dog, and a Frog
글 · 그림 작가: 머서 메이어
출판사 및 출판연도: Dial Books(2003)
내용: 1970년대에 출판된 머서 메이어의 글 없는 그림책의 최신판이다. 소년이 강아지와 함께 개구리를 잡으려다 허탕을 치고 돌아오지만, 외로움을 느낀 개구리가 소년과 강아지의 발자국을 따라 집으로 찾아와 친구가 되는 이야기를 글 없이 그림만으로 전하고 있다.

꿀!
글 · 그림 작가: 아서 가이서트
출판사 및 출판연도: 사계절(2011)
내용: 엄마돼지가 잠이 든 틈을 타서 모험을 하는 새끼돼지들의 이야기를 '꿀!'이라는 한 단어를 사용하여 전개하고 있다. 세부적인 그림을 통해 엄마돼지와 새끼돼지의 행동과 의사소통 과정을 유추할 수 있는 글이 거의 없는 그림책이다.

왜?
글 · 그림 작가: 니콜라이 포포프
출판사 및 출판연도: 현암사(2000)
내용: 생쥐와 개구리 간의 갈등을 통해 왜 평화가 깨지고 전쟁이 일어나는지를 보여 준다. 서정적이고 따뜻한 느낌의 수채화 그림을 통해 전쟁의 삭막함과 평화의 소중함을 글 없이 그림만으로 보여 주는 그림책이다.

둘째, 개념이 들어 있는 글 없는 그림책이다. 스테판 존슨(Stephen Johnson)의 『Alphabet City』는 알파벳을 이용하여 이야기를 전달하는 형식으로 만들어진 책이다. 이런 종류의 글 없는 그림책들은 현재 국내 출판이 되지 않은 경우가 많아 사례 제시에 한계가 있다.

셋째, 상상의 요소가 있는 글 없는 그림책이다. 이러한 책을 접한 유아는 무한한 상상을 통해 자신만의 이야기를 만들 수 있기 때문에, 작가적 전략을 적용한다면 수준 높은 책 만들기 활동으로 유도할 수 있다. 『빨간 끈』『이게 다일까?』가 그 예다.

이게 다일까?
글 · 그림 작가: 이슈트반 바녀이
출판사 및 출판연도: 문학동네어린이(2006)
내용: 가까운 곳에서 먼 곳으로 거꾸로 진행되는 원근법을 보여 주는 책으로 자세히 살펴보면 모든 장면은 다음에 이어지는 장면의 일부분으로 점점 멀어지는 시공간을 경험하게 하는 마술 같은 글 없는 그림책이다.

2) 글 없는 그림책의 교육적 의의

글 없는 그림책을 보여 줄 때, 교사가 적절히 개입하여 상호작용한다면 글 없는 그림책은 유아의 시각적 문해능력, 추론능력, 구두 언어 수행능력, 확산적 사고능력에서 긍정적인 효과를 나타낸다(이연규, 1999). 시각적 문해(visual literacy)란 대상의 표상을 인식하고 행동을 이해하기 위해 선, 형태, 색상, 매개체 등을 사용하는 과정으로, 간단히 표현하면 읽기의 시각적 과정이라 할 수 있다. 특히 글자를 읽을 줄 모르는 유아의 경우에는 그림을 통해 그림책의 내용을 이해할 수 있는데, 이런 점에서 삽화 또는 그림은 시각적 언어이며, 눈으로 읽고 생각하며 그림책을 이해하고 해석하는 것을 시각적 문해라 한다(Read & Smith, 1982).

글 없는 그림책은 문학적 요소와 시각적 요소를 가지고 있다. 문학적 요소란 앞에서 살펴보았듯이, 줄거리, 등장인물, 배경, 주제, 형식, 관점 등을 의미하며, 시각적 요소란 점, 선, 모양, 색, 질감, 방향, 규모, 색조, 동적 효과를 의미한다(Bromley, 1996; Dondis, 1978). 글 없는 그림책은 그림에 묘사된 다양한 이미지를 시각적으로 수용하고 논리적 추론 또는 상상하여 문학적 경험을 할 수 있다는 데 중요한 의의가 있다. 또한 글 없는 그림책에는 글이 전혀 없기 때문에, 유아가 부담 없이 보고 느끼고, 마음껏 상상하고 생각을 펼쳐 나갈 수 있다. 따라서 창의성의 핵심 요소인 확산적 사고, 이미지와 상상력의 발달을 돕는다.

3) 글 없는 그림책의 선정 기준

이경우(1998)는 글 없는 그림책의 선정 기준을 다음과 같이 요약하였다.

첫째, 글이 있는 그림책과 마찬가지로 글 없는 그림책도 그림이 만들어 내는 이야기의 질이 좋아야 한다.

둘째, 글이 없기 때문에 글을 대신할 수 있도록 이야기에 맞는 좋은 시각 자료가 있는 책이 좋은 글 없는 그림책이다. 그림이 명확하고 세부 묘사가 잘 되어 있어 예측 가능한 책이 좋고 책장을 넘기는 동안 주인공의 행동을 추적할 수 있는 그림책이 좋다.

셋째, 창의력을 증진시킬 수 있는 그림책을 선택한다. 『빨간 끈』은 빨간 색 끝이 줄넘기 줄이 되고, 선물 포장용 끈이 되고, 빨랫줄이 되기도 하면서 변신하는 모습을 보여 주는 글 없는 그림책이다. 유아는 이 책을 통해 자유자재로 변화할 수 있는 가능성을 생각하며 상상력을 키워 볼 수 있다.

넷째, 유아들의 선호도가 높은 그림책을 선정한다. 유아는 유머가 있고, 자신의 생활과 관련된 주제가 들어 있는 책을 좋아한다.

4) 글 없는 그림책의 활용 전략

레인즈와 이즈벨(Raines & Isbell, 1994)은 글 없는 그림책의 활용 전략을 두 가지 수준으로 소개하고 있다.

(1) 영아를 위한 교수 전략

영아는 주의집중 시간이 짧고 이야기 이해능력이 부족하며, 작은 것에 민감한 경향이 있다. 또한 언어 발달도 미숙하기 때문에 개념이 들어 있는 글 없는 그림책을 사용하는 전략이 적절하다.

• 개념 책(알파벳, 숫자 등)의 그림에 이름을 붙여 본다.
• 책 장의 그림을 보면서 어떤 일이 일어났는지 구두 언어로 표현해 본다.
• 유아가 표현한 이야기를 교사나 부모가 받아 적어 준다.
• 글 없는 그림책의 그림을 연속적으로 배열해 본다.

눈사람이 된 풍선
글 · 그림 작가: 류재수
출판사 및 출판연도: 보림출판사(1994)
내용: 하늘로 올라간 풍선이 달과 별까지 올라가서 터져 버리고, 구름이 부딪쳐 눈이 내리는데, 그때 도토리 하나가 굴러 내려오면서 눈덩이가 커져 눈사람이 되는 이야기다.

(2) 유아를 위한 교수 전략

이야기 구조에 능숙해지고 논리적 사고와 상상력이 풍부한 연령이 되면, 다음과 같은 활동이 가능해진다.

• 한 등장인물을 선택하여 행동이나 일어난 사건을 서술해 본다.
• 소집단으로 모여서 친구들과 함께 글 없는 그림책에 이야기를 지어 본다.
• 말풍선을 달아 창안적 대화를 지어 본다.
  - 이엘라 마리(Iela Mari, 1931~)와 엔조 마리(Enzo Mari, 1932~)의 『사과와 나비』를 이용한 이야기 짓기 활동의 예

사과와 나비
글 · 그림 작가: 이엘라 마리, 엔조 마리
출판사 및 출판연도: 보림출판사(2003)
내용: 사과 속 알에서 나온 애벌레가 나비가 되어 사과 열매를 맺게 도와주고 또 알을 낳는 과정을 글 없이 그림만으로 보여주는 책으로, 단순한 선에 강렬한 색채의 그래픽으로 완성된 작품이다.

- 그림에 이야기를 지어 말하는 것을 녹음하고 기록하여 책을 만들어 본다.
- 같은 저자의 글 없는 그림책을 찾아 비교해 본다(예: 데이비드 위즈너의 작품들 비교하기).

  - 데이비드 위즈너의 작품들(국내 출판 순)

원제: Mr. Wuffles(2014)

원제: Sector 7(2014)

원제: Tuesday(2011)

원제: Flotsom(2006)

원제: The Three Pigs(2001)

원제: Free Fall(1991)

• 자신만의 글 없는 그림책을 만들어 본다.

  - 아서 가이서트(Arthur Geisert)의 『꿀!』을 이용하여 유아가 만든 그림책의 예

제5장 그림책 작가와 그림책

이 장에서는 좋은 그림책을 창작하고 있는 외국과 우리나라의 그림책 작가들을 소개하고자 한다. 먼저, 그림책 작가들의 삶과 그들의 작품의 특성을 작가의 개인 홈페이지나 블로그, 작가에 관한 정보 자료 등을 통해서 간략하게 정리하였다.

그리고 각 작가의 대표작의 내용을 소개하면서 영유아교육 현장에서 유아들과 함께 활용할 수 있는 구체적인 방법에 관한 아이디어를 제공하였다. 이 장에서 소개하는 그림책 작가들은 영유아교육 현장에서 유아들과 함께 문학교육 프로그램을 진행하면서 유아들이 많이 좋아하였던 작가들이다(김정원, 남규, 서정숙, 2011; 서정숙, 김정원, 2008). 이 장에서 소개하는 작가와 작품들 외에도 좋은 그림책을 만들어 내고 있는 많은 그림책 작가와 작품이 있지만 이 책에서는 지면의 한계로 인해 소수만 제시하였다.

1. 외국 그림책 작가

1) 존 버닝햄(John Burningham)

(1) 작가의 삶

존 버닝햄(1936~2019)

존 버닝햄은 1936년 영국에서 출생하였고, 닐의 섬머힐 학교를 다니며 자유주의 교육의 영향을 받았다. 그는 학교에서 친구들과 어울리지 않고 자기 혼자만의 세계에서 지내는 아이였고, 청년 시절에는 자신을 지키고자 병역을 기피하기까지 한 독특한 이력의 소유자다. 1954년 프렌즈 앰뷸런스 유닛(Friend's Ambulance Unit)이라는 범세계적인 공익단체에서 봉사활동을 했고, 1956년부터 센트럴 예술학교에서 본격적인 미술공부를 시작하였다. 당시 유행하던 청년문화에 따라 병역 대신 이탈리아와 이스라엘 등지에서 농장일, 슬럼가 철거 작업, 학교 짓는 일 등을 하였다. 1960년대 초 영국으로 돌아와 운송회사의 포스터를 그리다가 어린이 그림책 작업을 시작하였고, 『곰 사냥을 떠나자』의 그림을 그린 헬렌 옥슨버리와 결혼하여 아들과 딸을 두었다. 『깃털 없는 기러기 보르카』와 『검피 아저씨의 뱃놀이』로 케이트 그린어웨이상을 수상하였고, 『야, 우리 기차에서 내려!』『내 친구 커트니』『우리 할아버지』『장바구니』『지각대장 존』『구름 나라』『사계절』『크리스마스 선물』『알도』『셜리야, 물가에 가지 마!』 등의 작품이 전 세계 독자의 사랑을 받고 있다.

(2) 작품의 특성

존 버닝햄은 어린아이의 마음으로 그림책을 창작하였다고 한다. "다섯 살 정신연령에 멈춰 버린 덕분에 오랫동안 아이들과 즐겁게 소통할 수 있었다."(존 버닝햄 40주년 기념전 '나의 그림책 이야기' 인터뷰 중에서)라는 말대로, 어린아이의 마음으로 폭넓은 독자를 대상으로 하는 작품을 창작해 낸 존 버닝햄은, 텔레비전이나 비디오 게임 등 인류 문명의 발전으로 동화책이 아이들과 멀어지는 것을 안타깝게 생각하여 아이들이 진정으로 좋아하는 책을 만들고자 하였다. 이러한 바람으로 창작된 그의 그림책들은 아이는 물론 어른에게까지 폭넓은 사랑을 받고 있다. 특히 현실에서는 작고 힘없는 나약한 존재인 아이들이 그의 작품에서는 환상세계에 존재하면서 대단한 능력을 가진 존재로 표현됨으로써 어린 독자의 공감을 불러일으키는 동시에 어른 독자가 자신의 어린 시절을 돌아보고 추억을 되새기게 한다.

존 버닝햄의 작품에는 어린이를 바라보는 두 유형의 어른들이 등장한다. 첫 번째 유형의 어른은 아이의 특성을 이해하고 놀이를 자연스러운 현상으로 받아들인다. 예를 들어, 『검피 아저씨의 뱃놀이』의 검피 아저씨나 『우리 할아버지』의 할아버지는 아이들과 동물들을 있는 그대로의 모습으로 받아들이는 이해심 많고 따뜻한 모습으로 그려지고 있다. 그러나 아이와의 관계를 단절하고 아이의 세계를 이해하려는 생각이 없는 어른도 등장한다. 『지각대장 존』의 선생님은 존이 얘기하는 상상의 세계를 부정하는 권위적인 어른이고, 『셜리야, 물가에 가지 마!』의 부모는 셜리의 멋진 상상의 세계를 이해하지 못하는 모습을 보여 준다. 이들은 모두 아이의 세상에 대한 이해도 없고 이해하려는 마음도 없는 모습으로 그려진다. 한편, 작은 칭찬이 아이의 바람직하지 못한 행동을 변화시킬 수 있다는 작가의 생각이 드러난 『에드와르도, 세상에서 가장 못된 아이』도 있다. 아이와 어른 모두 작가의 작품을 통해 어른과 아이가 소통하는 모습을 경험할 수 있다.

존 버닝햄의 작품의 대표적인 특징으로 열린 결말과 자유로움의 추구를 들 수 있다. 그는 뭔가를 규정해서 내미는 것이 아니라 어떤 틀에 얽매이지 않는 최소한의 것만 제공하고 나머지는 독자가 채우도록 독자의 참여를 최대한 이끌어 낸다. 할아버지가 늘 앉아 계시던 텅 빈 소파를 보며 독자는 할아버지가 어디에 가신 건지를 생각하게 되고, 늘 예기치 못한 사건으로 지각하던 존이 내일도 또 지각을 하게 될지에 관해서 궁금해한다. 그는 독자가 마음껏 상상하며 스스로 결말을 맺을 수 있도록 마지막을 채우지 않고 남겨 놓았다.

존 버닝햄은 콜라주 기법, 사진과 색연필, 물감 등 다양한 매체를 사용하여 그림을 그렸다. 붓의 라인으로 강약을 조절하고, 펜으로 섬세한 선을 그렸으며, 여백과 다양한 색감의 배경으로 심오한 주제의 작품을 간결하고 자유롭게 표현하고 있다. 존 버닝햄은 "나는 그림을 그릴 때 의식적으로 생동감 있는 선을 찾으려고 노력한다. 생동감 있는 선이 어떤 것이라고 단정하기는 어렵지만, 단조로운 테두리는 재미가 없다. 살짝 잉크에 담근 펜으로 누르는 정도에 따라 다양한 종류의 선을 얻을 수 있다."라고 자신의 작품을 설명하였다.

존 버닝햄은 환상세계의 아이들을 그려 내고, 어른과 아이의 관계를 표현하는 작품들뿐만 아니라 환경이나 장애 등의 다소 무거운 주제들도 그림책에 잘 녹여 내었다. 예를 들면, 『야, 우리 기차에서 내려!』와 『뭐라고?』는 환경문제를 주제로 다루고 있다. 『야, 우리 기차에서 내려!』는 멸종 위기에 속한 동물들을 통해 환경이나 생태 문제에 대한 그의 시각을 나타낸다. 그의 "『야, 우리 기차에서 내려!』는 원시림을 지키기 위해 노력했던 치코 멘데스(Chico Mendes)에게 헌정한 환경 이야기다. 그는 자신이 해 온 일들 때문에 살해되었다."라고 언급하며 환경과 생태에 관한 경고성 메시지를 표현하였다. 『뭐라고?』도 하나님이 만든 세상의 모습을 그대로 지키려는 우리의 모습을 통해 환경보호의 의미를 생각해 보게 한다. 『깃털 없는 기러기 보르카』에서는 남들과 좀 다르다는 이유로 함께하지 못하는 보르카가 다양함이 인정되는 새로운 사회에서 살아가게 되는 모습을 보여 준다. 보르카의 외로운 모습을 통해 아직도 우리 사회에 만연한 장애인에 관한 편견 어린 시선을 돌아보게 한다.

존 버닝햄은 다양한 주제의 그림책을 창작하였다. 그는 편안한 분위기의 그림책을 통해 어린 독자에게 부담 없이 친근하게 다가가며, 단절되고 조금은 거부감이 있을 수도 있는 어른-아이 관계를 표현하였다. 그의 작품을 통해 어린 독자와 성인 독자 모두는 서로에 대하여 되돌아보는 기회를 갖게 된다. 독자는 또한 그가 제시하고 있는 다소 무거운 듯한 주제들을 통하여 사회를 바라보는 자신의 시각을 정립하는 데 도움을 받을 수도 있다.

(3) 대표 작품

우리 할아버지

글 · 그림 작가: 존 버닝햄/옮긴이: 박상희
출판사 및 출판연도: 비룡소(1995)

❶ 내용

할아버지와 어린 손녀가 봄, 여름, 가을과 겨울을 함께 보내는 이야기의 그림책이다. 봄에 씨앗을 심고, 여름에 해변에서 놀고, 가을에 물고기를 잡고, 겨울에 눈 내리는 거리를 걸으며 이야기를 나누는 할아버지와 손녀의 모습이 정감 있게 표현되어 있다. 독자는 그림책을 읽으며 조부모와의 따뜻한 추억을 떠올리고 그리움을 느껴 볼 수 있다.

❷ 특징 및 교육적 적용

- 그림책의 왼쪽 면에는 할아버지의 회상과 손녀의 상상이 나타나 있고, 그림책의 오른쪽 면에는 할아버지와 손녀의 일상이 나타나 있다.
- 할아버지와 손녀는 봄, 여름, 가을과 겨울의 1년 동안의 시간을 함께 보낸다. 소녀에게 1년은 짧지 않은 시간일 수 있지만 여생이 얼마 남지 않은 할아버지에게 1년은 아마도 짧은 시간이었을 것이다. 할아버지 혹은 손녀가 되어서

같이 시간을 보내는 것이 어떤 느낌일지에 관하여 이야기를 나눠 볼 수 있다. 유아가 자신의 할아버지와 보낸 시간에 관하여 생각하고 친구들 앞에서 발표를 할 수도 있다.

- 책의 후반부에서 "할아버지가 오늘 나가서 놀 수가 없단다."라고 말을 하는 장면과 손녀가 "우리 내일 아프리카로 가요. 할아버지가 선장이 되어 줄 수 있죠?"라고 묻지만 아무 대답이 없는 할아버지를 통해 할아버지의 죽음을 예감할 수 있다. 마지막 장면에서 손녀가 할아버지의 텅 비어 있는 녹색 소파와 깨끗이 치워져 있는 테이블을 바라보는 것을 보며 성인 독자는 자신의 아버지를 생각할 수 있고, 유아는 돌아가신 할아버지를 떠올릴 수 있다. 할아버지에 관하여 생각해 보고 할아버지에 관한 추억을 나눠 보면서 조부모와의 추억을 상기해 보는 활동을 할 수 있다.
- 비어 있는 할아버지의 녹색 소파를 바라보는 소녀의 모습이 오랫동안 기억에 남는 그림책이다. 크게 그려진 소파와 가느다란 선으로 표현된 손녀의 모습이 그려진 장면을 통해 할아버지의 빈자리가 더욱 크게 느껴진다.
- 할아버지의 죽음에 슬퍼하고 힘들어하는 모습보다는 새로 태어난 동생의 유모차를 밀며 언덕을 달리는 소녀의 모습을 보며, 할아버지의 죽음을 받아들이고, 성장해 가는 소녀를 만날 수 있다. 돌아가신 할아버지와 새로 태어난 동생의 모습을 통해, 태어나고 자라고 나이가 들어 늙으면 죽음을 맞이하게 되는 사람의 일생을 편안하게 받아들일 수 있게 된다. 삶과 죽음이라는 이해하기 어려운 사실을 거부감 없이 알고 받아들이는 데 도움이 되는 그림책이다.

동생이 태어날 거야

글 · 그림 작가: 존 버닝햄 글, 헬렌 옥슨버리 그림/옮긴이: 홍연미
출판사 및 출판연도: 웅진주니어(2010)

❶ 내용

곧 태어날 동생을 기다리는 아이와 엄마의 대화를 담은 잔잔한 내용의 그림책이다. 아이는 태어날 동생에 대하여 궁금한 것이 많다. 동생이 언제 태어나는지, 이름은 무엇이라고 할 것인지, 동생은 이 다음에 커서 무엇이 될 것인지에 대해서 알고 싶다. 아이는 엄마와 함께 동생이 커서 무엇이 될지를 상상하면서 때로는 질투 어린 대답을 하기도 하지만 엄마와 대화하면서 점차 동생의 존재를 받아들이게 된다.

❷ 특징 및 교육적 적용

- 이 이야기는 동생이 태어날 것을 미리 아이에게 알려 주는 엄마의 말로 시작한다. 동생에 대하여 궁금한 것을 엄마에게 질문하는 아이의 질투심과 동시에 새로 태어날 아기 동생에 대한 기대감과 행복감도 느낄 수 있다.
- 엄마와 아이가 태어날 동생에 대하여 이야기하는 현실의 장면과 태어날 동생의 미래에 대하여 상상하는 환상의 장면이 교대로 나타나는 그림책이다.
- 아이가 앞으로 태어날 동생의 미래에 대하여 상상하는 환상세계의 이야기는

글 없이 카툰 형식으로 표현되고 있다.

- 동생의 미래에 대하여 상상하는 환상세계의 장면에서는 동생이 앞으로 어떤 일을 잘하는지에 대한 이야기와 함께 잘못하여 실수하는 이야기가 나타나 있다. 태어날 동생에 대한 기대와 함께 질투심이 그림만으로 표현되어 있다. 어린 동생이 있거나 동생이 태어날 예정에 있는 유아가 특히 공감할 내용의 이야기다.
- 유아는 동생을 보게 되는 상황에서 기대와 설렘을 가지는 동시에 사랑을 뺏기지 않을까 하는 불안감과 질투심을 가지게 된다. 동생을 보는 유아가 이 그림책을 통해 주인공의 입장을 공감해 보는 경험을 함으로써 정서적 안정감을 찾는 데 도움이 될 것이다.
- 가정 연계활동으로 부모와 함께 그림책을 읽은 후 동생의 미래를 상상해 보는 활동을 할 수도 있다.

지각대장 존

검피 아저씨의 뱃놀이

구름 나라

깃털 없는 기러기 보르카

2) 앤서니 브라운(Anthony Browne)

앤서니 브라운(1946~)

(1) 작가의 삶

1946년 영국 셰필드에서 태어난 앤서니 브라운은 형과 함께 상상력을 키우며 성장하면서 아버지와 선생님의 영향으로 문학과 그림에 관심을 가지게 되었다. 리즈 미술대학에서 그래픽 디자인을 공부하고 졸업한 후 의학 일러스트레이터로서 섬세한 작업을 해 본 경험으로 인해 이후 고릴라의 털을 하나하나 그리는 등 섬세하고 정교한 작품을 창작하게 되었고, 카드 디자이너로서 다양한 디자인을 하게 되면서 보다 넓은 화풍을 가지게 되었다. 앤서니 브라운은 작품에 초현실적인 상상력을 담기를 원하였다. 르네 마그리트(René Magritte)의 작품에서 영감을 받은 그는 전 세계의 아이들에게 많은 사랑을 받는 그림책을 창작하였다. 세밀한 묘사와 정갈한 구도로 진지한 주제를 유머러스하게 표현하는 앤서니 브라운은 『고릴라』『돼지책』『동물원』『우리는 친구』『우리 엄마』『기분을 말해봐!』『우리 아빠가 최고야』 등의 아이들과 어른들이 모두 좋아하는 작품을 창작하였다. 『고릴라』로 케이트 그린어웨이상과 커트 매쉴러(Kurt Maschler)상을 받았고, 『동물원』으로 케이트 그린어웨이상을 수상하였으며, 한스 크리스티안 안데르센 일러스트 부문의 상도 수상하였다.

(2) 작품의 특성

앤서니 브라운은 어린 시절의 경험을 통해 아이들과 어른들 모두에게 많은 사랑을 받고 있는 그림책을 창작하였다. 작품을 접하는 모든 독자에게 감동을 주고, 의미 있는 이야기를 전달한다는 평가를 받는 그의 작품은, 완벽한 구성, 간결하면서 유머가 넘치는 글, 정밀한 그림과 상상력을 통해 세상의 권위와 편견에 대해 생각을 하게 하면서도 긍정적이고 낙관적인 결말을 맺음으로써 독자가 편안하게 작품을 접할 수 있도록 한다.

그의 대표작인 『고릴라』는 마술, 소망 실현, 어린이를 돕는 동물 등의 전래동화 요소와 함께 자녀와 시간을 보내지 않고 직장과 일에 몰두하는 아빠의 모습과 같은 현대 사회의 특징적 요소도 내포하고 있다. 『고릴라』에서 집과 상상 속, 두 가지 세계에서 표현되는 아빠를 갈망하는 한나와 냉담하게 반응하는 아빠의 모습은 현대 사회의 부모-자녀 관계의 단절된 모습을 잘 드러낸다. 현대 사회의 특징적 요소인 아빠의 일, 신문, 텔레비전 등은 한나의 정서적 불안정과 불만스러운 생활의 원인이 되지만, 결국 주인공 한나는 이러한 불만족스러운 상황을 따뜻한 환상의 세계를 경험하면서 해결하고 있다.

『돼지책』에는 가정에서 가사노동에 시달리는 여성의 불평등한 현실이 나타나 있다. 아버지와 두 아들을 한꺼번에 등에 업은 엄마의 모습이 그려진 표지를 통해 주부의 고된 삶을 엿볼 수 있다. 엄마에게 요구만 하는 아버지와 두 아들은 결국에는 돼지로 변하고 집을 떠난 엄마를 기다리며 엄마의 소중함을 깨닫게 된다. 그림책의 모든 장면에 돼지 문양과 변형된 명화들이 들어가 있고, 가족을 위협하는 창문 밖의 늑대 그림자에서 앤서니 브라운 그림의 특징인 초현실적인 기법을 볼 수 있다. 이 그림책에도 긍정적이며 낙관적인 것을 선호하는 그의 취향이 행복한 결말을 통해 표현되어 있다. 결국 가족은 각자 일을 분담하고 사이좋게 맡은 일을 하면서 행복한 일상을 지내게 된다. 섬세함과 상징이 특징적인 작품이다.

홀로 집에 남아 있는 아이의 두려움과 공포심이 묘사된 작품인 『달라질 거야』는 홀로 남아 있는 아이의 두려운 마음을 느껴 보는 동시에 "앞으로 많이 변할 거야."라고 말하고 떠난 아빠의 말이 무슨 의미인지를 찾아보는 재미가 있는 그림책이다. 속지 첫 장에 나오는 도자기 접시 시계를 보는 아이의 모습에서 부모가 금방 돌아오기를 기다리는 아이의 바람과 막연한 두려움을 느낄 수 있다. 엄마를 데리러 간 아빠를 기다리면서 집안 곳곳의 물건이 변하기 시작하는 것을 느끼고 기분이 이상해서 집 밖으로 나가니 그곳의 모든 것도 변하기 시작한다. 다시 방으로 들어가 문을 닫고 불을 끄는 순간 새로 태어난 여동생을 데리고 아빠와 엄마가 집으로 돌아온다. 텔레비전 위의 가족사진과 텔레비전 화면의 변화, 그림책 다음 장의 흑백 사진 속에 연분홍색 아기 돼지 한 마리가 늘어나 있는 등 변화된 것을 찾아보며 책 읽는 재미를 경험할 수 있다.

그 밖에도 전 세계의 독자에게 많은 사랑을 받고 있는 앤서니 브라운의 작품들에는 상징과 극사실주의 기법 그리고 초현실주의적 내용들이 많이 나타나 있다. 그리스 로마 신화의 피그말리온의 이야기를 모티프로 사랑의 생명력을 표현하고 있는 『터널』에는 돌이 된 오빠를 껴안음으로써 다시 생명의 기운을 불어넣어 주는 여동생이 나온다. 동물에 비하여 이성적인 척하는 사람들 속의 비합리성이 뒤틀린 인간형을 가진 아버지로 표현되고 있는 『동물원』에서, 소리 지르며 동물을 바라보고 있는 사람들을 물끄러미 보고 있는 고릴라의 모습은 누가 동물의 우리 속에 있고 누가 관람을 하는 것인지에 관하여 생각하게 한다. 작가는 상상의 힘을 가지고 언제나 꿈을 꾸며 현실의 어려움에 대처해 가는 작고 겁 많은 침팬지인 '윌리'가 주인공으로 등장하는 작품들을 통하여 어린이 독자에게 현실 세계의 어려움을 뛰어넘어 보다 넓은 세상을 향한 꿈을 간직하는 것의 소중함을 전하고 있다.

(3) 대표 작품

우리 엄마

글 · 그림 작가: 앤서니 브라운/옮긴이: 허은미
출판사 및 출판연도: 웅진주니어(2005)

❶ 내용

아이의 시각에서 본 엄마의 모습이 재미있게 표현되어 있는 그림책이다. 화장하는 엄마의 모습은 훌륭한 화가이고, 내가 슬플 때 나를 기쁘게 할 수 있는 우리 엄마는 착한 요정이다. 무슨 일이든지 훌륭하게 해내는 엄마의 모습이 아이들의 눈을 통해 다양한 모습으로 표현되어 있다. 면지에서부터 그림책의 각 장면마다 같은 꽃무늬 천으로 그려져 있는 옷과 물건들이 엄마를 상징한다. 꽃무늬 패턴은 『숲속으로』와 『돼지책』 등 작가의 다른 작품들에도 나타나 있어 찾아보는 재미가 있다.

❷ 특징 및 교육적 적용

- 어린아이들의 시선에서 본 엄마의 모습이 정겹게 표현되어 있는 그림책이다. 우리 모두가 어린 시절 한 번쯤은 엄마에 대하여 생각해 보았을 이야기를 담은 그림책으로, 이 이야기에 공감할 아이들뿐만 아니라 어른들의 마음에도 울림을 줄 수 있는 그림책이다.
- 각 장면마다 등장하는 연노랑 바탕의 꽃무늬 그림이 엄마를 상징한다. 엄마의 가운이 되기도 하고, 나비처럼 아름다운 엄마 나비의 날개가 되기도 한다. 모든 장면에 나오는 엄마가 신고 있는 분홍색 신발도 마찬가지로 엄마를 상징한다.
- 연노랑 바탕의 꽃무늬가 따뜻한 엄마를 연상시킨다. 연노랑은 세상에서 가장 소중한 따뜻하고 다정한 엄마를 표현하는 데 아주 적절한 색상이다.
- 각 장면의 이야기가 한 줄의 간단한 문장으로 표현되어 있어 3~5세의 유아뿐만 아니라 어린 영아에게 읽어 주기에도 적당하다. 영아기 자녀를 둔 부모가 자녀를 무릎에 앉히고 다정한 목소리로 읽어 주는 것도 좋을 것이다.
- 가정의 달인 5월에 '가족'과 관련된 주제를 전개하면서 아이들과 함께 읽기에 적합한 그림책이다. 그림책을 읽으며 엄마의 사랑을 다시 한번 느껴 볼 수 있다.

우리는 친구

글 · 그림 작가: 앤서니 브라운/옮긴이: 장미란
출판사 및 출판연도: 웅진주니어(2008)

❶ 내용

손짓말을 할 수 있는 특별한 고릴라가 외롭게 지내던 중 '예쁜이'라는 고양이 친구를 만나 같이 살게 된다. 우정을 쌓으며 행복한 나날을 보내던 어느 날 영화 〈킹콩〉을 보다가 화가 난 고릴라가 텔레비전을 부수고 만다. 동물원 사람들은 깜짝 놀라 뛰어 와서 '예쁜이'가 위험하다면서 데리고 가려 하는데 '예쁜이'가 TV를 부순 건 자기라고 말한다. 고양이 '예쁜이'의 황당한 대답과 둘의 우정에 동물원 사람들은 웃음을 터뜨리고 '예쁜이'를 데리고 가지 않기로 한다. 그리고 고릴라와 '예쁜이'는 영원히 함께 지낼 수 있게 되었다.

❷ 특징 및 교육적 적용

- 앤서니 브라운 작품의 대표적인 주인공인 고릴라가 등장하는 그림책이다. 고릴라의 얼굴을 클로즈업하거나 배경을 생략하여 독자가 등장인물의 표정이나 감정에 집중할 수 있도록 한다.
- 주인공 고릴라가 화가 난 장면을 온통 빨간색으로 표현하여 고릴라의 감정이 독자에게 전해질 수 있도록 하였다. 유아와 함께 분노, 기쁨, 슬픔, 수줍음 등

의 다양한 감정을 적절한 색으로 표현해 보는 활동을 통해 감정에 대해 인식하고 표현해 볼 수 있다.

• 덩치가 큰 고릴라와 몸집이 작은 고양이의 우정 이야기가 감동적이다. 특히 고양이가 고릴라를 감싸 주는 장면은 재미있으면서도 눈물이 나도록 감동을 준다. 진정한 친구를 사귄다는 것이 얼마나 멋진 일인지를 알 수 있는 장면이다. 유아도 이 그림책을 보면서 친구의 소중함에 대하여 생각해 보고 진정한 우정의 의미를 자연스럽게 알 수 있게 될 것이다.

돼지책

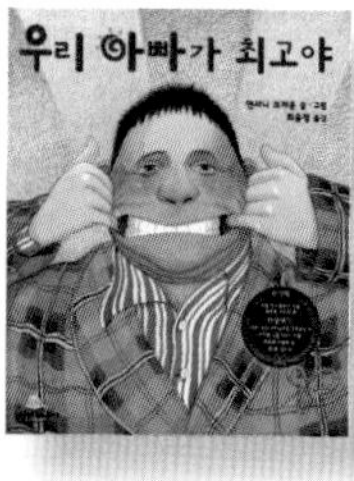

우리 아빠가 최고야

기분을 말해 봐!

동물원

3) 레오 리오니(Leo Lionni)

(1) 작가의 삶

레오 리오니(1910~1999)

레오 리오니는 1910년 네덜란드 암스테르담에서 태어났다. 건축가이며 도안가였던 외삼촌, 할아버지, 이모부 등으로 인해 유명한 화가와 조각가들의 작품을 감상하며 예술적인 가정 분위기에서 성장하였다. 특히 자신의 방 앞에 걸려 있던 샤갈(Chagall)의 〈바이올린 켜는 사람〉은 레오 리오니가 글을 쓰고 그림을 그리고 상상하는 것을 가능하게 하였다고 할 정도로 어린 시절의 그에게 많은 영감을 주었다. 제노바 대학에서 경제학 박사학위를 취득했으나 그 분야에 관심이 적었던 그는 29세에 미국으로 건너가 광고회사에서 상업디자인 일을 시작하였고, 이후 화가, 조각가, 사진작가, 그래픽 디자이너, 아트 디렉터로 성공하였다. 1959년 50세가 되어서야 그림책 작가로서 작품을 창작하기 시작한 그는 첫 그림책인 『파랑이와 노랑이』로 『뉴욕타임스』 최고 그림책상을 받으며 그림책 작가로서 성공적인 데뷔를 하였다. 이후 89세의 나이로 세상을 떠날 때까지 아이들의 사랑을 받는 많은 그림책을 창작하였다. 『꿈틀꿈틀 자벌레』『새앙쥐와 태엽쥐』『프레드릭』으로 칼데콧 명예상을, 『으뜸 헤엄이』로 칼데콧상을 수상하였다.

(2) 작품의 특성

레오 리오니 작품의 대표적인 주제는 자아정체성 찾기와 사회인으로서의 나를 인식하는 것이다. 작가는 어린이를 독립된 주체로 보고 어린이의 독립된 자아의식을 그림책 속에 담아내었다. 『프레드릭』『티코와 황금 날개』『으뜸 헤엄이』『서서 걷는 악어 우뚝이』 등에 나타난 주인공들은 모두 스스로의 존재의 의미에 대하여 고민하면서 자신의 정체성을 찾아낸다. 그리고 『새앙쥐와 태엽쥐』는 개인의 선택권에 대한 내용을 다루고 있고, 『저마다 제 색깔』과 『내 거야!』는 사회의 구성원으로서의 자신의 모습을 생각해 보게 하면서 사회 속에서 자신의 정체성을 형성해 가는 것의 의미를 찾게 한다.

작가의 작품에는 대부분 교훈이 담겨 있다. 『으뜸 헤엄이』에는 작은 물고기들이 힘을 합쳐 큰 물고기에 대항하는 모습으로 협력하는 것의 중요성을, 『프레드릭』에서는 겨울을 대비해 열심히 양식을 모으는 다른 쥐들과는 달리 빛과 색깔과 이야기를 모으는 프레드릭을 통해 예술과 정신적인 양식의 중요성을 알려 준다. 날개가 없어 소외되다가 황금 날개가 생긴 후 필요한 사람들에게 나눠 주고 다른 새들에게 수용되는 티코의 이야기인 『티코와 황금 날개』, 올챙이같이 다리가 나고 펄쩍 뛰어오르고 싶어 하다가 자신만의 개성을 찾고 만족하게 되는 물고기 이야기인 『물고기는 물고기야』, 협동과 나눔에 대한 이야기인 『내 거야!』, 세상에서 제일 큰 집을 원하는 어린 달팽이에게 현명한 노인 달팽이가 자신에게 가장 적합한 것과 자족하는 것의 중요성을 일깨워 주는 이야기인 『세상에서 가장 큰 집』 등은 모두 독자에게 전하는 교훈을 메시지로 하는 작품이다. 그는 이러한 이야기들을 통해 세상을 사는 데 중요하다고 생각되는 교훈을 잔잔한 이야기를 통해 알려주고 있다.

레오 리오니의 작품은 대부분 콜라주 기법의 일러스트레이션으로 되어 있다. 콜라주 기법만으로 창작된 『파랑이와 노랑이』, 콜라주 기법에 색연필, 크레용, 파스텔, 유화, 수채화, 잉크펜 등의 다양한 도구를 사용하고 신문지와 벽지, 채색 유리 등을 사용한 『프레드릭』, 콜라주와 수채화로 표현한 『새앙쥐와 태엽쥐』, 수채화와 작은 물고기 도장을 사용하여 만든 『으뜸 헤엄이』 그리고 파스텔과 색연필화로 된 『세상에서 가장 큰 집』, 색연필 드로잉과 수채화로 그린 『물고기는 물고기야』 등이 있다. 이렇게 레오 리오니는 아름답고 깊이 있는 내용을 따뜻하고 단순한 색과 선으로 인상 깊게 표현하여 아이와 어른 독자에게 희망의 울림을 주고 있다.

레오 리오니의 작품에는 사람이 주인공으로 나오는 경우가 드물다. 대부분 생쥐, 개구리, 새와 같은 아이들이 좋아하는 동물이 주인공으로 나와 아이들에게 깊이 생각해 볼 다양한 세상사는 이야기를 들려주고, 이 과정에서 기억해야 할 교훈을 전한다. 작가가 이야기하는 대로 아이들이 처음 접하는 잘 짜인 판타지의 세계인 그림책을 통해 아이들은 삶의 교훈을 배우며 사회 속에서 자신의 진정한 모습을 찾아 가는 여정을 시작하게 된다. 이러한 과정을 통해 독자인 아이들은 자신의 있는 그대로의 모습을 사랑하고 사회에서 다른 사람들과 함께 살아가는 것의 의미를 깨달으며 성장하게 된다. 이것이 바로 레오 리오니가 늦은 나이에 아이들을 위한 아름다운 작품을 창작하기 시작한 이유일 것이다.

(3) 대표 작품

으뜸 헤엄이

글 · 그림 작가: 레오 리오니/옮긴이: 이명희
출판사 및 출판연도: 마루벌(2008)

❶ 내용

이 이야기의 주인공은 다른 물고기보다 헤엄을 아주 잘 치는, 새까만 색의 물고기 '으뜸 헤엄이'다. 바닷속 한구석에서 빨간 물고기들과 행복하게 살고 있던 으뜸 헤엄이는 어느 날 배고픈 다랑어에게 빨간 물고기 친구들을 한꺼번에 잃어버리게 되어 몹시 외롭고 슬펐다. 혼자서만 간신히 도망을 친 으뜸 헤엄이는 숨어 사는 빨간 물고기 떼를 만나게 되고, 큰 물고기에게 잡아먹히지 않을 방법을 생각하다가 모두 협력해서 제일 큰 물고기를 만들자고 제안하고 자신은 물고기의 눈이 된다. 그렇게 하여 작은 물고기들은 시원한 아침에도, 한낮의 햇살 아래에서도 마음껏 헤엄치며 자유롭게 살 수 있게 되었다.

❷ 특징 및 교육적 적용

- 배고픈 커다란 다랑어에게 친구를 잃은 으뜸 헤엄이의 마음을 헤아려 볼 수 있다. 그리고 친구를 모두 잃는 아픔에도 좌절하지 않고 다른 친구들을 도와

주며 다시 행복을 찾는 으뜸 헤엄이를 보며 어려운 가운데 용기와 희망을 잃지 않는 것의 중요성에 대하여 생각해 본다.

- 힘이 약한 작은 물고기들이 커다랗고 무서운 물고기를 만나 지혜와 용기로 고난을 극복하는 모습을 보면서 아무리 어려운 일을 만나더라도 지혜롭게 이겨 낼 수 있음을 안다.
- 적절한 색의 물감을 눌러 찍어 내는 일러스트레이션 기법으로 바닷속의 모습과 바닷속 생물들의 모습을 표현한 것에 관하여 이야기를 나누고 유아도 같은 기법으로 자신만의 그림책을 창작해 볼 기회를 가질 수 있다.
- 기억에 남는 텍스트를 감상하고 새로운 문장을 만들어 보면서 언어능력을 향상시킬 수 있다. 예를 들어, '너무 길어서 어디가 시작이고 어디가 끝인지 알기 어려운 뱀장어……' '분홍빛 야자나무가 바람에 흔들리는 것 같은 말미잘' 등의 표현을 다시 읽어 보며 새로운 표현을 해 볼 수 있다.

꿈틀꿈틀 자벌레

글 · 그림 작가: 레오 리오니/옮긴이: 이경혜
출판사 및 출판연도: 파랑새어린이(2003)

❶ 내용

몸에 눈금이 그려져 있어서 '자벌레'라고 불리는 자벌레는 손가락보다 작은 벌레다. 나뭇가지에서 꿈틀거리는 자벌레를 발견한 개똥지바귀는 자벌레를 한입에 삼키려 했지만 꼬리를 재 준다는 자벌레의 이야기에 넘어가고, 자벌레는 위기를 모면한다. 자벌레는 개똥지빠귀의 등을 타고 날아가 홍학의 목, 큰부리새의 부리, 꿩의 꼬리 그리고 다른 새들의 몸을 재 준다. 그러던 어느 날 밤꾀꼬리가 자신의 노래를 재어 보라는 제안을 했고, 밤꾀꼬리의 아침밥이 되기 전에 피해야 했던 자벌레는 노래를 재는 척하고 빨리 몸을 움직여 보이지 않는 곳으로 도망을 친다.

❷ 특징 및 교육적 적용

- 자벌레가 자신보다 훨씬 크고 힘이 센 동물들로부터 살아남을 수 있었던 이유를 생각해 보며 지혜의 의미를 깨달을 수 있다.
- 자벌레가 길이를 재 주는 과정에서 만나는 동물들에 관하여 알아볼 수 있다.
- 자벌레가 여러 천적으로부터 오는 위기를 어떻게 벗어나는지를 기억하고, 일상생활에서 곤란에 처했을 때 지혜롭게 이겨 낼 수 있는 방법을 알아본다.

한 해 열두 달

글 · 그림 작가: 레오 리오니/옮긴이: 이명희
출판사 및 출판연도: 마루벌(2005)

❶ 내용

새해 1월의 어느 날에 쌍둥이 남매 보람이와 보배가 나무와 만나 우정을 쌓아가는 이야기다. 쌍둥이 남매는 매일매일 나무에게 찾아와서 작은 새싹들과 무성한 잎들 그리고 꽃이 피는 것을 보면서 기뻐한다. 사람들의 부주의로 불이 날까 봐 걱정하는 나무를 위해 물과 호스를 준비하고 가을에 잎이 떨어지는 것을 보며 안타까워한다. 12월 크리스마스가 되자 남매는 나무에게 줄 선물을 마련하고 이렇게 또 다른 새로운 한 해를 맞이하게 된다.

❷ 특징 및 교육적 적용

- 레오 리오니가 즐겨 사용하는 콜라주 기법으로 창작된 그림책으로, 간결하게 묘사된 배경이 나무의 변화 과정을 분명히 아는 데 도움이 된다.
- 한 해 열두 달 계절의 변화를 느낄 수 있다. 유아는 계절이 바뀌면서 새싹이 나고, 잎이 무성해지며, 열매를 맺고, 낙엽이 진 후 또다시 새싹이 돋아나는 자연의 순환 과정을 자연스럽게 알게 된다.
- 이 그림책을 보면서 유아는 나무가 자라는 데 생쥐 남매의 사랑이 필요함을 알게 되고, 생명체가 생존하기 위해서 가장 필요한 것이 사랑이라는 사실을 깨닫게 된다.
- 나무와 생쥐 남매가 서로 아껴 주고 사랑을 나누는 이야기를 접하며 우정의 소중함에 대하여 간접적으로나마 경험할 수 있다.
- 수학 개념 학습에 도움이 된다. 페이지마다 등장하는 열두 달을 접하면서 한 해가 열두 달로 이루어진다는 것과 숫자를 익힐 수 있다. 책을 읽고 난 후 달력을 만들어 보는 활동을 하면서 시간의 흐름, 열두 달의 이름, 1부터 12까지의 숫자 등을 배울 수 있다.

프레드릭

파랑이와 노랑이

새앙쥐와 태엽쥐

세상에서 가장 큰 집

4) 윌리엄 스타이그(William Steig)

(1) 작가의 삶

윌리엄 스타이그(1907~2003)

1907년 미국 뉴욕에서 태어난 윌리엄 스타이그는 어려서부터 그림을 그리며 자랐고 뉴욕의 미술대학에서 수학한 후 잡지 『뉴요커』에 오랫동안 만화를 연재하였다. 그림책 작업은 60세가 다 되어서 시작하여 20권 정도의 작품을 출간하였다. 그의 그림책 『슈렉!』은 영화로 제작되어 큰 인기를 끌었고, 칼데콧상과 칼데콧 명예상, 뉴베리상, 한스 크리스찬 안데르센상 등을 받았다. 대표 작품으로는 『당나귀 실베스터와 요술 조약돌』 『멋진 뼈다귀』 『아빠와 함께 피자 놀이를』 『부루퉁한 스핑키』 『자바자바 정글』 『진짜 도둑』 『아벨의 섬』 『치과의사 드소토 선생님』 등이 있다.

(2) 작품의 특성

만화와 일러스트레이션으로 수십 년 동안 명성을 쌓았고, 『뉴스위크』로부터 '카툰의 왕'이라는 칭호를 받기도 한 윌리엄 스타이그는 61세에 『C, D, B!』와 『음유시인 돼지 롤란드』를 시작으로 그림책을 그리기 시작하였다. 현란한 색깔과 만화 같은 그림으로 무척이나 자유로운 이야기를 담은 그의 그림책은 사람들의 일상적인 공상을 진솔한 유머와 생생한 감각으로 그려 낸다. 미국의 위대한 예술가 중 한 사람으로 평가받고 있는 그는 재치 있고 유머러스한 작품을 통해 상상력과 예술, 언어 그리고 자연의 힘을 찬양한다. 만화 같은 그의 작품은 지극히 인간적이어서 어린이, 성인, 비평가 모두에게 감동을 준다.

윌리엄 스타이그의 작품에 표현되어 있는 아이들은 천부적인 재능을 가진 가능성의 존재인 동시에 이해할 수 없을 정도로 고집 세고 어려운 존재로도 표현되어 있다. 그의 작품들에는 어른도 해내기 힘든 어려운 일을 용감히 헤쳐 나가는 동시에 곤경에 빠지자 죽어 버리고 말 것을 생각하는 '아이린'이 등장하고(『용감한 아이린』), 한번 가족에게 삐친 다음 계속해서 집에 들어가지 않고 고집을 부려 가족을 애먹이지만 결국에는 가족의 사랑을 받아들여 자신의 사랑을 표현하는 스핑키도 있으며(『부루퉁한 스핑키』), 말썽꾸러기 형이 작아지기를 원했지만 작아진 형이 위험에 처할 것을 걱정하는 동생도 등장한다(『장난감 형』). 이렇게 그의 작품에 등장하는 양면적인 성격을 가진 주인공들은 어려움과 역경을 다른 사람(의인화된 동물)이나 가족의 도움으로 이겨 내고 행복하고 건강한 삶을 찾게 된다. 윌리엄 스타이그의 가족에 대한 사랑과 안전하고 평화로운 삶에 대한 욕구가 표현되어 있다고 할 수 있다.

그의 작품에는 인간처럼 행동하는 동물 캐릭터들이 많이 등장한다. 그는 "사람이 하면 미친 짓밖에 안 되는 것을 동물한테는 마음대로 하게 할 수 있지 않는가?"라고 하면서 사람에 비하여 다양한 이야기를 할 수 있는 동물 캐릭터를 많이 등장시키는데, 독자는 이러한 동물 캐릭터들의 행동에 매혹된다. 『멋진 뼈다귀』에서 장미꽃 한 송이와 요술 뼈다귀를 들고 다니는 돼지는 언제나 무엇인가를 꿈꾸고 있는 아이들의 마음을 상징적으로 표현하고, 『치과의사 드소토 선생님』에는 남들에게 위협을 가하는 여우와 현명한 쥐가 등장하고, 『녹슨 못이 된 솔로몬』에서는 코딱지를 후비다 갑자기 녹슨 못이 되는 토끼와 그 토끼를 잡아먹으려고 온갖 꾀를 다 내는 애꾸눈 고양이가 등장함으로써 우리 사회에 항상 존재하는 위험한 사람과 현명한 사람들의 모습을 보여 주고 있다. 『아모스와 보리스』에서는 바다로 모험을 떠났다가 고래의 도움을 받는 생쥐와 뭍으로 떠내려와서 생쥐와 코끼리의 도움을 받는 고래를 통해 서로 돕고 사는 사람들의 사회와 우정의 의미를 보여 주고 있다.

이렇게 다양한 인간사와 세상의 모습을 유머와 재치로 그리는 윌리엄 스타이그의 작품에는 마술(magic)이 자주 등장한다. 그의 작품에 등장하는 마술은 작품에 재미를 주는 동시에 어떤 상황을 희화화함으로써 인간 세상의 우스꽝스러움을 나타내는 기제로 사용되기도 한다.

그의 작품의 또 다른 특징으로는 만화 같은 스타일을 들 수 있다. 섬세하게 표현된 등장인물의 살아 있는 듯한 표정이나 작품에 자주 등장하는 검은 선 등은 오랫동안 만화가로 활동했던 작가의 경험에서 온 것으로 볼 수 있다. 윌리엄 스타이그의 작품을 보면서 어린이 독자와 성인 독자는 모두 자신의 상황을 다시 한 번 돌아보게 된다. 어린이 독자는 작가의 작품에서 자신의 현재 삶의 모습을 찾아내어 공감하면서 카타르시스를 경험하게 될 것이고, 성인 독자는 자신의 어릴 적 모습을 찾아내는 동시에 그 당시 어른에게 품었던 자신의 감정을 기억하여 지금 자신의 행동과 말을 돌이켜 보는 시간을 가질 수 있을 것이다.

(3) 대표 작품

어른들은 왜 그래?

글 · 그림 작가: 윌리엄 스타이그/옮긴이: 조세현
출판사 및 출판연도: 비룡소(2008)

❶ 내용

아이들은 이해할 수 없는 어른들의 행동과 말에 관한 이야기를 풀어 놓은 그림책이다. 짧고 간단한 문장과 유쾌하면서도 우스꽝스러운 상황은 아이들에게 재미와 웃음을 준다.

❷ 특징 및 교육적 적용

- 전 세계의 어른과 아이 세대 모두가 공감할 수 있는 어른들의 모습에 관한 풍자는 아이뿐만 아니라 어른까지 공감하며 함께 웃게 함으로써 어른과 아이 세대가 서로를 이해하고 소통하는 데 도움이 된다.
- 인물의 특징을 부각시키기 위하여 거친 선을 사용하고, 강조하고 싶은 부분만을 채색하여 표현한 그림을 통해 등장인물의 특징과 움직임을 보다 쉽게 감상할 수 있다.
- 인기 있는 카툰 작가였던 작가의 그림의 특성을 찾아보고 각자 자신의 생각을 발표하고 토론해 볼 수 있다.
- 아이들과 함께 그림책을 감상한 후 아이들이 특히 공감했던 내용에 관하여 서로 이야기를 나눠 볼 수 있다. 그리고 그림책에 표현된 내용 이외에 아이들이 이야기하고 싶은 다른 에피소드나 장면을 찾아 그림을 그리고 글을 써 보고 이야기를 나눠 볼 수도 있다.

아모스와 보리스

글 · 그림 작가: 윌리엄 스타이그/옮긴이: 우미경
출판사 및 출판연도: 시공주니어(2000)

❶ 내용

생쥐 아모스가 바다로 여행을 떠났다가 항해 도중에 갑판에서 굴러 떨어져 죽을 위기에 처하게 되고 이때 고래 보리스의 도움으로 집까지 무사히 돌아오게 된다. 그런데 이번에는 고래 보리스가 파도에 휩쓸려 모래사장 한가운데서 죽을 위기에 처하게 된다. 이때 아모스가 보리스를 돕기 위해 코끼리 두 마리를 불러 보리스를 도와주고, 보리스는 무사히 바다로 돌아갈 수 있게 된다.

❷ 특징 및 교육적 적용

• 윌리엄 스타이그 그림의 독특성이 그대로 나타나 있는 그림책이다. 복잡하지 않은 화면에 낙서를 하듯 슥슥 그린 그림에 엷은 수채 물감으로 채색을 하여 망망한 넓은 바다에서 항해하는 작은 쥐 아모스의 막막한 감정이나 고래 보리스의 외로움, 친구를 찾고 싶은 갈망 등을 느낄 수 있다.

• 생쥐 아모스와 고래 보리스 사이에는 포유류라는 것 말고는 공통점이 없다. 너무나 다른 두 동물이 죽음이라는 거대한 역경을 서로 도우며 헤쳐 나감으로써 우정을 쌓아 가는 모습이 감동적이다. 친구 간의 우정과 더불어 사람들

간에 존재하는 사랑의 마음이 무엇인지, 어려움을 겪는 타인에게 연민과 동정의 마음을 갖는다는 것이 어떤 의미인지 등에 관하여 생각해 볼 수 있다.

슈렉!

당나귀 실베스터와 요술 조약돌

진짜 도둑

멋진 뼈다귀

5) 코키 폴(Korky Paul)

(1) 작가의 삶

코키 폴(1951~)

코키 폴은 1951년 짐바브웨의 하라레에서 태어나 남아프리카공화국의 더번 미술학교에서 공부하였다. 1987년 그의 대표 작품 『마녀 위니』로 어린이도서협회의 어린이 도서상을 받으며 세계적 작가로 주목받기 시작하였다. 『마녀 위니』 시리즈 외에도 『샌지와 빵집 주인』 등 코믹한 주인공들이 펼치는 재미있는 이야기로 전 세계 어린이에게 인기를 얻고 있다. 섬세하면서도 과감한 터치로 재치와 익살을 훌륭히 표현해 내는 작가로 평가받고 있다.

(2) 작품의 특성

코키 폴의 그림책에는 상상력과 창의성 그리고 즐거움이 가득하다. 그는 다음과 같이 이야기하며 상상력과 창의성을 강조하였다.

> 나는 그저 열정을 가지고 그림을 그릴 뿐입니다. 나는 학생들에게 일러스트를 가르치면서 "너만의 목소리와 스타일이 있어야 한다."고 강조하며 자신만의 관점으로 세상을 바라보고, 자신만의 세상을 만들도록 격려합니다. 어린이에게 유명 작가의 문체를 따라 글을 쓰거나 유명 화가의 기법을 따라 그림을 그리도록 하는 것은 끔찍한 일입니다. 아직 어리고 실력이 부족하더라도 창의적으로 쓰고 그리는 것이 중요합니다.
>
> – 김지연(2010. 1. 25.)

코키 폴의 작품에는 상상력과 창의성을 중시하는 그의 작품관이 녹아들어 있다. 예를 들어, 『바다에 간 마녀 위니』에서는 위니가 바다에서 집으로 돌아온 후 더위를 피하려고 바닷물로 정원에 수영장을 만들고, 『마녀 위니와 슈퍼 호박』에서는 먹어도 먹어도 줄지 않는 너무 큰 호박을 이웃들에게 모두 나눠 주고 남은 껍질로 헬리콥터를 만들기도 한다. 그의 상상력과 창의력이 묻어나는 이러한 그림책은 독자에게 새로운 것을 상상하여 창안하는 즐거움을 느끼게 할 것이다.

코키 폴은 그림책을 재미있게 읽게 하고 독자의 마음과 생각의 폭을 넓혀 주기 위해 즐거움을 강조하였다. 예를 들어, 『샌지와 빵집 주인』에서는 빵 냄새를 아주 좋아하는 샌지가 냄새를 잘 맡는 데 도움이 되는 장치를 코에 장착하는 장면, 『마녀 위니와 슈퍼 호박』에서 호박에게 마법을 걸었더니 정말로 아주 큰 호박이 되어 버린 장면 그리고 『바다에 간 마녀 위니』에서 마녀 위니의 다리털이 세밀하게 묘사되어 있는 장면 등은 독자인 아이들에게 즐거움을 경험하게 한다.

또한 코키 폴은 섬세한 묘사를 통해 등장인물의 상황과 감정을 세심하게 표현하고 있다. 예를 들어, 『바다에 간 마녀 위니』에서는 "바닷가에는 사람들이 엄청나게 많았어요."라는 글과 함께 모래사장을 빼곡히 채우고 있는 아주 많은 사람들을 볼 수 있다. 『마녀 위니, 다시 날다』에서 "고양이 윌버가 놀라 수염 두 가닥이 빠졌지요."에는 고양이 윌버의 수염 두 가닥이 그려져 있고, 『마녀 위니와 슈퍼 호박』에서는 호박을 사서 집으로 돌아가는데 빗자루가 그 무게를 견디지 못하고 기우뚱하여 호박이 떨어지는 장면에서 호박 하나하나에 사람들의 얼굴이 그려져 있는 것 등이 세밀하게 묘사되어 있다. 무엇보다 마녀 위니가 등장하는 그림책에서 생동감 있는 마녀 위니의 얼굴 표정은 독자에게 코키 폴의 세심한 그림이 주는 즐거움을 경험하게 한다.

(3) 대표 작품

마녀 위니

글 · 그림 작가: 밸러리 토머스 글, 코키 폴 그림/옮긴이: 김중철
출판사 및 출판연도: 비룡소(2006)

❶ 내용

까만 집에 사는 마녀 위니가 까만 고양이 윌버와의 생활이 불편하여 윌버의 색깔을 제멋대로 바꾸면서 일어나는 에피소드를 담은 그림책으로, 섬세한 터치와 과감한 색을 사용한 코키 폴의 그림이 인상적이다. 고양이의 색을 바꾸는 대신 집의 색상을 바꾸는 마녀 위니를 보며 상대방을 배려하는 마음에 관하여 생각해 볼 수 있다.

❷ 특징 및 교육적 적용

- 마녀 위니는 고양이의 색상을 바꾸는 대신 집의 색상을 바꿈으로써 문제를 해결한다. 때로는 우리에게 생각의 전환이 필요함을 알려 주는 이야기다. 우리는 우리에게 일어나는 모든 일을 마음대로 선택할 수 없다. 그러나 삶을 살면서 벌어지는 다양한 문제를 처리하는 자세는 우리 각자의 선택에 달려 있다. 같은 일을 하면서도 즐겁게 일하기로 선택할 수도 있고 불평으로 일관할 수도 있는 것이다. 이 그림책을 읽음으로써 유아는 생각의 전환을 통하여 긍정적인 마음을 가지고 살아갈 수 있음을 이해할 수 있다.
- 마녀 위니를 제외한 모든 것을 어둡고 까맣게 표현하여 까만 집에서의 생활을 강조하여 그림의 전체적인 분위기가 독특하다.
- 다양한 색감을 사용하고, 그림이 매우 섬세하게 표현되어 있다.
- 등장인물의 행동을 우스꽝스럽고 재미있게 표현한 그림이 시각적인 측면에서 유아의 홍미를 유발할 수 있다.

마녀 위니의 양탄자

글 작가: 밸러리 토머스 글, 코키 폴 그림/옮긴이: 노은정
출판사 및 출판연도: 비룡소(2009)

❶ 내용

마녀 위니는 생일선물로 동생들로부터 양탄자를 받았다. 동생들에게 생일선물을 줘서 고맙다는 편지를 쓰던 중 창고함에 처박아 둔 양탄자를 다시 한번 꺼내 보게 된다. 위니가 창고함에 양탄자를 둔 이유는 양탄자가 골칫덩이기 때문이었다. 양탄자를 타면 양탄자는 빨랫줄을 칭칭 감아 엉망진창으로 만들고, 연못을 뒤집곤 하였다. 그야말로 마을에서 사고뭉치였던 양탄자에게 지친 위니는 결국 양탄자를 돌돌 말아 끈으로 꽁꽁 묶어 창고함에 가둬 버린 것이었다. 그래도 동생들의 정성을 생각하여 양탄자를 다시 꺼낸다. 위니의 고양이 윌버가 깔아 놓은 양탄자 위에서 낮잠을 자던 중 양탄자가 다시 날아올라 또다시 빠른 속도로 날아간다. 위니는 양탄자를 잡기 위해 따라다니다가 지쳐서 요술지팡이로 모든 것을 멈추도록 주문을 외운다. 그로 인해 멈춘 양탄자를 다시 돌돌 말아 정원으로 가져와 어떻게 할까 궁리하던 중 근사한 아이디어가 떠올라 다시 마법을 걸어 양탄자를 흔들침대로 변신시킨다. 마녀 위니와 윌버는 흔들침대가 된 양탄자 위에서 편안하게 쉰다.

❷ 특징 및 교육적 적용

- 살아 있는 양탄자가 신선한 소재로 독자에게 흥미를 준다. 그림 텍스트는 과연 마녀답게 위니의 익살스러운 표정과 어지러운 집, 그 안의 벌레와 동물들의 생생한 표정, 마법사들의 화려한 옷, 고양이 윌버의 다양한 표정으로 인하여 정신없을 정도로 화려하지만 유아에게 볼거리를 준다. 마녀 위니의 검은 집에서 노란색의 양탄자는 돋보이면서 생명력이 느껴지기도 한다. 양탄자의 움직임은 하늘색 물감으로 부드럽고 가볍게 표현하여 양탄자의 움직임에 자유로움이 느껴진다.
- 유아가 좋아할 만한 장소인 놀이동산, 놀이터를 넘나들며 위니가 양탄자를 추격하는 모습은 유아를 신나게 하면서도 긴박감을 선사한다.
- 위니가 양탄자에게 요술을 부릴 때, 어떤 요술을 부릴지에 대해 미리 언급하

지 않는다. 유아에게 상상을 해 보도록 하여 유아의 상상력을 키워 볼 수 있다. 그리고 양탄자 문제를 어떻게 해결할 것인지 유아와 생각을 나눠 볼 수 있다.

• 위니는 사고뭉치로만 생각했던 양탄자를 자신이 쓰기 좋게 흔들침대로 바꾼다. 이렇게 필요하지 않거나 방해만 된다고 생각했던 것들도 생각을 전환한다면 유용한 것으로 변화시킬 수 있다. 부정적인 사건을 긍정적인 것으로 바꿀 수 있었던 위니를 통하여 유아가 긍정적인 방향으로 문제를 해결하는 것에 관하여 생각해 볼 수 있는 기회를 갖도록 한다.

샌지와 빵집 주인

마녀 위니의 공룡 소동

마녀 위니와 슈퍼 호박

마녀 위니의 겨울

6) 에릭 칼(Eric Carle)

(1) 작가의 삶

에릭 칼(1929~)

에릭 칼은 1929년 미국 뉴욕 시러큐스에서 태어나서 6세에 독일로 이주하여 어린 시절과 청소년기를 보냈다. 스튜트가르트의 아트스쿨을 졸업한 후 뉴욕으로 돌아가 『뉴욕타임스』에서 그래픽 디자이너로, 광고 에이전시에서 아트 디렉터로 일하다가 작가인 빌 마틴(Bill Martin)의 요청으로 『갈색 곰아, 갈색 곰아, 무엇을 보고 있니?』에 그림을 그리면서 그림책을 만들기 시작하였다. 화가의 꿈을 품었던 아버지로부터 작지만 경이로운 생명체들에 대한 존중감과 함께 세상과 사물에 대한 관심을 가지게 되었고, 화가 이모부의 상상력 넘치는 이야기도 작가의 어린 시절을 풍부하게 해 주었다. 그의 잠재적인 미술적 재능을 찾고 키우도록 격려한 초등학교 1학년 때의 교사와 고등학교 미술 교사, 그래픽 미술 담당 교수 그리고 그래픽 디자이너 시절에 만난 당시의 유명한 그림책 작가인 레오 리오니와 에즈라 잭 키츠도 그가 세계적인 그림책 작가가 되는 데 결정적인 영향력을 미친 중요한 사람들이다.

콜라주 기법으로 만들어진 밝고 화려한 그의 그림책은 25개국의 언어로 번역되어 전 세계 수많은 어린이의 사랑을 받고 있다. 그의 대표작으로는 『배고픈 애벌레』『아빠, 달님을 따 주세요』『뒤죽박죽 카멜레온』『아주 바쁜 거미』『퉁명스러운 무당벌레』『울지 않는 귀뚜라미』『오늘은 월요일』『외로운 개똥벌레』『아빠 해마 이야기』『수탉의 세상 구경』『작은 고무 오리 열 마리』『빨간 여우야, 안녕』『수수께끼 생일 편지』 등이 있다. 그리고 빌 마틴과 함께 작업한 『갈색 곰아, 갈색 곰아, 무엇을 보고 있니?』와 『북극곰아, 북극곰아, 무슨 소리가 들리니?』도 독자의 많은 사랑을 받고 있는 그림책이다.

(2) 작품의 특성

에릭 칼의 작품에는 질문과 대답 그리고 반복의 즐거움이 있다. 예를 들면, 『북극곰아, 북극곰아, 무슨 소리가 들리니?』는 반복되는 말, 리듬감 있는 문체, 큼직하고 매력적인 색의 동물 그림이 유쾌한 그림책으로 전 세계의 아이들에게 많은 사랑을 받고 있다. 그림책의 각 장을 넘길 때마다 동물의 이름과 색깔이 바뀌며 물음과 대답이 반복되어 어린 독자가 재미있게 책을 읽을 수 있게 되어 있다.

에릭 칼 그림책의 가장 큰 특징은 콜라주 기법을 이용한 환상적인 색감이라고 할 수 있다. 화려한 색상의 큼직큼직한 그의 그림책은 어디에서 누가 봐도 알아차릴 수 있을 정도로 매우 개성이 있다. 그는 종이에 여러 가지 색깔을 입히고 손도장 찍기, 솔이나 붓으로 그리기, 뿌리기 등의 기술을 사용하여 그림을 완성한 후 도안에 맞춰서 잘라 내어 붙이는 독특한 콜라주 기법으로 작품을 만든다. 의 외로 간단한 기법으로 창작되는 그의 작품을 보며 어린 독자는 다음 장면을 기대하고 상상력을 자극받으며 그림책에 몰입하게 된다.

어린 시절 수학을 잘 못했던 작가가 자신의 작품을 읽는 아이들을 위하여 넣어놓은 수학적 개념을 찾아보는 것도 에릭 칼의 작품을 읽는 한 가지 재미라고 할 수 있다. 예를 들면, 『배고픈 애벌레』를 보면서 요일의 개념과 수 개념을 그리고 『수탉의 세상 구경』에서 친구들의 수가 늘어나고 줄어드는 것을 보며 자연스럽게 수 감각을 익히게 된다. 『퉁명스러운 무당벌레』에서는 글과 시계 그림을 보면서 시간의 흐름에 따라 무당벌레가 무엇을 했는지 그리고 시간의 흐름에 따라 동물의 크기가 커 가는 것을 보며 크기와 시간의 흐름에 따르는 변화에 관하여 감지할 수 있게 된다. 또한 『소라게의 집』을 읽으며 월의 변화와 수 감각을 배울 수 있다.

에릭 칼은 어린아이의 시각에서 보는 세상을 독특한 색깔로 표현하며 아이들이 흥미를 느낄 수 있는 작품을 창작해 내고 있다. 아이들과 공유할 수 있는 경험을 간결하고 분명하게 표현하는 그의 작품을 보면서 아이들은 작은 생명에 대한 사랑과 경외감을 가지게 되고, 세상을 바라보는 섬세한 감각을 기를 수 있다. 강렬한 색감과 과감한 여백, 선명한 색감이 특징인 에릭 칼의 그림책을 보면서 아이들은 그림 책 읽기와 놀이의 즐거움을 함께 경험하게 된다. 자연과 생명에 대한 소중함을 느끼게 하는 그의 그림책은 아이들뿐만 아니라 부모와 교사에게도 많은 사랑을 받고 있다.

(3) 대표 작품

아빠 해마 이야기

글 · 그림 작가: 에릭 칼/옮긴이: 김세실
출판사 및 출판연도: 더큰(2007)

❶ 내용

아기를 기르는 아빠 해마의 이야기를 담은 그림책이다. 바다에 살고 있는 해마 부부가 있었는데 어느 날 엄마 해마가 몸을 비틀, 꼬리를 꿈틀거리기 시작하였다. 알을 낳을 순간이 된 엄마 해마는 아빠 해마의 배에 알을 집어넣는다. 해마는 아빠가 알을 돌보고 아기 해마들을 키우기 때문이다. 한참 아기 돌보기에 여념이 없는 아빠 해마는 트럼펫 물고기 떼를 만나고, 가시고기를 만나고, 새끼를 돌보는 틸라피아를 만난다. 마침내 기다리던 새끼 해마가 아빠 해마의 주머니에서 나오기 시작하자 아빠 해마는 아기 해마들에게 세상을 홀로 살아가야 한다는 것을 알려 준다.

❷ 특징 및 교육적 적용

- 다양한 색상을 가진 여러 마리의 해마가 등장하여 그림책을 보는 독자가 색의 아름다움을 즐길 수 있다.

• 필름지를 들춰 보면서 그 속에서 나타나는 여러 종류의 물고기를 만나 보는 즐거움을 느낄 수 있다.

• 아빠의 사랑을 느껴 볼 수 있는 그림책으로 그림책을 보는 유아가 아빠에게 사랑의 편지를 써 보는 활동을 할 수 있다.

• 에릭 칼 작가의 일러스트레이션 기법을 익히고, 유사한 기법으로 유아 자신의 그림책을 만들어 보는 활동을 할 수 있다. 필름지를 사용해서 그림책을 만들어 보는 것도 재미있을 것이다. 다양한 종류의 바다 생물이 등장하는 이야기를 꾸며 볼 수도 있다.

수수께끼 생일 편지

글 · 그림 작가: 에릭 칼/옮긴이: 이기경
출판사 및 출판연도: 더큰(2006)

❶ 내용

팀은 생일날에 암호로 가득한 편지를 선물로 받고 편지에 적힌 단서를 따라 탐험을 시작한다. 편지를 받은 주인공 팀과 함께 독자 모두 탐험을 시작한다. 탐험을 시작한 독자는 팀을 위한 깜짝 비밀 선물인 강아지를 만나게 된다.

❷ **특징 및 교육적 적용**

- 팀과 함께 탐험에 나선 유아가 수수께끼 편지를 판독하면서 그 속에 담긴 의미를 찾는 과정에서 모험 욕구와 지적 호기심을 만족시킬 수 있다.
- 책에 나온 여러 가지 모양을 지각하며 모양 이름과 공간 개념을 자연스럽게 익힐 수 있다.
- 암호와 모양들을 집 안의 각 사물에서 찾아보는 게임을 할 수 있다.
- 그림책을 한 장 한 장 넘기면서 암호를 풀고 마지막에 선물을 찾아냄으로써 성취감을 경험할 수 있다.

오늘은 월요일

글 · 그림 작가: 에릭 칼/옮긴이: 이상희
출판사 및 출판연도: 더큰(2005)

❶ **내용**

말놀이를 하는 듯한 운율이 있는 텍스트로 요일과 음식 이름을 소개하는 그림책이다. 월요일부터 화, 수, 목, 금, 토, 일요일까지 요일의 이름을 콩깍지, 스파게티 등의 다양한 음식의 이름과 함께 익힐 수 있도록 구성되어 있다. 요일별로 등장하는 동물과 다양한 음식을 보는 재미가 있고, 그림책의 마지막 부분에 〈오늘은 월요일〉이라는 악보가 수록되어 있다.

❷ **특징 및 교육적 적용**

- 에릭 칼 특유의 기법으로 창작된 그림책이다. 화려한 색채와 콜라주 기법을 사용하여 어린 독자가 쉽게 접근할 수 있다.
- 단순한 문장이 반복되는 그림책으로 요일의 이름을 익히고자 하는 유아뿐만 아니라 어린 영아와도 쉽게 읽어 볼 수 있다.
- 요일, 음식, 동물들이 각 장면에 계속해서 등장하고, 다음 장에는 앞 장에 소개된 요일의 내용이 누적되어 표현되어 있어 더 쉽게 요일의 이름을 익힐 수 있다.
- 수학교육의 개념인 시간의 개념을 요일의 흐름을 통해 익힐 수 있고, 요일의 명칭도 배울 수 있는 그림책이다.
- 그림책 뒷장에 소개되어 있는 악보를 사용하여 피아노 반주에 맞춰 노래 불러 보기 활동을 할 수도 있다.

아주 바쁜 거미

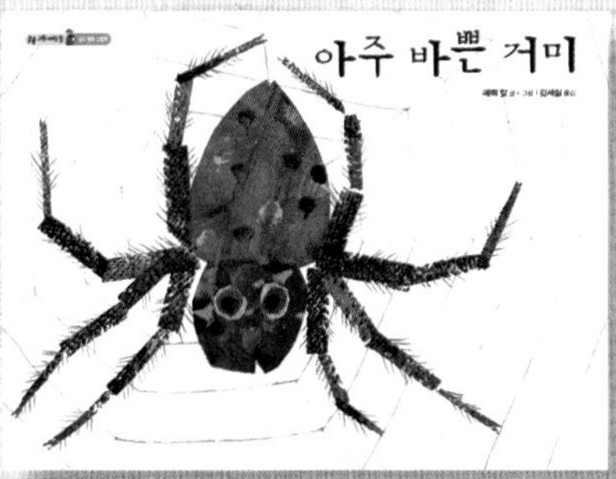

글 · 그림 작가: 에릭 칼/옮긴이: 김세실
출판사 및 출판연도: 더큰(2005)

❶ 내용

에릭 칼의 대표적인 동물 캐릭터 중 하나인 거미가 등장하는 그림책이다. 작은 거미 한 마리는 농장의 다른 동물들이 아무리 놀자고 해도 열심히 거미줄을 친다. 쉬지 않고 열심히 일한 거미는 마침내 아름답고 쓸모 있는 거미줄을 완성하고 쉴 수 있게 된다.

❷ 특징 및 교육적 적용

- 거미줄을 입체적으로 처리하여 단순한 선에서 복잡한 거미줄이 완성되는 과정을 직접 손으로 느낄 수 있다. 이러한 특징이 있어서 시각장애를 가진 유아에게도 널리 읽히는 그림책이다.
- 글 텍스트가 묻고 대답하는 놀이처럼 되어 있어 말하기와 읽기를 배우는 어린 유아가 읽기에 적합한 그림책이다.
- 여러 가지 농장 동물이 한 말을 동물이 되어서 이야기해 본다. 말하는 동물의 모습을 몸짓으로 표현해 보며 동물 소리를 내 보는 활동을 할 수도 있다.
- 아름다운 거미줄을 칠 수 있는 거미처럼 다양한 동물은 어떤 습성이 있는지에 관하여 토의하고 그림이나 글로 표현해 본다.

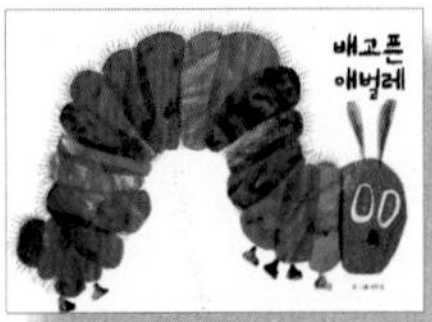

배고픈 애벌레

퉁명스러운 무당벌레

외로운 개똥벌레

울지 않는 귀뚜라미

■ 아이들이 좋아하는 이런 작가도 있어요

그림책 작가		대표 작품
하야시 아키코  "거의 현실에 있으면서 약간 판타지한 것을 좋아합니다. 어린이가 정신적으로 괴로운 나날을 보낼 때 즐거운 경험을 할 수 있었으면 좋겠다는 생각입니다. 아이들과 밀접하게 관련된 것을 좋아합니다. '나에게도 일어날 수 있는 일이겠지.' 하는 느낌을 줄 수 있기 때문이죠."		쪽빛하늘 밑에 어두운 집과 고양이 한 마리가 웅크리고 있다. 하늘이 짙은 청색으로 변하고 집에 불이 켜지면서 밤이 되고 고양이가 나타난다. 작은 집 뒤로 환한 빛을 발하며 아주 조금 달님이 떠오른다. 쑥스러운 듯 달님은 조심스레 고운 얼굴을 드러내고 고양이들은 달님을 바라보고 있다. 그런데 그만 무심한 구름이 고운 달님 얼굴을 가려 버리고 달님은 슬퍼진다. 그러나 구름은 금세 비켜나고 방긋 웃는 달님 얼굴이 나타난다. • 달님의 마음 생각하고 이야기해 보기 • 달님에게 편지 쓰기
		어린아이가 혼자 옷을 입어 보려 애쓰는 모습을 그린 그림책이다. 옷을 입는 장면을 보면서 차례차례 손, 발, 머리라는 낱말들을 익힐 수 있다. 마지막에는 성취감을 맛보는 기쁨도 누릴 수 있다. 무엇이든 혼자 해 보려고 하는 어린아이들의 행동과 마음이 잘 묘사되어 있다. • 혼자 할 수 있는 일 알아보기 • 혼자 옷 입어 보기 • 혼자 옷을 입었을 때의 마음 말해 보기

		은지가 어릴 때부터 푹신이는 늘 함께하였다. 낡아서 팔이 터져 버린 푹신이는 자신을 보낸 할머니에게 자신을 고쳐 달라고 하기 위해 은지와 함께 모래 언덕 마을로 돌아갈 준비를 한다. 그렇게 은지와 푹신이는 함께 기차를 타고 모래 언덕 마을로 향한다. 그러다 솔밭에서 개 한 마리를 마주치게 되고, 개는 푹신이를 입에 물고 언덕으로 올라가 버린다. 은지는 모래 속에 파묻혀 있는 푹신이를 발견하고, 푹신이를 업고 할머니를 찾아간다. 할머니는 푹신이의 몸을 정성스럽게 고쳐 주신다. • 어릴 때부터 가지고 놀았던 인형(애착물)에 대해서 이야기해 보기 • 할머니가 푹신이를 고쳐 주셨을 때 어떤 마음이 드는지 말해 보기 • 좋아하는 인형에게 하고 싶은 말 생각해 보기
헬렌 옥슨버리  "아이들의 개성을 해치지 않게 친구같이 대하고 있어요. 세상에서 가장 싫어하는 것은 억압적인 환경이지요. 자유롭되 스스로 책임지는 삶을 살아가는 것이 중요하다고 생각해요. 딸과 손녀를 위해 그림책을 만들어 내는 것이 즐거웠어요."		온 식구가 곰을 잡으러 떠난다. 험난한 풀밭을 헤치고, 강물을 헤엄쳐, 진흙탕을 밟고, 숲을 뚫고, 눈보라를 헤치고 나아간다. 하지만 동굴 속의 무시무시한 곰과 마주하니 덜컥 겁이나 집으로 다시 되돌아온다. • 『곰 사냥을 떠나자』 이야기를 리듬감 있게 악기 연주하며 읽어 보기 • 이야기를 읽고 동극하기 • 곰 사냥을 떠났다가 집으로 돌아온 가족의 마음을 생각해 보기

베르타와 브릭스는 돈이 많으면 행복하다고 생각해서 부자가 되기를 간절히 바라던 중 보물 상자를 발견하게 되고 그때부터 그들의 삶은 달라지기 시작한다. 하지만 얼마 지나지 않아 두 돼지의 생활은 힘들어지고, 그들이 예전에 누리던 자유를 누릴 수 없게 되었다. 결국 브릭스와 베르타는 진정한 행복은 물질의 풍요함에서 오는 것이 아님을 깨닫고 물질로 인한 생활을 벗어나 예전의 자유로웠던 생활로 다시 돌아가 진정한 행복을 느끼게 된다.

- 부자가 된 베르타와 브릭스가 행복하지 않았던 이유가 무엇인지 생각해 보기
- 행복하고 즐겁게 지낼 수 있는 방법에 대해서 그림과 글로 써 보기

옛날 귀여운 아기 늑대 세 마리가 살았다. 어느 날 엄마 늑대가 세상에 나갈 시간이라며 나가서 살 집을 지으라고 한다. 그리고 '크고 못된 돼지'를 조심하라고 덧붙인다. 아기 늑대들은 캥거루에게 벽돌을 얻어 벽돌집을 짓는다. 그런데 크고 못된 돼지가 나타나 훅 불어서 집을 날려 버리겠다고 협박하고, 입김으로 안 되자 쇠망치를 가져와 집을 부순다. 아기 늑대들은 겨우 빠져나온다. 콘크리트와 철사, 철근, 강철판, 자물쇠 등으로 튼튼한 집을 지어도 크고 못된 돼지가 나타나 집을 날려 버리겠다고 협박하고, 쉽게 되지 않자 다이너마이트를 가져와 집을 폭파시킨다. 아기 늑대들은 꼬리를 그을리며 겨우 빠져나온다.

- 『아기 돼지 세 마리와 늑대 이야기』를 읽어 보고 등장인물을 비교해 보기
- 『아기 늑대 세 마리와 못된 돼지』에 나오는 등장인물에 대해서 이야기 나누기

2. 우리나라 그림책 작가

1) 이억배

(1) 작가의 삶

이억배는 1960년 경기도 용인에서 태어나 이후 작가로서 작품 활동을 하는 데 모티프가 되는 추억을 쌓으며 수원에서 유년 시절을 보냈다. 홍익대학교 조소과를 졸업한 후 시민미술학교, 만평 작업 등 사회참여적인 미술활동에 참여하였으며, 1993년 무렵에 본격적으로 그림책 작가로서의 활동을 시작하였다. 『솔이의 추석 이야기』『이야기 주머니 이야기』[국제아동도서협의회(IBBY) 어너리스트 선정], 『비무장지대에 봄이 오면』 등의 작품을 쓰고 그렸으며, 『세상에서 제일 힘센 수탉』(1998년 브라티슬라바 국제 일러스트레이션 비엔날레 수상), 『손 큰 할머니의 만두 만들기』(1998년 어린이문화대상 미술 부문상 수상), 『도구의 발견』『해와 달이 된 오누이』의 그림을 그렸다. 이억배의 대표 작품들은 미국, 일본, 대만, 스위스, 프랑스 등에 출판되어 우리 민족의 미적 전통과 미의식을 세계 곳곳에 전하고 있다. 국내 독자와의 소통을 강조하는 이억배는 2010년 파주 북소리 콘서트 등을 통해 적극적으로 독자와의 만남을 시도하기도 하였다.

(2) 작품의 특성

이억배의 그림책 작업은 '진정한 우리의 미적 전통은 무엇이고, 계승해야 할 미의식은 무엇인가?'라는 질문과 '우리 아이들에게 유서 깊은 서양 그림책을 뛰어넘는 우리의 그림책을 보여 주자.'라는 창작 그림책 1세대의 소명 의식에서 시작되었다. 이억배는 우리의 그림과 전통에 관심이 많고, 특히 우리 민족 고유의 자연주의와 표현주의가 담겨 있는 민화에 대한 사랑이 각별하다. 이억배는 우리의 의식에 깃들어 있는 우리 민족 고유의 정신적 가치관이나 우리가 '우리'이기 때문에 느낄 수 있는 느낌을 그리고 싶다고 하였으며, 이러한 바람대로 그의 작품에는 우리 민족 고유의 감성이 잘 표현되어 있다.

> 문화를 생각할 때 민족의식과 미술이 만나는 자리에 민화가 있어요. 우리 민화는 그리는 사람의 시각에 따라 움직이는 아주 특별한 그림입니다. 민화란 아이들의 그림과 같아요. 아이들은 자신이 그리고 싶은 주제를 부각시키지요. 그래서 주제가 강하고 주관적인 그림처럼 보이지만, 가장 자신들에게 충실한 그림인 것이지요. 문학이 모국어로 생각을 표현하는 것처럼, 그림도 시각적 공감대를 이루려면 자신들의 삶의 근거에서 나오는 구체성으로부터 시작되어야 합니다. 그런데 우리나라의 경우 생활사 자료 연구가 제대로 되어 있지 않아서 그림 그리는 데 어려움이 많아요. 그런 자료가 없다 보니 우리 그림들이 세부 묘사에 약할 수밖에 없고, 세부 묘사가 약한 점은 결국은 자신들의 정체성을 표현하는 데 약점으로 작용하게 되지요.

이억배의 그림책은 장면 하나하나가 우리 민족문화의 기록화이자 풍속화와 같다. 이제는 지나간 시대의 풍경이 된 '정체된 고속도로 갓길에 내려 인스턴트라면 끓여 먹기', 머지않아 더 이상 보기 어려울지도 모르는 '종갓집에 모여 차례 지내기' '성묘행렬' '마을 농악놀이' '환갑잔치' '전통 혼례식' 등이 그의 그림에서 작은 소품까지 포함하여 상세히 재현되어 있다.

이억배 자신의 아이가 커 가면서 읽힐 만한 책이 없어 직접 만들기 시작한 『솔이의 추석 이야기』 속 그림들을 보면 일렬로 쭉 늘어서 있는 것이 특징이다. 이러한 그림은 고구려 시대 벽화인 〈대행렬도〉, 조선시대 정조의 〈능행도〉와 〈행렬도〉 등에서 회화적 모티프를 얻어 그린 것으로 긴 도화지에 추석에 하는 다양한 행사를 꼼꼼하고 세심하게 표현하고 있다.

또한 이억배는 그림책에 작가 자신과 관련된 내용을 넣기도 하였는데, 예를 들면 『솔이의 추석 이야기』의 한 장면에는 이억배의 할아버지의 실제 사진이 걸려 있고, 주인공 솔이는 그의 자녀 이름이기도 하다. 『세상에서 제일 힘센 수탉』에서 수탉과 관련된 모티프도 이억배 개인과 관련된 것에서 가져왔다. 이 작품에서 글 작가 이호백은 장인을 생각하면서 글을 썼고, 그림 작가 이억배는 자신의 할아버지를 생각하며 그림을 그렸다고 한다.

어린이와 어른이 함께 즐기는 우리 민족의 삶의 진수가 스며들어 있는 그림책을 그리고 싶다고 하는 이억배의 작품을 접하는 모든 독자는 우리 민족의 정서와 교감하고 진정한 쉼을 경험하게 된다. 특히 이억배의 그림책을 보고 자라는 아이들은 우리 민족 고유의 정서와 미적 감각을 접하게 되고, 그의 진솔한 삶의 한 부분이 진정성 있게 녹아 있는 작품들을 통해 솔직하고 진지하게 자신의 삶을 바라보는 태도를 갖게 될 것으로 기대된다.

(3) 대표 작품

솔이의 추석 이야기

글 · 그림 작가: 이억배
출판사 및 출판연도: 길벗어린이(2011)

❶ 내용

추석이 다가오면서 사람들은 고향에 갈 준비를 하느라 바쁘고 솔이네 가족도 아침 일찍 집을 나선다. 고향 가는 사람들로 인해 꽉 막힌 도로를 뚫고 솔이네 가족은 고향에 도착하여 반갑게 할머니를 만난다. 온 가족이 모여 송편 등 맛있는 추석 음식을 만들고 추석날 차례를 지낸 후 성묘를 다녀온다. 성묘를 마치고 돌아가는 길에 풍물 장단에 맞춰 춤을 추며 신나게 놀기도 한다. 솔이네는 추석을 보낸 후 할머니가 싸 주신 음식을 가지고 집으로 돌아온다.

❷ 특징 및 교육적 적용

- 우리 민족 명절인 추석을 지내는 솔이네 가족의 모습을 통해 우리 문화를 접해 볼 수 있는 그림책이다. 해마다 추석이나 설날이면 도시에 살던 사람들이 고향으로 가서 가족과 함께 시간을 보내며 가족 간의 정을 쌓아 가는 모습이 표현되어 있다. 독자는 그림책을 읽으며 우리 전통문화에서 중요하게 여기던 가족이나 마을 공동체의 의미를 다시 새겨볼 수 있다.
- 추석을 지내기 위해 시골에 가는 솔이네 가족의 여정을 좇아가며 시골에 가기 전의 설렘과 시골에 가는 과정의 고속도로 모습 그리고 시골집의 푸근함과 정겨운 풍경을 접하게 된다. 이러한 과정을 통해 과거 우리의 귀향문화를 기억할 수 있다.
- 그림책을 읽고 유아와 추석의 의미와 추석놀이, 추석에 먹는 음식에 대하여 알아보고 한복 입어 보기, 송편 만들어 보기 등의 활동을 하면서 우리 고유의 명절인 추석을 경험하도록 한다.

잘잘잘 123

글 · 그림 작가: 이억배
출판사 및 출판연도: 사계절(2008)

❶ 내용

『잘잘잘 123』은 전래동요 〈잘잘잘〉을 모티프로 한 그림책이다. 유아와 영아 모두 읽을 수 있는 그림책으로, 재미있는 글과 익살맞은 그림을 통하여 수 세기를 경험하고 수에 관하여 배울 수 있다.

❷ 특징 및 교육적 적용

- 전래동요의 반복적 패턴, 운율과 형식은 그대로 살리면서 시대감각에 맞는 단어들을 사용하여 현대 사회의 유아에게 보다 친숙하게 재창작한 그림책이다. 유아는 이 그림책의 반복되는 패턴을 따라 하며 언어의 즐거움을 경험하고, 익숙해진 후에는 유아 자신의 말로 재창작해 보는 경험을 할 수도 있다.
- 이 그림책은 어린 독자와 함께 책을 읽는 부모나 교사에게도 친숙한 그림책이다. 이억배는 요즘 아이들에게 친숙한 단어를 사용하여 새롭게 책을 창작하면서도 성인 독자에게 감흥을 줄 수 있는 옛 노래의 어휘들로 노래의 첫 마디를 시작함으로써 성인 독자를 배려하였다. 따라서 어린 시절 따라 부르던 노래를 추억하는 어른도 이 그림책을 읽으며 즐거운 경험을 할 수 있을 것이다.

• 우리 민족 고유의 문화에 관심이 많은 작가의 취향대로 연날리기, 물레, 윷놀이, 돗자리, 윷판 등 우리 민속문화가 잘 표현되어 있다.

• 이억배는 이 그림책에 작가의 다른 작품들에 등장하는 인물을 출연시킴으로써 독자가 보다 친숙하게 접근하도록 하였다. 예를 들면,『손 큰 할머니의 만두 만들기』나『개구쟁이 ㄱㄴㄷ』의 등장인물들이 이 작품에 무리 지어 등장한다.

• 노랫말을 흥얼거리며 순수한 우리말 수 이름인 하나, 둘, 셋을 자연스럽게 익힐 수 있다. 각 숫자만큼 동물이나 사물 그림의 수를 세어 보면서 수 세기를 해 볼 수 있다.

• 그림책에 나오는 다양한 사물은 유아가 어휘를 익히는 데 도움이 된다. 수 이름의 첫 음소(자음)에 다양한 모음이 합쳐진 단어를 사용함으로써 유아가 수 이름의 첫 음절을 근거로 하는 것에 비하여 보다 풍부한 어휘를 접할 수 있다. 또한 다양한 동물이나 사물이 곳곳에 숨어 있는 일러스트레이션을 통해 유아가 재미있게 숨은 그림을 찾아볼 수 있다.

이야기 주머니 이야기

비무장지대에 봄이 오면

세상에서 제일 힘센 수탉

손 큰 할머니의 만두 만들기

2) 이호백

(1) 작가의 삶

이호백은 1962년 서울에서 태어나 서울대학교 산업미술학과, 고려대학교 신문방송대학원을 졸업하고 파리 제2대학에서 커뮤니케이션과 이미지 관련 공부를 하였다. 1993년 귀국하여 그림책 기획사 재미마주를 열어 활동하면서 1998년 어린이문화진흥회 어린이문화대상을 받았고, 현재 재미마주 출판사의 대표로 있으며 대학에서 강의를 하고 있다. 2003년 『도대체 그 동안 무슨 일이 일어났을까?』가 『뉴욕타임스』 최우수 어린이 그림책으로 선정되었으며, 2009년 『한글이 된 친구들』로 한국어린이도서상 기획·편집 부문을 수상하였다. 대표 작품으로는 『도대체 그 동안 무슨 일이 일어났을까?』와 『한글이 된 친구들』 『토끼탈출』 『쥐돌이는 화가』 『나의 아틀리에』 등이 있고, 『세상에서 제일 힘센 수탉』 『내가 처음 가 본 그림박물관』 『우리 문화 발견』 『민화 그림책』 『토끼의 소원』 등 한국적 미학을 보여 주는 그림책 시리즈를 기획하고 있다.

(2) 작품의 특성

그림책 기획 출판사 재미마주의 대표인 이호백은 그림책의 글 작가, 그림 작가, 기획, 번역, 그래픽 작업 등 다양한 작업을 하면서 그림책 독자인 아이들을 위하여 좀 더 새롭고 좋은 작품을 만드는 일을 하고 싶다고 한다. 이호백은 좋은 그림책이 되려면 글과 그림뿐만 아니라 그림책의 재질, 형태, 그래픽, 인쇄까지 모든 부분이 조화를 이루어야 한다고 생각한다. 그림책 작가 겸 제작자로서 이호백의 그림책 작업은 내용의 창작이나 일러스트레이션뿐만 아니라 그림책을 만드는 것과 관련된 모든 과정을 통해 이해되어야 할 필요가 있다. 그의 작품 세계의 특징을 살펴보면 작가 가까이, 즉 우리 가까이에서 일어난 일이나 일어날 수 있을 것 같은 일상적이고 친숙한 일들을 소재로 하여 그 안에서 사람들의 마음을 따뜻하게 하는 그리고 찡한 감동을 주거나 유쾌한 웃음과 유머를 선사하는 이야기를 풀어 나가며 감동을 준다.

이호백의 대표작인 『도대체 그 동안 무슨 일이 일어났을까?』는 그가 키우던 토끼 빨빨이가 주인공인 이야기다. 온 가족이 외출하였다 돌아와 보니 집안 여기저기에 토끼 똥이 떨어져 있던 어느 날 '도대체 무슨 일이 일어났을까?'라는 즐거운 상상을 시작으로 만든 작품이다. 이 이야기에는 집에 아무도 없을 때 애완동물이나 인형이 사람처럼 돌아다니지 않을까 하고 아이들이 한 번쯤은 꼭 해 보았을 것 같은 그리고 어른들도 어린 시절에 경험했을 것 같은 상상의 세계가 나타나 있다. 주인공 빨빨이를 보면서 어른들의 간섭을 받지 않고 하고 싶은 것을 마음껏 해 보고 싶은 아이들의 마음 또한 읽어 낼 수가 있다.

『토끼탈출』에는 『도대체 그 동안 무슨 일이 일어났을까?』에 나오는 빨빨이의 새끼인 예삐가 주인공으로 등장한다. 예삐가 우리를 탈출하자 주인이 더 튼튼한 우리를 만들어 자물쇠까지 채우지만, 귀여운 토끼 예삐는 자꾸 탈출을 시도한다. 그래서 주인은 더 튼튼하여 탈출하지 못할 정도로 단단한 우리를 만들지만, 토끼는 다시 우리를 탈출해서 목욕도 하고 그림도 그리고 축구도 한다. 토끼 예삐는 단순히 우리 밖에서 그림을 편하게 그리고 싶었고, 뜨개질한 옷을 입고 밖에서 축구를 하고 싶었을 뿐인데 주인은 그것을 하지 못하게 우리 안에만 가둬 두려고 한다. 예삐가 수학을 50점밖에 받지 못하자 토끼 학원에 가는 장면은 현실에서 학업성취에 대한 억압에 짓눌려 살고 있는 아이들의 모습을 풍자한 것으로, 우리 사회의 어른들은 자유를 향하여 유쾌하게 나아가는 토끼를 보면서 생각할 거리를 가지게 된다. 이호백의 작품들 중 그가 살던 그리고 현재 살고 있는 일상이 모티프가 된 작품들이 있다. 『쥐돌이는 화가』에는 일요일마다 아이와 미술관에 다녔던 이호백의 프랑스 유학 시절의 일상이 담겨 있다. 이 책의 속지에는 '이 책 속의 쥐돌이 그림을 그려 준 담이에게'라는 글이 쓰여 있어 일요일마다 미술관 방문에 동행해 준 그의 아이에게 선물하는 작품임을 알 수 있다. 『세상에서 제일 힘센 수탉』은 이호백이 장인을 생각하며 그림책의 글을 썼다고 한다. 이처럼 그의 그림책에는 일상의 모습, 교육적인 내용을 찾아볼 수 있다.

이호백은 작품에서 한국적인 아름다움을 표현하고자 하였다. 그는 가회박물관 윤열수 대표와 함께 한국의 민화에 재치 있는 이야기를 붙여서 민화 그림책 시리즈를 출간하였다. 대표적인 민화 그림책에는 『토끼의 소원』 『무얼 타고 어디 가요?』 『선비의 방에 놀러 가요』 등이 있다. 민화 그림책들은 그가 가회박물관에서 본 20세기 중반의 무속화가 모티프가 되었다고 한다. 무속화에 담긴 이야기가 정확하게 무엇인지 알지 못해도 대단히 재미있다고 생각한 이호백이 7년간 그림을 책상 위에 두고 그 속에서 이야기를 찾아 돌아다닌 끝에 이야기를 구상할 수 있었다. 예를 들어, 『토끼의 소원』에서는 여러 장의 그림을 이어 붙여 호랑이에게 잡힌 토끼의 재치와 기지를 유쾌하게 풀어내고 있다. 이빨을 드러내긴 했지만 무섭기보다는 정답게 느껴지는 호랑이가 토끼를 만나 소원이 무엇인지 물어보면서 이야기가 시작된다. 토끼는 풍년, 닭은 건강, 거북이는 장수, 두루미는 고결함, 사슴은 평화, 원앙은 부부 사랑, 잉어는 자손 복, 원숭이는 타인의 웃음, 개는 주인의 사랑 등 동물들의 소원을 들으며 호랑이가 각 소원마다 재치 있게 반론을 제기하면서 이야기가 진행된다. 이 이야기를 통해 양반의 화려한 문화와는 다른 낮은 곳에서 자신들만의 가치를 소중히 하는 민중의 삶과 멋, 지혜를 느껴 볼 수 있다.

(3) 대표 작품

도대체 그 동안 무슨 일이 일어났을까?

글 · 그림 작가: 이호백
출판사 및 출판연도: 재미마주(2000)

❶ 내용

아파트 베란다에 사는 토끼가 주인이 집을 비운 사이 집 안으로 들어와 식사도 하고, 비디오도 보고, 롤러브레이드도 타고, 화장도 해 보며 노는 이야기다. 베란다에서 관찰한 사람들의 일상을 따라 해 보는 토끼는 가는 곳마다 똥을 누어서 자신이 지나간 흔적을 남긴다. 집주인 사람들의 일상을 따라 하는 토끼의 모습을 보는 동시에, 글로는 표현되지 않았지만 그림을 통해 보는 토끼 똥은 그림책을 읽는 재미를 더한다.

❷ 특징 및 교육적 적용

- 여백을 두어 여유로운 느낌을 주는 배경과 연한 파스텔 톤 색감의 그림이 편안한 마음으로 그림책을 감상할 수 있게 한다.
- 주인이 집을 비운 사이 집 안으로 들어와 놀던 토끼는 주인이 돌아올 시간이 되자 아무 일도 없었던 것처럼 제자리로 돌아가지만 집 안에는 토끼가 들렀던 곳곳에 토끼 똥이 남아 있다. 유아 독자와 글로는 표현되어 있지 않은 토끼 똥을 찾아보며 책을 읽어 보는 것도 재미있다.
- 주인이 집을 비운 사이 화장대에서 화장도 하고, 텔레비전도 보고, 과자도 먹는 토끼의 모습이 부모가 외출했을 때 어린아이가 하고 싶었던 일을 하는 것과 유사하다. 아이의 마음이 고스란히 드러나 있는 그림책을 보며 아이들은 카타르시스를 경험하게 된다.

토끼탈출

글 · 그림 작가: 이호백
출판사 및 출판연도: 재미마주(2006)

❶ 내용

귀여운 하얀 토끼 예삐는 잠시도 가만히 있지를 않고 아무리 튼튼한 우리에 가두어 놓아도 틈만 나면 우리를 탈출하여 일을 저지른다. 욕실의 비누를 갉아 먹고, 그림을 그린다고 거실을 마구 어질러 놓고, 밖에 나가서 축구를 하는 등 끝없는 탈출 소동을 일으킨다.

❷ 특징 및 교육적 적용

- 토끼는 단순히 우리 밖에서 편하게 그림을 그리고 싶었고, 뜨개질한 옷을 입고 밖에서 축구를 하고 싶었던 것인데 주인은 그것을 이해하지 못하여 우리 안에만 가둬 두려고 한다. 이런 모습을 보면서 우리 사회에서 자유롭게 놀이하며 성장하는 대신 어른들이 부여한 일로 인하여 억압받고 스트레스받는 어린아이들의 생활에 대하여 생각해 볼 수 있다. '어린아이들이 자유롭게 자신이 하고 싶은 일을 하면서 성장할 수 있도록 해야 하지 않을까?' 자녀와 함께 이 그림책을 읽는 부모에게 생각할 거리를 주고 있다.
- 부드러운 필치의 스케치와 단순한 색감을 나타내는 수채화 기법의 그림이 편안함을 준다.
- 자신이 토끼 예삐라면 어떤 일을 해 보고 싶은지에 대하여 아이들과 이야기를 해 볼 수 있다.

한글이 된 친구들

쥐돌이는 화가

나의 아틀리에

토끼의 소원

3) 심미아

(1) 작가의 삶

서울에서 출생하여 10여 년간 그림책과 동화 일러스트레이션 작업을 하고 있는 심미아는 그림을 그리는 남편과 그림책을 좋아하는 딸과 함께 살고 있다. 대학에서 전기 계통의 공부를 하던 중 애니메이션 회사에 취직을 하게 되고 그곳에서 창작동화 분야에서 일을 하게 된 것이 계기가 되어 그림책 작가가 되었다. 따로 그림을 배우지는 않았지만, 열정과 노력으로 그림책 작가의 삶을 살고 있다. 자유로운 상상과 놀이를 담은 즐거운 그림책을 만드는 것을 목표로 작업을 하고 있으며, 수채화로 서정적인 분위기의 작품을 만들고 싶어 한다. 제2회와 제3회 출판미술대전에서 특별상을 받았고, 『고양순』으로 제2회 보림 창작그림책 공모전에서 우수상을, 2002년 노마 국제 그림책 원화전에서 장려상을 받았다.

(2) 작품의 특성

심미아는 가끔 특정 단어들이 극적인 상상력을 불러일으키는 것과 마찬가지로 매 순간 떠오르는 단어나 그림 등을 기록해 놓으려고 노력하고, 눈에 띄는 종이에 생각나는 대로 적어 놓거나 그려 놓고 잊어버린 것을 나중에 다시 읽어 보면서 뼈대를 세우고 살을 붙여 가며 이야기를 만들어 간다. 심미아가 그림책을 만들면서 가장 중요하게 생각하는 것은 등장인물의 성격이다. "성격이 분명한 주인공은 이야기를 수월하게 만들어 주거든요. 그저 그답게 한바탕 놀아 주기만 하면 되니까요." 이렇게 말하는 심미아는 독특한 색감과 기법의 그림으로 그림책 속에 자유로운 상상의 놀이터를 만들고 싶은 소망으로 열심히 자신의 세계를 만들어 가면서 책을 읽는 독자에게 깊이 있는 즐거움을 선사해 주고 있다.

심미아의 작품 중에는 전통적인 사상이나 관념, 특정 작가의 문체를 모방하여 익살스럽게 변형하거나 개작하는 수법으로 우리 사회의 허위를 풍자하고 폭로하는 패러디 작품이 많다. 『장화 쓴 공주님』은 『벌거벗은 임금님』을 패러디한 그림책으로 벌거벗은 임금님의 손녀가 주인공으로 등장한다. 할아버지 때문에 어려서부터 흰색 무명옷만 입고 자라는 공주는 예쁜 옷을 입는 것 대신에 머리에 다양한 치장을 하며 신경을 쓴다. 옷에 유난히 신경을 쓰던 할아버지 임금님의 이야기를 패러디하여 머리 모양에 유난히 신경을 쓰는 공주의 이야기를 탄생시킨 것이다. 『쳇! 어떻게 알았지?』는 『빨간 모자』를 패러디한 그림책으로, 『빨간 모자』에 등장하는 나쁜 늑대를 빨간 모자를 도와주는 착한 늑대로 변형시킴으로써 험악하게 생긴 사람은 나쁘고 잘생긴 사람은 착하다고 생각하는 고정관념에 관해서 생각해 보게 한다. 현재 우리 사회에 만연하고 있는 외모와 관련된 가치관을 풍자하고 있는 이야기라고 볼 수 있다.

심미아의 그림책을 읽으며 몇 가지 재미있는 요소를 찾아보는 것도 즐거운 일이다. 예를 들면, 『장화 쓴 공주님』에서는 심미아 자신의 딸의 그림을 그대로 가져다가 콜라주로 사용한 부분이 많다. 심미아가 딸의 그림을 쓴 이유는 아이들 그림의 색감이 재미있기 때문이라고 한다. 『장화 쓴 공주님』에 나오는 모자나 꽃 부분이 그녀의 딸이 그린 것으로, 그녀는 아이의 그림이 포인트가 되기 때문에 딸이 그린 그림이나 낙서를 하나도 버리지 않고 모아 둔다고 한다. 심미아의 작품에는 고양이가 많이 등장한다. 그녀는 다음과 같이 말한다.

> 고양이가 그리기 쉽고 재미있어서 자주 그려요. 성격도 맘에 들고요. 강아지는 주인을 섬기지만 고양이는 주인을 그저 동거인이라고만 생각한대요. 주인이 불러도 자기가 가고 싶지 않으면 안 가지요. 그 모습이 우리나라 선비에 비유된대요. 자기가 싫으면 안 하는 것, 매력적이지 않아요?

심미아의 작품에 많이 등장하는 흉내말을 찾아보는 것도 또 다른 재미다. 심미아는 글씨가 그림의 일부라고 생각하여 흉내말을 사용함으로써 그림책의 내용이 더 직접적으로 다가온다는 자신의 생각을 드러내었다.

심미아 그림의 특징을 보면 먼저 우둘투둘한 질감을 들 수 있다. 『해와 달이 된 오누이』에서 젯소(gesso)라는 석고가루에 톱밥을 섞어 두꺼운 종이에 바르고 그 위에 연하게 수채화를 입힘으로써 한국화 같은 질감을 표현하였다. 수채 물감의 번지는 효과를 사용한 그림책도 많다.

> 수채화는 하면 할수록 매력이 있어요. 색깔이 주는 매력, 번지는 효과가 주는 매력이 좋아요. 내 마음과 가장 많이 닮은 것 같아요. 수채화 물감으로 그리고 부족하다 싶은 부분은 눌러서 정리해 주고 연필로 덧그리기도 하지요.

심미아는 작품을 창작할 때 수채화의 번지는 기법을 많이 사용하고 있으나 『고양순』과 『장화 쓴 공주님』에서는 콜라주 기법도 활용하였다. 그녀는 수채화 기법을 주로 사용하는 그림책에서 서정적이고 감정을 가라앉히는 분위기를 주로 표현하고 있는 것에 비하여 콜라주 기법을 함께 사용한 그림책에서는 장난스러운 분위기로 변화를 시도하고 있는 듯하다. 『고양순』과 『장화 쓴 공주님』 『집에 가는 길』 등의 수채 물감으로 번지는 효과와 함께 콜라주 기법을 가미한 그림책들을 보면서 서로 다른 작품 창작 기법들이 얼마나 훌륭하게 잘 어울리는지를 볼 수 있다. 심미아는 기발한 발상으로 다양한 기법을 사용하여 그림책을 창작하면서 작가의 작품을 접하는 독자로 하여금 그림책을 보는 재미와 즐거움을 경험하게 한다. 이는 그녀가 이러한 창작의 과정에 즐겁게 그리고 열정을 가지고 임하기 때문일 것이다.

(3) 대표 작품

쳇! 어떻게 알았지?

글 · 그림 작가: 심미아
출판사 및 출판연도: 느림보(2010)

❶ 내용

빨간 모자는 항상 뭐든지 척척 잘한다고 큰소리를 친다. 오늘은 혼자서 할머니 집에 갈 수 있다고 쿠키를 들고 길을 나섰다. 성큼성큼 걸어가는데 무섭게 생긴 늑대가 빨간 모자를 부르고, 빨간 모자는 위험하다고 생각하여 재빨리 도망을 친다. 한참 걸어가다 보니 이번에는 귀여운 돼지 삼형제가 나타나 어두운 지름길로 가라고 부추기고, 빨간 모자는 그 꾐에 빠져 위험에 맞닥뜨리게 된다. 이러한 상황에서 늑대의 도움을 받고 위험에서 빠져나오게 된다.

❷ 특징 및 교육적 적용

- 생동감과 입체감을 느낄 수 있는 콜라주 기법을 사용한 그림책으로 전체적으로 밝은 분위기로 표현되어 있다. 용감한 빨간 모자의 성격과도 부합되는 느낌이 잘 표현되어 있다.
- 글씨가 그림 화면의 곳곳에 배치되어 만화 같은 느낌을 주는 그림책으로 독

자는 좀 더 편안한 마음으로 만화를 읽는 듯이 그림책을 볼 수 있을 것이다. 그림과 글씨가 재미있는 구도로 배치가 되어 있어 생동감을 느낄 수 있는 그림책이다.

- 『빨간 모자』 원작 이야기에 등장한 나쁜 늑대가 이 그림책에서는 빨간 모자를 도와주는 착한 인물로 등장한다. 어린 독자에게 사람의 겉모습만 보고 어떤 사람인지 판단하는 것은 위험한 일이라는 것을 알려 준다. '못생긴 사람은 나쁜 사람이고, 잘생긴 사람은 착한 사람이다.'라고 생각하는 경향이 있는 영유아에게 그림책을 통하여 그렇지 않은 경우도 있다는 것을 알려 줄 수 있다.
- 그림책을 유괴나 위험한 상황에 대비하는 교육을 하기 위한 수단으로 사용하는 것이 그다지 내키지는 않지만 곳곳에 위험이 도사리고 있는 현대 사회에서 생활하는 유아가 이러한 그림책을 보면서 자신을 지킬 수 있는 능력을 기를 수 있다면 그것도 그림책의 유용한 활용의 한 예라고 할 수 있다.

이렇게 자 볼까? 저렇게 자 볼까?

글 · 그림 작가: 이미애 글, 심미아 그림
출판사 및 출판연도: 보림출판사(2000)

❶ 내용

잠을 이루지 못하는 어린아이가 다양한 방법으로 잠을 자는 상상을 하는 과정이 담겨 있는 그림책이다. 수묵화 같은 그림이 편안한 분위기로 다가오고, 상상의 잠자리에 관하여 표현한 언어가 재미있어 어린 독자가 편안하고 쉽게 읽을 수 있다.

❷ 특징 및 교육적 적용

- 잔잔한 분위기의 차분한 색감으로 그려진 그림책이다. 차분하면서 다양한 색깔을 사용한 것도 인상적이어서 어린 독자가 재미있게 읽을 수 있다.
- 등장하는 동물들의 특징을 아름다운 우리말로 살아 있는 듯이 표현하였고, 잠자는 모습을 감동적인 시적 언어로 아름답게 표현하였다.
- 잠자리에 드는 것을 어려워하는 아이들과 함께 읽기에 적절한 그림책이다. 유아들과 어디에서 어떻게 자 보고 싶은지에 관하여 이야기를 나눠 볼 수 있고, 그림으로 표현한 후 친구들 앞에서 발표를 해 볼 수도 있다.

일요일 아침 일곱 시에

글 · 그림 작가: 김순이 글, 심미아 그림
출판사 및 출판연도: 보림출판사(2009)

❶ 내용

일요일 아침 일곱 시에 다른 날보다 일찍 눈을 뜨게 된 소녀의 이야기다. 세상 어딘가에는 자신과는 다른 날씨, 다른 시간, 다른 공간에서 살아가는 사람이 있을 것이라고 여기는 소녀의 생각이 차분하고 사색적인 글과 그림으로 표현되어 있다. '눈이 오거나 해가 비추는 곳은 없을까? 그러면 그곳도 일요일 아침일까? 오늘이 안 오고 아직 어제인 곳도 있겠지? 그 시간 그곳에서 사람들은 무엇을 할까?' 아이의 생각은 점점 다른 날씨, 다른 시간, 다른 공간, 다른 사람들로 확장된다. 눈을 흠뻑 맞으면서 춤을 추고, 사막에서 전갈을 만나 놀라기도 하며, 한밤중 비밀스러운 마녀들의 모임을 엿보거나 공원을 산책하는 사람들 틈에 끼어들기도 하면서 아이의 생각이 계속 이어진다. 차분하고 사색적인 문장과 자유롭고 천진한 그림의 묘한 어긋남과 마주침 사이에서 '아이다운 상상'이 잘 드러나 있다.

❷ 특징 및 교육적 적용

- 사람들이 누군가와 같은 시간을 공유하고 살고 있다는 사실을 이해하기 쉬운 문장과 자유로운 그림으로 표현하였다.
- 지구를 한 바퀴 돌아서 다시 제 방으로 돌아와서 세상 어디인가에는 자기처럼 창밖을 바라보는 아이가 있을 수도 있다고 생각하는 이야기다. 세상과 사람들을 향한 관심이 다시 돌아와 자신을 응시하는 것으로 바뀌는 내용의 그림책으로 시간의 흐름을 통해 성장하는 아이의 모습을 볼 수 있다.
- 그림책의 장면마다 등장하는 비밀스러운 안내자들의 익살스러운 표정과 행동은 그림책을 읽는 또 하나의 즐거움이다.
- 하루의 시간 동안 유아들이 무엇을 하며 지냈는지를 이야기 나누며 같은 시간을 살아가는 친구들에 관하여 생각해 볼 수 있다.

고양순

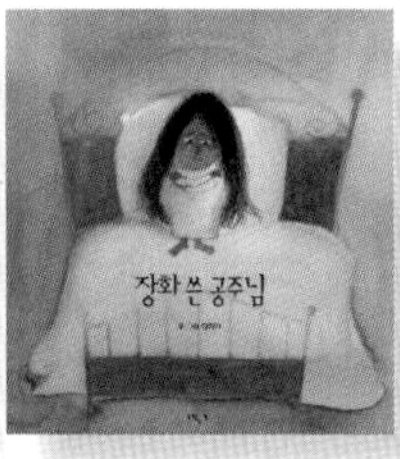

장화 쓴 공주님

집에 가는 길

즐거워서 깔깔깔

4) 백희나

(1) 작가의 삶

백희나는 1971년에 태어나 이화여자대학교에서 교육공학을 전공한 동화작가이자 삽화가이며, 1인 출판사 '스토리보울'의 대표다. 2004년에 첫 창작 그림책인 『구름빵』을 출판한 백희나는 '독특한 그림 기법과 내용으로 그림책의 새 장을 연 작가' 혹은 '아이들의 눈높이를 확실히 아는 따뜻한 상상력을 가지고 있는 작가'라는 평가를 받고 있다. 뒤늦게 미술로 진로를 정하고 교육공학을 전공으로 졸업한 후 유아용 멀티미디어 소프트웨어 회사에 취업하여 기획디렉터로 일하던 중 스스로가 융통성이나 사회생활능력이 없다는 것을 깨달은 백희나는 미국으로 유학을 떠나게 된다. 그녀의 첫 창작 그림책인 『구름빵』이 현재까지 수십만 부가 팔린 대표작이지만, 저작권을 포기하고 출판을 한 까닭에 작품에 관한 권리를 행사할 수 없던 작가는 기획, 제작, 판매를 모두 혼자 하는 1인 출판사인 '스토리보울'을 만들어 작품 활동을 계속하고 있다.

백희나는 어린 시절 베아트릭스 포터의 『피터 래빗』 그림책 시리즈를 좋아하였다. 동물의 성격을 그대로 살리면서 사람처럼 옷을 입고 지내는 피터 래빗에게 매료되었고, 특히 자연과 동물 등 작품에서 중요하게 생각하는 것들을 실제로 지켜 낸 베아트릭스 포터의 삶 자체에 매료되었다고 한다. 그림책 작가를 꿈꾸던 시절에는 오스트리아의 일러스트레이터인 리즈베스 츠베르거(Lisbeth Zwerger)와 이탈리아의 작가 브루노 무나리(Bruno Munari)의 작품을 좋아하였다. 백희나는 브루노 무나리의 실험적인 작품에 놀라움을 경험하였고, 작가의 실험성을 감내하고 지원을 해 주는 출판사와 출판문화에도 감동을 받았다고 한다. 『구름빵』과 『달 샤베트』 등으로 상처를 받은 백희나에게 작가의 실험적인 작품성을 인정하고 지원해 주는 문화가 크게 다가올 수밖에 없었을 것이다. 작품활동을 하는 과정에서 많은 어려움을 견뎌 낸 작가는 '내가 할 일은 오직 그림책을 만드는 것'이라고 하며 아이들이 경험하는 현실과 상상의 세계를 아이의 눈으로 바라보며 아이들에게 다가가는 작품을 만들기 위해 노력하고 있다. 대표작으로는 『구름빵』과 『달 샤베트』 『북풍을 찾아간 소년』 『어제저녁』 『분홍줄』 등이 있고, 옛이야기 『팥죽 할멈과 호랑이』가 있다.

(2) 작품의 특성

소소하고 평범한 이야기 속에 따뜻함이 녹아 있다고 평가받고 있는 백희나의 그림책은 작가만의 독창적이고 재미있는 기법이 매우 인상적이다. 백희나의 대표작인 『구름빵』은 종이, 천, 나무 등의 여러 가지 재료를 사용하여 구성한 배경 위에 손수 오려서 만든 종이 캐릭터들을 움직여 찍어 낸 그림책으로 판타지적 분위기 속에서 가족의 따뜻한 사랑을 느낄 수 있다. 『달 샤베트』는 달로 샤베트를 만든다는 독특한 아이디어로 창작된 그림책이다. 콜라주 기법과 마블링 기법을 사용하였고, 배경 및 등장인물을 직접 만들어 사진을 찍어 만들어 낸 작품으로 환경에 관하여 생각해 보게 하는 주제를 따뜻한 이야기로 긍정적으로 풀어내고 있다. 『어제저녁』도 백희나의 대표적인 그림책 창작 기법인 콜라주 기법을 사용한 그림책이다. 병풍처럼 장면들이 하나로 이어져 있는 작품으로 이웃에 대하여 관심을 가져 보게 한다. 『삐약이 엄마』는 화려한 색감의 다른 작품들과는 달리 노란색만을 주로 사용하여 창작된 그림책이다. 색뿐만 아니라 여백을 살려서 여유로운 배경에 핵심적인 부분만 강조하고 있다. 고양이 니양이가 병아리를 낳게 된다는 매우 황당한 이야기를 통해 다양한 가족 형태에 대하여 생각해 볼 수 있게 하는 그림책으로 유형이나 구성 과정은 다르지만 사랑으로 함께 지내는 가족의 의미를 되새겨 볼 수 있게 한다. 『북풍을 찾아간 소년』은 소년과 어머니의 사랑을 느껴 볼 수 있는 작품이다. 이 그림책에서 백희나는 잉크를 찍은 펜촉으로 필름 위에 북풍의 모습을 그리고, 그 필름을 그림 위에 놓고 살짝 든 채 촬영하는 기법으로 독특한 북풍의 캐릭터를 만들어 냈다고 한다.

이와 같이 백희나의 그림책은 평범한 듯한 이야기 속에서 가족, 이웃 간의 따뜻한 사랑을 느낄 수 있게 한다. 특히 작가만의 독창적이고 재미있는 작품 창작 기법은 독자에게 신선한 감동과 재미를 선사한다.

(3) 대표 작품

구름빵

글 · 그림 작가: 백희나
출판사 및 출판연도: 한솔수북(2004)

❶ 내용

뭔가 재미있는 일이 생길 것 같은 오늘, 비 오는 날 아침에 주인공 '나'는 동생과 함께 밖으로 나가 나뭇가지에 걸린 작은 구름을 보았다. 작은 구름을 집으로 조심조심 가져와 엄마에게 주고, 엄마는 구름으로 빵을 만들어 주셨다. 맛있는 구름빵을 먹은 '나'와 동생, 엄마는 구름처럼 두둥실 떠올랐다. 아침밥도 못 드시고 허둥지둥 회사로 간 아빠가 생각이 난 '나'와 동생은 아빠에게 구름빵을 갖다 드리고, 구름빵을 드신 아빠도 두둥실 떠올라 회사에 늦지 않게 도착할 수 있었다. 기분 좋게 집으로 돌아온 '나'와 동생은 구름빵을 또 먹는다. 구름을 바라보며 먹는 구름빵은 정말 맛있었다.

❷ 특징 및 교육적 적용

- 종이, 천, 나무 등의 여러 가지 재료를 사용하여 구성한 배경 위에 손수 그리고 오려서 만든 종이 등장인물들을 움직여서 찍어 낸 독특한 기법의 그림책이다.
- 가족 간의 사랑이라는 섬세한 감정이 잘 드러나 있는 이야기를 입체감 있는 독특한 일러스트레이션 기법으로 묘사해 낸 그림책이다. 아빠에 대한 자녀의 감동적인 사랑을 느껴 볼 수 있다.
- 주인공으로 사람이 아닌 고양이를 의인화하여 등장시킴으로써 환상적 요소를 가미하였고, 독자가 좀 더 흥미롭게 접근할 수 있게 하였다.
- 그림책을 보며 누구나 한 번쯤 경험해 보았을 하늘에 떠 있는 구름에 대한 공상을 펼쳐 볼 수 있는 기회를 가지게 된다. 어린 독자는 구름 세계에 대한 자신만의 이야기를 만들어 볼 수 있고, 성인 독자는 구름을 보며 상상을 하던 유년 시절의 추억을 더듬어 볼 수 있다.

달 샤베트

글 · 그림 작가: 백희나
출판사 및 출판연도: 스토리보울(2010)

❶ 내용

무더운 여름날 밤에 달이 녹아 버리는 모습을 본 반장할머니가 큰 그릇에 달을 담아서 샤베트로 만들어 놓는다. 전기를 너무 많이 써서 정전된 아파트에 반장할머니 집만이 환한 것을 본 주민들이 반장할머니 집으로 달려가고, 반장할머니는 덥다고 말하는 주민들에게 '달 샤베트'를 만들어 줘서 더위를 잊게 만든다. 그러나 옥토끼는 녹은 달이 사라져 버려서 살 곳이 없어져 버린다. 반장할머니는 살 곳이 없어진 옥토끼에게 달맞이꽃으로 달을 만들어 준다.

❷ 특징 및 교육적 적용

- 더위에 녹아 버린 달로 샤베트를 만든다는 기발하고 독특한 아이디어의 그림책으로 책을 접하는 독자의 상상력을 자극한다.
- 백희나의 전작 『구름빵』과 같이 미리 준비해서 만들어 놓은 배경에 직접 만든 등장인물들을 놓고 사진을 찍어서 만든 그림책으로 입체감 있는 일러스트레이션이 신선하다.
- 그림책에서 사용된 콜라주와 마블링 기법을 활용하여 다양한 미술활동을 해 볼 수 있다.
- 그림책을 읽고 난 후 확장활동으로 직접 샤베트를 만드는 요리활동을 해 볼 수 있다.
- 더위에 녹는 달, 전기를 많이 써서 정전된 아파트 등의 이야기를 읽고 전기 절약, 탄소가스로 인한 지구 온난화 등 환경보호와 관련된 주제의 다양한 활동을 전개할 수 있다.

장수탕 선녀님

어제저녁

삐약이 엄마

북풍을 찾아간 소년

5) 유애로

(1) 작가의 삶

유애로는 충청남도 강경에서 태어나 숙명여자대학교와 동 대학원에서 디자인을 전공하였다. 음악과 사랑이 있는 풍요로운 가정에서 자란 작가는 1986년 옛이야기 그림책 『은혜 갚은 두꺼비』를 출간하면서 그림책을 그리기 시작하였다. 유애로는 그림책에 대한 애정과 아이들에 대한 사랑으로, 여러 지역의 도서관과 학교에서 그림책 이야기를 들려주고 아이들과 함께 그림책을 만들고 그리면서 그림을 통해 자신을 표현하는 작업의 즐거움을 전하고 있다. 작품을 통해 세상과 소통하고 현장에서 아이들과 소통하는 작가라고 할 수 있다.

> 제가 그림책을 만드는 기쁨은 어린이의 마음을 간직하며 아이들과 끊임없이 소통하는 것이지요. 소재의 다양성과 신체적 참여를 통한 놀이로 아이들은 자신의 세계를 펼쳐 보이며 발상의 폭을 넓혀 가게 됩니다. 조형놀이를 통해 호기심과 창조성을 발휘할 수 있는 기회의 장을 그림책 친구들에게 만들어 주는 것은 저에게 큰 책임과 보람입니다.

국제그림동화원화전(1988, 1990), 주불한국문화원 주최 파리 퐁피두센터 〈세계의 그림책 우리의 그림책전〉(1996)에 출품하였고, 1996년 『갯벌이 좋아요』로 어린이 문화대상 미술 부문 본상을 받았다. 그림책 『쇠똥 구리구리』 『갯벌이 좋아요』 『쪽빛을 찾아서』 『반짝반짝 반디각시』 『돼라 돼라 뽕뽕』을 쓰고 그렸으며, 『견우직녀』 『하늘이랑 바다랑 도리도리 짝짜꿍』 『개구리네 한솥밥』 『으악, 도깨비다!』 등에 그림을 그렸다.

(2) 작품의 특성

유애로는 작은 생물들에 관심이 많아 청개구리, 달팽이, 남생이, 우렁이, 토끼, 고양이를 키우며 사는데, 이러한 생물들과 교감하는 경험은 작은 생명체들이 등장하는 작가의 작품 『쇠똥 구리구리』 『갯벌이 좋아요』 『반짝반짝 반디각시』 등에 그대로 드러난다. 유애로는 아이들에게 조형활동에 대한 흥미로움과 자신감을 심어 주고 싶어서 만들기 그림책 『돌이와 야옹이의 뚝딱뚝딱 만들기』를 창작하기도 하였다. 작가는 또한 등장인물에 비중을 두는 어린 독자를 생각하여 실제 3D로 만든 풍부한 색감의 등장인물로 그림책을 제작함으로써 아이가 그림책을 보는 데 호기심을 가지게 한다.

유애로는 다양한 기법으로 그림책의 주제를 표현한다. 『견우직녀』에서는 가는 붓으로 점을 찍어 신비한 분위기를 나타내었고, 『쇠똥 구리구리』에서는 짧고 굵은 곡선을 이용해 사물의 질감과 명암을 표현하였다. 『쪽빛을 찾아서』에서는 '쪽빛'의 동양화적 느낌을 살리기 위하여 염색한 천에 아크릴물감으로 그림을 그렸고, 『갯벌이 좋아요』에서는 갯벌의 분위기를 그려 내기 위하여 색도화지에 연필데생 기법을 활용하였다.

많은 아이와 어머니가 유애로의 그림책을 좋아하는 이유는 그림책에 표현된 아이의 모습에서 순진한 동심의 세계를 접할 수 있기 때문이라고 한다. 동심의 세계를 섬세하게 표현하는 유애로의 작품은 그녀가 자기 자신뿐만 아니라 우리 사회에서 자라고 있는 모든 아이를 이해하고 사랑하기 때문일 것이다. 마음을 따뜻하게 해 주는 밝은 색감의 그림과 다정한 보살핌의 감정을 느낄 수 있는 분위기의 작품을 통해 아이들에 대한 유애로의 사랑을 느낄 수 있다.

(3) 대표 작품

쪽빛을 찾아서

글 · 그림 작가: 유애로
출판사 및 출판연도: 보림출판사(2005)

❶ 내용

물쟁이 아저씨는 가을 하늘빛과 푸른 바닷빛을 닮은 옷감을 만들고 싶어 한다. 어른들에게 물어보고 옛날 서적들을 찾아보는 노력을 한 끝에 쪽빛은 쪽이라는 풀로 만든다는 것을 알아내고, 산골 마을에서 쪽풀 씨앗을 구해다가 재배하여 마침내 염료에 쓸 쪽풀을 얻게 된다. 물쟁이 아저씨는 쪽풀과 조개껍질을 구워 만든 가루로 푸른색의 쪽물을 만들고, 이를 천에 염색하여 마침내 원하던 쪽빛 옷감을 만들어 내지만 이 옷감이 물에만 닿으면 색이 빠져나가는 것을 발견한다. 여러 차례의 실패 끝에 물쟁이 아저씨는 조갯가루가 섞인 쪽물을 가짓빛 거품이 일 때까지 충분히 저어 주지 않아서 물이 빠진다는 것을 알게 된다. 드디어 물쟁이 아저씨는 제대로 된 쪽물로 옅은 옥색부터 하늘빛과 바닷빛같이 보다 짙은 다양한 쪽빛 옷감을 만드는 데 성공한다. 이후 물쟁이 아저씨는 꽃이나 나무뿌리 등의 재료를 사용하여 만든 물감으로 여러 가지 전통적인 빛깔의 옷감을 만들어 내게 되었다.

❷ 특징 및 교육적 적용

- 염색 기법을 활용한 독특한 일러스트레이션이 특징인 그림책이다. 유애로는 그림책의 각 장면을 표현하기 위하여 천에 물감으로 물을 들인 다음 그 위에 그림을 그림으로써 독특한 천의 질감과 은은한 염색 효과를 충분히 살리고 있다.
- 그림책 전체를 통해 전통 색채에 담긴 우리 민족의 정서를 느낄 수 있는 그림책으로 쪽풀로 염료를 만들어 옷감에 물들이는 전 과정이 섬세한 그림으로 묘사되어 있다. 이 그림책의 독자는 꽃잎이나 열매 등의 천연 재료를 활용함으로써 가공하지 않은 자연 그대로의 색채를 재현하려고 시도한 우리 민족의 색채문화를 경험할 수 있다.
- 하늘빛과 바닷빛을 닮은 쪽빛을 재현하고자 노력하는 물쟁이 아저씨를 통하여 자연과 조화를 이루는 삶을 살아가고자 한 우리 민족의 문화를 체험할 수 있다.
- 주변에서 쪽빛의 물건들을 찾아보면서 우리 민족 고유의 쪽빛에 대해 알아보는 시간을 갖고, 쪽빛을 비롯한 다양한 자연물로 자연의 색을 만들어 보고 물들이는 미술활동을 해 볼 수도 있다.

반짝반짝 반디각시

글 · 그림 작가: 유애로
출판사 및 출판연도: 보림출판사(2000)

❶ 내용

이른 아침에 도라지꽃집에 사는 반디 아가씨는 부지런히 몸단장을 한다. 오늘 밤 달맞이꽃 마을에 잔치가 있기 때문이다. 잔치에 간 반디 아가씨는 그곳에서 호박꽃집에 사는 반디 총각을 만나게 된다. 서로 좋아하게 된 반디 총각과 반디 아가씨는 결혼을 하여 아기를 갖게 된다. 반디 부부는 아기를 낳을 때가 되어 아기방을 만들기 위해 맑은 개울가, 부드러운 이끼를 찾아 떠나지만, 소중한 아기를 낳을 만한 깨끗한 곳을 찾기가 어렵다. 그렇게 하루가 지나고 또 하루가 지나 반디 부부는 반디마을을 찾았고 깨끗한 반디마을에서 반디 부부는 어여쁜 아이들을 낳게 된다.

❷ 특징 및 교육적 적용

- 부드러운 색감과 선명하고 밝은 색채가 인상적인 그림책이다. 점을 찍어서 반딧불이의 불빛을 표현한 것이 독특하다.
- 개똥벌레라고도 불리는 반딧불이가 주인공인 이야기다. 이전에는 흔히 볼 수 있었던 반딧불이를 지금은 환경오염 때문에 보기가 어렵게 되었다는 사실과 그 때문에 반딧불이와 반딧불이의 먹이인 다슬기가 사는 곳을 천연기념물로 지정하여 보호하는 상황임을 알려 주는 그림책이다. 이야기를 읽으면서 환경문제에 대해서 생각해 볼 수 있다.
- 반디 부부의 사랑과 아이를 낳는 과정에 관한 이야기를 통하여 자연스럽게 환경문제를 접할 수 있다. 반딧불이의 생태에 관한 정보와 물가에 사는 여러 가지 곤충에 관한 다양한 정보도 얻을 수 있다.

갯벌이 좋아요

돼라 돼라 뿡뿡

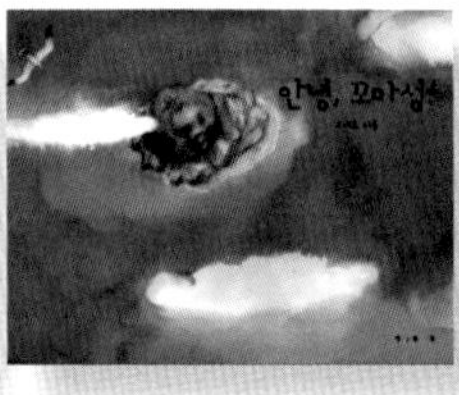

안녕, 꼬마섬!

돌이와 야옹이의 뚝딱뚝딱 만들기

■ 아이들이 좋아하는 이런 작가도 있어요

<table>
<tr><th>그림책 작가</th><th colspan="2">대표 작품</th></tr>
<tr><td rowspan="2">이수지

“저에게 책이란, ‘언제나 꺼내 볼 수 있는 예술’이라고나 할까요? 그림책이란 장르는 그런 의미에서 더욱 멋지죠. 전 언제나 ‘책’이라는 형식 때문에 더 재미있어지는 이야기에 관심이 있어요.”</td><td></td><td>마주 보고 있는 현실과 환상이라는 대립 구도 자체에 관심을 두고 현실과 환상이 뚜렷하게 구분된다. 책을 펼치면 외로운 아이가 거울 속 자신을 보고 있다. 맞은편 페이지에서 펼쳐지는 거울 속 이미지는 당연히 아이가 하는 대로 따라 한다. 아이는 거울 속 아이와 놀고 춤춘다. 아이는 이제 더 이상 외롭지 않다. 하지만 환상은 그리 오래 지속되지 않는다. 거울이 깨지자 아이는 곧바로 현실로 돌아와 외롭고 슬픈 아이가 된다.

• 거울 앞에서 춤춰 보기
• 거울에 비친 자신의 모습을 보고 어떤 느낌이 드는지 얘기해 보기</td></tr>
<tr><td></td><td>처음엔 바다가 낯설고 두려운 아이가 바다에 살짝 발을 담가 보며 자신의 마음을 열기 시작한다. 바다는 화답하듯 큰 파도로 아이에게 장난을 치고 아이는 바다와 완전한 친구가 된다. 세상은 순간 온통 바다와 같은 푸른빛이 된다. 집으로 돌아가는 아이의 옷도 푸르게 변하게 되고 바다와 아이는 하나가 되는 빛나는 순간을 경험한다.

• 바다에 놀러갔던 경험 이야기하기
• 바다와 파도, 갈매기 그리고 주인공 여자아이의 놀이에 대한 이야기 짓기
• 파란색 물감 탐색하기</td></tr>
</table>

엄마, 아빠와 함께 동물원에 놀러 간 아이는 동물원 입구 앞에서 부모님이 사 주신 풍선을 손에 쥐고 동물원에 들어간다. 아빠가 목말을 태워서 처음으로 간 고릴라의 집에서 아이는 공작새를 만나 상상의 나라로 간다. 아이는 하마, 코끼리, 기린, 물새 등과 함께 즐거운 시간을 보낸다. 아이가 사라지고 얼마 지나지 않아 이를 알아챈 부모는 동물원을 돌아다니며 아이를 찾아다니고, 원숭이 우리 앞 벤치에서 풍선을 손에 쥔 채 잠든 아이를 발견하고 동물원 밖으로 아이를 안고 나온다. 아빠의 품속에 안겨 있던 아이는 상상 속에서 놀던 동물들이 배웅 나온 것을 본다.

- 동물원에 놀러 갔던 경험 이야기해 보기
- 동물원에서 만나 보고 싶은 동물들이 있는지 이야기해 보기
- 환상의 동물원 협동미술작품 만들어 보기

최숙희

"인간은 다양한 동물의 성향을 한 몸에 가진 총체적 동물이라고 생각해요. 밖으로는 저마다의 특징적인 부분을 인정하고 흡수할 수 있는 사회였으면 좋겠다는 생각이고, 안으로는 단점보다 장점에 대해 자신감을 가졌으면 좋겠다는 생각이에요."

저마다 놀라우리만치 다른 개성을 지닌 아이들은 다양한 꽃으로 피어나 세상을 더욱 풍요롭게 만들어 간다. 세상 모든 씨앗이 아름다운 가능성을 노래하듯 아이들도 모두 제각각 아름다운 미래를 가지고 있다. "너는 어떤 꽃을 피울래?"라는 물음에 답하는 아이들의 말에 기울여 들어 본다.

- 어떤 씨앗이 되고 싶은지 그림으로 그려 보고 이야기하기
- 되고 싶은 씨앗을 생각해 보고 자라서 어떤 꽃을 피울지 그림 그려 보기
- 그림책의 이야기를 노래로 만들어 불러 보기

		꼬박 아홉 달을 배 속에 품어서 처음 세상에 나온 아이를 만나서 그 아이가 성장하는 순간에 엄마들이 느끼는 감동과 생각들을 담은 그림책이다. 해와 별, 새와 나무를 비롯해 세상 모든 것이 아이와 함께하고 아이를 위해 존재한다고 느끼는 엄마의 마음이 고스란히 나타나 있다. 아이가 첫 걸음마를 시작할 때는 넘어질 듯 위태로운 발걸음을 땅이 단단히 받쳐 주고, 아이가 울 때는 하늘도 아이 어깨를 토닥이며 같이 울어준다. 마침내 아이가 학교에 갈 때는 온 세상이 함께 응원의 박수를 보내준다. • 그림책을 읽고 어떤 마음이 드는지 이야기해 보기 • 부모(엄마, 아빠, 조부모 등)와 함께 그림책 읽어 보기 • 엄마(부모, 조부모 등 양육자)가 아이한테 해 주고 싶은 말을 써서 보내 주면 친구들과 함께 읽어 보기
		친구란 어떤 존재인지, 친구와 사이좋게 지내려면 어떻게 해야 하는지, 나는 좋은 친구인지 곰곰 생각하게 도와준다. 친구 사귐에 대해 장황한 설명을 늘어놓지는 않지만 정겹고 따뜻한 그림들을 보며 아이들의 이야기에 귀를 기울이게 된다. • 친한 친구의 모습을 그림으로 그려 보기 • 친구에게 편지를 써 보고 선물 만들어 주기 • 좋은 친구란 어떤 친구인지 이야기 나누기

〈참고 자료〉

http://ch.yes24.com/Article/View/12597
http://ch.yes24.com/Article/View/13032
http://en.wikipedia.org/wiki/Anthony_Browne_(author)
http://en.wikipedia.org/wiki/Eric_Carle
http://en.wikipedia.org/wiki/John_Burningham
http://en.wikipedia.org/wiki/Leo_Lionni
http://en.wikipedia.org/wiki/William_Steig
http://ko.wikipedia.org/wiki/%EB%B0%B1%ED%9D%AC%EB%82%98
http://literature.britishcouncil.org/john-burningham
http://news.hankooki.com/lpage/society/201101/h2011011302315321950.htm
http://www.openkid.co.kr/webzine/view.aspx?year=2004&month=06&atseq=571
http://picturebook-museum.com/book/book_list_01.php?idx=%B9%E9%C8%F1%B3%AA&mode=il
http://picturebook-museum.com/book/picturebook_list_01.php?idx=%BD%C9%B9%CC%BE%C6&mode=il
http://picturebook-museum.com/book/picturebook_list_01.php?idx=%C0%AF%BE%D6%B7%CE&mode=il
http://picturebook-museum.com/book/picturebook_list_01.php?idx=%C0%CC%BE%EF%B9%E8&mode=il
http://picturebook-museum.com/book/picturebook_list_01.php?idx=%C0%CC%C8%A3%B9%E9&mode=il
http://us.macmillan.com/author/anthonybrowne
http://us.macmillan.com/author/williamsteig
http://www.borimpress.com/book/book_writer.asp?a_id=9
http://www.brainmedia.co.kr/People/423
http://www.eric-carle.com/home.html
http://www.korkypaul.com/
http://www.korkypaul.com/bio.html
http://www.libro.co.kr/Product/KidsAuthorDetail.libro?author_id=0100000002605
http://www.randomhousekids.com/brand/leo - lionni/about - leo - lionni/
http://www.yes24.com/SearchCorner/Search?mstr_query=&query=%c0%af%be%d6%b7%ce&disp_no=&author_yn=y&domain=all
http://www.yes24.com/SearchCorner/Search?scode=032&ozsrank=5&author_yn=y&query=%bd%c9%b9%cc%be%c6&domain=all
https://blog.naver.com/nurimbo_pub/117118602
https://blog.naver.com/nurimbo_pub/117119272
https://cafe.naver.com/borimpress/15664

제 2 부

유아문학교육 프로그램

제6장 유아문학교육 프로그램의 이론

유아기는 좋은 문학작품을 접함으로써 문학에 관한 첫 경험을 하게 되는 중요한 시기다. 그러므로 이 시기의 유아가 우수한 문학교육 프로그램을 경험하는 것은 매우 중요하다. 좋은 문학교육 프로그램을 통하여 품격 높은 문학작품과의 행복한 교류를 경험한 유아는 앞으로 평생 지속될 책과의 관계 맺기를 긍정적으로 시작할 수 있기 때문이다. 유아에게 제공되는 좋은 문학교육 프로그램은 유아로 하여금 질 높은 문학작품과 교류하게 함으로써 즐거움과 감동의 세계를 경험하게 하고, 마음의 눈을 뜨게 하고, 갖가지 정서를 순화시켜 주고, 잠재된 싹을 틔워 영혼을 일깨워 주는 역할을 한다. 특히 유아를 위한 문학교육에서 '예술이 함께하는 문학'이자 '문학이 있는 예술'인 그림책의 가치를 경험하도록 하기 위해서는 부모나 교사 등 성인의 체계적 지원 및 도움이 반드시 필요한데(서정숙, 김정원, 2008), 이러한 지원이나 도움을 가장 효율적으로 제공하기 위해서는 좋은 문학교육 프로그램을 개발하여 제시할 필요가 있다. 이 장에서는 유아문학교육 프로그램 개발 과정에서 참고할 수 있는 문학교육의 접근법과 구체적인 유아문학교육 프로그램의 목표, 내용, 교수-학습방법, 평가 등에 관하여 알아보고자 한다.

1. 문학교육 접근법

문학교육 접근법은 크게 텍스트 중심의 문학교육과 학습자 중심의 문학교육으로 나뉜다. 텍스트 중심의 문학교육은 신비평이론에 근거한다. 신비평이론이란 문학작품의 사회성이나 역사성 등 외적 측면에 초점을 맞춤으로써 문학 자체의 독립적인 가치에 충분한 관심을 부여하지 못하던 문학비평에 대한 반발로 20세기에 들어 나타나기 시작한 비평방법이다. 텍스트 중심의 신비평이론에서는 역사, 사회 그리고 이데올로기로부터 독립하여 주로 작품의 구조와 언어 분석에 초점을 맞추어 문학을 비평하고자 하였다. 신비평이론에서 독자는 문학작품의 본문을 자세히 읽고 분석하여 그 구조와 문학적 요소, 장치를 찾아냄으로써 문학작품을 이해하고 감상한다. 문학작품의 해석과 읽기방법을 중점적으로 연구하는 신비평이론은 작품을 있는 그대로 객관적으로 보도록 함으로써 문학교육을 하나의 독립된 교과로 제시하는 데 일조하였다(권혁준, 1997; 문덕수, 1991; 홍문표, 2003). 신비평이론에 근거한 문학교육 현장에서는 문학작품의 본문에 대한 분석 및 해석, 본문에 나타나는 언어의 구조와 사전적 정의에 중점을 두는 활동, 본문에서 정보 얻기 등의 활동을 위주로 교육이 이루어진다.

그러나 신비평이론을 교육 현장에 적용하기 위해서는 문학작품에 대한 심도 있는 이해와 감상 그리고 창작을 할 수 있는 유능한 교사가 있어야 하므로 대부분의 교육 현장에서는 교사가 전문가의 분석과 해석을 학습자에게 전달하는 주입식 교수가 이루어질 수밖에 없다는 한계가 있다. 그리고 이에 따라 문학작품의 본문만을 중시하는 지식 위주의 교육이 이루어짐으로써 학습자를 수동적인 위치로 전락시키고, 수준 높은 문학교육을 하는 데 매우 중요한 요인인 개인의 자발성과 창의성이 무시될 수밖에 없는 부정적인 측면이 있다(서정숙, 남규, 2010).

한편, 1980년대 이후 미국 비평계에 등장한 독자반응이론은 문학작품의 본문에 주로 초점을 맞춰서 이루어지던 신비평이론과 달리, 문학작품이 완성되는 과정에서 작가뿐만 아니라 독자의 존재도 중요하게 부각시키는 이론이다. 독자반응이론에서는 문학작품을 작가 정신이 반영된 것인 동시에 독자의 감동과 미적 체험에 의하여 완성되는 것으로 보았다. 작가가 작품을 창작하며 제시하고자 한 작가의 가치가 반드시 독자와 일치할 수는 없다고 보았고, 독자의 작품에 대한 긍정적 혹은 부정적 비평은 이후 작가의 작품 창작의 과정에 어느 정도 영향을 미칠 수 있다고 보았다(박찬기, 1992; 서정숙, 남규, 2010). 로젠블랫(Rosenblatt, 1978)은 독자반응이론을 문학교육에 적용하여 상호교류이론(transactional theory)을 주창하였다. 상호교류이론에서 보는 문학은 아는 것이 아니라 경험하는 것이다. 독자가 문학작품을 읽을 때는 독자가 속해 있는 사회문화적 맥락의 제 요소가 총체적으로 영향을 미친다. 즉, 문학작품 읽기 과정은 작품을 창작한 작가의 사회문화적 맥락과 더불어 작품을 읽는 독자의 배경과 관련된 제 요인이 서로 얽혀 교류하는 현재 진행형의 과정인 것이다. 이러한 측면에서 볼 때 문학작품은 작가뿐만 아니라 독자에 의해서도 창작되는, 살아서 작동하고 있는 결과물이라고 할 수 있다. 독자는 문학작품을 읽는 과정에서 자신의 과거 경험에서 도출되는 아이디어나 생각을 통해 작품을 해석하고, 작품 속의 등장인물과 상호작용하며 경험을 공유한다. 그리고 독자는 이러한 과정을 통해 작가의 문학작품 창작의 과정에 참여하게 된다.

로젠블랫(Rosenblatt, 1978)에 따르면, 읽기는 심미적 읽기와 정보추출적 읽기의 연속선상에서 이루어진다. 정보추출적 읽기란 문학작품에서 특정한 정보를 획득하기 위한 목적으로 이루어진다. 예를 들어, 나비의 일생이나 기계 작동의 원리 등을 알기 위해서 백과사전이나 설명서를 읽는 것이 정보추출적 읽기다. 이에 비하여 심미적 읽기에서 독자는 문학작품을 읽는 과정에서 자신의 가치관이나 감정, 정서 등을 가지고 참여함으로써 작가의 작품세계에 직접 들어가서 등장인물과 교류하고 사건이나 갈등해결의 과정을 직접 경험한다. 독자는 작품의 세계를 직접 경험하는 과정에서 자신의 생각이나 사고를 점검해 볼 수 있을 뿐 아니라 정서적 공감을 경험하고, 감정적 교류를 하게 된다. 로젠블랫(Rosenblatt, 1978)에 따르면, 읽기를 하면서 유아에게 항상 어떤 정보를 찾아서 지식을 획득하려는 목적을 가진 정보추출적 읽기보다는 실제 작품세계에서 등장인물과 경험을 공유함으로써 기쁨과 즐거움, 슬픔과 외로움 등을 느껴 볼 수 있는 심미적 읽기를 많이 하도록 격려할 필요가 있다. 학습자 중심의 독자반응이론에 근거한 문학교육 현장에서는 학습자의 문학작품 읽기와 감상, 작품의 내용, 사건, 등장인물에 반응하기, 작품 감상 후 느낌 표현하기, 문학작품 창작하기 등의 활동이 많이 이루어진다.

그리고 독자반응이론에 근거한 문학교육에서는 교사가 주도권을 가지고 유아 학습자에게 문학작품에 관한 지식을 일방적으로 가르치지 않는다. 교사는 유아 독자가 읽기를 하면서 실제로 작품을 완성하는 과정에 참여한다고 보고 유아의 보다 적극적인 참여를 강조한다. 이러한 과정을 통하여 유아는 자신의 삶의 맥락에서 문화로서의 문학을 경험하게 된다. 이러한 독자반응이론은 문학의 가치에 대한 객관적 규명이 어렵다는 한계가 있으므로 유아문학교육 현장에서는 유아 독자의 개인적 반응과 더불어 문학작품과 유아 사이의 상호 교류의 보편성을 찾고자 하는 시도도 함께 이루어질 필요가 있다(서정숙, 남규, 2010; 홍문표, 2003).

2. 유아문학교육 프로그램의 개발 원리 및 과정

유아를 위한 문학교육의 효율적인 적용을 위해서 유아문학의 대표적 장르인 그림책을 활용하는 유아문학교육 프로그램의 개발 및 적용은 의미가 있다. 그림책에는 유아가 공감할 만한 세계가 있고, 유아의 눈높이에서 이해할 수 있는 유아들이 살아가는 세상의 기쁨과 슬픔 그리고 이야기가 담겨 있기 때문이다. 유아는 그림책과의 만남을 통해 새로운 세상을 만나고 즐거움과 감동을 경험하며 성장해 간다.

이러한 그림책의 의미와 중요성이 강조되면서 그림책은 유아교육의 현장에서 다양한 용도로 활용되어 왔다. 예를 들면, 언어나 수학, 과학, 사회 교육 등 다양한 교과의 교육목표를 성취하기 위한 과정에서 활용되는 등 영유아교육과정의 제 영역에서 매우 효과적인 교수매체로 인식되고 활용되고 있다. 그러나 이러한 여러 교과의 효율적인 교수-학습을 위하여 사용되는 것 외에 그림책은 문학 그 자체로서 중요한 의미를 가지고 있다. 즉, 그림책은 문학교육의 가치 있는 내용으로 인정받아야 한다는 것이다(서정숙, 2000; 서정숙, 김정원, 2008).

그림책은 유아문학의 한 장르이고, 유아는 그림책을 읽으며 문학적 능력과 태도를 기르게 된다. 유아는 그림책을 읽으면서 그림책 자체에 몰입하는 경험을 통하여 문학작품 접하기의 즐거움을 경험하는 동시에 문학적 소양도 향상시키게 된다. 또한 언어와 스토리, 공감, 이야기와 등장인물과의 교류, 새로운 체험의 즐거움 등 단순하고 쾌락적인 즐거움 이상의 문학적 즐거움을 경험하게 된다(Nodelman, 1988). 그림책을 활용한 문학교육 프로그램은 영아의 문학적 태도와 언어 발달에 긍정적인 영향을 미치고(김정원, 남규, 2010), 유아의 문학적 능력 형성과 문학에 대한 흥미를 가지도록 하는 것에도 효과가 있다(서정숙, 김정원, 남규, 2006, 2008). 따라서 유아가 그림책을 접하면서 그림책에 몰입하여 문학을 즐길 줄 아는 능력과 태도를 길러 주기 위한 문학교육 프로그램이 필요하다고 할 수 있다. 영유아를 위한 문학교육 프로그램의 필요성은 다음과 같다(김정원, 남규, 서정숙, 2011; 서정숙, 김정원, 2008).

- 유아에게 그림책 읽기와 경험하기의 즐거움을 알려 주기 위하여 좋은 문학교육 프로그램이 필요하다.
- 교사나 부모 등의 가르침과 안내를 받아야만 의미를 해석할 수 있는 사회적 지식인 그림책의 글과 그림을 이해하기 위해서는 문학교육 프로그램을 통한 체계적인 안내가 필요하다.
- 다른 교과영역의 교육목표를 이루기 위한 수단으로서가 아니라 그림책 자체의 가치와 예술성에 주목하여 그림책을 읽고 느끼고 감상하는 경험을 제공하기 위하여 문학교육 프로그램이 필요하다.

유아문학교육 프로그램은 영유아교육 현장에서 유아를 대상으로 문학교육을 실시하는 목표, 내용, 교수-학습방법 등으로 구성된다. 유아문학교육 프로그램의 기본 원리, 목표, 내용 및 교수-학습방법은 다음과 같다(김정원, 남규, 서정숙, 2011; 서정숙, 김정원, 2008).

1) 유아문학교육 프로그램의 기본 원리

유아는 문학교육 프로그램에 참여하면서 문학작품과의 보다 적극적인 교류를 경험하고, 보다 능동적으로 문학교육의 진행 과정에 참여한다. 또한 가장 필요한 순간에 적절한 질문이나 활동을 제안하는 교사의 도움으로 보다 높은 수준의 문학적 성취를 이룰 수도 있다. 무엇보다 유아는 문학교육을 통해서 문학과의 상호교류가 즐겁고 행복한 경험임을 알며 성장하게 된다. 유아문학교육 프로그램의 기본 원리는 다음과 같다.

- 문학작품은 작가가 창작해 놓은 텍스트와 독자 간의 교류에 의해서 완성된다. 따라서 독자와 그림책은 상호 교류를 통하여 작품을 완성해 가는 동등한 존재로 인정된다. 유아 독자는 문학교육 프로그램에 참여하면서 그림책의 세계에 적극적으로 반응하면서 자신만의 의미를 구성한다. 따라서 교사나 부모는 유아가 그림책 읽기 과정에 보다 적극적이고 능동적으로 참여하도록 격려해야 한다.
- 문학교육 프로그램 실시 과정에서 영유아의 자발적이고 적극적인 참여를 격려해야 한다. 예를 들면, 읽고 싶은 그림책 선정, 그림책 감상 후 활동의 구성과 선택의 과정에 문학교육 프로그램에 참여하는 유아의 반응을 존중하고 수용할 필요가 있다.
- 문학교육 프로그램 실시 과정에서 그림책과 영유아와의 상호작용뿐만 아니라 문학교육에 참여하는 유아 또래 간의 상호작용, 영유아와 교사 간의 상호

작용 그리고 영유아와 부모 간의 상호작용 또한 중요하게 고려되어야 한다. 문학작품에 대하여 또래나 교사와의 사이에서 이루어지는 상호작용은 영유아의 문학작품에 대한 감상을 보다 풍부하게 하는 데 도움이 된다.

- 유아교사는 문학교육 프로그램 실시 과정에서 문학교육의 효과를 성취하는 데 요구되는 비계설정자로서의 역할을 수행한다. 교사는 문학작품에 대한 유아의 반응을 수용하고 격려하며, 유아와 함께 문학작품을 감상하고 활동을 계획하는 역할 그리고 적절한 질문이나 활동을 제시함으로써 보다 높은 수준의 교육 목표를 달성하는 데 도움이 되는 역할을 수행해야 한다.

2) 유아문학교육 프로그램의 목표

유아문학교육 프로그램의 목표는 문학과의 자발적인 교류를 통해 즐거움과 행복을 경험하고, 문학을 이해하고 감상하는 능력과 문학작품을 창작하는 능력 그리고 문학작품에 대한 비평능력을 향상시키는 것이다. 유아문학교육 프로그램의 구체적인 목표는 다음과 같다.

- 문학작품에 대하여 관심과 호기심을 가지고, 문학작품과 관련된 활동에 자발적이고 적극적으로 참여하며 일상생활에서 지속적으로 문학작품과 교류한다.
- 문학작품에 대한 이해 및 감상능력을 향상하고, 문학작품에 대하여 비평할 수 있는 능력을 함양하며, 새로운 문학작품을 창작할 수 있는 능력을 기른다.

3) 유아문학교육 프로그램의 내용

유아문학교육 프로그램의 내용은 이해 및 감상, 비평, 창작으로 이루어진다. 유아문학교육 프로그램의 내용과 관련 활동에 관하여 보다 상세히 제시하면 다음과 같다.

(1) 이해 및 감상

유아문학교육 프로그램은 유아가 그림책 등의 문학작품을 읽으면서 작품에 관하여 이해하고 감상하는 내용으로 구성된다. 유아는 다양한 작품에 대하여 자신의 생각이나 느낌, 경험에 근거한 깊이 있는 감상을 통하여 그림책의 등장인물이나 구조, 그림 등에 관하여 이해할 수 있다. 이해 및 감상과 관련된 구체적인 내용을 살펴보면 다음과 같다.

- 등장인물의 특징과 성격을 이해한다.
- 등장인물이 겪고 있는 문제와 처한 상황 등에 공감한다.
- 이야기 속에 등장하는 다양한 등장인물을 통해 다양한 정서를 경험한다.
- 이야기의 구조, 배경, 사건 등을 이해한다.
- 이야기에 등장하는 다양한 갈등 상황의 해결 방안을 이해한다.
- 그림의 색, 선, 모양, 매체 등을 감상하고 이야기의 특징과 연결하여 이해한다.
- 다양한 장르의 글의 특성을 감상하고 이해한다.
- 다양한 종류의 그림 기법을 감상하고 이해한다.
- 문학작품에 등장하는 문화에 대한 감상을 통해 다양한 문화적 특성을 경험한다.
- 문학작품의 문화를 통해 긍정적인 다문화적 태도를 형성한다.
- 문학작품의 사건이나 갈등 상황을 자신의 삶에 적용하여 이해한다.

이해 및 감상 활동의 예

- 작품의 구성과 관련된 활동: 작품 감상 후 느낌 표현하기, 이야기 회상하기, 가장 재미있던 사건 기억하기, 사건의 전개 과정 이해하기, 배경 꾸미기, 동극하기 등
- 등장인물과 관련된 활동: 등장인물의 마음 표현하기, 등장인물에게 편지 쓰

기, 주인공이 간 곳 그림으로 그려 보기, 등장인물을 캐릭터로 꾸미기 등

- 그림과 관련된 활동: 인상 깊었던 장면 그리기, 장면에 대한 느낌 표현하기 등
- 기타: 문학작품에 대한 광고나 포스터 만들기, 역할극을 위한 의상이나 소품 만들기, 그림책의 내용이나 등장인물로 책갈피 꾸미기, 그림책의 주제가(주제 음악) 만들기 등

(2) 비평

아는 그림책을 읽고 그림책의 구성, 내용, 등장인물, 사건의 전개 등과 관련하여 자기 나름대로 비교·분석하며 비평을 할 수 있다. 유아는 등장인물의 성격이나 환경이 어떠한지 유아 자신의 생활과 비교하며 비평할 수 있고, 전체적인 사건의 전개가 나름대로의 개연성이 있는지, 타당한지, 상상의 세계에서나 가능한 일인지 등에 관해서도 논의할 수 있다. 또한 그림책의 그림의 특색을 논할 수도 있고, 비슷한 줄거리의 다른 작가의 작품에서 사용된 그림 기법과 비교하며 분석할 수 있으며, 그림에 사용된 매체의 특성이나 적합성 등에 관해서도 비평할 수 있다. 유아는 다양한 많은 그림책을 감상하면서 비슷한 구성이나 이야기를 여러 작가가 어떻게 서로 다르게 작품으로 창작했는지도 살펴볼 수 있다. 이러한 다양한 비평의 내용을 구체적으로 살펴보면 다음과 같다.

- 그림책의 다양한 요소에 관하여 비판적으로 사고하며 읽기를 한다.
- 비슷한 이야기를 작가들이 서로 어떻게 다르게 창작했는지를 비교·분석한다.
- 한 작가의 다양한 작품을 모아서 읽어 본 후 먼저 창작된 작품과 나중에 창작된 작품, 등장인물, 배경, 사건의 전개, 그림의 특성 등에 관하여 비평한다.

비평 활동의 예

- 그림책에 대한 개념도 만들기
- 그림책의 내용에 관한 생각 나누기
- 그림책의 등장인물의 특성 파악하여 생각 나누기
- 그림책의 그림의 특성(매체, 색깔, 분위기 등)에 대하여 이야기 나누기
- 비슷한 이야기의 다른 그림책과 비교하며 읽어 보기
- 다양한 매체로 그림책 감상하기
- 그림책 글(그림) 작가의 생애를 조사하고 그림책과의 관련성 찾아보기

(3) 창작

유아는 그림책을 감상하고 비평하는 활동을 통하여 예술의 한 장르인 문학작품을 창작할 수 있는 능력을 발달시키게 된다. 다양한 그림책을 되도록 많이 읽고 그림책에 대하여 부모나 교사, 또래와 상호작용하는 경험을 통하여 새로운 창작의 아이디어를 획득하게 되는 것이다. 창작활동의 구체적인 내용은 다음과 같다.

- 그림책의 주인공, 이야기 전개 등을 변화시켜 새로운 이야기를 창작한다.
- 그림책 이야기의 이전, 중간 그리고 후속 이야기를 창작한다.
- 비슷한 내용의 그림책을 새로운 그림 기법이나 매체를 활용하여 창작한다.

창작 활동의 예

- 그림책의 이야기를 변형하여 새로운 그림책 창작하기
- 그림책의 이야기가 시작되기 전의 이야기를 상상하여 창작하기
- 그림책 이야기의 중간에 새로운 사건이나 등장인물을 삽입하여 이야기 구성하기
- 그림책 이야기의 후속 이야기 창작하기
- 그림책의 그림 기법으로 새로운 이야기 창작하기

• 그림책의 그림을 새로운 그림 매체를 사용하여 다시 그리기

• 그림책의 이야기를 변형한 대본을 만들어 극놀이나 동극하기

• 그림책의 변형된 이야기로 동극 소품이나 배경 창작하기

■ **'친구' 주제의 그림책을 활용한 문학교육 프로그램의 구성**

1주 우리는 친구예요(『우리는 친구』)

- 이해 및 감상: 고양이에게 편지를 써 보아요.
- 창작: 새로운 친구를 사귀어요.
- 비평: 『우리는 친구』의 주인공이 되어 보아요.

2주 친구와 사이좋게 지내요(『까만 크레파스』)

- 이해 및 감상: 『까만 크레파스』 동극
- 창작: 알록달록 스크래치 그림을 그려요.
- 비평: 그림책의 등장인물들을 비교해요.

3주 친구의 소중함을 느껴요(『큰 늑대 작은 늑대』)

- 이해 및 감상: 큰 늑대의 감정을 표현해 보아요.
- 창작: 친구의 마음을 느껴요.
- 비평: 무엇이 무엇이 똑같을까?(큰 늑대와 작은 늑대의 마음 비교해 보기)

4주 친구를 이해해요(『레아와 코끼리』)

- 이해 및 감상: 『레아와 코끼리』 이야기를 발표해요.
- 창작: 친구의 마음을 느껴요.
- 비평: 『레아와 코끼리』와 『뉴욕 코끼리』를 비교해요.

5주 친구를 도와줘요(『길 아저씨 손 아저씨』)

- 이해 및 감상: 『길 아저씨 손 아저씨』를 감상해요.
- 창작: 『길 아저씨 손 아저씨』에 나를 넣어 구성해요.
- 비평: 김용철 작가의 그림을 비교해요.

■ **'여름' 주제 그림책을 활용한 문학교육활동**

그림책	활동명	문학교육의 내용
 **할머니의 여름휴가 (안녕달)**	할머니가 되어 여름휴가 초대장 보내기 - 대소집단활동(동화)	이해 및 감상
	작가의 그림체 비교하기 - 대소집단활동(이야기 나누기)	비평
	기념품 가게 상품 만들기 - 대소집단활동(미술영역)	창작
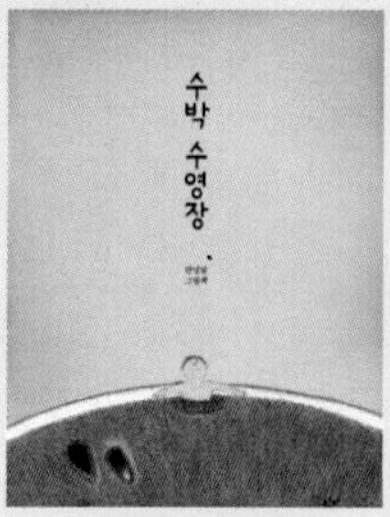 **수박 수영장 (안녕달)**	『수박 수영장』 스토리 보드 만들기 - 자유선택활동(언어영역)	이해 및 감상
	안녕달 작가의 그림 비교하기 - 대소집단활동(이야기 나누기)	비평
	수박 수영장 만들기 - 대소집단활동(협동미술)	창작

	콩이의 여행 그림일기 - 자유선택활동(미술영역)	이해 및 감상
	나만의 바다를 만들어요. - 자유선택활동(미술영역)	창작
바다 100층짜리 집 (이와이 도시오)	바다 속에는 무엇이 있을까? - 자유선택활동(언어영역)	창작
	『마법의 여름』 감상하기 - 대소집단활동(동화)	이해 및 감상
	시골에 있는 사람들에게 편지 쓰기 - 자유선택활동(언어영역)	비평
마법의 여름 (후지와라 카즈에/하타 고시로)	가고 싶은 나만의 여름 장소 - 자유선택활동(미술영역)	창작
	왜 수박씨를 먹고 무서웠을까? - 대소집단활동(동극)	이해 및 감상
	나만의 수박 부채 만들기 - 자유선택활동(미술영역)	창작
수박씨를 삼켰어! (그렉 피졸리)	배 속에서 수박이 자란다면? - 대소집단활동(신체)	창작

4) 유아문학교육 프로그램의 교수-학습방법

유아문학의 대표적인 유형인 그림책으로 하는 문학교육의 중요성이 인식되면서 영유아교육 현장에의 효과적인 적용 방안, 즉 문학교육의 교수-학습방법에 대한 관심이 높아지고 있다. 유아를 대상으로 하는 문학교육의 효과를 높이기 위해서는 유아가 그림책으로 하는 문학교육에 참여하면서 그림책 읽기의 궁극적인 목적인 그림책 읽기의 즐거움과 기쁨 그리고 그림책 읽기에 몰입하는 경험을 할 수 있어야 하고(강은진, 박혜경, 정대련, 2005; 변윤희, 현은자, 2002), 이를 위하여 문학교육을 실시하는 과정에서 의도적인 노력을 기울일 필요가 있다(김정원, 서정숙, 김유정, 남규, 2008). 문학을 통해 얻는 즐거움은 배우지 않고 느낄 수 있는 본유의 즐거움이나 쾌락 이상의 것으로 교육 없이 저절로 생기는 것이 아니기 때문이다(서정숙, 김정원, 2008). 그림책 자체의 의미나 교육적 가치를 강조하는 문학교육의 교수-학습방법을 살펴보면 다음과 같다.

- 공통된 특성을 가진 다양한 그림책을 읽도록 한다. 그림책들의 공통된 특성을 고려하여 읽기를 하는 것이 그림책 독자인 유아가 그림책을 이해하는 데 도움이 되기 때문이다(Glazer, 1997). 유아는 특정한 주제를 중심으로 유사한 특성을 가진 질이 검증된 다양한 그림책을 반복해서 읽음으로써 그림책에 대하여 보다 명확한 개념을 형성하게 된다.
- 유아가 그림책을 반복해서 읽도록 격려한다. 그림책과 유아의 적극적인 상호작용은 그림책의 구성 요소와 관련된 개념을 이해하고(김정원, 서정숙, 김유정, 남규, 2008), 이야기 구성 요소와 줄거리, 등장인물의 내적 반응과 동기를 이해하며 이야기를 즐기고 다양한 삽화의 기법을 이해하는 데 도움이 된다(Lehr, 1991). 유아는 그림책과의 상호 교류를 통하여 그림책의 언어적인 내용과 시각적인 내용을 이해하고 서로에 대하여 새로운 경험과 기대를 만들어 내기도 한다(Nikolajeva & Scott, 2000).

- 그림책과 유아의 개인적이고 깊이 있는 교류, 즉 몰입이 가능하도록 좋은 그림책을 읽을 기회를 제공하여 유아 개개인이 좋아하는 그림책을 소유하도록 한다. 그림책의 모든 구성 요소가 그림책 전체의 조화에 기여하는 특징을 가지고 다양한 표현 기법이 시도되는 좋은 그림책을 유아 자신의 개인적인 경험과 연결시켜 몰입하여 읽는 경험을 통해 유아는 그림책의 상위 주제에 대한 문식성과 비평능력을 가지게 되고(Arizpe & Styles, 2003) 이야기를 이해하고 해석하여 자신의 가치 체계에 따라 비평할 수 있게 된다(Lehr, 1991).
- 유아의 발달적 특성을 고려하여 유아의 모습이나 유아가 처한 생활과 삶의 내면세계를 표현하는 다양한 활동을 경험하도록 한다. 유아는 독자 중심, 학습자 중심의 심미적 특성을 강조하는 유아의 발달에 적합한 활동들로 구성된 문학교육을 통하여 그림책에 대한 태도를 긍정적인 방향으로 변화시키게 된다(김정원, 서정숙, 김유정, 남규, 2008; 서정숙, 김정원, 남규, 2006; Glazer, 1991; Jalongo, 2006; Nodelman, 1988).
- 교사와 유아 간에 수용적이며 적극적인 상호작용이 이루어져야 한다. 문학작품을 읽을 때 교사가 유아를 지원하고 존중하며 격려하는 피드백을 제공하는 것은 유아가 문학의 즐거움을 경험하고 문학적 능력을 향상시키는 데 효과적이다(McGee & Richgels, 2000).

5) 유아문학교육 프로그램의 평가

유아문학교육 프로그램의 평가는 기본적으로 프로그램의 목표를 성취하였는지에 관하여 알아보는 과정이다. 즉, 유아가 그림책을 비롯한 좋은 문학작품과의 자발적인 교류를 통해 즐거움과 행복을 경험하였는지, 문학을 이해하고 감상하는 능력과 문학작품 창작능력이 향상되었는지 그리고 문학작품을 비평하는 능력이 발달했는지를 평가한다.

유아문학교육의 평가는 유아의 작품, 포트폴리오, 문학작품과의 교류와 상호작용에 관한 관찰 그리고 문학적 능력이나 언어능력 등에 관하여 제작된 질문지나 면접평가도구 등의 표준화된 평가도구를 활용하여 이루어질 수 있다.

유아문학교육 프로그램에 관한 구체적인 평가의 내용을 예를 들어 살펴보면 다음과 같다.

- 문학작품에 대하여 관심과 호기심을 보이는가?
- 문학작품과 관련된 활동에 자발적이고 적극적으로 참여하는가?
- 일상생활에서 지속적으로 문학작품과 상호 교류하는가?
- 문학작품에 관한 이해 및 감상 능력이 향상되었는가?
- 문학작품에 대하여 비평할 수 있는 능력이 함양되었는가?
- 새로운 문학작품을 창작할 수 있는 능력이 향상되었는가?

제7장 유아문학교육 프로그램의 실제

영유아교육 현장에서 활용할 수 있는 문학교육 프로그램의 예를 '동물'과 '상상의 세계'라는 주제로 구성해 보면 다음과 같다. '동물' 프로그램은 만 2~3세 영아를 대상으로 구성하였다. 영유아교육 현장에서 영유아의 발달적 적합성을 고려하여 활동의 내용 및 수준을 수정·보완하면 다른 연령을 대상으로도 실시할 수 있다. 또한 '동물'을 글감으로 하는 보다 다양한 그림책을 첨가하여 프로그램을 변화시켜 볼 수도 있다. 프로그램 진행 과정에서 영유아의 보다 적극적인 반응을 격려하고 그 반응을 고려하여 활동의 수를 적절히 가감할 수도 있다. '상상의 세계'는 만 3~5세의 유아를 대상으로 적용하기에 적당한 프로그램이다. 상상의 세계에 대한 유아의 관심과 흥미가 높다는 점을 고려할 때 유아들이 적극적으로 참여할 수 있는 재미있는 문학교육 프로그램이 될 수 있다.

이 프로그램도 다양한 그림책을 포함시켜 보다 풍부한 프로그램으로 확장시킬 수 있다. 마지막으로, 이 장에서는 그림책을 활용하여 유아와 상호작용하는 방법의 구체적인 실제를 제시하였다.

1. ‘동물’ 주제의 문학교육 프로그램

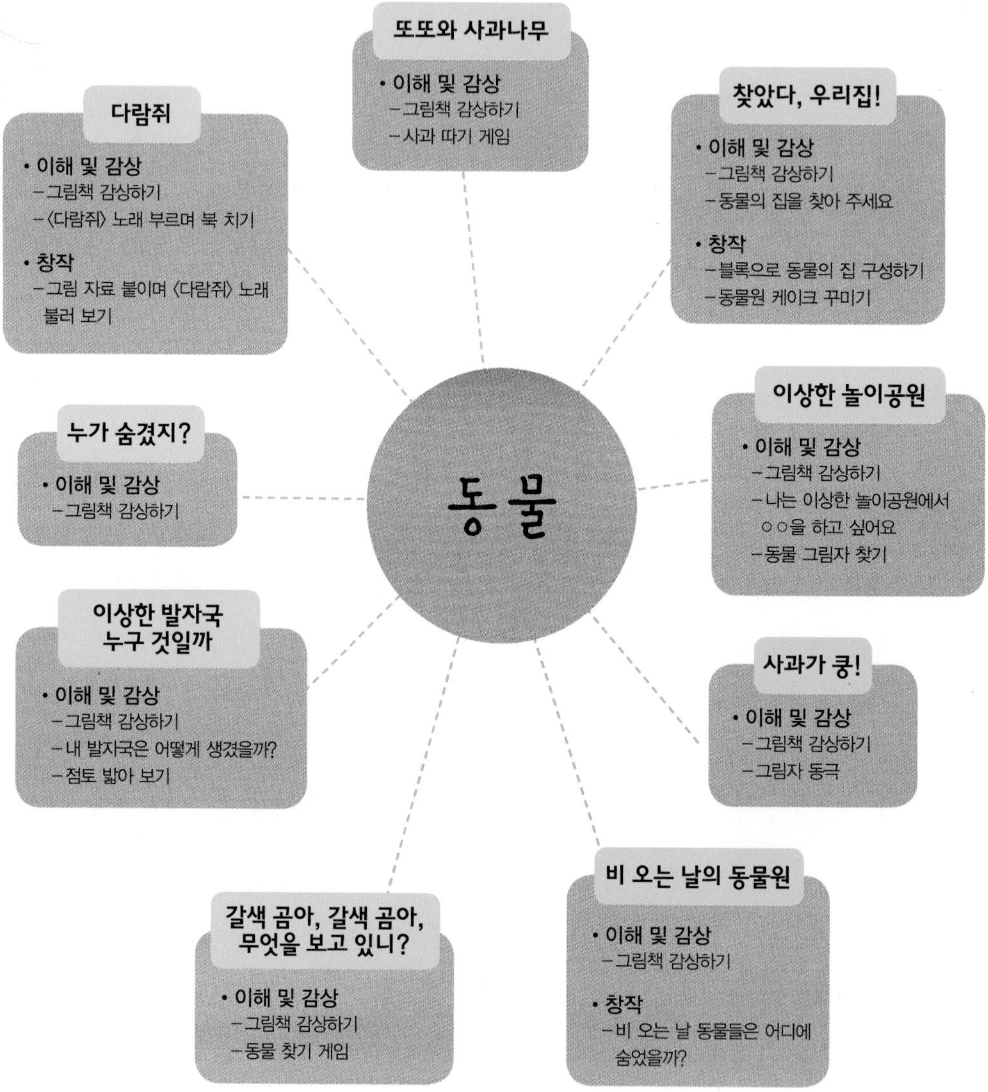

『갈색 곰아, 갈색 곰아, 무엇을 보고 있니?』 그림책 감상하기

활동영역 이해 및 감상

활동목표 • 그림을 주의 깊게 보면서 그림책을 감상한다.
• 그림책의 내용을 이해한다.

활동자료 『갈색 곰아, 갈색 곰아, 무엇을 보고 있니?』 그림책

활동방법

빌 마틴 주니어 글, 에릭 칼 그림/
김세실 옮김/더큰(2009)

도입

• 영아들과 그림책의 앞표지를 보며 이야기를 나눈다.
  – 표지에 보이는 갈색 곰은 무엇을 하고 있을까?
  – 갈색 곰은 누구를 보고 있을까?

전개

• 영아들과 그림책을 감상한다.
  – 물고기는 누구를 보고 있을까?
  – ○○는 어디를 보고 있는 것 같니?

마무리

• 영아들과 그림책에 나온 동물들이 바라보았던 것들에 대해 이야기를 나눈다.
  – 그림책에 어떤 동물들이 나왔니?

동물 찾기 게임

활동영역 이해 및 감상

활동목표 • 그림책에 나오는 동물들의 특징을 안다.
• 게임을 통해 그림책에 나오는 동물들을 찾아보며 색깔에 관심을 갖는다.
• 동물을 연결해 보며 눈-손 협응능력과 소근육을 발달시킨다.

활동자료 돌림판, 단추 끼우는 동물 자료

활동방법

도입

• 영아들과 그림책 『갈색 곰아, 갈색 곰아, 무엇을 보고 있니?』의 내용을 회상한다.
  - 어떤 동물들이 나왔니?
  - 갈색 곰이 무엇을 보고 있었는지 생각나니?

전개

• 영아들과 게임활동에 관하여 탐색하며 이야기를 나눈다.
  - (단추 끼우는 동물 자료를 보며) 이것이 무엇일까?
  - 우리가 함께 읽은 『갈색 곰아, 갈색 곰아, 무엇을 보고 있니?』 그림책에 나오는 동물이구나.
  - 동물에 단춧구멍과 단추가 달려 있네.
  - (돌림판을 보며) 이것은 무엇일까?
  - (돌림판의 화살표를 보며) 뱅그르르~ 돌아가네. 무엇인 것 같니?
  - (단추 끼우는 동물 자료를 보며) 이 동물은 어떤 색이니?
  - 화살표 달린 동그란 판에서 같은 색은 무엇이니?
  - 동그란 판에 같은 색 동물을 가져다 놓을 수 있겠니?
  - 이것으로 어떤 활동을 할 수 있을까?
• 영아들과 게임활동을 해 본다.
  - 손가락으로 화살표를 돌려 멈추는 색과 같은 색의 동물을 찾을 수 있겠니?

- ㅇㅇ가 돌린 화살표가 노란색에 멈췄구나.
- 노란색 동물은 누구니?
- 다시 한 번 화살표를 돌려 볼까?
- 어떤 색에 화살표가 멈췄니?
- 같은 색의 동물은 누구니?
- 노란 오리와 까만 양을 단추를 끼워 연결할 수 있겠니?

마무리

• 영아들과 게임활동 후 만들어진 동물 목걸이를 걸고 사진을 찍는다.

- 단추를 끼워 동물을 연결하니 멋진 동물 목걸이가 되었구나.
- 목에 걸고 사진 찍어 볼까?

그림책에 등장하는 동물을 보며 이야기하는 영아들

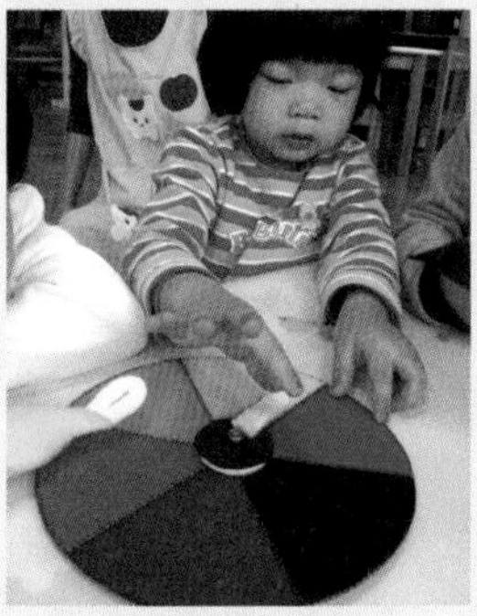

게임 자료의 화살표를 돌리는 영아

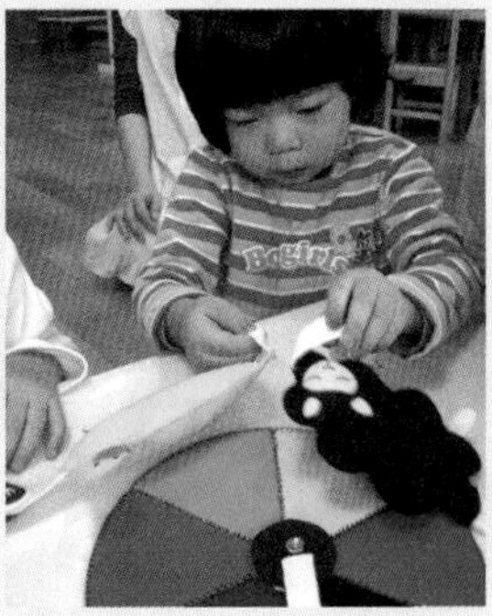

동물 자료를 단추를 끼워 연결하는 영아

『비 오는 날의 동물원』 그림책 감상하기

이자벨 핀 글 · 그림/이유정 옮김/다다북스(2006)

활동영역 이해 및 감상

활동목표
- 그림책의 내용을 이해한다.
- 그림책을 감상하며 상상해 본다.

활동자료 『비 오는 날의 동물원』 그림책

활동방법

도입
- 영아들에게 그림책을 소개하며 이야기를 나눈다.
  - 너희는 비 오는 날 무엇을 하니?
  - 비 오는 날 동물들은 무엇을 할까?
  - 비 오는 날 동물원에서 동물들이 모두 숨어 버렸대.
  - 동물들이 어디에 숨었는지 찾아볼 수 있겠니?

전개
- 영아들과 앞표지를 보며 이야기를 나눈다.
  - 어떤 그림인 것 같니?
  - 코끼리가 무엇을 하고 있니? 비가 와서 코끼리가 우산을 주는 것 같니?
- 영아들과 함께 그림책을 감상한다.
  - 여기에는 어떤 동물들이 숨어 있을까?

마무리
- 영아들과 그림책을 보면서 재미있는 부분을 이야기해 본다.
  - 그림책에서 재미있었던 부분이 있었니? 어떤 부분이 재미있었니?
- 영아들과 그림책의 특징을 찾아본다.
  - 이 그림책이 다른 그림책과 다른 점이 있었니?

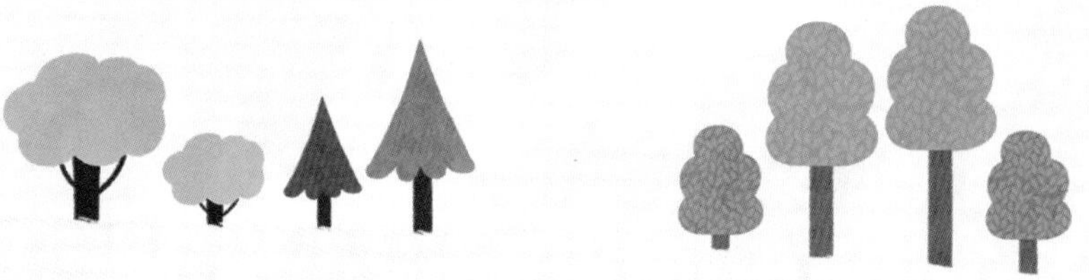

비 오는 날 동물들은 어디에 숨었을까?

활동영역 창작

활동목표 그림책의 특징을 창의적으로 표현해 본다.

활동자료 동물 그림, 동물의 윤곽을 따라 오린 동물 모양 종이, 풀, 색연필

활동방법

도입

• 영아들과 그림책 내용을 회상한다.
  – 비 오는 날 동물들이 어디에 있었니?
  – 기린 집의 모양은 어땠니?

전개

• 영아들과 동물과 동물의 윤곽을 따라 오린 동물 모양 종이를 탐색한다.
  – 어떤 동물이니?
  – 목이 긴 기린의 집은 어떤 모양일까?
  – 여기 여러 가지 '문 모양'의 집이 있어. 기린은 어떤 '문 모양'의 집에서 살고 있을까?
• 영아들과 비 내리는 장면을 상상하며 표현해 본다.
  – '두---두--두-두' 무슨 소리지?
  – 비가 오나 봐, 동물의 집 문을 꼭 닫아 주렴.
  – 비가 내리는 것을 어떻게 표현하면 좋을까?
  – 색연필로 가늘고 길게 비를 그렸구나.

마무리

• 영아들과 활동을 한 후 ○○반의『비 오는 날의 동물원』그림책을 만든다.
  – 너희가 활동한 것을 하나로 이어 ○○반의『비 오는 날의 동물원』그림책을 만들면 어떨까?
  – 함께 만든『비 오는 날의 동물원』그림책을 어디에 두면 좋을까?

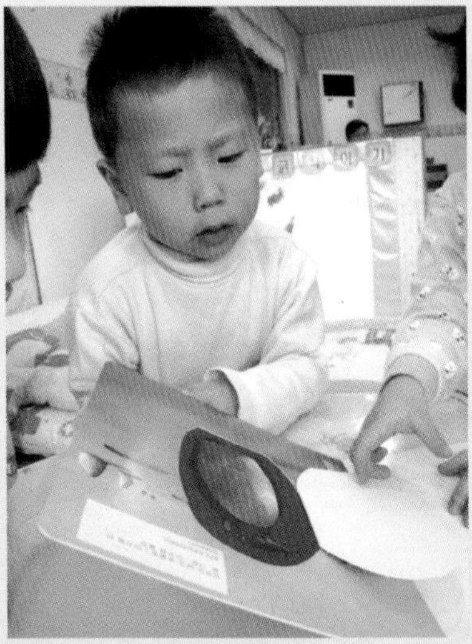

그림책 내용을 회상하는 영아

동물의 집을 찾는 영아

동물의 집에 동물을 붙이는 영아

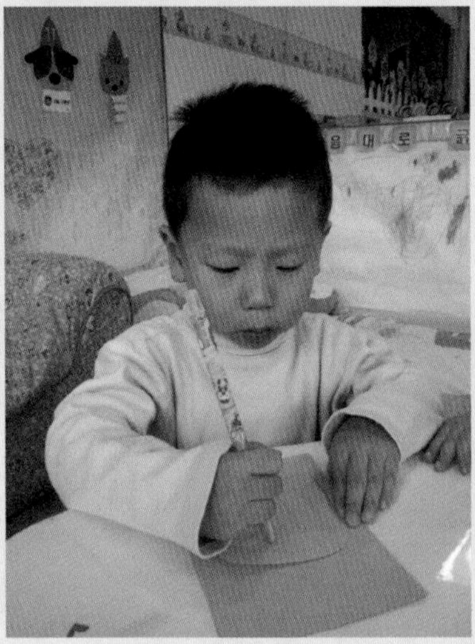

비 내리는 상상을 하며 색연필로
비를 표현하는 영아

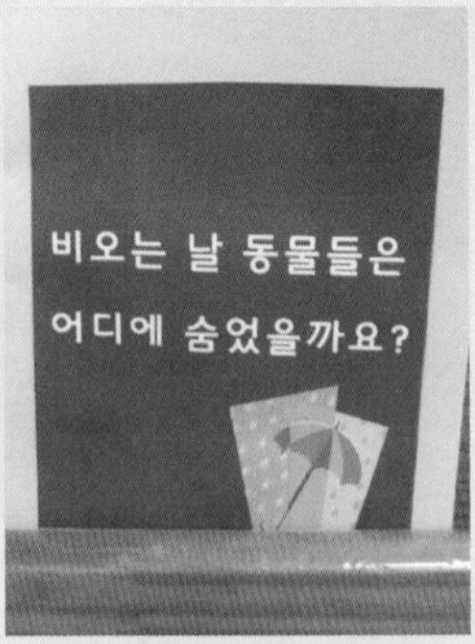

영아들이 직접 만든
『비 오는 날의 동물원』 그림책

『이상한 발자국 누구 것일까』 그림책 감상하기

야부우치 마사유키 글 · 그림/박은덕 옮김/한림출판사(2006)

활동영역 이해 및 감상

활동목표 • 이야기를 들으며 내용을 이해한다.
• 창의적으로 생각하는 습관을 기른다.

활동자료 『이상한 발자국 누구 것일까』 그림책

활동방법

도입

• 영아들과 동물의 발자국이 찍힌 그림을 보며 이야기를 나눈다.
  – 오늘 선생님이 가져온 그림을 보자.
  – 이 그림이 뭘까?
  – 이 그림은 어떤 동물의 발자국이래. 어떤 동물의 발자국일까?
  – 어떤 동물의 발자국인지 그림책에서 함께 찾아보도록 할까?

전개

• 영아들과 그림책을 감상한다.
  – 발자국이 어떻게 생겼니?
  – 이 발자국은 어떤 동물의 발자국일까?
• 영아들과 그림책에 대한 느낌을 이야기 나눈다.
  – 이 그림책의 어떤 내용이 재미있었니?

마무리

• 영아들과 자신의 발자국 모양에 대해 생각해 본다.
  – 너희의 발자국을 본 적이 있니?
  – 언제 보았니?
  – 너희의 발자국은 어떤 모양이니?

내 발자국은 어떻게 생겼을까?

활동영역 이해 및 감상

활동목표 • 발자국 찍기 경험을 통해 발자국의 모양을 탐색한다.

• 다양한 크기의 발자국을 관찰한다.

활동자료 전지, 물감

활동방법

도입

• 영아들과 『이상한 발자국 누구 것일까』 그림책을 회상하며 이야기를 나눈다.
  - 이 그림책에 누구의 발자국이 나왔니?
  - 원숭이의 발자국은 어떤 모양이었지?

전개

• 영아들에게 활동을 소개하며 이야기를 나눈다.
  - 너희도 발자국을 만들 수 있을까?
  - ○○의 발자국은 어떤 모습일까?
  - 하얀 종이에 발자국을 만들어 볼까?
• 영아들과 전지에 발자국을 직접 찍어 본다.
  - ○○는 어떤 색의 발자국을 만들어 보고 싶니?
  - 발자국이 만들어졌구나.

마무리

• 영아들과 전지에 표현한 다양한 발자국 모양을 탐색해 본다.
  - 다양한 색으로 발자국을 만들어 보니 어떠니?
  - 이 작은 발자국은 누구의 발자국일까?
  - 와~ 조금 더 큰 발자국도 있구나.
• 영아들과 활동 후 느낀 점에 대해 이야기를 나눈다.
  - 직접 발자국을 만들어 보니 어떠니?
  - 재미있었니?

전지에 물감으로 발자국 찍기 놀이를 하는 영아들

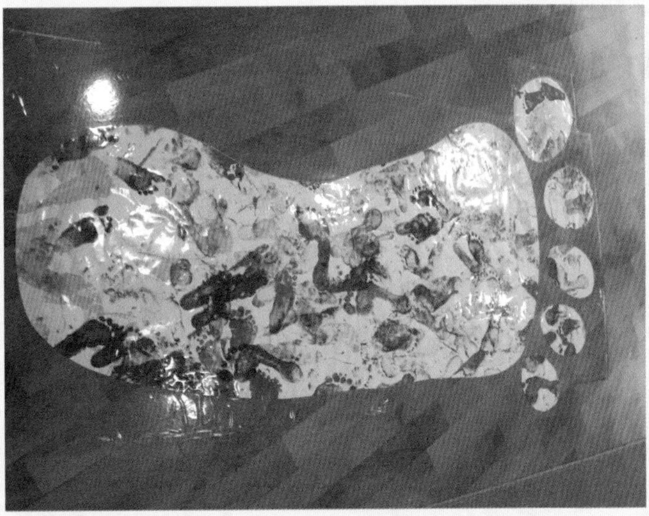

영아들이 발자국 찍기를 한 전지를 발자국 모양으로 오려서 붙인 것

점토 밟아 보기

활동영역 이해 및 감상

활동목표 점토의 특성을 살펴보면서 점토를 밟아 본다.

활동자료 점토, 깔개

활동방법

도입

- 영아들과 점토를 탐색하며 이야기를 나눈다.
  - 이것은 무엇일까?
  - 맞아~ 흙으로 만든 점토야.
  - 어떤 냄새가 나는 것 같니?
  - 만져 보니 어떤 느낌이 드니?
  - 점토로 무엇을 해 볼 수 있을까?

전개

- 영아들과 점토에 동물 모양을 찍어 본다.
  - 점토에 동물 모양을 찍어 볼까?
  - 손으로 눌러 보자.
  - 그림책에 나왔던 동물의 발자국을 찍어 보자.
- 영아들과 점토를 바닥 깔개에 펼쳐서 깔아 본다.
  - 발로 밟으면 느낌이 어떨까?
  - 우리의 발자국을 점토에 찍어 보자.
- 영아들과 점토에 발자국을 찍으면서 서로의 발자국을 비교해 본다.

마무리

- 영아들과 활동 후 느낀 점에 대해 이야기를 나눈다.
  - 재미있었니?
  - 점토에 발자국을 찍어 보니까 어떤 느낌이 들었니?
  - 나와 다른 친구의 발자국 모양이 어떠니? 비슷하니? 많이 다르니?

점토를 얇게 펴는 교사와 영아들

점토에 발자국 찍기를 하는 영아

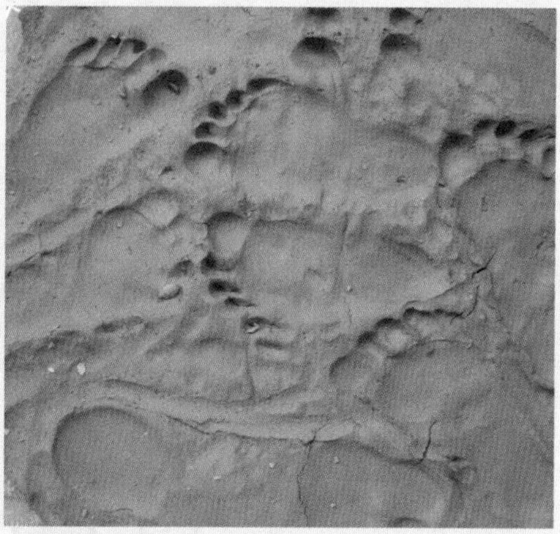

점토에 찍힌 영아의 발자국

『다람쥐』 그림책 감상하기

브라이언 와일드스미스 글 · 그림/
장미란 옮김/보림(1996)

활동영역 이해 및 감상
활동목표 이야기를 들으며 내용을 이해한다.
활동자료 『다람쥐』 그림책
활동방법

도입

- 영아들과 노래 〈다람쥐〉를 감상하며 이야기를 나눈다.
  - 노래를 들으니 어떤 느낌이 드니?
  - 노래에 누가 나왔니?

전개

- 영아들과 그림책을 감상하며 이야기를 나눈다.
  - 다람쥐의 생김새가 어떠니?
  - 다람쥐의 발톱이 어떠니?
  - 뾰족한 발톱으로 무엇을 할 수 있을까?
  - 다람쥐는 먹이를 집으로 가져갈 때 입에 쏙~ 넣어서 가져가는구나.
  - 너희는 맛있는 것을 가져갈 때 어디에 넣어 가니?
- 영아들과 그림책의 그림만 감상한다.

마무리

- 영아들과 다람쥐의 입 모양을 표현한다.
  - 다람쥐의 입 모양이 어땠는지 기억하니?
  - 밤과 도토리를 입안 가득 넣은 다람쥐를 표현해 볼까?
  - 어떻게 표현하면 좋을까?

〈다람쥐〉 노래 부르며 북 치기

활동영역 이해 및 감상

활동목표
- 그림책의 내용을 이해한다.
- 박자에 맞춰 북을 두드릴 수 있다.

활동자료 노래 가사판, 큰북, 작은북

활동방법

도입

- 영아들과 '북'을 탐색하며 이야기를 나눈다.
  - 이것은 무엇일까?
  - 이것으로 무엇을 할 수 있을까?
  - 이것은 '북'이라는 악기야. 커다란 것은 '큰북', 작은 것은 '작은북'이라고 해.
  - '큰북'과 '작은북'을 본 적이 있니?
  - 북은 어떻게 소리를 낼 수 있을까?
  - 막대로 두드리며 소리를 낼 수 있구나.
  - 큰북은 어떤 소리를 낼까?
  - 소리가 어떠니?
  - 작은북은 어떤 소리를 낼까?
  - 소리가 어떠니?

전개

- 영아들과 손뼉을 치며 〈다람쥐〉 노래를 부른다.
  - 〈다람쥐〉 노래를 기억하니?
  - 손뼉을 치며 노래를 불러 볼 수 있겠니?
- 영아들과 북을 두드리며 〈다람쥐〉 노래를 부른다.
  - 큰북과 작은북을 두드리며 노래를 부를 수 있겠니?
  - 북을 두드릴 때 지켜야 할 약속이 있을까?

– 큰북과 작은북을 한 명씩 돌아가며 연주해 볼까?

마무리

- 영아들과 연주하며 느꼈던 점에 대해 이야기를 나눈다.
  - – 북을 연주하면서 어떤 생각을 했니?
  - – 직접 연주하는 북소리를 들어 보니 마음이 어땠니?
  - – 북을 연주하며 어려웠던 점은 무엇이니?

손으로 작은북을 탐색하는 영아들

큰북의 소리를 몸으로 표현하는 영아들

노래에 맞춰 큰북과 작은북을 연주하는 영아들

그림 자료 붙이며 <다람쥐> 노래 불러 보기

활동영역 창작

활동목표 그림 자료를 붙이며 순서에 따라 노래를 불러 본다.

활동자료 노랫말에 나오는 그림 자료, 노래 가사판

활동방법

도입

• 영아들과 '다람쥐' 퍼즐 맞추기를 하며 주의 집중한다.
  - 어떤 동물이 숨어 있을까?
  - 누가 나와서 퍼즐 하나를 떼어 줄 수 있겠니?
  - 어떤 동물인 것 같니?
  - 아~ 다람쥐구나.
  - 다람쥐는 어디에서 살고 있을까?
  - 함께 노래로 알아보도록 하자.

전개

• 영아들과 그림 자료를 붙이며 이야기를 나눈다.

> 산골짝에 다람쥐 아기 다람쥐
> 도토리 점심 가지고 소풍을 간다
> 다람쥐야 다람쥐야 재주나 한번 넘으렴
> 팔닥 팔닥 팔닥 날도 참말 좋구나

  - 노랫말에 나온 그림들을 순서대로 붙이며 영아들과 이야기를 나눈다.

• 영아들과 그림 자료를 순서대로 붙이며 노래를 따라 불러 본다.
  - 교사가 선창하며 영아들에게 노래를 들려준다.
  - 멜로디를 따라 한 음으로 노래를 불러 본다.

– 그림 자료를 붙이며 노랫말에 맞춰 노래를 불러 본다.

마무리

- 영아들과 활동 후 느낀 점에 대해 이야기를 나눈다.
  – 새 노래를 불러 보니 어떠니?
  – 어떤 노랫말이 기억이 나니?
  – 노랫말 중에 가장 기억에 남는 내용은 무엇이니?

『찾았다, 우리집!』 그림책 감상하기

활동영역 이해 및 감상

활동목표 • 그림책의 내용을 이해한다.

• 동물들이 사는 곳을 알아본다.

활동자료 『찾았다, 우리집!』 그림책

활동방법

심스 태백 글 · 그림/베틀북(2008)

도입

• 영아들에게 그림책을 소개하며 이야기를 나눈다.
  - 멍멍~ 개는 어떤 집에 살고 있을까?
  - 꼬꼬댁~ 닭은 어떤 집에 살고 있을까?
  - 또 어떤 동물들의 집을 알아보고 싶니?
  - 너희가 말한 동물들이 과연 어떤 집에 살고 있는지 함께 알아볼까?
  - (앞표지를 보며) 누구니?
  - 여기 있는 동물들이 어떤 집에 살고 있는지 함께 알아보자.

전개

• 영아들과 그림책을 감상한다.
  - 히잉히잉~ 당나귀는 어떤 집에 살고 있을까?
  - (책장을 넘기며) 찾았다, 우리집!
  - 당나귀가 활짝 웃네. 당나귀의 집은 폭신폭신한 '마구간'이구나.

마무리

• 영아들과 그림책을 보면서 재미있는 부분을 이야기해 본다.
  - 재미있었니?
  - 어떤 부분이 재미있었니?
  - 어떤 동물의 집을 찾아가고 싶니?
  - 왜 토끼의 집을 찾아가고 싶니?

동물의 집을 찾아 주세요

활동영역 이해 및 감상

활동목표 • 그림책의 내용을 이해한다.

• 동물들이 사는 곳을 안다.

활동자료 『찾았다, 우리집!』 그림책, 동물 자료, 동물들의 집이 있는 그림판

활동방법

도입

• 영아들과 그림책을 회상한다.
  - 생쥐의 집은 어디였니?
  - 새의 집은?

• 영아들에게 그림책에 등장하는 동물을 소개한다.
  - 그림책에 등장하는 동물이 여기 있어.
  - 어떤 동물이니?
  - ㅇㅇ는 닭을 만져 볼까?
  - 어떤 느낌이 드니?

전개

• 영아들과 동물들이 살고 있는 집에 대해 이야기를 나눈다.
  - 짹짹짹 새의 집은 어떨 것 같니?

• 영아들과 동물들의 집을 찾아 붙여 본다.
  - 새의 집을 너희가 찾아 줄 수 있니?
  - 하늘을 나는 새의 집은 아주 높은 곳에 있구나.
  - 새의 집을 만져 보면 어떤 느낌일까?

마무리

• 영아들과 재미있었던 점, 어려웠던 점에 대해 이야기해 본다.
  - 동물들의 집을 찾는 활동을 해 보니 어땠니?

- 어떤 점이 기억에 남니?
- 누구의 집을 찾아 줄 때 어려웠니?

확장활동

영아들과 블록영역에서 다양한 블록으로 동물의 집을 구성하고, 각각의 동물 가면을 쓰고 집을 찾아가는 활동

『찾았다, 우리집!』 그림책 자료를 보며 이야기를 회상하는 영아

동물의 집을 찾아 붙이는 영아

각 등장인물의 집을 찾는 활동을 완성한 영아

블록으로 동물의 집 구성하기

활동영역 창작

활동목표 동물의 집을 만들어 놀이한다.

활동자료 동물들이 살고 있는 그림 자료, 벽돌 블록, 우레탄 블록, 동물 모자

활동방법

도입

- 영아들과 동물들이 살고 있는 집에 관해서 그림 자료를 보며 이야기를 나눈다.
  - 어떤 그림인 것 같니?
  - 이곳에는 누가 살고 있을까?

전개

- 영아들과 블록을 이용해 동물의 집을 만들어 본다.
  - 어떤 동물이 살고 있는 집을 만들어 볼까?
  - 동굴 속에 살고 있는 곰의 집을 만들어 보고 싶구나.
  - 나무 위에 사는 새 가족의 집을 만들어 보고 싶니?
  - 물고기의 집을 만들어 볼 수도 있겠구나.
  - 어떻게, 무슨 재료로 만들어 볼까?

마무리

- 영아들과 놀이해 본다.
  - 아빠곰과 엄마곰은 누가 해 볼까?
  - 어떤 소리를 낼 수 있을까?
  - 곰은 집에서 어떻게 잠을 잘까?

동물원 케이크 꾸미기

활동영역 창작

활동목표 동물원 케이크를 창의적으로 만들어 본다.

활동자료 스펀지빵, 생크림, 동물 모양 비스킷, 여러 색깔 비스킷, 식기

활동방법

도입

- 영아들과 동물 모양 비스킷을 보며 이야기를 나눈다.
  - 이 동물의 이름이 기억나니?
  - 본 적이 있니? 어디에서 보았을까?
  - 동물원에는 누구와 함께 갔니?
  - 동물원에서 어떤 동물들을 보았니?
  - 좋아하는 동물이 있니?
- 영아들과 재료를 탐색한다.
  - 책상 위에 무엇이 있니?
  - 어떤 냄새가 나니?
  - 이것들로 무엇을 만들 수 있을까?
  - 케이크를 만들 때 지켜야 할 약속은 무엇일까?

전개

- 영아들과 동물원 케이크를 만들어 본다.
  - 빵 위에 하얀 생크림을 발라 볼 수 있겠니?
  - 동물원 케이크를 또 어떻게 꾸며 볼 수 있을까?
  - 좋아하는 동물을 찾아 꽂아 보면 좋겠구나.
  - 알록달록 색깔의 비스킷으로도 꾸며 볼 수 있겠구나.
  - 알록달록 색깔이 아름다운 동물원을 만들어 볼 수 있을 것 같구나.
  - 알록달록 아름다운 동물원에 살고 있는 동물들은 기분이 어떨까?

마무리

- 영아들과 활동 후 느낀 점에 대해 이야기를 나눈다.
  - 동물원 케이크를 만들어 보면서 어떤 생각을 했니?
  - 동물원 케이크를 만들면서 어려웠던 점이 있니?
  - 함께 만든 동물원 케이크를 누구와 함께 먹고 싶니?

요리활동 소개와 지켜야 할 약속에 대해 이야기 나누기

재료를 탐색하는 모습

빵에 생크림을 바르는 모습

동물 모양 비스킷으로 꾸미는 모습

계절감(겨울)이 느껴지는 장식으로 마무리하고 있는 모습

케이크를 완성한 모습

기념사진 찍기

케이크 나눠 먹기

『사과가 쿵!』 그림책 감상하기

다다 히로시 글 · 그림/장근 옮김/보림(2009)

활동영역 이해 및 감상

활동목표 그림책의 내용을 이해한다.

활동자료 『사과가 쿵!』 그림책

활동방법

도입

- 영아들에게 그림책을 소개하며 이야기를 나눈다.
  - (앞표지를 보며) 무엇이니?
  - (앞표지를 보며) 누가 있니?
  - 두더지가 무엇을 하고 있는 것 같니?
  - (앞표지와 뒤표지를 펼쳐 보며) 누구인 것 같니?
  - 개미가 어디를 가고 있을까?
  - 개미가 어느 곳으로 갔는지 함께 보도록 하자.

전개

- 영아들과 그림책을 감상하며 이야기를 나눈다.
  - 쿵! 무엇이니?
  - 누구였을까?
  - 동물들이 함께 커다란 사과를 사이좋게 나눠 먹는구나.
  - (두--두-두) 비가 내리네.
  - 혹시 비를 피할 수 있는 곳이 있을까?
  - 참 좋은 방법이구나.
- 영아들과 그림책의 그림만 감상한다.
  - 동물들이 커다란 사과를 먹는 소리를 들으며 그림을 감상해 볼까?
  - '사각사각사각'
  - '쪽쪽쪽'

마무리

• 영아들과 그림책을 보면서 재미있는 부분에 대해 이야기해 본다.
  – 커다란 사과를 어떤 동물들이 먹었니?
  – 사과를 먹을 때 어떤 소리를 내며 먹었는지 기억하니?
  – 사과 먹는 소리를 들으니 어떤 느낌이 드니?
  – 어떤 소리를 냈니?
  – 재미있었니?
  – 어떤 점이 재미있었니?

『사과가 쿵!』 그림자 동극

활동영역 이해 및 감상

활동목표 • 그림책의 내용을 이해한다.

• 그림책의 등장인물이 되어 본다.

활동자료 『사과가 쿵!』 그림책, OHP, OHP 필름(사과 그림), 그림자 막(전지), 음악 CD, 등장인물 머리띠

활동방법

역할을 정하여 그림자 동극을 준비하고 있는 영아들

도입

• 영아들과 그림책의 내용을 회상하며 이야기를 나눈다.
  - (그림책을 보여 주며) 이 그림책을 본 것이 기억나니?
  - 어떤 동물들이 나왔었니?
  - 사과가 어떻게 되었니?

• 영아들과 활동을 소개하며 동극을 준비한다.
  - 너희가 그림책 속에 나오는 동물들이 된다면 어떤 느낌일 것 같니?
  - 이제 우리가 그림자 동극을 하면서 동물이 되어 보려고 한단다.
  - 맛있는 사과를 먹는 소리를 어떻게 표현할 수 있을까?
  - (그림자를 표현하는 모습을 시범으로 보여 준다.)

전개

• 영아들과 그림책에 나오는 동물들의 역할을 정한다.
  - 처음에 어떤 동물이 나왔니?
  - 누가 두더지 역할을 해 보고 싶니?

• 영아들과 그림자 동극을 직접 해 본다.
  - (교사는 그림책 내용의 시작과 끝을 부분적으로 읽어 준다.)

• 영아들이 동물의 역할을 하며 나왔을 때의 의성어, 의태어를 표현할 수 있도록 한다.

(예: 토끼처럼 깡충깡충 뛰어와 '아삭아삭~ 와 맛있다.')

- '사각사각사각' 와~ 맛있다.
- '쪽쪽쪽' 와~ 맛있다.

마무리

• 영아들과 그림자 동극을 해 본 느낌에 대해 이야기를 나눈다.

- 동물 역할을 해 보니 어떤 마음이 드니?
- 그림자 동극을 해 보면서 어떤 생각을 했니?
- 어떤 점이 가장 재미있었니?
- 어려운 점은 없었니?

"아삭아삭, 우적우적, 쪽쪽쪽"

"아우~ 맛있다."

"똑똑똑 비가 내린다. 비를 피하자."

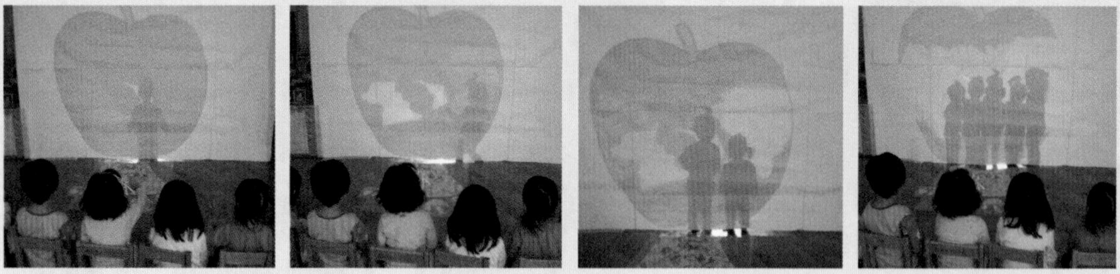

역할을 맡아서 공연하는 친구들의 그림자 동극을 관람하는 영아들

『이상한 놀이공원』 그림책 감상하기

앤서니 브라운 글 · 그림/
김향금 옮김/미세기(2008)

활동영역 이해 및 감상

활동목표 • 그림책의 내용을 이해한다.
• 팝업북(pop – up book)을 경험한다.
• 동물원의 전경과 동물에 관심을 갖는다.

활동자료 『이상한 놀이공원』 그림책

활동방법

도입

• 영아들에게 그림책을 소개하며 이야기를 나눈다.
  – (앞표지를 보며) 어디인 것 같니?
  – (앞표지를 보며) 누가 있니?
  – (앞표지를 보며) 무엇을 하고 있는 것 같니?
  – 동물원에 가 본 적 있니?
  – 동물원에서 무엇을 보았니?

전개

• 영아들과 그림책을 감상하며 이야기를 나눈다.
  – 무엇이 보이니?
  – (팝업북을 펼치며) 검은 놀이공원이 화려한 색깔의 놀이공원으로 변했구나.
  – 덩치가 아주 큰 코끼리 아저씨는 재채기를 하면서 어떤 소리를 냈을까?
  – 꼬마 원숭이가 어디 숨었지? 다 함께 불러 볼까?
• 영아들과 그림책의 그림만 감상한다.
  – 동물원에 어떤 동물이 있었지?
  – 어떤 동물을 보았는지 생각나니?
  – 기억나는 동물이 있니?

마무리

- 영아들과 그림책을 감상한 후 소감을 나눈다.
  - 가장 기억에 남는 이야기가 무엇이니?
  - 어떤 등장인물이 생각나니?
  - 어떤 내용이 가장 재미있었니?

나는 이상한 놀이공원에서 ㅇㅇ을 하고 싶어요

활동영역 이해 및 감상

활동목표 이상한 놀이공원에서 무엇을 하고 싶은지 표현해 본다.

활동자료 '나는 이상한 놀이공원에서 ㅇㅇ을 하고 싶어요' 활동지,
그림책에 나온 놀이기구 그림, 그리기 도구

활동방법

도입

- 영아들에게 '나는 이상한 놀이공원에서 ㅇㅇ을 하고 싶어요' 활동을 소개한다.
  - (이상한 놀이공원 그림을 보며) 이곳에 무엇이 있었니?
  - 만약 이곳에 간다면 무엇을 하고 싶니?
  - 누구와 함께 가 보고 싶니?

전개

- 영아들과 '나는 이상한 놀이공원에서 ㅇㅇ을 하고 싶어요' 활동을 해 본다.
  - 이상한 놀이공원에 있는 '회전목마' '원숭이' '유령의 집' 그림이 있구나.
  - 너희는 혹시 이상한 놀이공원에서 하고 싶은 것이 있니?
  - 누구와 함께 해 보고 싶니?
  - 누구와 함께 놀이공원에 가 보고 싶니?
  - 그림으로 표현해 볼 수 있을까?

마무리

- 영아들과 자신이 활동한 것을 친구들에게 소개해 본다.
  - ㅇㅇ는 이상한 놀이공원에서 무엇을 하고 싶다고 표현했니?
  - 친구들에게 말해 줄 수 있겠니?
  - ㅇㅇ는 엄마, 아빠와 함께 이상한 놀이공원에 가서 회전목마를 타 보고 싶구나.

이상한 놀이공원에서 하고 싶은 것을 그리는 영아

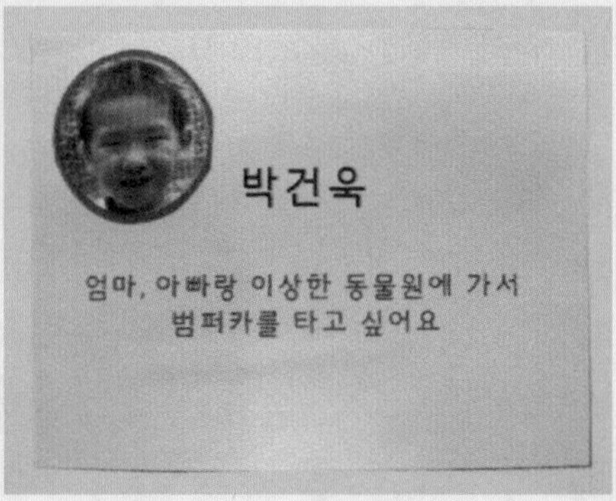

교사가 써 준 영아의 이야기

영아가 그린 이상한 놀이공원에서 하고 싶은 것

동물 그림자 찾기

활동영역 이해 및 감상

활동목표 • 동물의 생김새를 탐색한다.

• 그림자에 대해 관심을 갖는다.

활동자료 동물의 그림자를 찾아 붙일 수 있는 교구

활동방법

도입

• 영아들에게 '동물 그림자 찾기' 활동을 소개한다.
  - 어떤 동물들이 있니?
  - 까만 그림은 무엇일까?
  - 동물들의 그림자구나.
  - 이것으로 어떤 활동을 할 수 있을까?

전개

• 영아들과 '동물 그림자 찾기' 활동을 한다.
  - 다양한 동물의 그림자를 찾아 붙여 볼 수 있겠니?
  - 깡충깡충 토끼의 그림자는 어떤 것일 것 같니? 왜 이 그림자가 토끼의 그림자라고 생각했니?

마무리

• 영아들과 활동한 것을 보며 이야기를 나눈다.
  - 동물의 그림자를 보고 동물을 찾아보았구나.
  - 동물들이 어디로 가고 있는 것 같니?
  - 왜 그렇게 생각했니?

확장활동

실외활동 시 분필로 자신의 그림자를 그려 보는 활동

『누가 숨겼지?』 그림책 감상하기

고미타로 글 · 그림/김난주 옮김/
비룡소(2002)

활동영역 이해 및 감상
활동목표 그림책의 내용을 이해한다.
활동자료 『누가 숨겼지?』 그림책
활동방법

도입
- 영아들에게 그림책을 소개하며 이야기를 나눈다.
  - (앞표지와 뒤표지를 펼쳐 보며) 그림책 표지에서 무엇을 볼 수 있니?
  - 어떤 동물들이 있니?
  - 동물들이 무엇을 하고 있는 것 같니?

전개
- 영아들과 그림책을 감상하며 이야기를 나눈다.
  - (오른쪽 면만 보며) 무엇일까?
  - 누군가 양말을 숨겼대. 누굴까? 찾아볼 수 있겠니?
  - 양말을 숨긴 것은 누굴까?
  - (왼쪽 면을 보며) 누구니?
  - 양말을 숨긴 건 너구리였구나.
  - 그런데 너구리가 어디에 양말을 숨겼니?
  - 아~ 너구리가 꼬리에 양말을 쏙~ 숨겼구나.
- 영아들과 그림책의 그림만 감상한다.
  - 동물의 몸에 숨겨진 것들을 찾으며 그림책을 보도록 하자.

마무리
- 영아들과 그림책을 보면서 재미있는 부분에 대해 이야기해 본다.
  - 어떤 이야기가 기억에 남니?

- 어떤 동물이 나왔니?
- 어떤 내용이 재미있었니?
- 동물의 몸에 어떤 물건이 숨겨져 있었니?

• 영아들과 우리의 몸에 숨겨진 것들을 찾아본다.
  - 선생님 몸엔 꽃이 숨겨져 있어. 꽃을 찾아볼까?
  - 아~ 양말에 꽃을 숨겨 놓았구나.
  - ㅇㅇ의 몸엔 짹짹짹~ 새가 숨었구나. 찾아볼 수 있겠니?

『또또와 사과나무』 그림책 감상하기

나까에 요시오 글/우에노 노리코 그림/
이재은 옮김/세상모든책(2019)

활동영역 이해 및 감상
활동목표 동물들의 다양한 특성을 관찰하며 그림책을 감상한다.
활동자료 『또또와 사과나무』 그림책
활동방법

도입

- 영아들에게 그림책을 소개하며 이야기를 나눈다.
  - 그림책 표지에 누가 있니?
  - 무엇을 하려고 하는 것일까?
  - 또또는 누구일까?

전개

- 영아들과 그림책을 감상하며 이야기를 나눈다.
  - 또또도 새처럼 날아서 사과를 딸 수 있을까?
  - 코끼리처럼 코를 길게 늘릴 수 있을까?
  - 물개는 무엇을 잘할까?
  - 사과를 딸 수 있을까?
  - 물개와 또또의 기분이 어떨까?
- 영아들과 그림책의 그림만 감상한다.

마무리

- 영아들과 그림책을 보면서 재미있는 부분에 대해 이야기해 본다.
  - 그림책의 어떤 장면이 기억이 나니?
  - 그림책에 나왔던 등장인물들이 기억이 나니?
  - 어떤 부분이 재미있었니?

사과 따기 게임

활동영역 이해 및 감상

활동목표 『또또와 사과나무』 그림책의 내용을 게임을 통해 이해한다.

활동자료 유니바 여섯 개, 동물 스티커, 융판에 붙일 수 있는 나무와 사과 모양

활동방법

도입

- 영아들과 그림책을 회상하며 이야기를 나눈다.
  - 어떤 동물이 사과를 땄니?
  - 또또는 어떻게 나무에서 사과를 땄니?

전개

- 영아들과 게임의 자료를 탐색하며 이야기를 나눈다.
  - 여기 선생님이 게임을 하기 위한 자료를 준비해 왔어.
  - 이것으로 어떤 게임을 할 수 있을까?
  - 게임을 하면서 지켜야 할 약속은 무엇이 있을까?

게임순서 : 출발 → 유니바 세 개 건너기 → 융판에 있는 나무에 사과 붙이기 → 유니바 세 개 건너기 → 도착 후 탬버린 흔들기

주의사항 : 출발하는 위치를 지킨다. 유니바 세 개를 모두 건넌다. 융판에 있는 나무에 사과를 떨어지지 않게 꼭 붙인다. 돌아올 때도 유니바 세 개를 모두 건넌다. 도착한 후 탬버린을 흔든다.

- 영아들과 게임을 한다.

마무리

- 영아들과 게임을 하면서 어떤 마음이 들었는지에 대해 이야기를 나눈다.
  - 게임을 하고 나서 어떤 마음이 들었니?
  - 게임을 하면서 가장 기억에 남는 것이 무엇이니?

- 어렵거나 속상한 점은 없었니?
- 게임을 하며 재미있었던 것은 무엇이니?

사과 따기 게임에서 유니바를 건너는 영아

사과 따기 게임에서 사과를 나무에 붙이는 영아

2. '상상의 세계' 주제의 문학교육 프로그램

상상의 세계로 떠나요

괴물들이 사는 나라
- 이해 및 감상
  - 그림책 감상하기
- 창작
  - 괴물들이 사는 나라 이야기 짓기
  - 괴물 나라 꾸미기

요정나라 시장구경
- 이해 및 감상
  - 그림책 감상하기
- 창작
  - 『요정나라 시장구경』 이야기 짓기

내 친구 마술새
- 이해 및 감상
  - 그림책 감상하기
- 창작
  - 마술새와 함께한 여행 이야기 짓기
  - 나만의 마술새 만들기

구름빵
- 이해 및 감상
  - 그림책 감상하기
- 창작
  - 구름빵을 먹고 어디로 갈까?
  - 구름빵 만들기

호호마녀와 낄낄마녀
- 이해 및 감상
  - 그림책 감상하기
- 창작
  - 마녀가 수프를 만드는 곳 구성하기

만약 눈이 빨간색이라면
- 이해 및 감상
  - 그림책 감상하기
- 창작
  - '만약 눈이 ○○색이라면' 이야기 짓기

하늘에서 음식이 내린다면
- 이해 및 감상
  - 그림책 감상하기
- 창작
  - '꼭꼭 씹어 꿀꺽' 나라에 내리는 음식

마녀 위니
- 이해 및 감상
  - 그림책 감상하기
- 창작
  - 어떤 마녀가 살고 있을까?
  - 윌버에게 편지 쓰기
  - 인형극하기
  - 여러 가지 색의 윌버 입체 퍼즐 만들기

마술연필
- 이해 및 감상
  - 그림책 감상하기
- 창작
  - 나만의 마술연필 꾸미기

『괴물들이 사는 나라』 그림책 감상하기

모리스 샌닥 글 · 그림/강무홍 옮김/ 시공주니어(2017)

활동영역 이해 및 감상

활동목표 • 그림을 주의 깊게 보면서 그림책을 감상한다.
• 그림책의 내용을 이해한다.

활동자료 『괴물들이 사는 나라』 그림책

활동방법

도입

• 그림책의 표지를 보며 이야기를 나눈다.
 - 누가 나올 것 같니?
 - 어떤 이야기일까?

전개

• 이야기를 듣는다.
 - 너희도 맥스처럼 엄마한테 화난 적이 있니?
 - 맥스는 어디로 갔을까?
 - 괴물들이 맥스에게 뭐라고 이야기했을 것 같니?
 - 누가 따뜻한 저녁 식사를 가져다 놓았을까?
• 그림책의 그림만 다시 보며 내용을 회상해 본다.
 - 무언가 다른 특별한 부분이 있니?
 - 그림이 어떻게 변하는 것 같니?

마무리

• 그림책에 대한 느낌을 이야기 나눈다.
 - 어떤 느낌이 들었니?
 - 맥스는 어떤 아이라고 생각하니?
 - 어떤 부분이 재미있었니?

– 속상한 건 없었니?

확장활동

괴물들이 사는 나라 이야기 지어 보기

괴물들이 사는 나라 이야기 짓기

활동영역 창작

활동목표 • 주인공 맥스가 되어 상상하는 경험을 한다.
• 자신의 생각을 글과 그림으로 표현한다.

활동자료 이야기를 지을 책, 사인펜

활동방법

도입

• 괴물들이 사는 나라는 어떤 곳일지에 대해 이야기를 나눈다.
  – 괴물 나라는 어떤 곳일까?
  – 그곳에는 어떤 것들이 있을 것 같니?

전개

• 주인공 맥스라면 괴물들을 만나서 무엇을 하고 싶은지에 대해 이야기를 나눈다.
  – 너희가 만약 맥스였다면 괴물들과 무엇을 하고 싶니?
  – 괴물들과 함께 놀 때 너희의 기분은 어떨 것 같니?
  – 괴물들이 너희를 보고 어떤 말을 할 것 같니?
  – 괴물들을 만나면 또 어떤 일들을 해 볼 수 있을까?
• 괴물들과 있었던 일을 그림과 글로 표현해 본다.
  – 우리가 이야기해 본 것들을 어떻게 표현해 볼 수 있을까?
  – 괴물들을 그림으로 표현해 볼 수 있겠니?
  – 너희가 이야기한 것을 글로 써 볼 수 있겠니?

마무리

• 자신의 글을 친구들에게 읽어 준다.
  – 누가 나와서 자기가 지은 이야기를 친구들에게 읽어 줄 수 있겠니?

'괴물들이 사는 나라'에 관한 자신의 이야기를 짓는 유아들

유아가 지은 '괴물들이 사는 나라' 이야기

괴물 나라 꾸미기

활동영역 이해 및 감상

활동목표 • 여러 가지 재료를 이용하여 상상한 것을 표현한다.
• 그림책의 배경에 관심을 갖는다.

활동자료 가면을 만들 재료, 괴물 나라에 필요한 소품

활동방법

도입

• 유아들과 그림책의 내용을 회상하며 이야기를 나눈다.
  - 맥스의 방이 어떻게 변했었니?
  - 맥스가 배를 타고 도착한 곳은 어떤 곳이었니?
  - 그곳엔 누가 살고 있었니?
  - 특별히 기억에 남는 장면이 있니?
• 유아들과 괴물 나라에 대한 느낌을 나눈다.
  - 괴물 나라를 보고 어떤 느낌이 들었니?
  - 무섭지는 않았니?
  - 너희가 괴물 나라에 간다면 어떤 느낌이 들 것 같니?
  - 괴물 나라 하면 혹시 떠오르는 색이 있니?
  - 또 맥스가 가 본 괴물 나라에는 어떤 물건들이 있을 것 같니?

전개

• 유아들과 괴물 나라를 꾸미기 위해 필요한 것에 대해 이야기를 나눈다.
  - 괴물 나라를 꾸미기 위해서는 어떤 것들이 필요할까?
  - 나무는 어떤 것으로 꾸며 볼 수 있을까?
  - 물과 풀밭은 어떤 것으로 꾸며 볼 수 있겠니?
  - 괴물들에게 필요한 것은 무엇일까?
  - 괴물 왕이 사는 천막은 어떻게 만들어 볼 수 있을까?

- 더 필요한 것은 무엇일까?

• 유아들과 역할을 나누어 괴물 나라에 필요한 소품들을 만들어 본다.
  - 괴물 나라의 배경을 꾸며 본다.
  - 가면과 다른 소품들을 꾸며 본다.

마무리

• 유아들이 만든 것을 사용해서 괴물 나라 놀이를 해 본다.

괴물 나라 놀이에 필요한 소품을 만드는 유아

괴물 왕이 사는 천막 앞에서 각자가 만든 가면을 쓰고 있는 유아들

구름빵을 먹고 어디로 갈까?

활동영역 창작

활동목표 • 그림책을 읽고 자유로운 상상을 한다.
• 상상한 것을 글과 그림으로 표현한다.

활동자료 이야기를 지을 책, 사인펜

활동방법

도입

• 구름빵을 먹는다면 어떤 기분이 들지에 대해 이야기를 나눈다.
  - 구름빵의 맛은 어떨까?
  - 구름빵을 먹게 된다면 기분이 어떨 것 같니?
• 구름빵을 먹고 무엇을 하고 싶은지 이야기를 나눈다.
  - 구름빵을 먹고 하늘을 날 수 있다면 무엇을 하고 싶니?
  - 구름빵을 먹고 어디로 가고 싶니? 왜 그곳에 가고 싶다고 생각했니?

전개

• 구름빵을 먹고 가고 싶은 곳에 관한 이야기를 글과 그림으로 표현해 본다.
  - 구름빵을 먹고 어디에 가고 싶니?
  - 글로 한번 써 보겠니?
  - 그림으로 표현해 볼 수 있겠니?

마무리

• 구름빵을 먹고 간 곳을 소개한다.
  - 구름빵을 먹고 어떤 곳에 갔니?
  - 그곳에서 무엇을 했니?

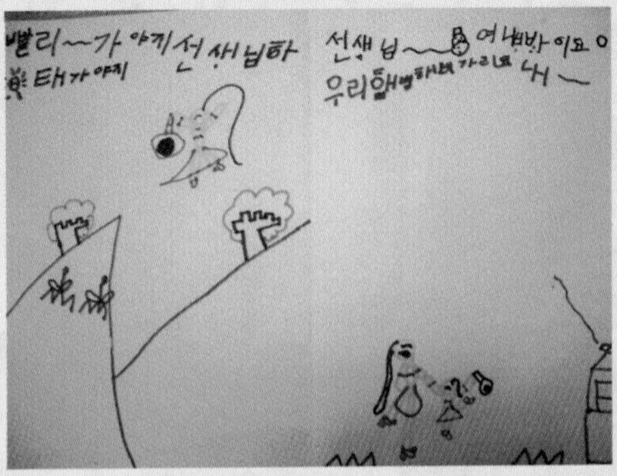

유아가 그린 구름빵을 먹고 가고 싶은 곳에 관한 이야기

구름빵 만들기

활동영역 창작

활동목표 • 그림책의 소재에 관심을 갖는다.
• 재료의 이름과 특성을 안다.
• 시각, 후각, 미각을 사용하여 재료를 탐색한다.

활동자료 밀가루, 설탕, 소금, 이스트, 우유, 식용유, 큰 그릇, 계량컵, 접시, 오븐, 요리 순서표

활동방법

도입

• 『구름빵』 그림책에서 가장 기억에 남았던 것에 대해 이야기를 나눈다.
  – 『구름빵』 그림책에서 가장 생각나는 것은 무엇이니?
  – 또 어떤 장면이 기억에 남았니?
  – 너희가 직접 구름빵을 만들어 먹는다면 어떤 느낌이 들 것 같니?

전개

• 구름빵 요리를 위한 재료와 도구에 대해 이야기를 나눈다.
  – 어떤 재료가 필요할까?
  – 구름빵을 만들기 위해서 어떤 도구를 사용하면 좋겠니?
  – 이 도구들은 어떻게 사용하는 걸까?
• 구름빵 요리 재료를 탐색해 본다.
  – (앞에 있는 재료들을 보여 주며) 어떤 재료가 준비되어 있니?
  – 색깔이 어떠니?
  – 어떤 냄새(맛, 촉감)가 나니?
• 요리 순서표를 보고 구름빵을 만들어 본다.

마무리

• 구름빵을 먹어 본다.
  – 너희가 구름빵을 먹으면 어떻게 될까?

구름빵을 만들고 있는 유아들

유아가 만든 구름빵

3. 그림책을 활용하여 유아와 이야기 나누기

그림책은 교사와 유아가 공유하는 책으로 교사는 유아에게 단순하게 책을 읽어 주는 것을 넘어서 언어적으로 상호작용하며 생각을 나누고 세상에 대해 함께 배울 수 있는 기회를 제공한다. 교사가 그림책을 읽어 줄 때 유아의 반응과 참여정도는 교사와 유아의 상호작용 유형에 따라 달라진다. 그림책을 읽을 때에 교사가 삽화에 대해 이야기를 많이 하면 유아는 그림에 대한 자세한 이야기를 하게 되고, 교사가 예측과 추론을 요구하면 유아도 같은 반응을 시도한다. 또한 교사가 이야기에 대해 별로 언급을 하지 않으면 유아도 별로 이야기를 하지 않는 경향이 있다. 그러므로 교사가 그림책을 읽어 주며 다양한 질문과 적절한 피드백을 주어 활발한 상호작용이 일어나도록 하는 것은 유아가 그림책을 경험하는데 있어서 매우 중요한 부분이다.

교사가 그림책을 읽어 주며 유아와 나눌 수 있는 대화의 예를 소개하면 다음과 같다(강원유아교육진흥원, 2018).

■ **토끼아저씨와 멋진 선물**(샬로트 졸로토 글, 모리스 샌닥 그림, 시공주니어, 2017).

〈내용〉

한 소녀가 엄마의 생일선물을 고민하다가 숲에서 만난 토끼 아저씨에게 도움을 청하게 되고, 엄마가 좋아하는 색깔의 물건들로 선물을 모은 후에 토끼 아저씨께 감사의 인사를 전하고, 토끼 아저씨도 엄마의 생일을 축하하며 작별인사를 나눈다.

〈표지 감상하기〉

- 어떤 이야기가 담겨 있는 그림책일까?
- 그림 속의 둘은 무슨 이야기를 나누고 있을까?

- 그림책 속 토끼 아저씨의 귀가 어떠니?(작가는 소녀의 말을 경청해 주는 토끼 아저씨의 귀를 과장되게 그리고 있다.)
- 다른 사람이 내 이야기를 잘 들어 주었을 때 기분이 어땠니?
- 왜 다른 사람의 이야기를 잘 들어야 할까?

- 여자아이는 왜 엄마에게 생일선물을 하고 싶었을까?
- 너희는 책 속의 여자아이처럼 엄마가 무엇을 좋아하시는지 알고 있니?
- 여자아이가 엄마를 위한 선물을 모두 준비했을 때 어떤 마음이었을까?
- 선물을 받은 엄마의 기분은 어떨까?
- 우리가 어떻게 하면 부모님을 기쁘게 해 드릴 수 있을까?

- 토끼 아저씨는 왜 여자아이를 도와주었을까?
- 너희도 다른 사람에게 도움을 청해 본 경험이 있니?
- 다른 사람에게 도움을 받아 본 경험이 있니?
- 도움을 받았을 때에는 어떻게 고마움을 표현할 수 있을까?

■ **꿈에서 맛본 똥파리**(백희나 글 · 그림. 책읽는곰, 2014)

〈내용〉

큰오빠 개구리는 올챙이 동생들을 잘 보살펴 주는 오빠다. 그러던 어느 날 배고픈 동생들에게 하루 종일 파리를 잡아 준 큰오빠 개구리는 정작 자신은 아무것도 먹지 못한 채 지쳐 잠이 들고 마는데 다행히 꿈속에서 커다란 똥파리를 잡아먹고 행복해한다.

〈표지 감상하기〉

- 표지에는 어떤 그림이 그려져 있니?
- 빨간색 선은 무엇일까?
- 어떤 이야기가 담겨 있는 그림책일까?

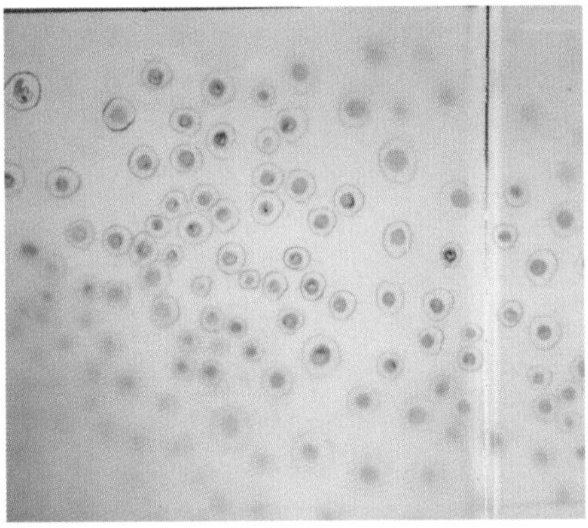

〈앞 면지 읽기〉

- 무엇이 그려져 있니?
- 모두 같은 모양일까? 다른 것은 왜 그렇게 그려져 있을까?(수많은 개구리 알 중에 큰오빠 개구리로 변화할 알에 주의를 기울일 수 있도록 질문한다.)

- 오빠 개구리는 왜 동생에게 파리를 주었을까?
- 배고팠던 동생은 어떤 생각이 들었을까?
- 배고픈 동생을 생각해서 파리를 나눠 주는 오빠 개구리의 마음은 어땠을까?
- 나보다 다른 사람을 먼저 생각해서 도와주거나 보살펴 주는 마음을 배려라고 한단다.
- 동생을 배려해 주는 오빠 개구리와 배려를 받은 동생 올챙이들은 어떤 기분이 들었을까?
- 동생이 오빠 개구리에게 고마움을 표현할 수 있는 방법은 무엇이 있을까?

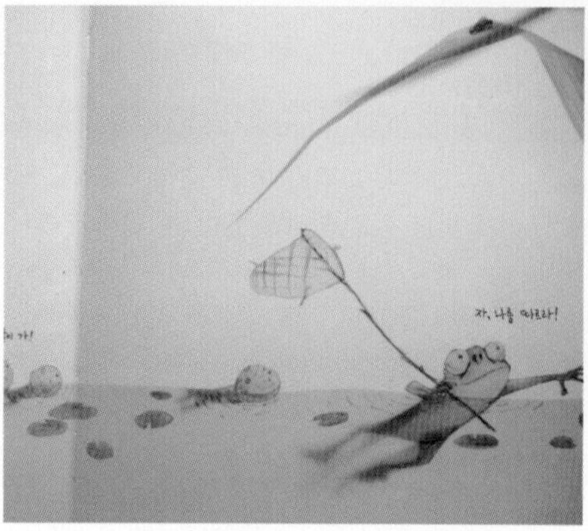

- 부모님이 계시지 않을 때 언니, 오빠가 너희를 보살펴 준 적이 있니?
- 부모님이 계시지 않을 때 동생을 보살펴 본 적이 있니? 그때 어떤 기분이 들었니?
- 오빠 개구리처럼 내가 누군가를 위해 배려하고 나눠 줄 수 있는 행동에는 어떤 것들이 있을까?
- 내가 배려받거나 나눔을 받았을 때는 어떤 말을 하면 좋을까?
- 앞표지에 있던 빨간 선은 무엇일까?

■ **으뜸 헤엄이**(레오 리오니 글 · 그림, 도서출판 마루벌, 2011)

〈내용〉

커다란 다랑어의 공격으로 무리에서 떨어져 혼자 남게 된 작은 물고기의 이야기로, 큰 물고기에게 잡혀 먹히지 않기 위해서 서로를 격려하고 도와 바닷속을 유유히 헤엄치는 작은 물고기들의 지혜와 용기를 보여 준다.

〈표지 감상하기〉

- 이 책은 어떤 이야기일까?
- 이 책의 그림은 어떤 방법으로 표현한 것일까?(앞표지와 뒤표지를 모두 보여 준다.)

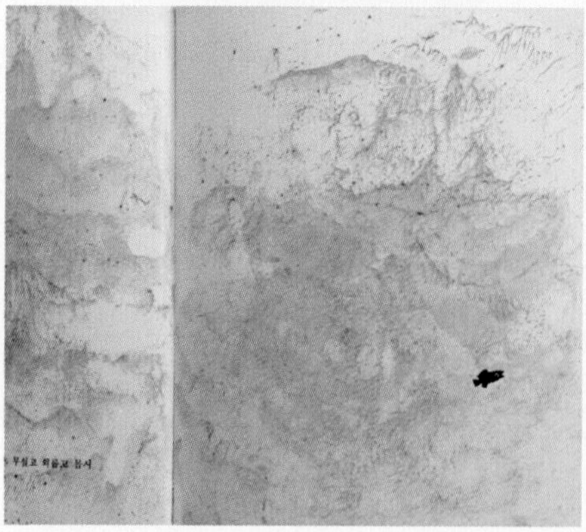

- 혼자 남겨진 으뜸 헤엄이는 어떤 기분일까?
- 너희도 혼자 있었던 경험이 있니? 혼자 있을 때 어떤 기분이 들었니?
- 여러 친구와 함께 있을 때에는 기분이 어떠니?

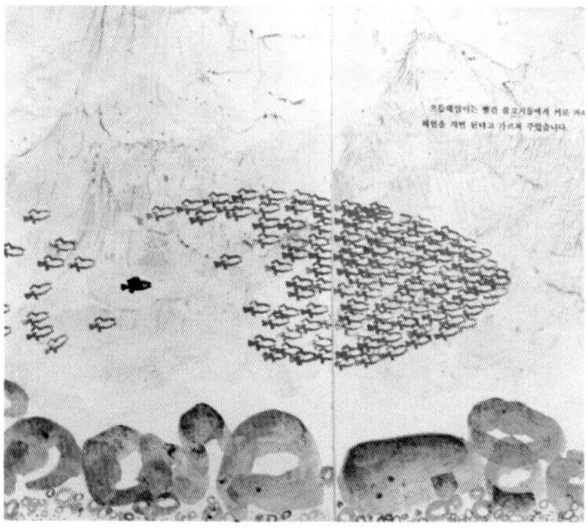

- 친구들을 다시 만났을 때 으뜸 헤엄이는 왜 기뻤을까?
- 바닷속에서 작은 물고기들이 자유롭게 다닐 수 있는 방법에는 무엇이 있을까?
- 으뜸 헤엄이는 왜 물고기들에게 서로 가까이 붙어서 헤엄치라고 했을까?
- 만약 꼬리 부분의 물고기들이 흩어진다면 어떻게 될까?

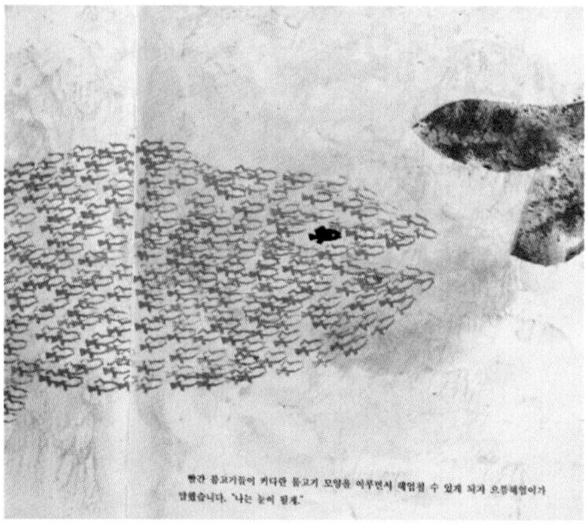

- 너희도 작은 물고기들처럼 친구들과 협동해 본 적이 있니?
- 친구들과 협동할 때에 어려운 점은 무엇이었니?
- 협동할 때의 어려운 점은 어떻게 해결하면 좋을까?
- 으뜸 헤엄이는 헤엄을 잘 쳐서 으뜸 헤엄이란다. 그럼 내가 으뜸인 것을 찾아볼까?
- 내 친구가 으뜸인 것을 소개해 보자.

제 3 부

유아문학의 영유아교육 현장 적용

제8장 유아문학과 영유아교육과정

1. 유아문학과 영유아교육과정

대부분의 영유아는 성인이 들려주거나 읽어 주는 이야기를 매우 좋아한다. 영유아가 즐기는 다양한 문학작품 속에는 주변의 생활 속에서 보고 듣고 느끼고 배울 수 있는 많은 이야기가 있다. 영유아는 이야기 속에 등장하는 인물들의 갈등과 문제해결 과정을 통해 간접 경험, 아름다운 그림을 통한 심미적 경험, 신비로운 자연현상에 대한 깨달음이나 과학적·수학적 개념에 대한 즐거운 이해 등을 도모할 수 있다. 유아문학은 이야기를 통해 즐거움을 얻는 것을 목적으로 쓰이는 예술의 한 장르이지만, 이야기 속에는 교육적으로 활용할 수 있는 많은 요소가 있다(김현희, 박상희, 2008). 그러므로 교사는 다양한 장르의 문학작품 속에서 영유아를 위한 교육 내용을 찾아내어 교육활동에 활용할 수 있다.

여기서는 문학작품 속에 스며들어 있는 교육적 요소들을 영유아의 언어교육, 수학교육, 과학교육, 사회교육 및 미술교육과 연관 지어 살펴보고자 한다.

1) 유아문학과 언어교육

인간은 영유아기부터 언어 사용의 즐거움을 경험함으로써 능동적이고 적극적인 언어 사용자로서의 능력을 갖추게 된다. 또한 영유아기는 언어 습득의 결정적 시기로, 음성언어와 문자언어의 기초능력을 형성하고 바른 언어사용습관과 태도가 형성되는 중요한 시기다. 유아기에 말과 글을 바르게 사용하는 것은 이후 성인기에도 영향을 미칠 가능성이 높으므로 말과 글을 바르게 사용하는 태도는 전 생애적 관점에서 기본적으로 요구되는 중요한 소양이라고 할 수 있다(교육과학기술부, 보건복지부, 2012).

유아문학작품 속에는 작가에 의해 신중하게 선택된, 예술가의 풍부한 이성과 감성으로 짜인 정리된 언어와 그림이 담겨 있어 유아는 아름답고 풍부한 언어세계를 경험하게 되며, 모국어를 이해하고 모국어의 아름다움을 느낄 수 있는 최적의 경험을 하게 된다(정남미, 2006). 영유아를 위한 문학작품은 영유아의 언어 발달 및 언어생활과 밀접한 관련이 있다. 문학은 언어예술이므로 영유아의 언어적 표현력과 어휘력의 증가에 결정적인 영향을 미친다. 또한 언어는 음성언어인 듣기와 말하기, 문자언어인 읽기와 쓰기의 네 가지 하위 체제로 구성되어 있는데, 이들은 각각 분리되어 발달하는 것이 아니라 서로 연관되어 발달한다. 그러므로 총체적 언어교육 접근법(whole language approach)에서는 영유아의 언어 발달을 위해서 이 네 가지 영역이 의미 있는 상황에서 통합되어 교육이 이루어져야 한다고 하였다.

문학작품은 총체적 언어교육 및 영유아의 언어 발달에 가장 강력한 교수매체다(Williams & Fromberg, 1992). 영유아는 총체적 언어교육을 통해 성인이 읽어 주는 문학작품을 듣고, 관심이 있는 문학작품을 스스로 찾아서 읽고, 문학작품과 관련하여 자연스럽게 말하기나 쓰기 활동을 한다. 이처럼 생활 속에서 자연스럽게 문학작품을 접하도록 하는 것은 영유아를 위한 언어교육 그 자체라고 해도 과언이 아니다.

문학적 접근에 의한 언어교육을 실시하고자 할 때에는 다음과 같은 원리에 의해 제시되어야 한다(김현희, 박상희, 2008).

- 문학적 완성도가 뛰어나고 영유아의 발달과 흥미에 적합한 좋은 책을 읽어주어야 한다.
- 사건의 전개와 문제해결의 과정이 외우기 쉬운 패턴으로 되어 있는 '외우기 쉽게 되풀이되는 책'이 언어활동에 적합한 문학작품이다.
- 문학적 접근을 하는 경우에는 충분한 시간을 할애하여 영유아가 이야기의 내용을 충분히 이해하고 기억하는 바탕 위에서 이루어져야 한다.
- 문학작품 속의 단어나 글자를 표준 철자대로 익히는 것에 초점을 두기보다는 의미 이해의 과정을 중요하게 여긴다.
- 문학작품에 대한 반응활동으로 쓰기를 하는 경우에 표준철자에 따라 쓰기를 강조하기보다는 자연스럽고 풍부한 표현이 되도록 도와준다.

영유아를 위한 문학작품은 언어의 네 영역, 즉 듣기와 말하기, 읽기와 쓰기의 모든 영역에 걸쳐서 긍정적으로 영향을 미친다. 2019년에 새로 개정된 누리과정의 의사소통영역에서는 기존의 '듣기와 말하기' '읽기와 쓰기에 관심 가지기' 이외에 '책과 이야기 즐기기'가 새로운 내용 범주에 포함되어, 영유아가 책 읽기를 즐기고 상상하는 즐거움과 말놀이와 이야기 짓기를 경험하도록 강조하고 있다. 개정 누리과정 의사소통영역의 내용 범주 중 영유아의 그림책 즐기기와 직접적으로 관련이 있다고 볼 수 있는 읽기와 쓰기에 관심 가지기와 관련된 문학작품 및 책과 이야기 즐기기와 관련이 있는 글 없는 그림책을 소개하면 〈표 8-1〉과 같다.

〈표 8-1〉 읽기와 쓰기에 관심 가지기, 책과 이야기 즐기기와 관련이 있는 유아문학작품

내용	도서명	글/그림	출판사	출판 연도
읽기와 쓰기에 관심 가지기	아름다운 책	클로드 부종	비룡소	2002
	생각하는 ㄱ ㄴ ㄷ	이지원/이보나 흐미엘레프스카	논장	2005
	움직이는 ㄱ ㄴ ㄷ	이수지	길벗어린이	2006
	기차 ㄱ ㄴ ㄷ	박은영	비룡소	2007
	소리치자 가나다	박정선/백은희	비룡소	2007
	맛있는 ㄱ ㄴ ㄷ	김인경	길벗어린이	2009
	책 청소부 소소	노인경	문학동네	2010
	개구쟁이 ㄱ ㄴ ㄷ	이억배	사계절	2011
	만희네 글자벌레	권윤덕	길벗어린이	2011
	또 읽어줘!	에밀리 그래빗	푸른숲주니어	2011
	요리조리 ㄱ ㄴ ㄷ	정인하	책읽는곰	2013
	행복한 ㄱ ㄴ ㄷ	최숙희	웅진주니어	2014
	우리엄마 ㄱ ㄴ ㄷ	전포롱	파란자전거	2016
	생일축하해요 ㄱ ㄴ ㄷ	박상철/강근영	여우고개	2017
책과 이야기 즐기기	파도야 놀자	이수지	비룡소	2017
	그림자 놀이	이수지	비룡소	2010
	거울속으로	이수지	비룡소	2009
	노란우산	류재수	보림출판사	2007
	사과와 나비	이엘라 마리, 엔조 마리	보림출판사	1996
	알과 암탉	이엘라 마리, 엔조 마리	시공주니어	2006
	빨간 끈	마곳 블레어	케이유니버스	2002
	이상한 화요일	데이비드 위즈너	비룡소	2002
	시간상자	데이비드 위즈너	시공주니어	2018
	구름공항	데이비드 위즈너	시공주니어	2017
	눈사람 아저씨	레이먼드 브릭스	마루벌	2010
	하늘을 나는 모자	로트라우트 수잔네 베르너	보림출판사	2017

책	마리예 톨만, 로날트 톨만	여유당	2017
나무집	마리예 톨만, 로날트 톨만	여유당	2010
빨강 책: 우연한 만남	바바라 리만	북극곰	2019
다시 빨강 책: 끝없는 여행	바바라 리만	북극곰	2019

2) 유아문학과 수학교육

4차 산업시대로 불리는 미래 사회는 엄청난 양의 정보와 기술이 쏟아져 이를 선별하고 조직하여 적절히 활용할 수 있는 능력이 요구된다. 이러한 능력은 다양한 수학적인 개념을 바탕으로 하고 있어 세계적으로 수학교육에 대한 관심이 증가하고 있다. 수학은 우리 생활과 밀접한 관계를 갖고 있으며, 영유아가 자신의 환경을 이해하는 데 매우 중요한 역할을 한다. 영유아기의 수학적 경험은 논리적 사고와 문제해결의 기초를 형성함으로써 인지 발달의 원동력이 되고, 일상생활에서 수학을 이해하고 수학적 기술을 사용하는 능력을 개발하여 합리적인 생활 자세를 길러 주므로 중요하다. 또한 영유아기에 형성된 습관과 태도는 성장 후에도 쉽게 변하지 않으므로 영유아기부터 수학에 대한 흥미를 형성해 주는 것이 바람직하다(한유미, 2003).

이를 위해 영유아가 능동적이고 즐거운 마음으로 수학에 관심을 갖도록 도와주는 그림책을 활용하는 것은 매우 좋은 방법이다. 문학작품 속에는 수학적 개념이 포함되어 있어 유아는 문학작품을 통해 자연스럽게 수학적 개념을 익히게 된다. 문학작품에 등장하는 배경이나 이야기는 수학을 하기 위한 직접적인 도입이나 문제해결을 하기 위해서 사용할 수 있어서 수학적 동기유발을 촉진할 수 있다(정남미, 1996). 수학활동을 전개하기 위한 문학작품의 선정 기준을 살펴보면 다음과 같다(이경우, 1995).

- 수학적 개념이 포함되어 있을 뿐 아니라 좋은 책 선정 기준에 맞는 것이어야 한다.
- 이야기의 상황을 유아의 직접적인 경험과 관련지을 수 있으며, 의미 있는 수학적 상황과 연결 지을 수 있어야 한다.
- 이야기의 상황이 다양한 수학적 해결방법의 모색을 가능하게 하는 것이어야 한다.
- 등장하는 사물이 수학학습을 위한 구체적인 조작의 활동자료로 활용될 수 있는 것이어야 한다.
- 이야기의 상황이 수학적 개념의 탐색이나 문제 상황을 제기하는 것이어야 한다.

2019년에 개정된 누리과정의 자연탐구영역에서는 영유아가 생활 속의 문제를 수학적으로 탐구하도록 하는 목표를 제시하면서 다양한 수학적 내용을 포함하고 있다. 누리과정의 자연탐구영역에 제시된 내용 범주 '탐구 과정 즐기기' '생활 속에서 탐구하기'와 관련하여 영유아가 습득할 수 있는 수학적 개념을 담고 있는 유아문학작품을 소개하면 〈표 8-2〉와 같다.

〈표 8-2〉 수학적 개념을 포함한 유아문학작품

내용	도서명	글/그림	출판사	출판 연도
수와 연산	이상한 나라의 숫자들	크라안 부부	분도	1980
	아기 곰의 하품	가도노 에이코/사사키 요코	지경사	1991
	누가 내 머리에 똥 쌌어?	배르너홀츠바르트/울프에를브루흐	사계절	1993
	크릭터	토미 웅거러	시공주니어	1996
	사냥꾼 하나	팻 허친즈	시공주니어	1996
	백만 마리 고양이	완다 가그	시공주니어	1996
	장바구니	존 버닝햄	보림출판사	1996
	앵무새 열 마리	퀀틴 블레이크	시공주니어	1997
	반쪽이	이준연/이규경	한도문화사	1998
	일곱 마리 눈먼 생쥐	에드 영	시공사	1999
	아기 양 울리의 저녁산책	기타무라 사토시	베틀북	2000
	알록달록 물고기	로이스 엘러트	시공주니어	2000
	밤 한 톨, 두 톨	채인선/이웅기	시공주니어	2000
	즐거운 이사 놀이	안노 미쯔마사	비룡소	2001
	씨앗은 어디로 갔을까?	루스 브라운	어린이중앙	2001
	쾨테의 숫자가 마법에 걸렸어요	요한 볼프강 폰 괴테/볼프 에를부르흐	산하	2002
	꼬마 자동차 붕붕이	천경원	비룡소	2003
	부자가 되고 싶은 알렉산더	주디스 바이오스트/레이 크루즈	지양어린이	2004
	자꾸자꾸 초인종이 울리네	팻 허친즈	보물창고	2006
	아기오리 열두 마리는 너무 많아!	채인선/유승하	길벗어린이	2007
	함께 세어 보아요	안노 미쯔마사	마루벌	2008
공간과 도형	내 친구 비비파파	안네트티손, 탈리스 테일러	선화교육사	1992
	노랑이 빨강이 파랑이	조문현/문조현	동아출판사	1994
	안거스와 오리	마저리 플랙	한림출판사	1994

	화물열차	도널드 크루즈	시공주니어	1998
	아기세모의 세 번째 생일	필립 세들레츠스키	파랑새	1999
	엄마, 어디 계세요?	채인선/신가영	시공주니어	2000
	나무 그늘을 산 총각	창비편집부/김환영	창작과비평사	2001
	아래로 아래로	에른스트 얀들/노르만 융에	비룡소	2001
	알록달록 동물원	로이스 엘러트	시공주니어	2001
	모양나라에 온 도깨비	채인선/이웅기	시공주니어	2002
	얘들아 이게 무슨 모양이지?	하타 코시로	태동출판사	2002
	모양나라로 여행가요	이은경/양혜원	(주)효리원	2004
	세모, 네모 모양	로버트 크라우서	시공주니어	2005
측정	시간이 빨리 갔어요	남미영/오명훈	웅진출판사	1990
	아기 코끼리 똥	가도노 에이코/사사키 요코	지경사	1991
	코보가 구덩이에 빠졌어요	데라무라 데루오/무라카미 쓰토무	웅진출판사	1992
	장화가 줄었어요	차정인	웅진출판사	1993
	작은 집 이야기	버지니아 리 버튼	시공주니어	1993
	이슬이의 첫 심부름	쓰쓰이 요리코/하야시 아키코	한림출판사	1994
	한 걸음 한 걸음	레오 리오니	보림출판사	1996
	이상한 매통	창비편집부/김환영	창작과비평사	2001
	아빠의 선물	딘 스테르크만스/안느 베스테르다인	아이에듀테인먼트	2001
	고슴도치의 열두 달 이야기	세르게이 코즐로프/콜레트카밀	어린이중앙	2001
	투덜 할멈 생글 할멈	이지현/이영경	아이세움	2002
	선물을 샀어요	엄혜숙/조은수	아이세움	2002
	꼬마기차와 커다란 동물들	크리스토퍼 워멀	행복한 아이들	2003
	넉 점 반	윤석중/이영경	(주)창비	2004
	똑딱-똑딱	제임스 덴버	그린북	2005
	손 큰 할머니의 만두 만들기	채인선/이억배	재미마주	2007

규칙성	우락부락 염소 세 형제 이야기	페터 아스뷔욘선, 요엔 무/마샤 브라운	시공주니어	1995
	브레멘 음악대	그림형제/한스피셔	시공주니어	1996
	커다란 순무	알렉셰이 톨스토이/헬렌 옥슨버리	시공주니어	1996
자료 수집과 정리	먹보 도둑을 잡아라	우에노 요시/나카무라 게이지	국민서관	1993
	한이야 시장 갈래?	신혜경	성바오로출판사	1993
	똥 밟을 확률	안느 장부아/장 마르크 마티스	됨됨	2006

3) 유아문학과 과학교육

현대 사회는 과학기술이 나날이 발전하고 있고, 그에 따라 우리 사회도 급변하고 있다. 다변화될 미래 사회의 주역이 될 영유아가 과학적 소양을 갖추어 일상생활 안에서 과학적으로 사고하고 문제를 해결하는 능력을 갖추도록 하는 일이 필요하다. 영유아기는 과학적 소양을 키워 줄 수 있는 적기인데, 영유아는 타고난 호기심과 흥미로 자기 자신을 둘러싼 주변 세계에 대해 의문을 갖고 끊임없이 탐구해 나가는 존재이기 때문이다. 과학교육은 영유아가 세상에 대해 호기심을 갖고, 관찰하고, 기록하며, 토론하는 과학적 태도와 소양을 길러 주기 위해서 반드시 필요하다. 즉, 영유아의 과학교육은 영유아가 직접 관찰, 분류, 측정 및 의사소통의 과정을 통해 능동적이고 탐구적으로 문제를 해결해 나갈 수 있는 과정을 길러 준다.

과학적 지식에 해당하는 교육 내용은 영유아가 이해하기에는 아직 어려운 부분들이 많으므로 영유아가 좋아하고 즐기는 다른 활동과 연결하여 통합적으로 소개해 줄 필요가 있는데, 유아문학은 어려운 과학적 지식을 진한 감동이나 흥미로운 이야기를 통해 자연스럽게 이해되도록 돕는다. 문학은 호기심을 탐구심으로 전환하며, 과학을 통해 답을 얻고자 하는 과학적인 태도를 형성한다. 문학작품을 통해 유아는 정확한 개념과 사고력, 판단력 및 통찰력을 형성하게 되어 흥미진진한 가운데 과학적 소양을 키울 수 있다.

문학작품을 통해 영유아를 위한 과학교육에 접근하는 방법의 장점은 다음과 같다(이경우, 장혜순, 조부경, 김정준, 1998).

- 그림책은 영유아에게 풍부한 과학적 경험과 조사하고 탐구하는 기회를 제공하여 영유아가 과학적인 개념을 배우고 경험하도록 돕는다.
- 문학이라는 매개를 통해 영유아는 과학과 문학을 관련 있게 느끼고 친숙한 환경 속에서 과학에 대해 흥미롭게 학습할 수 있는 의미 있는 맥락을 제공받는다.
- 이야기 속의 과학적인 어휘와 의사소통 내용은 영유아가 그와 같은 언어를 사용하고 과학적 의미를 구성하며 일반적인 과학 개념을 발달시키도록 촉진한다.
- 과학과 문학의 결합은 영유아가 과학적 문제해결방법이나 추론과 사고를 학습하도록 돕는다.
- 유아문학은 과학이 인간의 경험에서 발전되어 온 것임을 보여 주며, 과학적인 학습을 미적인 차원으로 확장시키고, 책 속의 상상적인 개념과 과학을 연관 지을 수 있는 사실적이고 풍부한 시각을 갖게 한다.
- 영유아가 이야기의 맥락 속에서 과학에 접하게 되면 과학을 즐거운 것으로 느끼게 되고, 그와 관련된 과학적인 경험으로 확장되면 과학적인 능력도 기르게 된다.

과학활동을 전개하기 위한 문학작품의 선정 기준은 다음과 같다(Barrow & Salesi, 1982; 김덕희, 류진순, 이상은, 2010, p. 95에서 재인용).

- 과학의 과정과 내용이 포함되어야 한다.
- 이야기의 전개가 유아가 기억할 수 있는 것이어야 한다.
- 등장인물에 대한 분석보다는 행위에 초점을 둔 생생한 이야기이어야 한다.
- 유아의 흥미와 경험에 초점을 두어야 한다.
- 이야기의 문체가 진부하거나 과장되지 않고 풍부한 대화가 있으며 논리적이어야 한다.
- 책의 길이가 적절해야 한다.
- 이야기와 그림이 일치해야 한다.

2019년에 개정된 누리과정의 자연탐구영역에서는 영유아가 생활 속의 문제를 과학적으로 탐구하도록 하는 목표를 제시하면서 다양한 과학적 내용을 포함하고 있다. 누리과정의 자연탐구영역에 제시된 내용 범주 '탐구 과정 즐기기' '생활 속에서 탐구하기' '자연과 더불어 살기'와 관련하여 영유아가 습득할 수 있는 과학적 개념을 담고 있는 유아문학작품을 소개하면 〈표 8-3〉과 같다.

〈표 8-3〉 과학적 개념을 포함한 유아문학작품

내용	도서명	글/그림	출판사	출판연도
물체의 특성과 변화	꼬마 빗방울	이반 간 체프	한국안데르센	1993
	깊은 밤 부엌에서	모리스 샌닥	시공주니어	1994
	마녀 위니	벨러리 토머스/코키 폴	비룡소	1996
	침대 밑에는 뭐가 있을까?	믹 매닝 · 브리타/그란스트룀	그린북	2000
	퐁당퐁당 물감놀이	엘렌 스톨 월시	(주)아가월드	2000
	소금이 온다	도토리 기획/백남호	보리	2003
	눈사람	안데르센 원작, 함영연/오현아	종이나라	2003
	파랑이와 노랑이	레오 리오니	파랑새	2003
	색깔을 훔치는 마녀	이문영/이현정	비룡소	2004
	숨 쉬는 항아리	정병락	보리	2005
생명과 자연환경/주변의 동식물	야, 우리 기차에서 내려!	존 버닝햄	비룡소	1989
	쇠똥 구리 구리	유애로	보림출판사	1994
	사과와 나비	이엘라 마리, 엔조 마리	보림출판사	1996
	크릭터	토미 웅거러	시공주니어	1996
	작은집 이야기	버지니아 리튼	시공주니어	1996
	뱃속 마을 꼭꼭이	안나 러셀만	현암사	1996
	살아 있는 모든 것은	브라이언 멜로니/로버트 잉펜	마루벌	1999
	우리 몸의 구멍	허은미	천둥거인	2000
	네가 달팽이니?	주디 앨런/튜더 험프리스	다섯수레	2000
	뼈	호리 우치 세이치	한림출판사	2001
	이상한 자연사 박물관	에릭 로만	미래아이	2001
	개구리가 알을 낳았어	이성실/이태수	다섯수레	2001
	씨앗은 무엇이 되고 싶을까?	김순한/김인경	돌베개어린이	2001
	날개를 기다리며	루이스 엘럿	베틀북	2001
	상상해 봐	앨러슨 레스터	중앙출판사	2001
	너랑 나랑 뭐가 다르지?	빅토리아 파시니	비룡소	2002

콧구멍 이야기	야규 겐이치로	한림출판사	2002
손가락 토끼	뤼시 알봉	솔	2002
흰기러기의 여행	데보라 킹	어린이중앙	2002
제비와 제트기	안도현/조민경	태동어린이	2003
갯벌이 좋아요	유애로	보림출판사	2004
동물들은 언제나 행복할까요?	앙드레 엘레	산하	2004
갈치 사이소	도토리/이영숙	보리	2005
딸기 한 포기	정유정	길벗어린이	2005
정글파티	브라이언 와일드스미스	시공주니어	2006
꼼작 마 호진아, 나 애벌레야!	안은영	웅진주니어	2011
아기 곰의 가을 나들이	데지마 게이자브로	보림	1971
눈 오는 밤	닉 버터워스	사계절	1993
봄이다 어서 나와라	어순영	보림출판사	1994
부엉이와 보름달	제인 욜런/존 쇤헤르	시공주니어	1996
사계절	존 버닝햄	시공주니어	1996
심심해서 그랬어	윤구병/이태수	보리	1997
눈사람 아저씨	레이먼드 브릭스	마루벌	1997
우리 순이 어디 가니?	윤구병/이태수	보리	1999
까치와 소담이의 수수께끼 놀이	김성은/김종도	사계절	2000
달님은 밤에 무얼 할까요?	안 에르보	베틀북	2000
천둥 케이크	패트리샤 폴라코	시공주니어	2000
비 오는 날 또 만나자	사토우치 아이/히로노 다카코	한림출판사	2001
바람이 멈출 때	샬로트 졸로토/스테파노비탈레	풀빛	2001
엄마 난 이 옷이 좋아요	권윤덕	재미마주	2003
난 달이 뭔지 알아	스티븐 액셀앤더슨/그렉코치	문학사상사	2003
무지개를 잡았어요	돈 프리먼	마루벌	2003
갯벌이 좋아요	유애로	보림출판사	2004
누가 해를 먹고 있어요	루스 선본/에릭 거니	미래아이	2004
흰 눈	공광규/주리	바우솔	2016

날씨와 계절의 변화

	달님은 밤에 무얼 할까요?	안 에르보	베틀북	2000
	비가 오는 날에…	이혜리/정병규	보림출판사	2001
	달 샤베트	백희나	책읽는곰	2014
도구와 기계	장갑	에우게니 M. 라쵸프	한림출판사	1994
	크리스마스 선물	존 버닝햄	시공주니어	1997
	용감한 소방차 삐뽀	니콜라레만	한국프뢰벨 주식회사	1998
	아씨방 일곱 동무	이영경	비룡소	1998
	도로 공사를 마치자! 뚝딱뚝딱	디안 레드먼드	베틀북	2000
	녹슨 못이 된 솔로몬	윌리엄 스타이그	시공주니어	2000
	아빠의 선물	단 스테르크만스/안느 베스테르다인	아이에듀테인먼트	2001
	우산	야시마 타로	미래아이	2001
	빨간 단추	박은영	비룡소	2001
	신기한 텔레비전	고미 타로	베틀북	2003
	파란 의자	클로드 부종	비룡소	2004
	마법에 걸린 병	고경숙	재미마주	2005

4) 유아문학과 사회교육

현대 사회에서는 여성의 사회진출과 가족관계의 변화로 영유아가 과거에 비해 매우 이른 시기에 부모와 헤어져 오랜 시간을 가정이 아닌 기관에서 보내며 성장하는 일이 자연스레 여겨지게 되었다. 더욱이 어린 시절부터 다양한 학습이 강요되면서 사회생활에 필요한 예절이나 바람직한 가치관 형성, 신념, 태도, 인성 등에 대한 교육이 충분히 이루어지지 못하고 있는 실정이다. 영유아교육기관에서는 자신의 감정조절을 잘하지 못해서 문제를 일으키거나, 타인에 대한 배려나 존중이 이루어지지 않아 어려움을 겪는 영유아가 날로 증가하고 있는 실정이다.

영유아를 위한 사회교육은 민주시민의 자질 함양에 필요한 사회성 발달 및 사회과학의 기본 개념을 다루는 유아교육과정의 한 영역이다. 즉, 영유아가 자신에 대해 알고 소중하게 생각하며, 가족 및 또래와 함께 지내는 방법뿐 아니라 공동체에서 함께 살아가는 방법을 익히고 주변 세계에 관심을 가지고 적응해 나갈 수 있는 기초 능력과 인성을 기르기 위한 영역이다(교육과학기술부, 보건복지부, 2012). 영유아는 사회교육을 통해서 자기중심적인 세계가 확대되고 자신이 속한 사회 및 다른 사람이 속한 사회에 대한 이해를 얻게 된다.

이와 같은 영유아의 사회성 발달 및 사회적 지식의 습득을 위하여 그림책과 같은 문학작품이 적절히 활용될 수 있다. 유아는 문학작품을 통해 인간관계, 세상을 살아가는 태도, 선과 악에 대한 보편적 윤리의식, 정서적 안정감, 사회적 관계, 다른 사람의 생활과 경험, 느낌을 공감한다. 유아는 문학작품 속의 주인공에 동화되고 공감하면서 여러 가지 인간문제를 간접적으로 경험하고 그것을 자신의 감정이나 삶에 연관시켜 현실 생활에 대한 새로운 태도와 정신을 기른다(정남미, 2006).

그림책은 영유아에게 사회의 가치관을 제시해 주는 매개물로서 영유아를 위한 사회교육에서 그림책의 가치를 요약하면 다음과 같다(Weitzman et al., 1972; 이영자, 유효순, 이정욱, 2001, p. 168에서 재인용).

- 영유아에게 주위 환경에서 벗어나 더 넓은 바깥 세상에 대하여 알게 해 준다.
- 다른 유아가 말하고 행동하고 느끼는 것을 알게 해 준다.
- 옳고 그른 것이 무엇인지를 학습하게 한다.
- 자기 또래의 유아에게 기대되는 것이 무엇인지를 알게 해 준다.
- 유아에게 역할모델, 즉 유아가 어른이 되었을 때 할 수 있는 것과 어떤 인물이 되어야 하는지에 대한 이미지를 제시한다.

2019년에 개정된 누리과정의 사회관계영역에서는 영유아가 자신을 존중하고 더불어 생활하는 태도를 가진다는 목표를 제시하고 있다. 누리과정의 사회관계 영역에 제시된 내용과 관련이 있는 영유아 사회교육 관련 문학작품을 소개하면 〈표 8-4〉와 같다.

〈표 8-4〉 사회교육 내용을 포함한 유아문학작품

내용	도서명	글/그림	출판사	출판 연도
나를 알고 존중하기/자아존중/정서인식 및 조절	강아지 똥	권정생/정승각	길벗어린이	1996
	반쪽이	이미애/이억배	보림출판사	1998
	휘파람을 불어요	에즈라 잭 키츠	시공주니어	1999
	세상에서 가장 소중한 보물은 나	니나 쉰들러/앙엘라 켈렌베크	JDM(주) 중앙출판사	2001
	나 약 안 먹을래	톰 맥그래스/R. W. 앨리	비룡소	2002
	틀려도 괜찮아	마키타 신지/하세가와 토모코	토토북	2006
	부루퉁한 스핑키	윌리엄 스타이그	비룡소	1995
	쏘피가 화나면—정말, 정말 화나면…	몰리 뱅	케이유니버스	2000
	굿바이 마우지	로비 H. 해리스/잔 오머로드	언어세상	2002
	화가 나는 건 당연해!	미셸린느 먼디/R. W. 앨리	비룡소	2003
	괜찮아 넌 할 수 있어!	클레르 프리드먼/가비 한센	세상모든책	2004
	내가 가장 슬플 때	마이클 로젠/틴 블레이크	비룡소	2004
	부끄럼 타는 아이 핼리벗 잭슨	데이비드 루카스	아이즐	2005
	겁쟁이 빌리	앤서니 브라운	비룡소	2006
	토끼 인형의 눈물	마저리 윌리엄즈/사카이 고마코	웅진주니어	2008
	형보다 커지고 싶어	스티븐 켈로그	비룡소	2008
	삐딱이를 찾아라	김태호/정현진	비룡소	2011
	이슬이의 첫 심부름	쓰쓰이 요리코/하야시 아키코	한림출판사	1991
	피터의 의자	애즈러 잭 키즈	시공주니어	1996
	해와 달이 된 오누이	이규희/심미아	보림출판사	1997

따로따로 행복하게	베빗 콜	보림출판사	1999
언제까지나 너를 사랑해	로버트 먼치/안토니 루이스	도서출판 북뱅크	2000
엄마, 나 사랑해?	바버라 주세/바버라 바발리	JDM(주) 중앙출판사	2000
내가 만일 아빠라면	마거릿 파크 브릿지/케이디 맥도널드 덴튼	베틀북	2000
돼지책	앤서니 브라운	웅진닷컴	2001
아빠를 위한 최고의 선물	다이애나 핸드리/제인 채프먼	JDM(주) 중앙출판사	2001
엄마는 언제나 너를 사랑한단다	에이미 헤스트/아니타 제람	베틀북	2001
그래도 엄마는 너를 사랑한단다	이언 포크너	JDM(주) 중앙출판사	2001
내가 아빠를 얼마나 사랑하는지 아세요?	샘 맥브래트니/아니타 제람	한국프뢰벨 주식회사	2001
이 다음에 커서 나는…	레니 구딩스/제니 존스	베틀북	2002
아빠, 사랑해요	스트로베리 도넬리	영교	2002
할머니, 선물 고마워요!	메러더스 후퍼/엠마 키	JDM(주) 중앙출판사	2002
나도 아빠를 사랑해요	수 케시러/제리 스마스	도서출판거인	2003
달라질 거야	앤서니 브라운	아이세움	2003
우리 할아버지	존 버닝햄	비룡소	2004
가족 123	정상경	초방책방	2004
못 말리는 우리 엄마	티에리 르냉/줄리엥 로사	크레용하우스	2005
나는 아빠를 사랑해요	세바스티앙 브라운	교학사	2005
우리 엄마	앤서니 브라운	웅진주니어	2005
아빠, 나 사랑해?	바버라 주세/바버라 바발리	JDM(주) 중앙출판사	2006
형보다 커지고 싶어	스티븐 켈로그	비룡소	2008
토끼 아저씨와 멋진 선물	모리스 샌닥/샬롯 졸로토	시공주니어	2015
오른발, 왼발	토미 드 파올라	비룡소	1999
효성스러운 호랑이	우현옥/윤덕진	동아출판	2015

더불어 생활하기/배려·존중·협동·나눔·질서	누가 내 머리에 똥 쌌어?	베르너홀츠바르트/울프 에를 브르흐	사계절	1993
	꼬마 비버와 메아리	에이미 맥도날드/사라 폭스 데이비스	마루벌	1996
	꿀꿀돼지	김중철/최민오	웅진출판 주식회사	1998
	고릴라	앤서니 브라운	비룡소	1998
	커다란 것을 좋아하는 임금님	안노 미쓰마사	시공주니어	1999
	도대체 그 동안 무슨 일이 일어났을까?	이호백	재미마주	2001
	악어도 깜짝 치과의사도 깜짝	고미타로	비룡소	2003
	둘이서 둘이서	김복태	보림출판사	2003
	세친구	헬메 하이네	시공주니어	1998
	친구를 위해서라면 괜찮아	허은실/박윤희	마루벌	2009
	유치원에 간 데이빗	데이빗 섀논	지경사	1999
	외톨이 사자는 친구가 없대요	나카노 히로카주	한림출판사	2001
	재주 많은 다섯 친구	양재홍/이춘길	보림출판사	1996
	이웃사촌	클로드 부종	물구나무	2002
	으뜸 헤엄이	레오 리오니	마루벌	2000
	손 큰 할머니의 만두 만들기	채인선/이억배	재미마주	2001
	난 토마토 절대 안 먹어	로렌 차일드	국민서관	2001
	검피 아저씨의 뱃놀이	존 버닝햄	시공주니어	1996
	선인장 호텔	브렌다 기버슨/메건 로이드	마루벌	1995
	야, 우리 기차에서 내려!	존 버닝햄	비룡소	2000
	꿈에서 맛본 똥파리	백희나	책읽는곰	2014
	약속은 즐거워	박윤경/정현지	웅진주니어	2010
	곤충들의 운동회	도쿠다 유키히사/구스미 다쿠야	북뱅크	2003
	입이 똥꼬에게	박경효	비룡소	2008
	아씨방 일곱 동무	이영경	비룡소	1998
	어처구니 이야기	박연철	비룡소	2006
	깊은 밤 부엌에서	모리스 샌닥	시공주니어	2001

사회에 관심 가지기

백두산 이야기	류재수	통나무	1988
솔이의 추석 이야기	이억배	길벗어린이	1995
서울	정지용	비룡소	1997
사물놀이	조혜란 구음 · 감수/김동원	길벗어린이	1998
아씨방 일곱 동무	이영경	비룡소	1998
얼마예요?-어린이를 위한 작은 경제 이야기	노영주	언어세상	2000
오늘은 우리 집 김장하는 날	채인선/방정화	보림출판사	2001
심청가	이현순/최은미	초방책방	2003
고무신 기차	이춘희/박지훈	언어세상	2003
한이네 동네 이야기	강전희	진선출판사	2004
세상을 담은 그림 지도	김향금/김숙희	보림출판사	2004
푸메 꾸메와 함께 마트에 가요	서보현/안아영	상상스쿨	2010
대포알 심프	존 버닝햄	비룡소	2001
경복궁	이승원	초방책방	2004
도깨비와 범벅 장수	이상교/한병호	국민서관	2005
너도 나도 숟갈 들고 어서 오너라	양재홍/노을진	대교출판	2006
설빔	배현주	사계절	2006
크리스마스 선물	존 버닝햄	시공주니어	1997
이모의 결혼식	선현경	비룡소	2004
선인장 호텔	브렌다 가머슨/메건 로이드	마루벌	1995

5) 유아문학과 미술교육

문학이 자신의 생각이나 감정을 글로 표현하는 예술이라면, 그림은 시각적 표현을 통해 조형으로 표현하는 예술이다. 이 두 가지가 그림동화책으로 만나 영유아의 상상력을 자극한다. 그림은 영유아를 위한 문학작품에 있어서 중요한 요소로 인정받고 있는데, 이는 영유아의 언어적 한계를 그림을 통해서 극복하는 것이라고 할 수 있다(임희옥, 김언아, 이경선, 2002).

그림동화책은 유아가 가장 쉽게 접할 수 있는 미술작품으로서 여러 가지 소재와 기법을 활용한 삽화로 구성되어 있다. 유아는 이러한 삽화를 직접 경험하면서 미술작품을 표현하는 재료와 방법에 대해 학습할 수 있고, 스스로 그러한 재료와 기법을 활용해서 표현해 볼 수 있다(정남미, 2006). 그림책 속의 그림은 다양한 기법과 소재로 제작되어 있어서 유아에게 자연스럽게 다양한 미술작품에 접할 수 있는 기회를 제공해 주며, 아름다움에 대한 시각적 인식능력을 길러 줄 수 있다. 서양의 유화, 수채화, 동양의 수묵화, 판화, 사진, 콜라주 등 다양한 기법의 그림책을 감상하면서 유아는 자신도 그림책의 삽화가처럼 표현해 보고자 하는 욕구가 자연스럽게 생겨나기도 한다.

2019년 새 누리과정의 예술경험영역에 제시된 영유아 미술교육 내용과 관련이 있는 유아문학작품을 소개하면 〈표 8-5〉와 같다.

〈표 8-5〉 미술교육 내용을 포함한 유아문학작품

내용	도서명	글/그림	출판사	출판 연도
창의적으로 표현하기	쥐돌이는 화가	이호백	비룡소	1996
	색깔 나라 여행	제홈 뤼이이에	크레용하우스	1999
	퐁당퐁당 물감놀이	엘렌 스톨 월시	(주)아가월드	2000
	재미난 그림책	주경호	보림출판사	2000
	물총새의 색깔 나들이	미셸 피크말/에릭 바뚜	(주)여명미디어	2000
	얘들아 이게 무슨 모양이지?	하타 코시로	태동어린이	2002
	손바닥 동물원	한태희	예림당	2002
	책이 지은 집에서 도대체 무슨 일이 일어났을까?	심스 태백	베틀북	2004
	색깔의 여왕	유타 바우어	문학동네어린이	2004
	마술연필	돈 피고트	언어세상	2004
	손바닥 물고기	한태희	예림당	2004
	빨간 여우야, 안녕	에릭 칼	몬테소리 CM	2005
	손가락 아저씨	조은수/김선배	한솔교육	2005
	알록달록 손도장으로 상상력 키우기	에드 엠벌리	고슴도치	2005
예술 감상하기	미술관에 간 윌리	앤서니 브라운	웅진닷컴	2002
	꼬마 미술관	그레구와르 솔로타레프/알랭 르쏘	물구나무	2002
	파울의 미술시간	엘리자베트 보르헤르스/빌헬름 슐로테	풀빛	2004
	앤서니 브라운의 행복한 미술관	앤서니 브라운	웅진닷컴	2004
	프랑스 루브르미술관	지엔씨미디어 · 프랑스국립미술관 연합	지엔씨 미디어	2004
	미술관 ABC	미국메트로폴리탄 미술관	베틀북	2004
	미술관 123	미국메트로폴리탄 미술관	베틀북	2005
	박물관 비밀 여행	앙투완 드 쉬테르/미리앙 데루	미세기	2005

자장자장 엄마 품에	임동권/류재수	한림출판사	1993
바빠요 바빠	윤구병/이태수	보리	2000
훨훨 간다	권정생/김용철	국민서관	2003
까막나라에서 온 삽사리	정승각	초방책방	2004
넉 점 반	윤석중/이영경	(주)창비	2004
쪽빛을 찾아서	유애로	보림출판사	2005
숨 쉬는 항아리	정병락/박완숙	보림출판사	2005
솔이의 추석 이야기	이억배	길벗어린이	2006
열두 띠 이야기	정하섭/이춘길	보림출판사	2006
하얀 눈썹 호랑이	이진숙/백대승	한솔수북	2006
사시사철 우리놀이 우리문화	이선영/최지경 · 백희나	한솔수북	2006
엄마 마중	이태준/김동성	소년한길	2007

2. 유아문학과 통합적 영유아교육과정

우리나라의 국가수준 '누리과정'은 교육과정의 다섯 개 영역을 하나의 활동을 중심으로 통합하거나 활동을 하나의 주제를 중심으로 통합적으로 운영하도록 하고 있다(교육과학기술부, 보건복지부, 2012). 여기서 다섯 개 영역의 내용을 하나의 활동 중심으로 통합한다는 것은 신체운동 · 건강, 의사소통, 사회관계, 예술경험, 그리고 자연탐구의 다섯 개 영역이 서로 분리되지 않고 활동을 중심으로 상호 유기적인 관련성을 맺도록 하는 것이다. 또한 활동을 하나의 주제를 중심으로 통합한다는 것은 여러 활동을 서로 관련지어 경험함으로써 유아가 주제를 효과적이고 깊이 있게 이해할 수 있도록 하는 것이다. 그러므로 대부분의 유아교육기관에서는 유아가 관심과 흥미를 가질 수 있는 주제를 선정하여 주제를 중심으로 여러 가지 활동을 관련지어 경험하도록 하면서 국가수준 교육과정 다섯 개 영역의 발달을 고르게 도모하고자 한다. 유아교육에서는 전통적으로 통합적인 접근법이 자연스러운 것으로 받아들여져 왔다. 그것은 유아의 학문적인 성취를 저해하지 않으면서도 유아의 여러 영역의 발달을 강화하는 데 적절하였기 때문이다. 유아의 연령이 어리면 어릴수록 더욱더 비형식적이고 통합된 교육과정이 되어야 하는데, 이는 유아가 분리된 내용영역보다는 통합된 전체 경험으로 더 쉽고 즐겁게 배운다는 연구 결과들에 의해 지지되고 있다(Williams & Fromberg, 1992).

유아교육기관에서 주제를 중심으로 통합된 교육과정을 운영하고자 할 때, 영유아를 위한 문학활동은 주제와 관련된 풍부한 정보와 아이디어, 각종 경험의 자원을 제공해 통합된 하루 일과에서 중요한 역할을 차지한다(Pappas, Kiefer, & Levstik, 1995). 또한 문학작품을 통한 통합적 접근은 유아에게 필요한 개념들을 보다 명료하게 이해시킬 수 있다는 장점이 있다. 문학은 흥미롭고 다양한 주제와 정보를 포함하고 있고(Collins & Cooper, 1997), 매력적이며 아름답게 삽화가 그려진 이야기의 전개로 학습을 더욱 흥미롭고 이해하기 쉬우며 기억하기 쉽게 만든다(김정규, 정남미, 임미숙, 한애향, 2000, p. 27에서 재인용). 그러므로 영유아교육기관의 기본적인 일과활동 중에는 문학활동이 반드시 포함되어야 하는데, 문학활동은 영유아의 흥미를 유발하기 위한 촉진제가 될 수 있다(Morrow, Freitag, & Gambrell, 2009).

〈표 8-6〉은 유아교육기관의 일일·주간·월간 교육활동에 반드시 포함되어야 할 유아문학활동의 예다.

〈표 8-6〉 유아교육기관에서의 유아문학활동

기간	활동
일일 교육활동	1. 이야기나 설명식의 이야기를 유아에게 들려주거나 읽어 주기 2. 영유아가 이야기책 읽기에 참여하도록 격려하기 3. 책에 관해 토론하기: 토론의 주제는 반드시 이야기의 순서나 세부적인 내용과 같은 줄거리의 이해, 견해나 주관, 느낌 등의 해석적 측면을 둘 다 포함해야만 한다. 4. 영유아의 생활 경험과 관련하여 토론하기 5. 영유아에게 학급의 도서를 대출해 주기 6. 책 속에서 가장 흥미로운 낱말 찾기 7. 영유아가 도서영역을 정리 정돈하도록 하기
주간 교육활동	1. 영유아와 관련이 있는 여러 성인(원장, 관리인, 양호교사, 서무, 부모와 조부모)이 교실에서 책을 읽어 주기 2. 작가와 삽화가에 대해 토론하기 3. 작가에게 편지 쓰기 4. 나이 든 유아가 더 어린 유아에게 책 읽어 주기 5. 둘씩 짝을 지어 책 읽기 6. 이야기를 개작한 비디오나 오디오 듣기 7. 주제와 관련된 교육과정 활동 전체에 문학을 활용하기 8. 책에 대한 반응활동으로 미술활동하기(예: 이야기에 관해 벽화 그리기, 특정 삽화가의 테크닉을 모델로 하여 그리기 등) 9. 창의적으로 이야기하기 기술을 이용하여 이야기하기 10. 소품을 활용하거나 소품 없이 이야기하기 11. 이야기로 극화활동하기 12. 이야기와 관련이 있는 요리법 만들기(예: 『손 큰 할머니의 만두 만들기』를 읽고 만두 만들기) 13. 텔레비전에서 본 이야기 읽기 14. 도서영역의 책을 모으거나 묶어서 나의 책이나 학급의 책 만들기 15. 이야기책과 관련이 있는 노래 부르기 16. 책과 관련이 있는 게시판 만들기 17. 책을 보호하거나 주의해서 다루는 방법에 대해 토론하기 18. 시를 읽고, 암송하고, 쓰기 19. 일주일에 몇 번 정도는 영유아가 개인적으로 자신의 책을 선택하고 읽을 수 있는 시간을 제공하기 20. 좋아하는 책을 반복해서 읽기
월간 교육활동	1. 매달 도서영역에 새로운 책을 20권씩 교환해 주기 2. 도서영역에 새로 추가된 책들을 소개하기 3. 새로운 책들은 책의 전면이 보이도록 게시하기

간헐적 교육활동	1. 영유아에게 책갈피(bookmarks) 선물해 주기 2. 개별 영유아에게 책을 선물로 주기 3. 책의 날과 관련된 행사하기(예: 책 속의 주인공처럼 옷 입기, 서로에게 줄거리 이야기하기, 비디오 상영하기 등)

출처: Morrow, Freitag, & Gambrell (2009). pp. 70－71.

영유아가 다양한 방법으로 문학작품을 즐기도록 하기 위해서는 유아문학을 매일의 교육과정 속에 통합적으로 소개해야 한다. 유아교육기관의 교사는 주제와 관련된 활동을 계획하고 전개하면서 영유아의 주제에 관한 학습을 심화시켜 줄 수 있는 문학작품을 선정하는 데 어려움을 겪기도 한다. 또는 주제와는 관련이 없지만 문학성이 뛰어난 좋은 책을 찾았으나 기관에서 진행하는 주제와 관련이 없어서 영유아에게 들려주는 일을 망설이기도 한다. 대부분의 유아문학은 이야기를 즐기기 위한 목적으로 쓰인 경우가 많으므로 유아교육기관의 교사는 주제에 알맞은 책을 선정할 수 있어야 하지만 더불어 훌륭한 문학작품을 소개할 수도 있어야 한다(김현희, 박상희 2008).

그러나 문학을 교육적으로 활용하는 것에 대해 비판하는 소리가 있다. 문학을 경험하고 난 후 개인이 갖게 되는 감동과 즐거움, 느낌 등은 고려하지 않고 미리 짜인 계획에 따라 일방적으로 혹은 의무적으로 교사 주도적인 활동을 진행한다는 것은 문학이 갖는 본래의 고유성에 위배된다는 것이다. 따라서 문학을 통합적 접근 방식으로 계획할 때에도 문학에 대한 유아의 자유로운 반응을 중심으로 활동이 진행되어야 한다. 즉, 문학을 통하여 느낄 수 있는 유아의 경험을 존중하고 이를 통합교육으로 연결할 수 있는 적절한 방법을 신중히 고려하여 적용해야 한다는 것이다(김덕희, 류진순, 이상은, 2010).

유아문학교육을 통합적으로 접근하는 방식에는 여러 가지가 있는데, 이는 문학작품 속에 다루어진 주제 또는 내용을 중심으로 언어, 수학, 사회, 과학, 음악, 미술 등의 여러 교과영역 간, 발달영역 간, 활동영역 간에 통합적 교육 경험을 갖도록 구성하는 방법이다. 통합적 접근방법의 하나는 유아교육기관의 주제 중심 통합교육과정에 문학활동을 통합하는 것이고, 다른 하나는 문학작품을 중심으로 여러 가지 활동을 통합하여 경험하는 방식이다.

여기서는 유아교육기관의 주제와 문학활동을 통합하여 제시하는 방법으로 생활주제 '동물'과 관련된 유아문학활동을 소개하고자 한다. 생활주제 '동물'은 유아가 어릴 때부터 친숙하게 느끼고 좋아하는 대상이므로, 주제와 관련이 있는 다양한 문학작품을 통하여 동물의 이름, 생김새, 울음소리, 사는 곳 등에 대하여 탐구해 볼 수 있다.

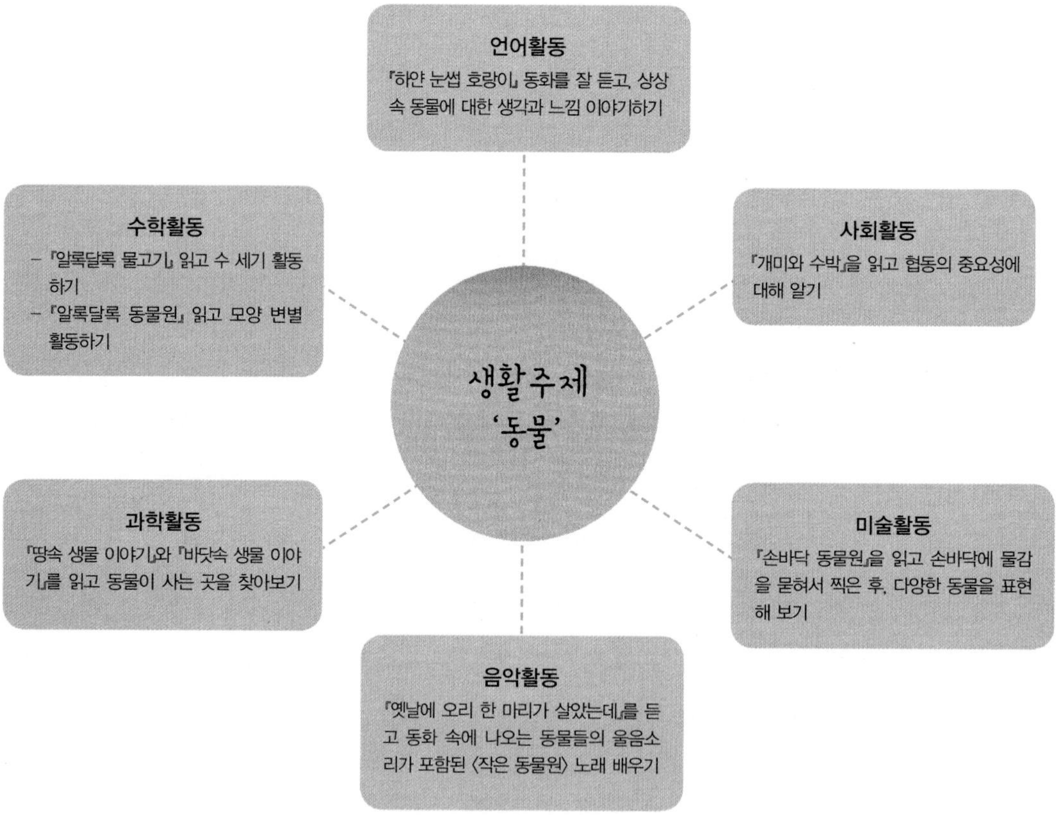

[그림 8-1] 생활주제 '동물'과 문학활동 통합의 예

• 언어활동: 이진숙 글/백대승 그림, 『하얀 눈썹 호랑이』, 한솔수북.
• 수학활동: 로이스 엘러트 글/그림, 『알록달록 물고기』, 시공주니어.
로이스 엘러트 글/그림, 『알록달록 동물원』, 시공주니어.
• 사회활동: 다무라 시게루 글/그림, 『개미와 수박』, 중앙출판사.
• 과학활동: 오오노 마사오 글/마쓰오카 다스히데 그림, 『땅속 생물 이야기』, 진선아이.
아사이 미노루 글/마쓰오카 다스히데 그림, 『바닷속 생물 이야기』, 진선아이.
• 미술활동: 한태희 글/그림, 『손바닥 동물원』, 예림당.
• 음악활동: 마틴 워델 글/헬렌 옥슨버리 그림, 『옛날에 오리 한 마리가 살았는데』, 시공주니어.

3. 그림책을 활용한 통합적 접근의 예

다음에서는 유치원과 어린이집의 만 3~5세 유아를 대상으로 실시되고 있는 누리과정에 통합적으로 적용이 가능한 그림책 활용 인성교육을 예로 제시하고자 한다. 그림책을 활용한 통합적 인성교육활동은 최근 사회적 요구가 증가하고 있는 인성교육(과학기술부, 2013)의 요소로 제시한 배려, 존중, 협력, 나눔, 질서, 효 등을 누리과정에서 효과적으로 실시할 수 있는 여러 가지 방안 중 하나라고 할 수 있다.

이 책에서는 먼저 누리과정 적용 시 활용할 수 있는 주제인 '나와 가족'을 중심으로 각 주의 주제별로 적용하기에 적합한 좋은 그림책을 선정한 후 다섯 가지 활동영역을 중심으로 실시할 수 있는 인성교육활동을 제시하였다. 그리고 그림책을 활용하여 유아를 대상으로 인성교육을 실시하는데 효과적으로 활용할 수 있는 레오 리오니의 그림책을 활용한 통합적 유아인성교육의 방안을 제시하고자 한다.

1) 누리과정 '나와 가족' 주제를 중심으로 한 인성교육

1주 '나의 몸과 마음'에서 소개된 그림책인 『내가 다섯 살 때는』을 인성교육에 통합적으로 적용한 구체적인 활동의 예를 두 가지 제시하면 다음과 같다.

아기인 나와 일곱 살인 나

활동유형 자유선택

활동영역 과학

활동목표
- 어렸을 때 내가 좋아했던 것에 대해 안다.
- 어렸을 때의 나와 지금 내가 좋아하는 것에 대해 이야기한다.
- 어렸을 때 나의 모습과 지금 나의 모습을 비교한다.

누리과정 관련 요소
- 사회관계: 나를 알고 존중하기
  - 나를 알고 소중히 여긴다.
- 의사소통: 듣기와 말하기
  - 자신의 경험, 느낌, 생각을 말한다.
- 자연탐구: 탐구 과정 즐기기
  - 궁금한 것을 탐구하는 과정에 적극적으로 참여한다.

창의 · 인성 관련
- 창의성: 인지적 요소–사고의 수렴
- 인성: 존중–자신과 전통문화에 대한 존중

활동자료

도화지(벤다이어그램이 그려진 종이), 필기구

활동방법
- 그림책의 내용을 회상한다.
  - 우리 지난 시간에 읽었던 『내가 다섯 살 때는』 그림책 내용을 기억하니? 어떤 내용이었지?

- 주인공 남자아이가 어렸을 때 좋아했던 것은 무엇이었지?
  그럼 일곱 살이 되어서 좋아하는 것은 무엇이라고 했니?
- 우리 반 친구들은 어렸을 때 무엇을 좋아했었니?
  그럼 지금은 무엇을 좋아하니?

• 활동자료를 보며 활동에 대해 이야기한다.
  - 선생님이 오늘 함께해 볼 활동 자료를 가지고 왔어. 종이에 무엇이 그려져 있니?
  - 그래. 오늘은 선생님이 준비해 온 자료를 보면서 어렸을 때와 지금의 내가 좋아하는 것에 대해 생각하고 이야기해 보려고 해.
• 활동방법을 알아본다.
  - 선생님이 가지고 온 동그라미 두 개가 그려져 있는 이 종이에 오른쪽에는 어렸을 때 내가 좋아했던 것들을 쓰고, 왼쪽에는 지금 내가 좋아하는 것들을 써 볼 거야.
  - 두 개의 동그라미 안에 글자를 채운 다음에는 우리 친구들이 어렸을 때와 지금 좋아하는 것이 어떻게 다르고 같은지 알아볼 수도 있어.
• 활동을 한다.
  - 그럼 이제부터 두 개의 동그라미 안에 내가 어렸을 때 좋아했던 것과 지금 좋아하는 것들이 무엇인지 생각해서 써 보도록 하자.
• 완성한 작품을 또래에게 소개한다.
  - 그럼 우리 친구들이 만들어 본 내가 좋아하는 것을 친구들에게 소개해 줄까?
  - ㅇㅇ친구가 어릴 때와 지금 좋아하는 것 중에 무엇이 같니? 다른 것은 무엇이니?
• 활동을 마무리한다.
  - 내가 어렸을 때와 지금 좋아하는 것들에 대해서 생각해 보았는데, 어땠니?

활동 시 유의점

• 사전에 『내가 다섯 살 때는』 그림책을 감상한다.

활동평가

• 어렸을 때 내가 좋아했던 것에 대해 알았는지 평가한다.
• 어렸을 때와 지금 내가 좋아하는 것에 대해 이야기할 수 있는지 평가한다.
• 어렸을 때 나의 모습과 지금 나의 모습을 비교할 수 있는지 평가한다.

확장활동

• 벤다이어그램에 채워 놓은 대로 어렸을 때와 지금 내가 좋아하는 것들에 대해 그림으로 표현해 보는 미술활동을 해 본다.

나의 관심 있는 직업 찾기

활동유형 대·소집단

활동영역 게임

활동목표 • 우리 주변의 여러 가지 직업에 대해 안다.
• 내가 갖고 싶은 직업에 관심을 갖는다.
• 규칙을 지키며 게임에 참여한다.

누리과정 관련 요소

- 사회관계: 나를 알고 존중하기
  - 나를 알고 소중히 여긴다.
- 사회관계: 사회에 관심 가지기
  - 내가 살고 있는 곳에 대해 궁금한 것을 알아본다.
- 신체·건강: 신체활동 즐기기
  - 실내외 신체활동에 자발적으로 참여한다.

창의·인성 관련

- 창의성: 성향적 요소–독립성
- 인성: 존중–자신과 전통문화에 대한 존중

활동자료

여러 가지 직업 사진 카드(열여덟 가지 직업 카드 각 두 장씩), 우리 팀 직업판 두 개, 장애물(유니바), 점수판

활동방법

- 두 팀으로 나눈 후 팀 이름을 정한다.
  - 지금부터 내가 관심 있는 직업 찾기 게임을 할 거야. 게임을 하기 전에 먼저 팀을 나눠 볼까?
  - 그럼 팀 이름은 무엇으로 할까?
- 활동방법을 추측하며 정해 본다.
  - 이 앞에 장애물이 있는데, 이 장애물을 가지고 어떻게 게임을 해야 할까?
  - 장애물을 어떻게 넘어야 할까?
- 게임을 하면서 지켜야 할 규칙에 대해서 이야기해 본다.

- 점수는 어떻게 해야 받을 수 있을까?
- 게임을 할 때 우리가 지켜야 할 약속에는 어떤 것들이 있을까?

• 게임을 시작하기 전에 게임방법을 시범 보인다.
- 그럼 이제부터 게임을 해 볼 건데, 게임을 시작하기 전에 어떻게 하는 게임인지 아직 잘 모르는 친구들을 위해서 게임방법을 시범 보여 줄 친구 있니?
- 그래. 그럼 ㅇㅇ가 나와서 시범을 보여 줄까?

• 게임을 진행한다.

직업 찾기 게임방법

• 유아를 두 팀으로 나눈다.
• 두 팀에서 한 명씩 앞에 나와 출발하여 장애물을 넘는다.
• 내가 관심 있는 직업 카드를 한 장 찾는다.
• 찾은 카드를 앞에 있는 판에 붙인 후 다시 출발점으로 되돌아온다.
• 게임을 한 유아가 모두 출발선 안으로 돌아오면, 앞에 있는 팀별 판에 어떤 직업 카드를 붙였는지 이야기한다.

• 게임을 마무리하며 정리하는 시간을 가진다.
- 자, 모든 친구들이 다 돌아왔네.
앞에 있는 팀별 판을 보니까 우리 친구들이 관심 있어 하는 직업이 무엇인지 알 수 있을 것 같아.
친구들이 갖고 싶은 직업이 아주 다양하지?
- 자, 그럼 이제 한번 점수를 볼까?
점수판에 그려져 있는 동그라미를 같이 세어 볼까?

활동 시 유의점

• 사전에 다양한 직업의 종류에 대해 알아보고, 유아가 갖고 싶은 직업에 대해서 이야기 나누는 시간을 갖는다.

활동평가

• 우리 주변의 여러 가지 직업에 대해 아는지 평가한다.
• 내가 갖고 싶은 직업에 관심을 가졌는지 평가한다.
• 규칙을 지키며 게임에 참여했는지 평가한다.

확장활동

• 여러 종류의 직업에 관한 그림 카드를 보고 몸으로 표현해 보는 신체표현활동을 해 본다.

2주 '소중한 나'에서 소개된 그림책인 『엄마는 내 마음도 몰라』를 인성교육에 통합적으로 적용한 구체적인 활동의 예를 두 가지 제시하면 다음과 같다.

솔방울 카네이션 만들기

활동유형 자유선택

활동영역 미술

활동목표 • 부모님에게 사랑하는 마음을 전하는 방법을 생각해 본다.
• 자연물을 이용하여 작품을 만든다.

누리과정 관련 요소

• 자연탐구: 생활 속에서 탐구하기
  – 물체의 특성과 변화를 여러 가지 방법으로 탐색한다.
• 사회관계: 더불어 생활하기
  – 가족의 의미를 알고 화목하게 지낸다.

창의 · 인성 관련

• 창의성: 동기적 요소–호기심/흥미, 몰입
• 인성: 효–부모에 대한 효

활동자료

솔방울, 물감(빨간색, 분홍색, 초록색 등), 붓, 나무젓가락, 꽂꽂이용 받침대, 빈 화분(또는 빈 우유통)

활동방법

• 그림책을 본 후, 부모님께 감사하는 마음을 표현하는 방법에 대해 이야기를 나눈다.
  – 그림책을 보고 어떤 마음이 들었니?
  – 부모님께 감사하는 마음을 어떻게 표현하면 좋을까?
• 솔방울을 이용하여 카네이션을 만들어 본다.
  – 우리가 산책할 때 주운 솔방울을 가지고 카네이션을 만들어 보자.

솔방울 카네이션 만드는 방법

1. 빨간색(분홍색) 물감으로 솔방울을 꼼꼼하게 색칠한다.
2. 색칠한 솔방울을 말린다.
3. 빈 화분(빈 우유통)에 꽂꽂이용 받침대를 크기에 맞게 잘라 넣는다.
4. 나무젓가락을 초록색 물감으로 색칠하거나 색종이로 감싼다.
5. 솔방울에 나무젓가락을 고정시킨 뒤, 화분에 꽂는다.

- 완성된 카네이션을 소개한다.
  - 어떤 말을 하면서 카네이션을 드리면 좋을까?

활동 시 유의점

- 자연물을 활용하여 작품을 창작할 수 있도록 돕는다.
- 감사를 표현하는 방법에 대해 알도록 돕는다.

활동평가

- 그림책의 내용을 이해하고 감사한 마음을 느꼈는지 평가한다.

그래도 너를 사랑해(엄마의 마음 알기)

활동유형 대·소집단

활동영역 이야기 나누기

활동목표 • 부모님의 감정과 상황 등을 이해하고 부모님의 사랑을 느껴 본다.
• 친구들에게 부모님과 관련된 자신의 경험에 대해 이야기한다.

누리과정 관련 요소

• 의사소통: 듣기와 말하기
  - 자신의 경험, 느낌, 생각을 말한다.
• 사회관계: 더불어 생활하기
  - 가족의 의미를 알고 화목하게 지낸다.

창의·인성 관련

• 창의성: 성향적 요소–독립성
  인지적 요소–사고의 수렴
• 인성: 효–부모에 대한 효
  존중–자신과 전통문화에 대한 존중

활동자료

엄마의 영상편지, 프로젝트

활동방법

• 활동 전, 두세 명의 유아의 부모와 사전 인터뷰를 하여 영상편지를 준비한다.
• 부모님께 서운했던 감정을 느낀 경험에 대해 유아들과 이야기를 나눈다.
  - 너희도 ㅇㅇ처럼 부모님께 서운한 감정을 느꼈던 적이 있었니?
  - 언제 그런 마음이 들었니?
• 부모님의 영상편지를 함께 시청한다.
  - 오늘 굉장히 소중한 분이 우리에게 아주 특별한 편지를 보내 주셨어. 다 같이 한번 보도록 할까?
• 영상편지 속에 나온 부모님을 보며 부모님의 감정과 상황을 이해할 수 있도록 돕는다.
  - ㅇㅇ이 부모님이 나오셨는데 어땠니?

- ㅇㅇ가 혹시 알지 못했던 사실을 알게 되었니?

• 부모님에게 우리 모두는 특별한 존재임을 알도록 돕는다.
  - 혹시 아직도 부모님께 서운한 마음을 가지고 있는 친구가 있니?
  - 솔직한 감정을 부모님께 전달해 보는 것은 어떨까? 어떻게 말을 하면 좋을까?
  - 부모님이 너희를 정말 많이 사랑하시는 것을 알게 되었지?

활동 시 유의점

• 부모와 유아 간의 갈등을 해결하는 방법에 대해 함께 이야기를 나눈다.

활동평가

• 사전 인터뷰와 영상편지 제작 과정이 원활하게 이루어졌는지 평가한다.
• 부모님의 편지를 통해 부모님을 이해하고 자존감을 높일 수 있었는지를 평가한다.

3주 '소중한 가족'에 소개된 그림책인 『나는 형이니까』를 인성교육에 통합적으로 적용한 구체적인 활동의 예를 두 가지 제시하면 다음과 같다.

동생에게 편지를 써요

활동유형 자유선택

활동영역 미술

활동목표 • 동생의 소중함을 느끼고 사랑하는 마음을 갖는다.
• 동생에 대한 생각과 느낌을 비밀편지에 적어 전달해 본다.

누리과정 관련 요소

• 사회관계: 더불어 생활하기
  – 가족의 의미를 알고 화목하게 지낸다.
• 의사소통: 읽기와 쓰기에 관심 가지기
  – 자신의 생각을 글자와 비슷한 형태나 글자로 표현한다.

창의 · 인성 관련

• 창의성: 동기적 요소–몰입
• 인성: 배려–가족에 대한 배려

활동자료

도화지, 흰색 크레파스, 『나는 형이니까』 그림책

활동방법

• 유아들과 모여 앉아 그림책 내용을 회상하며 이야기를 나눈다.
  – 집 앞에 혼자 앉아 눈물을 흘리는 형을 보면서 어떤 생각을 했니?
  – 형은 왜 쉬지 않고 동생과 놀이했을까?
• 유아들에게 동생에게 전달해 줄 비밀편지를 써 보도록 한다.
  – 도화지와 흰색 크레파스로 무엇을 할 수 있을까?
  – 동생에게 어떤 이야기를 해 주고 싶니?
  – 동생에 대한 마음을 비밀편지에 글이나 그림으로 적어 보면 어떨 것 같니?

• 유아들이 만든 비밀편지를 우체통에 넣고, 활동에 대한 느낌과 생각을 이야기해 본다.
  – 동생이 ○○의 편지를 받으면 어떤 기분이 들까?
  – 오늘 활동을 통해 어떤 생각을 했니?

활동 시 유의점

• 활동을 마무리한 후, 유아가 손에 묻은 크레파스를 깨끗하게 씻도록 돕는다.
• 동생에게 전달하고 싶은 유아의 생각과 느낌을 잘 전달하도록 돕는다.

활동평가

• 동생에 대한 유아의 생각과 느낌이 동생에게 잘 전달되도록 비밀편지를 썼는지 평가한다.
• 동생의 소중함을 느끼고 사랑하는 마음을 가질 수 있었는지 평가한다.

확장활동

• 가정에서 동생과 함께 비밀편지를 읽으면서, 서로 감정과 생각에 대해 이야기 나눈다.

〈내 동생〉 노래 부르기

활동유형 대·소집단

활동영역 음률

활동목표 • 동생에 대한 자신의 생각과 느낌을 이야기한다.
• 음률에 맞게 노랫말을 자유롭게 바꿔 본다.
• 박자에 맞춰 친구들과 함께 노래를 부른다.

누리과정 관련 요소

• 의사소통: 듣기와 말하기
  – 자신의 경험, 느낌, 생각을 말한다.
• 예술경험: 아름다움 찾아보기
  – 다양한 예술적 요소에 관심을 갖고 찾아본다.

창의·인성 관련

• 창의성: 인지적 요소–사고 확장
• 인성: 협력–집단 협력

활동자료

〈내 동생〉 노래 가사판, 〈내 동생〉 노래 CD

활동방법

• 유아들과 〈내 동생〉의 가사를 읽어 보고 이야기를 나눈다.
  – 아빠와 엄마는 ㅇㅇ를 부를 때 어떻게 부르시니?
  – 아빠와 엄마는 동생을 부를 때 어떻게 부르시니?
  – ㅇㅇ는 동생을 부를 때 어떻게 부르니?
  – 〈내 동생〉 가사를 읽고 어떤 생각이 들었니?
• 유아들에게 멜로디를 들려준다.
  – 노래의 멜로디가 어떤 느낌이었니?
  – 형이 되어 노래를 들으면 어떤 느낌이 드니?
• 유아들에게 교사가 먼저 노래를 불러 준다.
  – 선생님이 먼저 노래를 불러 주면 귀를 기울여서 잘 들어 보도록 하자.

- 유아들과 함께 노래를 부른다.
  - 선생님과 피아노 반주에 맞추어 함께 노래를 불러 보도록 하자.
- 유아들과 한 소절씩 나누어 노래를 부른다.
  - 한 소절은 선생님, 한 소절은 왼쪽에 있는 친구들이, 또 다른 한 소절은 오른쪽에 있는 친구들이 순서대로 불러 보자.
  - 선생님과 한 소절씩 나누어 노래를 불러 보자.
- 유아들과 함께 노랫말을 바꾸어 본다.
  - ('아빠가 부를 때는 ○○○' 가사를 보며) 어떤 단어를 넣어 볼까?
  - ('내 동생 ○○○○' 가사를 보며) 어떤 단어를 넣어 볼까?
- 유아들과 함께 바꾼 노랫말을 채워 보며 노래를 부른다.
  - 친구들이 이야기해 준 단어를 괄호에 넣어서 노래를 불러 보도록 할까?
- 유아 두 명을 선정하여 친구들 앞으로 나와 노래를 부른다.
  - 친구들 앞에 나와서 노래를 불러 보고 싶은 친구는 손을 들어 볼까?
- 유아들과 활동에 대한 느낌과 생각을 나눈 후 마무리한다.
  - 〈내 동생〉 노랫말에서는 동생을 어떻게 표현했니?
  - 다 같이 노래를 부르며 활동하니 어떤 생각이 들었니?

활동 시 유의점

- 사전에 〈내 동생〉 노래 박자에 익숙해지도록 손뼉을 쳐 본다.
- 언어영역에 『나는 형이니까』 그림책을 배치해 두어 읽을 수 있도록 한다.

활동평가

- 노래를 듣고 자신의 생각과 느낌을 정확히 표현했는지 평가해 본다.
- 노래를 박자에 맞게 즐기면서 불렀는지 평가해 본다.

확장활동

- 음률영역에서 〈내 동생〉 노래에 맞추어서 여러 가지 악기를 연주해 본다.

참고자료

〈내 동생〉(조운파 작사/최종혁 작곡) 악보

4주 '가족의 생활과 문화'에서 소개된 그림책인 『진짜 동생』을 인성교육에 통합적으로 적용한 구체적인 활동의 예를 두 가지 제시하면 다음과 같다.

지즐리와 지즐레트에게 선물하는 과자집

활동유형 자유선택

활동영역 미술

활동목표 • 과자를 이용하여 다양한 모양의 집을 구성해 본다.
• 그림책 주인공의 상황을 이해하고 감정에 공감한다.

누리과정 관련 요소

• 예술경험: 창의적으로 표현하기
  – 다양한 미술재료와 도구로 자신의 생각과 느낌을 표현한다.

• 사회관계: 더불어 생활하기
  – 서로 다른 감정, 생각, 행동을 존중한다.

창의 · 인성 관련

• 창의성: 동기적 요소–호기심/흥미

• 인성: 나눔–나눔을 실천하기

활동자료

여러 가지 종류의 과자(막대과자, 크래커, 초코과자 등), 슈가파우더, 레몬즙, 계란 흰자, 작은 그릇, 티스푼, 하드보드지

활동방법

• 그림책 『진짜 동생』의 내용을 회상하며 이야기를 나눈다.
  – 지즐레트가 화가 나서 이상한 행동을 했던 이유는 무엇이었니?
  – 지즐리는 왜 이제까지 지즐레트에게 입양한 사실을 말하지 않았니?
  – 지즐레트는 어떻게 자신의 상황을 이해하게 되었니?

• 주인공들의 감정을 이해하고 우리가 해 줄 수 있는 일에 대해 이야기를 나눈다.

– 지즐리는 어떤 점이 속상했을까?
– 지즐레트는 어떤 점이 속상했을까?
– 힘든 일을 겪은 지즐리와 지즐레트에게 우리가 해 줄 수 있는 일은 무엇일까?

• 활동자료를 탐색하며 활동 소개를 한다.
– 선생님이 수수께끼 하나를 낼 거야. 맞혀 보도록 해.
"나는 네모나기도 하고, 동그랗기도 하고, 동물 모양도 있고, 정말 다양한 모양이야. 달콤한 맛이 나기도 하고, 짠맛이 나기도 하는 나는 누구일까?"
– 선생님이 오늘 가져온 것은 너희가 좋아하는 과자야. 여기 있는 과자로 지즐리와 지즐레트에게 줄 선물을 만들어 보려고 해. 어떤 모양으로 만들 수 있을까?
– 지즐리와 지즐레트가 살 수 있는 새로운 집을 만들어 주는 것도 좋겠구나. 그래. 오늘은 지즐리와 지즐레트가 살 수 있는 멋진 과자집을 만들어 보도록 하자.

• 과자집을 만들어 본다.

과자집 만드는 방법

1. 과자집을 고정할 아이싱을 만든다.
   [슈가파우더: 50g, 레몬즙: 3g(대략 1/2 작은술), 계란 흰자: 10g(대략 1.5 작은술) 1인 기준]
2. 바닥에 집을 고정하기 위해 적당한 크기로 자른 하드보드지를 놓고 그 위에 아이싱을 조금 발라 준다. 밑바닥이 될 수 있는 과자를 붙여 준다.
3. 웨하스를 사용하여 집 모양 틀을 만든다.
4. 여러 가지 과자로 집 모양 틀을 꾸민다.

• 완성한 과자집을 보면서 느낀 점에 대해 이야기를 나눈다.
– 지즐리와 지즐레트가 너희가 만들어 준 과자집을 받으면 어떤 마음이 들 것 같니?
– 다양한 과자를 가지고 집을 만들어 보았는데, 이 과자들로 어떤 다른 것을 만들어 볼 수 있을까?
– 더 멋진 집을 만들려면 어떤 재료가 더 필요할까?
– 과자집을 만들면서 어렵거나 힘들었던 점이 있니?
– 어렵거나 힘들었던 점은 다음에 어떻게 바꾸면 좋을까?

활동 시 유의점

• 아이싱 만드는 과정부터 유아들이 참여할 수 있도록 한다.
• 지지대가 될 수 있는 과자를 놓는 것은 교사가 도와주고, 그다음부터 집 모양 틀을 만들고 꾸미는 과정은 유아 스스로 해 볼 수 있도록 격려한다.

활동평가

- 과자 재료가 다양했는가에 대해 평가한다.
- 유아들이 그림책 주인공의 상황과 감정을 이해하고 공감할 수 있었는지에 대해 평가한다.

확장활동

- 집 외에 지즐리와 지즐레트에게 선물하고 싶은 것을 만들어 보도록 한다.

다양한 가족을 알아요

활동유형 대·소집단

활동영역 이야기 나누기

활동목표 • 다양한 형태의 가족이 있음을 알고 존중한다.
• 가족의 형태에 관계없이 모든 가족이 사랑으로 하나 됨을 안다.
• 자신의 생각을 이야기해 본다.

누리과정 관련 요소

• 사회관계: 더불어 생활하기
  – 가족의 의미를 알고 화목하게 지낸다.
• 의사소통: 듣기와 말하기
  – 자신의 경험, 느낌, 생각을 말한다.

창의 · 인성 관련

• 창의성: 성향적 요소–개방성
• 인성: 존중–다른 사람들과 다른 문화에 대한 존중

활동자료

다양한 가족사진(조손가족, 다문화가족, 입양가족, 한부모가족), 융판

활동방법

• 그림책『진짜 동생』의 내용을 회상하며 이야기를 나눈다.
  – 지즐리와 지즐레트는 어떻게 가족이 되었지?
  – 지즐리는 왜 지즐레트를 입양한 사실을 이제까지 말하지 않았을까?
• 우리 사회의 다양한 가족 형태 중 입양가족에 대해 알아본다.
  – 지즐리네 가족의 형태는 '입양가족'이었지?
  – 너희 엄마가 너희를 어떻게 낳으셨는지 알고 있니?
  – 그림책을 보면 지즐리의 부모님이 지즐레트를 배 아파 낳지 않으셨지만, 지즐리와 지즐레트는 서로 사랑하는 가족이 되었어. 우리 주변에도 이렇게 가족이 된 친구들이 있단다.

- (입양가족 사진을 보여 주며) 여기 가족사진을 보니 느낌이 어떠니?
- 이 친구들의 어머니는 두 친구를 '가슴으로 낳은 자녀'라고 표현하신단다.

• 다문화가족에 대해 알아본다.
  - (다문화가족 사진을 보여 주며) 여기 가족사진은 어떤 것 같니?
  - 이 사진은 엄마나 아빠가 외국인인 친구의 가족이야. '다문화가족'이라고 부른단다. 다문화가족은 부모님 중 한 분은 한국인이고 다른 한 분은 외국인이지.
  - 부모님 중 한 분이 외국인이라면 좋은 점은 무엇이 있을까?
  - 다문화가족에서 태어난 친구들은 너희와 피부색이나 외모가 조금씩 다를 수 있어. 하지만 ○○는 머리색이 갈색이고, ㅁㅁ는 피부가 다른 친구보다 하얗듯이 우리 △△반 친구들도 모두 외모가 서로 다르지. 똑같이 생긴 친구는 한 명도 없단다. 그런 것처럼 다문화가족 친구들도 우리와 비슷한 점도 있고 다른 점도 있단다.
  - 다문화가족 친구가 너희의 친구가 된다면 어떨까?

• 한부모가족에 대해 알아본다.
  - [한부모가족 사진(아빠와 딸, 엄마와 아들)을 보여 주며] 이 가족사진에는 누가 있는지 이야기해 볼까?
  - 엄마와 자녀, 아빠와 자녀로 이루어진 가족을 한부모가족이라고 해. 부모님 중 한 분이 돌아가시거나 부모님이 살아 계시지만 서로 다른 집에 살고 있는 가족을 한부모가족이라고 한단다.
  - 너희 집에서 아빠(엄마)가 너희를 위해 해 주시는 일은 무엇이 있니?
  - 아빠(엄마)만 할 수 있다고 생각되는 일은 무엇이니?
  - (아빠와 딸 사진을 보여 주며) 이 친구는 엄마가 안 계시고 아빠만 계시지만, 이 친구의 아빠는 친구의 옷을 빨래해 주시고, 친구가 유치원에 갈 때 머리도 예쁘게 묶어 주신다고 해. (엄마와 아들 사진을 보여 주며) 이 친구는 아빠가 안 계시고 엄마만 계신대. 그런데 이 친구의 엄마는 이 친구를 위해 블록으로 멋진 집도 만들어 주시고, 공놀이도 항상 함께하신대. 그리고 친구의 방에 불이 켜지지 않을 때, 전구를 갈아 주시기도 한대.
  - 이 친구들에게는 엄마나 아빠 한 분만 계시지만 다른 가족들처럼 행복하게 살고 있단다.

• 조손가족에 대해 알아본다.
  - (조손가족 사진을 보여 주며) 이 가족사진에는 누가 있는지 이야기해 볼까?
  - 부모님이 안 계시지만 할머니, 할아버지와 함께 사는 가족을 조손가족이라고 해.
  - 할머니, 할아버지가 가장 좋을 때는 언제니?
  - 할머니, 할아버지와 함께 살면 좋은 점은 무엇이 있을까?

• 이야기를 나눈 후 느낀 점에 대해 이야기를 나눈다.
  - 다양한 가족의 형태를 알아보았는데, 어떤 가족이 있었는지 이야기할 수 있니?

– 각 가족의 좋은 점에 대해 이야기해 줄 수 있겠니?
– 가족은 무엇으로 하나가 되어야 한다고 생각하니?

활동 시 유의점

- 우리 사회에 다양한 가족 형태가 존재하지만 모든 가족은 사랑으로 하나가 된다는 것을 강조한다.
- 각 가족의 장점을 알려 주어 유아들이 다양한 가족 형태를 받아들이고, 편견 없이 대할 수 있는 태도를 기르는 데 중점을 둔다.

활동평가

- 다양한 가족의 형태에 대해 알 수 있었는지 평가한다.
- 다양한 가족 형태에 대한 장점을 알고 편견 없이 받아들일 수 있었는지 평가한다.

2) 레오 리오니 그림책을 활용한 유아인성교육의 통합적 접근

레오 리오니의 그림책을 활용한 통합적 프로그램은 유아 스스로에 대한 이해에 도움을 주고, 타인을 배려하고 존중하는 태도를 형성하도록 하며, 공동체에서 더불어 살기 위한 능력을 배양하는 데 도움이 된다. 구체적으로 레오 리오니의 그림책을 활용한 인성교육 프로그램을 통해 다음과 같은 목표를 성취할 수 있다.

- 유아 자신을 이해하고 소중히 여긴다.
- 가족, 친구, 지역 사회 사람들을 배려하고 존중한다.
- 공동체에서 더불어 살기 위한 능력을 배양한다.

〈표 8-7〉 유아기 인성교육에서 활용 가능한 레오 리오니 그림책 목록

그림책	내용	출판사	출판연도
꿈틀꿈틀 자벌레	자신은 할 수 있는 것이 없어 쓸모없다고 생각했던 자벌레가 잡아먹힐지도 모르는 위기 상황에서 동물들의 몸길이를 재 주며 위기를 헤쳐 나가는 이야기로 유아가 할 수 있는 일을 찾아보는 활동을 통해 자기존중감을 향상시킬 수 있음	파랑새 어린이	2003
그리미의 꿈	의사가 되기를 바라는 부모님 밑에서 화가의 꿈을 키우고 그 꿈을 이루는 그리미의 이야기로 유아가 스스로의 꿈에 대하여 생각해 봄으로써 자신과 친구들의 꿈이 소중함을 생각해 볼 수 있음	마루벌	2004
초록꼬리	서울쥐가 전해 준 새로운 세계를 동경해 가면을 쓰고 무서운 동물처럼 행동하던 들쥐들이 자신의 모습을 잃어버리고 서로 미워하고 의심을 하다가 다시 자신의 참모습을 찾게 되면서 자신의 모습 그대로가 가장 소중함을 깨닫게 되는 이야기	마루벌	2004
새앙쥐와 태엽쥐	태엽쥐처럼 되고 싶어 소원을 이뤄 주는 조약돌을 찾던 새앙쥐가 주인에게 버림받은 태엽쥐를 위하여 조약돌을 양보하는 이야기로 태엽쥐에 대하여 배려하는 마음의 의미를 경험할 수 있는 이야기	마루벌	2008

티코와 황금 날개	날개가 없을 때 친구들의 도움을 받아 생활하던 작은 새가 황금 날개를 갖게 된 후 깃털을 뽑아 도움이 필요한 친구들에게 나눠 주는 이야기로 배려와 협력을 경험할 수 있음	마루벌	2008
프레드릭	겨울을 나기 위해 다른 쥐들은 음식을 모으지만 프레드릭은 햇빛과 색깔, 이야기 등 자신만이 모을 수 있는 것을 모아 친구들이 춥고 긴 겨울을 견뎌 내는데 도움을 주는 이야기	시공주니어	1999
여섯 마리 까마귀	밀을 가지고 다투던 까마귀와 농부가 대화를 통해 자기주장을 굽히고 서로 양보하고 협력하며 화해하는 이야기로 협력과 존중의 중요함을 생각해 볼 수 있음	마루벌	2011
으뜸헤엄이	으뜸헤엄이와 작은 빨간 물고기들이 지혜롭게 협력하여 큰 물고기에게 잡아먹히지 않고 물리치는 이야기로 서로 협력하고 질서를 지키는 것의 의미를 생각해 볼 수 있음	마루벌	2011

[그림 8-2] 레오 리오니 그림책을 활용한 유아인성교육-나에 대한 이해 및 존중

[그림 8-3] 레오 리오니 그림책을 활용한 유아인성교육-타인에 대한 배려와 존중

[그림 8-4] 레오 리오니 그림책을 활용한 유아인성교육-더불어 살기 위한 능력 배양

〈표 8-8〉 레오 리오니의 그림책으로 하는 유아인성교육의 내용

주제	그림책	활동의 예
나에 대한 이해 및 존중	꿈틀꿈틀 자벌레	자벌레 자로 길이 재어 보기: 자벌레가 한 일을 경험해 보고 유아가 할 수 있는 일을 생각해 보기
	그리미의 꿈	나의 꿈 생각해 보기: 자신이 하고 싶은 일과 꿈을 생각해 보며 자신의 꿈을 존중하는 경험하기
	초록꼬리	가면 만들기: 콜라주 기법으로 자신을 가장 잘 표현하는 가면을 만들고 친구들과 가면에 대하여 이야기하며 유아 자신과 친구의 모습을 존중하는 경험하기
타인에 대한 배려와 존중	새앙쥐와 태엽쥐	소중한 것을 양보한 경험 이야기하기: 장난감 태엽쥐를 위해 조약돌을 양보한 생쥐의 마음을 경험하기
	티코와 황금 날개	티코와 황금 날개 역할놀이: 그림책의 내용에 관한 역할놀이를 하면서 친구의 의견을 배려하고 도움을 주고받으며 상호 협력하는 경험하기
더불어 살기 위한 능력 배양	프레드릭	나도 나눌 수 있어요: 프레드릭은 자신이 모아 놓은 것을 나눔으로써 친구들에게 도움을 주었다. 프레드릭처럼 친구들과 나눌 수 있는 것을 생각해 보고 그림으로 그려 봄으로써 나눔의 의미를 생각해 보기
	여섯 마리 까마귀	샌드위치 만들기: 그림책의 글감인 밀로 만든 빵으로 샌드위치를 만드는 과정을 통하여 친구의 의견을 존중하고 친구와 양보하고 협력하여 맛있는 샌드위치를 만들 수 있음을 경험하기
	으뜸 헤엄이	친구와 함께 몸으로 물고기를 표현하기: 으뜸헤엄이와 빨간 물고기들이 서로 협력하여 위기 상황을 잘 극복하였듯이 친구들과 물고기를 몸으로 표현해 보는 경험을 통해 질서를 지키고 협력하는 경험을 하기

4. 유아문학교육을 위한 교사의 역할

영유아교육기관에 다니는 대부분의 영유아는 스스로 책을 읽을 수 없는 문자해독 이전의 단계에 속한다고 볼 수 있다. 그러므로 문자해독능력을 갖춘 누군가

를 통해서 책과 다양한 문학적 경험이 가능하다고 할 때, 교사는 영유아의 문학적 경험에 지대한 영향을 줄 수 있다. 교사는 유아의 전반적인 학습과 발달에 중요한 영향을 미치며, 교육 프로그램의 질을 결정하는 데 가장 중요한 요소다. 문학작품을 좋아하며 즐기는 교사의 모습은 적절한 모델이 되어 유아에게 유아문학을 위한 인적 환경으로서도 매우 중요하다.

유아문학교육에서 교사 역할의 중요성은 교사 자신도 문학의 일차적 수용자이면서 유아들이 문학작품을 즐기고 문학작품을 그 자체로 이해하도록 돕는 안내자의 역할을 해야 한다는 것이다(전지형, 2015). 학급에서 유아들의 문학활동이 활발하게 이루어지기 위해서는 우선 교사가 항상 즐겁게 문학활동에 참여하면서 유아들에게 다양한 책과 자료를 제공하여 자발적이고 창의적인 문학활동이 이루어질 수 있도록 격려해 주어야 한다. 유아의 문학적 취향을 길러 줄 수 있는 훌륭한 작품을 선택하여 도서영역에 비치하고, 포스터, 작가의 사진, 여러 가지 교수 자료 등을 배치하여 볼 수 있도록 학급 분위기를 조성해야 한다(이상금, 장영희, 1989).

영유아는 다른 사람의 도움을 받지 않고 스스로 책을 선택하여 보고 읽어서 문학작품을 완전히 이해할 수 있는 시기가 아니며(원문자, 2002), 영유아의 읽기에 대한 수준이나 흥미도 다른 발달영역과 마찬가지로 개인차가 있다. 그러므로 유아를 위한 문학교육에서 교사의 역할은 유아에게 발달적으로 적합한 책을 선정하고, 그 책의 내용이나 장르에 따라 적절한 전달방법을 제시하며, 유아가 책을 즐길 수 있도록 하는 것이다. 더 나아가 이해력, 추리력, 논리적 사고력, 주의력, 창의성 등을 길러 주고 언어 발달에 기여할 수 있도록 하는 것이다(Sutherland & Arbuthnot, 1991; 강성화, 김경희, 2003에서 재인용).

영유아교육 현장에서 일상의 프로그램이나 쉬는 시간을 통하여 정기적으로 교사와 함께 즐거운 문학활동을 경험한 유아는 그렇지 않은 유아에 비해 책 읽기를 훨씬 즐기는 유아로 변해 간다고 한다. 또한 교실에서 날마다 교사가 재미있는 책을 여러 가지 소품, 즉 융판, 인형, 카세트테이프 등을 사용해 읽어 주고, 책을 다 읽고 난 다음 책의 내용에 대해 서로 이야기를 해 보도록 하는 것은 유아로 하여금 책에 흥미를 갖게 하는 데 매우 효과적이다(Morrow & Weinstein, 1982, 1986; 현정희, 서정숙, 2009에서 재인용).

유아문학교육에서 문학교육의 질을 좌우하게 되는 교사의 역할을 구체적으로 살펴보면 다음과 같다(노운서, 노명희, 김명화, 백미열, 2010).

첫째, 교사는 유아문학교육에 앞서 유아에게 적절한 문학작품을 선정할 수 있는 안목을 지니고 선택해 주어야 한다. 유아교육은 다른 상급 학교와 같이 일정하게 가르쳐야 하는 교과서가 있는 것이 아니고, 유아가 어려서 스스로 좋은 책을 선택할 수 있는 능력도 아직 없으므로 유아에게 적합한 책을 선정해 주는 것은 교사의 몫이다. 그러므로 교사의 문학작품에 대한 안목은 매우 중요하다.

둘째, 교사는 문학을 가르치기에 앞서 교사 자신도 문학의 일차적인 수용자이어야 한다. 문학의 언어가 모호성이 있고 정서적인 면이 강하며 가치 지향적인 부분이 있기 때문에 교사 자신이 그 내용의 중요성과 의미를 잘 알아야 함은 물론 문학작품에 흥미로운 태도를 지녀야 유아도 동화되어 흥미를 느끼게 될 것이다.

셋째, 교사는 다양한 매체를 활용함은 물론 발달영역 간, 교사-유아 간, 유아-매체 간, 유아-유아 간의 상호작용을 통한 통합적이고 자발적인 문학적 체험을 할 수 있는 문학교육을 계획하고 운영할 수 있어야 한다.

넷째, 교사는 언어적 · 지식적 · 문화적으로 미숙한 유아를 위해 유아문학교육이 전개되는 동안 안내자와 협력자의 역할을 해야 한다.

요약하면, 교사는 유아와 문학작품을 연결해 주는 중요한 역할을 하기 때문에 교사 스스로가 문학을 즐기면서, 유아에게 적절한 작품을 선정하여 다양한 매체로 들려줄 수 있도록 노력해야 한다.

5. 유아문학교육을 위한 환경 구성

효과적인 문학교육을 위해서는 유아가 자유로운 분위기에서 편안하게 책을 볼 수 있는 환경을 준비해 주어야 한다. 처음으로 책을 접하는 유아가 책과 관련하여 좋은 느낌을 경험하는 것은 나중에 좋은 독서습관을 갖는 데에도 영향을 주게 되므로 유아가 문학에 대한 호기심과 의욕을 불러일으킬 수 있도록 바람직한 환경을 제공해 주어야 한다.

문학활동은 자유선택활동을 위한 언어영역 중 도서영역에서만 이루어진다고 생각하기가 쉽지만, 실제로는 교실 내의 더 많은 장소에서 이루어질 수 있다. 유아가 도서영역에서 책을 읽는 것은 문학활동의 기본이지만, 그 밖에 유아는 컴퓨터영역에서 동화를 찾아서 읽거나 들을 수 있고, 읽은 내용과 관련하여 조형영역에서 그림을 그리거나 만들기를 할 수도 있고, 음률영역에 제시된 동요의 노랫말을 스스로 읽어 볼 수도 있다.

컴퓨터영역에서 동화 듣기

인형극 틀을 이용하여 막대인형극 놀이하기

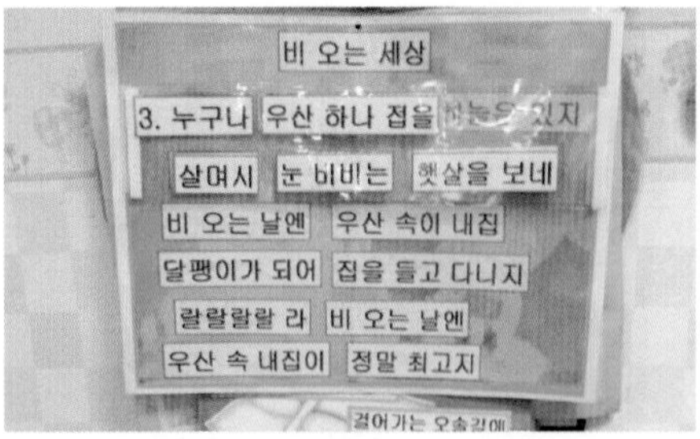

음률영역의 노랫말 읽어 보기

조형영역에서 융판동화를 만들어 놀이하기

[그림 8-5] 교실 내 여러 영역에서 이루어지는 문학활동

책을 보는 공간은 채광이 좋은 창가에 배치하여 자연조명을 이용하는 것이 바람직하지만, 직사광선이 너무 지나치게 비치는 경우에는 유아의 시력을 보호하기 위해 블라인드나 커튼을 이용하여 적절한 밝기를 유지해 주는 것이 필요하다.

또한 편안한 자세로 책을 볼 수 있도록 책상, 소파, 쿠션 등을 마련해 주고, 책을 다 읽은 후에 작가에게 편지를 쓰거나, 감동받은 내용을 그림으로 그리거나 글로 적어 볼 수 있도록 쓰기도구를 한쪽에 비치해 준다. 읽으면서 소리로 들을 수 있는 다양한 시청각매체도 준비해 주고, 유아들끼리 인형극을 해 볼 수 있도록 여러 가지 인형도 제공해 준다.

책꽂이의 책은 책의 전면이 보이도록 진열해 주어, 글자를 모르는 유아도 책의 표지를 보면서 읽고 싶은 책을 선택할 수 있도록 해 준다. 책을 다 읽은 후에는 제자리에 다시 꽂아 놓을 수 있도록 책꽂이에 책이 꽂히게 될 위치와 책의 표

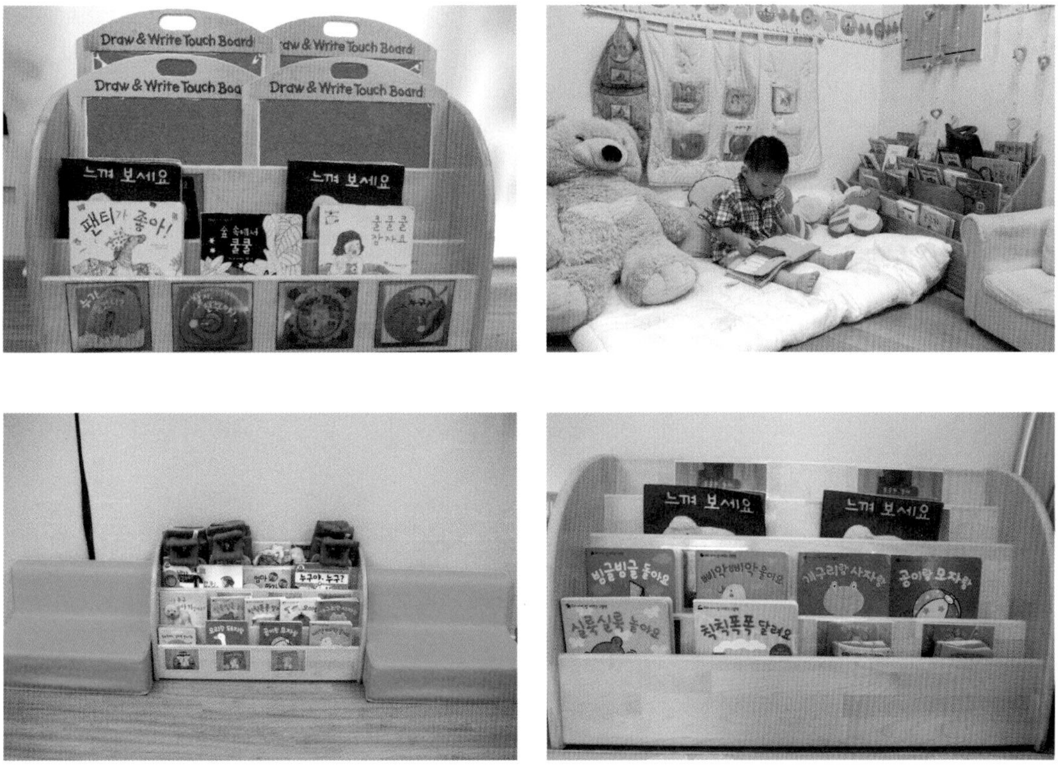

[그림 8-6] 영아를 위한 도서영역

[그림 8-7] 유아를 위한 도서영역

지에 같은 표시(글자, 숫자, 모양 등)를 해 준다. 유아에게 제공해 주는 책은 주로 유아교육기관의 주제와 관련이 있거나, 유아가 관심을 갖는 내용을 담고 있는 책을 선정하여 제공해 주고, 전래동화, 창작동화, 동시, 지식 정보책, 우리나라의 책과 외국의 책 등을 다양하게 소개해 준다. 그 밖에 유아의 이야기를 받아 적은 이야기책이나 유아들의 그림을 모아 만든 책도 함께 전시해 준다.

최근에는 사회적으로 책 읽기에 대한 관심이 고조되면서, 전국적으로 어린이도서관이 생겨나고 있고, 각 유아교육기관에서도 원내에 작은 도서관을 마련하여 유아가 자연스럽게 수시로 책과 접할 수 있는 환경을 마련해 주거나 도서대여 프로그램을 운영하는 경우가 많이 있다. 또한 유아교육기관의 현관이나 복도에 작은 책꽂이를 준비하여 유아가 자유선택활동시간이나 점심식사 이후의 남는 시간을 이용하여 자유롭게 책과 접할 수 있도록 하고, 유아를 데리러 오고 가는 학부모가 책을 이용하도록 배려할 수도 있다.

[그림 8-8] 원내 어린이도서관

원내 복도를 활용한 도서영역

원내 계단을 활용한 도서영역

현관에 배치한 책꽂이

복도에 위치한 책과 의자

[그림 8-9] 통로를 활용한 도서영역

제9장 유아문학교육을 위한 전달매체

유아교육기관에서는 영유아의 관심을 끌고 흥미를 유발하기 위해서 다양한 방법으로 동화를 들려준다. 최근에는 전자매체가 발달함에 따라 주로 TV나 컴퓨터를 활용한 동화 전달이 일반적으로 활용되고 있으나, 유아가 가정에서 접하기 어려운 다양한 동화 전달매체를 유아교육기관에서 접해 볼 수 있도록 도와주는 것이 필요하다.

유아교육기관에서 유아에게 문학작품을 소개하는 방법과 매체는 매우 다양한데, 크게 구연, 그림, 인형을 이용하여 동화를 들려주는 세 가지 방법으로 나눌 수 있다. 구연은 별다른 매체 없이 음성이나 표정, 몸짓 등으로 이야기를 들려주는 방법이다. 그림을 이용하는 동화 전달방법에는 그림책, 낱장식 그림동화, 융판동화, 자석동화, 앞치마동화, TV동화, OHP동화, PPT동화, 블록동화 등의 다양한 매체를 이용하는 방법이 있다. 그리고 입체적이어서 유아의 관심을 끄는 데 도움이 되는 인형을 이용하는 방법으로는 테이블인형, 막대인형, 손인형, 그림자인형 등이 있다.

유아교육 현장에서 동화 전달방법이 이처럼 다양하게 사용되는 것은 동화의 내용에 따라 각기 다른 방법으로 동화를 들려줄 때 동화를 처음으로 접하는 유아가 더욱 감동적으로 재미있게 들을 수 있기 때문이다. 교사가 문학에 대한 유아의 흥미를 높이고, 문학적 경험을 보다 즐거운 삶의 일부로 만들어 줄 수 있기 위해서는 적절한 문학작품과 매체의 선정, 제시 방식의 선택 등이 주의 깊은 계획에 의해서 이루어져야 한다.

따라서 이 장에서는 다양한 동화 전달의 방법 및 매체의 특성, 자료의 제작 및 제시방법 등에 대해 구체적으로 살펴보도록 한다.

1. 구연으로 동화 들려주기

구연(story telling)은 '이야기하기'라는 뜻을 가진 말로 문학작품을 글이나 그림이 아닌 음성으로 소개하는 것을 의미하며, 표준국어대사전에는 '구연이란 동화, 야담, 만담 따위를 여러 사람 앞에서 말로써 재미있게 이야기함'으로 정의되어 있다. 그러므로 구연은 음성언어와 가벼운 몸짓이나 표정과 같은 신체언어를 통하여 유아에게 문학작품을 소개하는 것을 의미한다. 최근에는 '구연'이라는 용어와 관련하여 '동화구연'과 '구연동화'를 분리하여 사용하고 있는데, '동화구연'은 동화를 먼저 선택하고 선택된 동화를 말로 전달하기 편하게 개작하여 들려주는 동화이고, '구연동화'는 개작이 필요 없도록 애초에 구연하기 편하게 쓰인 동화를 말한다(나정심, 2003).

구연으로 유아에게 문학작품을 소개하는 방법은 가장 오래되고, 단순하고, 보편적이면서도 매우 훌륭한 방법이다. 옛날 각 가정의 화롯가에서 할아버지와 할머니가 귀여운 손자, 손녀를 무릎에 앉혀 놓고 이런저런 이야기를 들려준 것이 동화구연의 효시라고 할 수 있다. 어린이만을 대상으로 동화를 들려주기 시작한 것은 우리나라에 기독교가 들어오면서 1890년 처음으로 주일학교에서 선교사들이 성경 내용을 이야기 중심으로 들려주기 시작하면서부터이고, 1910년대에 설립되기 시작한 유치원 교육 현장에서도 교사가 유아에게 동화를 들려주었다(박현숙, 2012). 그러다가 1920년대 색동회가 중심이 되어 소파 방정환 선생이 전국을 돌며 '동화회'를 열면서부터 우리나라에 동화구연이 대중적으로 알려지기 시작했다(석용원, 1993). 1922년 9월 최초의 동화회가 열린 후 방정환 선생은 전국 각처를 다니며 세계 명작 동화를 즐겨 구연하였다고 한다.

동화구연과 관련하여 교사나 부모가 자주 떠올리게 되는 몇 가지 질문이 있는데, 이를 정리해 보면 〈표 9-1〉과 같다(이송은, 2004).

〈표 9-1〉 동화구연과 관련된 질문

질문	적절한 답
동화구연은 목소리가 예쁜 사람이 하는 것인가?	반드시 미성이 아닐지라도 개성 있고 자연스러우며 친근감 있는 목소리가 좋다.
동화구연은 목소리를 과장하거나 성대모사를 하는 것인가?	교사나 부모가 동화구연은 아무나 할 수 없다는 생각을 하도록 만드는 가장 큰 요인이다. 지나친 과장으로 듣는 사람이 편안하지 않은 것은 바람직하지 않으므로, 이야기에 몰입하게 하고 감동을 주는 정도의 표현이 좋다.
시청각 매체 시대에 굳이 사람이 이야기를 들려줄 필요가 있는가?	기계문명이 발달할수록 사람과 사람이 눈을 마주보며 이야기를 직접 주고받는 경험은 매우 가치 있는 일이다.
동화구연은 무조건 외우는 것인가?	이야기의 본질은 외우는 것이라기보다는 기억한 줄거리에 근거해서 자신의 언어로 재구성해 들려주는 것이다.
동화구연에 정해진 방법이 있는가?	어떤 규격화된 틀은 없으나, 이야기를 재미있게 들려주기 위해서 일반적으로 강조되는 기본적인 사항들이 있다. 예를 들면, 등장인물이나 줄거리에 맞게 소리와 표정을 실감나게 표현하는 것이다.
동화구연을 많이 들으면 혼자 책을 읽으려고 하지 않는가?	동화구연은 독서로 가는 입문 과정으로 이야기를 많이 들은 유아는 책에 대한 호기심이 많아지고 자신이 다시 읽고 싶어 한다.

현대 사회의 유아는 부모와 자녀로 구성된 핵가족 구조에서 살면서 부모가 둘 다 직장을 다니는 경우가 많아 부모와 오랜 시간을 함께하기 어렵고 형제의 수도 줄어서 인간적인 소통이 부족한 현실에서 성장하고 있다. 그러므로 이야기를 매개로 사람과 사람이 직접 대면하여 서로의 눈을 맞추고, 이야기를 주고받으면서 정서적으로 교감을 나눌 수 있는 경험이 매우 필요하다. 또한 현대의 유아는 환경적으로 자연을 가까이하기 어려운 생활을 하고 있으므로, 인간의 목소리가 자연의 소리라는 것을 고려해 볼 때 유아와 눈을 마주하고 따스한 마음으로 다정하게 이야기를 전달해 주는 구연활동은 오늘날의 유아에게 매우 의미 있는 활동이 될 수 있다. 더욱이 구연은 아직 혼자서 글을 읽지 못하거나 이해가 힘든 유아에게는 매우 중요하고 필요한 이야기 전달매체다.

이야기 구연의 교육적 의의는 다음과 같다(김세희, 박남숙, 1998).

- 유아의 긴장을 풀어 주며, 극적인 즐거움을 느끼게 해 준다.
- 구연자와 유아 사이에 친밀감을 주어 정서적 공감대를 형성하도록 한다.
- 구연자가 유아와 마주 보고 이야기함으로써, 유아의 반응을 살피고 그에 따라 적절히 반응할 수 있다.
- 모국어의 패턴을 제공하고 어휘 확장을 도와 유아의 언어능력을 발달시킬 수 있다.
- 이야기를 들으며 자유로이 상상할 수 있으므로 상상력이 풍부해진다.
- 나이에 관계없이 책을 즐기는 어린이가 되도록 돕는다.
- 기억력, 집중력, 듣기능력, 의사소통능력을 증진시킨다.

유아에게 구연으로 이야기를 들려주기 위해서는 우선 구연으로 들려주기에 적합한 특성을 지닌 동화를 선정하는 일이 필요하다. 구연에 적절한 동화의 선정과 구체적인 동화구연의 방법을 살펴보면 다음과 같다.

1) 작품 선정

오래전부터 구전으로 전달되어 온 전승문학인 신화(myths), 전설(legends), 전래동화(fairy tales)와 우화(fables)를 포함하는 민담(folklore) 등은 유아에게 구연으로 들려주기에 적합한 장르다. 유아교육기관에서는 연령에 따라 다양한 생활주제를 중심으로 활동을 진행하므로 주제에 적합한 여러 가지 동시나 동화를 선정하여 들려줄 필요가 있다. 구연으로 들려줄 문학작품을 선정할 때에는 다음과 같은 점을 고려해야 한다.

- 동화의 배경이 단순하고, 등장인물의 성격은 분명하고 강한 작품이 좋다.
- 줄거리를 중심으로 풍부한 행동, 빠른 사건의 전개, 만족스럽고 빠른 결말의 구조를 가진 이야기가 적합하다.
- 등장인물이 3~6명 정도 나오는 이야기가 적합하다.
- 대화체와 반복이 많으며, 의성어와 의태어가 많고, 리듬감이 있어야 한다.
- 이야기를 들려주는 구연자 자신이 잘할 수 있고 좋아하는 이야기이어야 한다.

구연자가 구연에 적합한 동화를 선정하였다 하더라도, 유아의 발달 정도와 생활 경험을 고려하여 개작의 과정이 필요할 수도 있다. 개작을 하는 경우에는 문어체(~ 했습니다)를 구어체(~했어요, ~했지요, ~했대요, ~했답니다, ~한 거예요)로 바꾸고, 해설 부분도 되도록 대화체로 바꾸며, 긴 문장을 짧고 리듬감 있는 표현으로 바꾼다. 이야기를 듣는 대상의 연령이 어릴수록 대화체가 많은 것이 좋다. 특히 유아를 위한 이야기는 유아가 잘 알 수 있는 말, 즐거운 말, 감동적이고 인상적인 말, 유아의 빈약한 체험을 잘 이끌어 내어 공감하게 하는 말, 애매모호성을 배제한 명확한 말을 사용해야 한다(마쯔이 다다시, 1990).

동화의 개작이나 각색은 청중의 연령에 따라 내용과 분량을 조절해야 하는데, 유아에게는 7~20분 정도가 적당하다(장혜순, 2008에서 재인용). 동화의 개작이 필요한 경우, 창작동화는 개인의 창작품이고 세상에 단 한 편만 존재하기 때문에 본래의 의미가 훼손되지 않도록 특별히 주의할 필요가 있다(박현숙, 2012). 반면에 전래동화의 경우, 오래전부터 구전을 통해서 내용이 알려진 동화이기 때문에 원작자를 알지 못하므로 개작과 구연이 창작동화보다 훨씬 자유로운 편이다.

〈표 9-2〉 동화 개작의 예

원본	어느 산골에 돌쇠라는 나무장수가 있었습니다. 돌쇠는 부모도 친척도 없이 혼자 살았습니다. 보통 땐 빈둥빈둥 놀고 지내다가 먹을 것이 떨어지면 그 때서야 나무를 해서 팔러 갔습니다. 돌쇠에게는 무척 아끼는 황소가 한 마리 있었습니다. 재산을 몽땅 털어서 산 황소였습니다. 황소는 아직 어렸으나 키가 크고 튼튼했습니다. 황소가 긴 꼬리를 양옆으로 흔들며 나뭇짐을 지고 걸어가는 모습은 정말 훌륭해 보였습니다. 어느 겨울 날, 장에 갔다가 집으로 돌아오는 길이었습니다. 별안간 하늘이 흐려지더니 히뜩히뜩 진눈개비까지 뿌리기 시작했습니다. 돌쇠는 황소가 눈을 맞을까 봐, 잠시 주막에 들어가 쉬었습니다.
개작	어느 산골에 돌쇠라는 나무장수가 살고 있었어요. 그런데 돌쇠는 부모도 친척도 없어서 혼자 살았대요. "나는 매일 노는 게 제일 좋아. 하지만 먹을 것이 떨어지면 어쩔 수 없이 산에서 나무를 해다가 팔러 가야 해." 돌쇠에게는 재산을 몽땅 털어서 산 무척 아끼는 황소가 한 마리 있었어요. "내 황소가 아직 나이는 어리지만 키도 크고 튼튼할 뿐만 아니라 긴 꼬리를 흔들며 나뭇짐을 지고 걸어가는 모습은 정말 훌륭해!" 어느 겨울 날 돌쇠가 장에 갔다가 오는 길에 갑자기 진눈개비가 내렸어요. "황소가 비에 젖으면 안 되니, 잠시 주막에서 쉬었다 가야겠다."

출처: 이상(1999).

2) 구연방법

유아에게 보다 재미있고 실감나게 동화구연을 하기 위해서는 교사가 어느 정도의 준비를 해야 한다. 그러나 교사가 전문적인 훈련을 받은 구연가처럼 기교나 격식에 사로잡힐 필요는 없다(심성경 외, 2010). 교사에게 구연가와 똑같이 구연을 하도록 요구한다면, 대부분의 교사는 부담스러워 구연으로 이야기해 주는 일을 주저하게 될 것이다. 이야기 구연은 구연을 실시하는 교사 각각의 독특한 지도 기술과 스타일이 있을 수 있으므로 각 구연자의 음성과 몸짓, 표정 등에 의하여 동화의 내용이 다양하고 흥미 있게 전달될 수 있어야 한다. 교사가 구연 시 주의해야 할 사항은 다음과 같다.

- 여러 번 읽어서 이야기의 내용을 완전히 이해하고, 자신의 언어로 표현할 수 있도록 준비한다.
- 구연을 듣는 유아의 집단 배열은 반원 형태로 하여, 교사와 유아들이 서로 눈을 맞춘 상태에서 유아가 잘 보고 들을 수 있도록 한다.
- 간단한 그림, 인형, 가면, 악기 등의 보조물을 적절히 사용한다.
- 이야기의 제목과 지은이 등을 소개하고, 이야기와 관련된 수수께끼나 노래 부르기, 손 유희 등으로 유아의 흥미와 호기심을 유발하면서 자연스럽게 이야기를 시작한다.
- 말의 빠르기를 조절하여 처음에는 유아가 이야기를 들을 마음의 준비를 할 수 있도록 조금 천천히 진행하고, 절정에서는 빠르게 진행하다가 마지막에는 여운을 느낄 수 있도록 다시 천천히 끝을 맺는다.
- 필요한 경우에는 몸짓이나 표정을 사용하고, 모든 유아에게 골고루 시선을 주는 것이 좋다. 그러나 지나친 기교나 몸짓은 오히려 유아가 줄거리를 이해하는 데 방해가 될 수도 있으므로 주의한다.
- 의성어와 의태어는 어휘의 뜻을 담아 실감나게 표현하고, 반복되는 낱말이나 문장이 있는 경우에는 운율을 만들어 넣어서 더욱 재미있게 표현한다.
- 유아가 이야기 도중에 질문을 할 경우에는 이야기가 중단되지 않도록 눈으로만 받아 주고 그냥 넘어간다. 그러나 모든 유아가 관심을 갖는 중요한 질문이라면 간단하게 설명함으로써 문제를 해결해 줄 수도 있다.
- 유아들을 구연에 참여시켜 반복되는 문장이나 후렴구를 말하게 하거나, 간단한 질문에 답을 하게 할 수도 있는데, 지나친 참여는 구연의 본질을 흐리게

하므로 주의해야 한다.

- 이야기가 끝나면 이야기의 감동을 음미할 수 있도록 잠시 조용한 시간을 가진 후, 유아들에게 느낌을 이야기해 보도록 한다. 구연 후에 도덕적인 교훈이나 훈계, 평가로 마무리를 하는 것은 즐거움과 감동이라는 문학의 주된 기능을 흐리므로 피한다.

2. 그림을 이용하여 동화 들려주기

유아교육 현장에서 유아에게 문학작품을 소개할 때 가장 많이 사용하는 매체는 그림이다. 아직 글을 읽는 일이 쉽지 않은 유아에게 가장 익숙한 책은 그림책이고, 유아의 주의집중도나 흥미를 높이기 위해서 가장 많이 활용되는 것도 바로 그림이다.

교사가 문학작품을 구연이 아닌 그림이나 인형과 같은 매체를 통해 전달할 때에는 다음과 같은 점을 고려해야 한다(Rickelman & Henk, 1990; 김현희, 박상희, 2008에서 재인용).

- 원작의 질을 유지할 수 있어야 한다.
- 매체의 특성을 가장 효율적으로 이용할 수 있는 방식을 택하여야 한다.
- 유아가 원작에 대해 흥미를 갖도록 할 수 있어야 한다.

다른 연령대에서와 달리 유독 유아교육에서 다양한 전달매체를 중요하게 여기는 이유는, 유아의 경우 관념적이고 추상적인 언어로만 문학작품을 전달받고 이해하기에 사고의 한계가 있기 때문이다. 동화 제시방법은 유아의 연령에 따라서도 차이가 있을 수 있는데, 유아의 연령이 높을수록 동화구연이 효과적이고 연령이 낮을수록 그림동화가 효과적이라는 연구도 있다(이형아, 1992).

그림을 이용한 동화 전달매체에는 그림책, 낱장식 그림동화, TV동화, 융판동화,

자석동화, 깡통동화, 앞치마동화, OHP동화, PPT동화, 블록동화 등이 있다.

1) 그림책

그림책 읽어 주기는 가정과 유아교육기관에서 유아에게 문학작품을 소개하기 위해서 가장 보편적으로 활용되고 있는 방법이다. 이는 일상 속에서 자연스럽게 이루어지며, 시간과 공간의 제약 없이 비교적 쉽게 즐길 수 있는 활동이다. 마쯔이 다다시(1995)는 그림책을 어른과 어린이가 공유하는 책이고, 어른이 어린이에게 '읽어 주는 책'이라고 하면서, 어린이에게 그림책을 읽어 주는 행위는 어른과 아이가 서로 손을 잡고 그림책 속의 신비한 세계를 여행하는 것과 같다고 하였다.

(1) 그림책 읽어 주기의 의의

그림책 읽어 주기란, 유아가 이야기를 들으면서 그림 장면 하나하나를 감상하며 이야기의 내용을 이해할 수 있도록 그림책을 성인이 소리 내어 읽어 주는 활동이다(이수정, 2002). 유아교육 현장에서 교사가 유아들에게 동화를 읽어 주는 것은 유아들과 문학작품을 함께 나누는 가치 있는 활동이다.

여러 학자가 밝힌 그림책 읽어 주기의 가치는 다음과 같다(조해연, 2007).

- 그림책 읽어 주기는 유아가 책에 대해 즐거운 태도를 형성할 수 있도록 돕는다.
- 그림책 읽어 주기를 통해서 유아는 문자언어와 음성언어를 인식하고 문학적인 감성을 기를 수 있다.
- 그림책 읽어 주기는 읽어 주는 사람과 유아 사이에 정서적 일치감과 안정감을 느낄 수 있도록 돕는다.
- 그림책 읽어 주기를 통해서 유아의 심미적 상상력을 기를 수 있다.
- 그림책 읽어 주기는 책을 읽어 주는 사람과 이를 듣는 유아 사이에 이루어지는 사회적 상호작용의 과정일 뿐 아니라, 사회문화적 이해를 넓히는 기회가 된다.

요약하면, 그림책을 읽어 주는 것은 무엇보다도 유아가 책에 대해 즐거운 태도를 갖도록 하고 상상력, 창의력, 사고력과 언어이해력, 표현력 등을 길러 주고, 간접 경험을 풍부하게 해 준다고 할 수 있다.

(2) 그림책 읽어 주기의 교수 전략

유아에게 그림책으로 문학교육을 하기 위해서 필요한 교수 전략은 다음과 같다 (서정숙, 2006).

- 교사는 되도록 자주 그리고 정기적으로 그림책을 읽어 준다. 하루 일과 중 유아와 개별적으로 접촉할 수 있는 자유선택활동시간과 대집단활동시간을 통하여 자주 그림책을 읽어 주도록 노력한다.
- 그림책에 대한 즐거운 경험을 만들어 준다. 이를 위해서는 그림책으로 문학활동을 하되, 그림책 자체를 즐기는 경험에서 멀어질 정도로 문학활동에 치우쳐서는 안 된다. 유아가 그림책은 그 자체로 재미있다는 것을 느껴야지 그림책을 읽을 때마다 부가되는 활동을 함으로써 부담을 느껴 그림책에 대한 즐거움이 줄어들어서는 안 된다.
- 유아의 다양성을 수용하고 격려한다. 유아가 그림책을 선택할 수 있도록 해 주고, 그림책을 읽어 준 후에 하고 싶은 활동도 선택할 수 있도록 배려해 준다.
- 그림책에 대한 유아의 반응을 수용하고 격려해 준다. 그림책을 읽기 전, 읽어 주는 동안, 읽어 준 후에 유아가 그림책에 대해 보이는 반응을 허용해 준다. 또한 유아 간에도 서로의 반응을 존중하고 경청하는 가운데 다양한 생각을 상호 교환할 수 있도록 한다.
- 다양하고 풍부한 그림책을 제공한다. 즉, 다양한 장르, 다양한 읽기 수준, 다양한 주제의 그림책을 제공해 준다.
- 다양한 매체를 이용하여 동화를 들려주어 유아가 그림책에 대하여 더욱 흥미를 가질 수 있도록 격려한다. 유아가 그림책과 이야기에 더욱 관심을 가지고

즐길 수 있도록 돕는 인형극, 그림자동화, 융판동화, TV동화, OHP동화 등 다양한 매체를 활용하여 동화를 들려준다.

(3) 그림책 읽어 주기의 방법

유아교육기관에서 유아들에게 그림책을 읽어 주기 위해서 교사는 다른 활동들과 마찬가지로, 선정된 그림책을 미리 읽고 충분히 이해한 후에 읽어 주어야 한다. 동화의 선정은 동화와 동시, 전래동화와 창작동화, 우리나라 동화와 외국 동화 등 다양한 동화를 선정하여 골고루 읽어 준다. 출판된 그림책의 경우 '큰 책'이 아니라면, 여러 명이 동시에 보기에는 책의 크기에 제한이 있으므로 가능하면 소집단으로 읽어 주는 것이 좋다. 그림책을 낱장식 그림동화, 융판동화, TV동화, OHP동화, PPT동화 등의 다양한 매체로 제작하여 들려줄 수도 있는데, 다른 매체로 동화를 들려줄 때에도 그림책을 읽어 줄 때와 같은 원칙을 염두에 두고 들려주는 것이 바람직하다.

유아교육기관에서 그림책을 읽어 주기 위해서는 다른 활동들과 마찬가지로 도입·전개·마무리 단계로 실시할 수 있다.

❶ 도입 단계

도입 단계는 그림책을 읽기 전에 이루어지는 활동으로, 유아들이 모두 제자리에 앉았는지 확인하고 손유희나 수수께끼, 이야기와 관련이 있는 간단한 소품 등으로 유아들의 주의를 집중시킨 후에 책의 제목, 표지 또는 주제 등에 대해서 이야기를 나누거나 예측해 보는 활동을 하는 단계다. 제목이나 표지의 삽화에 기초하여 무엇에 관한 이야기인지 예측하도록 하는 것은 유아가 책에 초점을 맞추고 앞으로 펼쳐질 내용에 대해 기대감을 갖도록 도와준다. 또한 교사에게는 유아의 사전 지식 정도를 알 수 있도록 해 준다. 이 과정에서 교사는 책의 작가와 삽화가에 관한 정보를 간단히 소개해 주어 유아로 하여금 책마다 작가와 삽화가가 있다는 것을 알게 해 준다.

❷ 전개 단계

교사는 천천히 책장을 넘기며 정확한 발음으로 책을 읽어 준다. 처음에는 천천히 읽기 시작하여 유아가 점차 이야기 세계로 빠져들면 속도를 높여도 좋다. 책에 제시된 어휘의 느낌과 등장인물의 감정을 최대한 살려서 읽어 주고, 유아들이 이야기를 들으면서 이야기에 반응하고 그것에 대해 이야기를 나눌 수 있도록 격려한다. 내용 중에 어려운 낱말이 있다면 유아들이 그 의미를 알 수 있도록 간단히 설명해 주고, 내용을 잘 이해하지 못하는 것이 분명하다면 다시 이야기를 해 준다. 그림을 충분히 보여 주면서 읽어 주고, 이야기 중에 반복되는 구절이 있다면 유아들도 함께 읽을 수 있는 기회를 제공해 준다.

❸ 마무리 단계

마무리 단계에서는 유아들과 함께 줄거리를 이해하고 기억하기 위해서 이야기의 내용을 말로 짧게 요약해 보고, 간단한 질문과 토론이 이루어질 수 있다. 교사는 동화의 내용에 대한 도덕적인 훈계나 질문을 피하고, 유아들이 자신의 느낌을 자유롭게 이야기할 수 있도록 "동화가 어땠니?" "어느 부분이 가장 흥미로웠니?" "네가 이 이야기의 주인공이라면 어떻게 했을까?"와 같은 개방식 질문을 주로 던져 주어 유아의 상상력과 창의력이 길러질 수 있도록 한다.

(4) 글 없는 그림책을 읽어 주는 방법

글 없는 그림책 읽기는 유아가 쓰인 글자를 읽느라 씨름해야 할 필요가 없기 때문에 유아들 자신의 언어로 이야기를 즐길 수 있고(Hopkins, 1979), 본문이 없기 때문에 유아가 작가의 메시지를 해석하는 데에도 아무런 제한을 받지 않는다. 세 살 유아는 세 살의 언어로, 열 살 어린이는 열 살의 언어로 이야기를 발전시킬 것이며, 성인이 보면 성인의 언어로 이야기를 구성할 수 있다(이상금, 1996).

교사가 유아와 글 없는 그림책을 보면서 제시할 수 있는 네 가지 질문이 있는데 (D'angelo, 1981; 서정숙, 남규, 2005에서 재인용), 유아가 질문에 대해 적절하게 반응을 하지 못할 때에는 교사가 적절한 반응을 보여 줌으로써 본보기 역할을 해 줄 수도 있다.

- "이 그림에는 어떤 것들이 있니?"라고 질문할 수 있다. 이 질문은 유아의 현재 어휘능력에 교사가 새로운 어휘를 추가할 수 있는 기회가 된다.
- "이 그림에서 무슨 일이 일어났지?"라고 질문할 수 있다. 이 질문은 그림에 있는 행위와 사건을 구와 문장으로 묘사하는 능력을 길러 준다.
- "다음에 어떤 일이 생길 것 같니?"라고 질문할 수 있다. 이 질문은 이야기를 예측하고 구성하는 능력을 길러 준다.
- "왜 그렇게 생각하니?"라고 질문할 수 있다. 이 질문은 유아가 이해한 사건, 행위 및 감정을 기초로 이야기를 추론할 수 있는 기회를 준다.

2) 낱장식 그림동화

낱장식 그림동화는 유아교육기관에서 많이 사용하는 동화 전달매체다. 요즈음에는 전자기기의 발달로 TV와 실물화상기를 연결하거나, 그림책을 스캔하여 PPT 자료로 만든 후 대집단활동시간에 유아들에게 아름다운 그림의 동화책을 쉽게 읽어 줄 수 있다. 하지만 비교적 최근까지도 작은 크기의 그림책을 있는 그대로의 크기로는 대집단 유아들에게 동시에 들려줄 수가 없어서 크게 확대하여 다시 옮겨 그린 후에 유아들에게 읽어 주었는데, 이를 낱장식 그림동화라고 한다. 즉, 낱장으로 그린 그림들을 순서대로 정리하여 교사가 그림과 함께 이야기를 들려주는 방법이다.

강한 자극을 주는 영상매체의 홍수 속에서 살고 있는 오늘날의 유아에게 낱장식 그림동화는 오히려 동화를 접하는 신선한 매체가 될 수도 있다. 낱장식 그림동화는 상업용으로 제작되어 판매되는 것을 이용할 수도 있으나, 여기서는 교사가 교육에 필요한 내용을 직접 제작하여 적절하게 활용하는 방법에 대해서 알아본다.

(1) 낱장식 그림동화의 제작

낱장식 그림동화는 유아들이 대집단활동으로 동시에 여러 명이 이야기를 들을 수 있도록 작은 크기의 그림책을 크게 확대하여 제작하는 것이므로 어떠한 동화라도 모두 제작이 가능하다고 볼 수 있다. 그러나 동화책의 그림이 매우 심미적이거나, 내용의 묘사가 정교하여 교사가 원작과 비슷하게 그려 내는 것이 무리라고 여겨지면, 다른 방법으로 보여 주는 것이 더욱 효과적일 수도 있다. 교사가 낱장식 그림동화를 제작하고자 할 때에 그림책을 있는 그대로 크기만 크게 옮겨 똑같이 그릴 수도 있고, 필요한 부분을 적절히 선택하여 간략하게 그림으로써 유아의 발달수준에 적합하게 제작할 수도 있다. 낱장식 그림동화의 제작 과정은 다음과 같다.

❶ 낱장식 그림동화로 제작할 그림책을 선정하고 여러 차례 읽은 후, 크게 확대하여 그릴 장면과 이야기를 선택한다. 낱장식 그림동화의 분량은 연령에 따라 차이가 있으나 표지를 포함하여 10~15장 정도가 적당하다. 이때 한 장면에 해당되는 이야기의 길이를 잘 조절하여 한 장면에 너무 짧은 이야기가 배정되거나 반대로 너무 긴 이야기가 배정되어 유아가 지루함을 느끼지 않도록 주의한다.

❷ 4절 크기의 두꺼운 마분지나 하드보드지를 준비하여 밑그림을 스케치한 후, 작품의 내용이나 분위기에 맞는 채색방법을 선정하여 색칠을 한다. 동화의 분량이 길어 10장 이상이 될 때에는 그림동화 전체의 무게가 무거워져서 교사가 동화를 들고 읽어 주기에 힘이 들 수도 있으므로 너무 두꺼운 종이는 가급적 피한다. 글자를 배우고 있는 유아이므로 동화의 제목은 정자로 크게 써 주고 작가와 삽화가의 이름도 함께 써 준다.

❸ 동화 내용 중에 재미를 더할 수 있도록 벨크로테이프나 자석을 이용하여 입체적으로 표현하거나, 움직임이 필요한 부분에서는 적절한 방법으로 움직임을 표현해 줄 수도 있다.

❹ 그림을 모두 완성한 후에는 뒷면에 페이지를 표기하고, 제목이 적혀 있는 제일 첫 장에 그다음 장의 그림에 해당하는 줄거리를 적는다. 이어서 두 번째 장의 뒷면에는 세 번째로 보여 줄 장면에 해당하는 동화 내용을 적는 식으로 한 페이지씩 밀려서 내용을 기록한다. 동화 내용을 적을 때에는 교사가 들고 읽어 주기 편리하도록 가급적 윗부분에 적는 것이 좋다.

〈표 9-3〉 낱장식 그림동화의 움직임 표현방법

표현 도구	만드는 방법
낚싯줄	• 낚싯줄을 이용하여 움직임을 표현하는 경우는 등장인물이 직선으로 움직일 때 이용할 수 있다. • 움직임이 필요한 장면의 밑 배경을 그린다. • 움직임이 필요한 등장인물을 따로 그려서 오린다. • 움직임이 필요한 배경 그림의 양쪽 끝에 작은 구멍을 뚫고 낚싯줄을 끼워 연결한다. • 등장인물의 뒷면을 낚싯줄에 고정시킨다. • 낱장 그림동화의 뒷면에서 줄거리에 맞추어 낚싯줄을 이리저리 잡아당겨서 등장인물을 움직인다.
할핀	• 할핀을 이용하여 움직임을 표현하는 경우는 등장인물이 직선과 곡선으로 움직일 때 모두 이용할 수 있다. • 움직임이 필요한 장면의 밑 배경을 그린다. • 움직임이 필요한 등장인물을 따로 그려서 오린다. • 움직임이 필요한 배경 그림의 부분에 가늘게 칼집을 내어 오려 낸다. • 등장인물에 할핀을 고정시킨 후, 칼집을 낸 배경에 끼운다. • 낱장 그림동화의 뒷면에서 줄거리에 맞추어 할핀을 끼운 등장인물을 칼집을 낸 틈 사이로 움직이며 동화를 들려준다.
자석	• 움직임이 필요한 장면의 밑 배경을 그린다. • 움직임이 필요한 등장인물을 따로 그려서 오린다. • 등장인물의 뒷면에 자석을 고정시키고, 배경그림의 뒷면에도 자석을 맞대어서 뒷면의 자석을 움직이며 동화를 들려준다. • 뒷면에서 움직임을 조종하는 자석은 등장인물에 고정시키는 자석보다 자력이 더 센 것으로 해야 잘 움직인다.

털실을 이용하여 등장인물 움직이기

낚싯줄을 이용하여 등장인물 움직이기

칼집을 내어서 등장인물 움직이기

뒷면에 자석을 부착하여 등장인물 움직이기

움직임을 표현하며 동화를 들려주는 모습

[그림 9-1] 낱장식 그림동화의 움직임 표현방법의 예

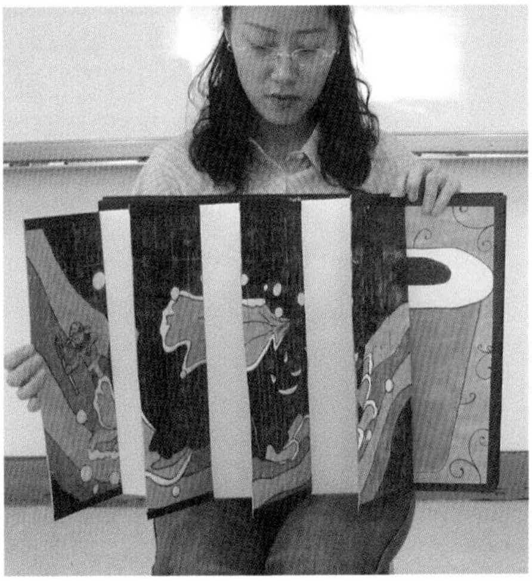

팝업식 입체 표현

[그림 9-2] 입체적으로 표현한 낱장식 그림동화의 예

(2) 낱장식 그림동화의 제시

낱장식 동화의 제시 전에는 반드시 동화가 순서대로 잘 정리되어 있는지 확인한다. 그리고 학급의 모든 유아가 잘 볼 수 있고, 집중해서 들을 수 있는 적당한 위치를 택하여 교사가 낮은 의자에 앉아 동화를 무릎에 올려놓고 들려준다. 그림을 너무 높이 들어 올려서 교사의 얼굴이 가려 유아가 잘 알아듣지 못하는 경우가 없어야 한다. 동화를 들려주는 동안 동화 내용과 관련된 중요한 부분의 그림을 교사가 손으로 가리지 않도록 주의하며 들려준다. 또 동화의 내용은 그림의 뒷면에 제시되어 있는 내용을 교사 자신의 언어로 만들어 유아의 반응을 살피면서 들려준다. 동화를 한 번 다 들려주고 난 후에는 그림만 다시 차례대로 보여 주며 유아들이 줄거리를 회상해 볼 수 있도록 한다.

낱장식 그림동화를 들려주는 모습

[그림 9-3] 낱장식 그림동화

3) TV동화

TV동화 혹은 그림극식 동화는 TV 모양의 상자와 같은 틀을 이용해서 그림을 보여 주며 이야기를 들려주는 것이다. 사용되는 그림이 낱장식 그림동화인 경우에는 TV동화 틀에 그림을 끼워 놓고 옆이나 위쪽으로 그림을 한 장씩 뽑아내면서 이야기를 해 주고, 두루마리에 그림을 그린 경우에는 그림을 TV 상자에 고정시키고 한쪽에서 다른 쪽 방향으로 종이를 감아 가면서 동화를 들려준다. TV를 닮은 입체적인 상자는 유아의 관심을 끌 수 있고, 두루마리식 동화는 한 장면 한 장면이 끝날 때마다 그림이 한쪽 방향으로 감겨 들어가므로 유아가 재미있어한다.

(1) TV동화의 제작

TV동화로 제작하기에 적합한 동화의 조건은 낱장식 그림동화와 같아서 어떠한 동화라도 모두 제작이 가능하다고 할 수 있다. TV동화는 먼저 TV 모양의 틀을 만든 후, TV동화틀 속에 넣어서 들려줄 동화를 만들고 틀에 끼워 들려주면 된다.

두루마리식 TV동화의 제작 과정은 다음과 같다.

❶ TV동화틀은 상품화된 것을 구매하여 사용할 수도 있으나, 교사가 제작을 하는 경우에 이야기를 듣는 유아의 집단 크기에 따라 다양하게 만들 수 있다. 일반적인 TV 상자의 크기는 4절지 정도의 다소 큰 크기가 이용되는데, 이는 미리 제작해 놓은 낱장식 그림동화를 활용할 수도 있고, 대집단활동에 적합하기 때문이다.

❷ TV동화틀은 두꺼운 상자나 하드보드지를 이용하여 원하는 크기로 제작한다. 화면이 될 부분은 적당한 크기로 잘라 내는데, 상자의 테두리로부터 사방 5cm 정도 안쪽을 잘라 낸다. 상자의 윗면에는 화면의 약간 바깥 부분에 두루마리 그림동화를 고정시킬 축을 세울 수 있도록 원형의 구멍을 두 개 뚫는다. 구멍에서 수직으로 내려온 바닥 지점에는 나중에 동화의 화면이 잘 전환되도록 밑면에서 1~2cm 정도 올려서 축을 고정시킬 수 있는 장치를 만든다.

❸ 상자의 양쪽 원형 구멍에 꽂을 원형 막대를 두 개 준비하는데, PVC나 두꺼운 종이막대가 가벼워서 좋다. 막대의 길이는 상자의 높이보다 5cm 정도 더 길어야 손잡이가 되어서 교사가 동화를 돌려 가며 읽어 줄 수 있다.

❹ 그림을 그릴 종이는 화면의 크기보다 약간 큰 것이어야 하고, 두루마리식으로 감아서 이야기를 들려주어야 하므로 너무 두꺼운 종이를 사용하면 곤란하다. 그림을 모두 그린 후에는 한쪽 방향에서부터 동화의 제목, 첫째 장면, 둘째 장면 등의 순서로 이어 붙여서 연결한다.

❺ 동화 내용은 해당 장면의 뒷면에 미리 적어 두어 장면을 넘겨 가면서 읽어

준다. 해당 장면의 내용을 적을 때에는 읽어 주기 수월하도록 되도록이면 아래쪽에 적는 것이 좋다. 또한 뒷면에 장면과 장면이 연결되는 곳에 표시를 해 두어 교사가 이야기를 들려줄 때 한 화면이 정확하게 TV 화면의 위치에 맞춰 자리 잡도록 한다.

(2) TV동화의 제시

TV동화를 제시할 때의 주의사항은 다음과 같다.

- 교사는 동화를 들려주기 전에 동화를 미리 여러 번 읽어서 동화의 내용을 충분히 이해한 후에 들려준다.
- TV동화를 들려주기 위해서는 전체 유아들이 모두 볼 수 있는 위치와 거리, 높이를 고려하여 TV동화틀을 배치한다.
- 교사의 얼굴이 TV동화틀에 가려지지 않도록 하고, 유아들과 시선을 마주하고 유아들의 반응을 살펴가며 이야기를 들려준다.
- 낱장식 그림동화와 같이 그림만 다시 보여 주고 싶을 때에는 유아들이 보는 앞에서 거꾸로 감으면 기다리는 동안 지루해할 수 있으므로 TV동화틀을 그림이 보이지 않는 상태에서 돌려 감은 후에 처음부터 다시 보여 준다.

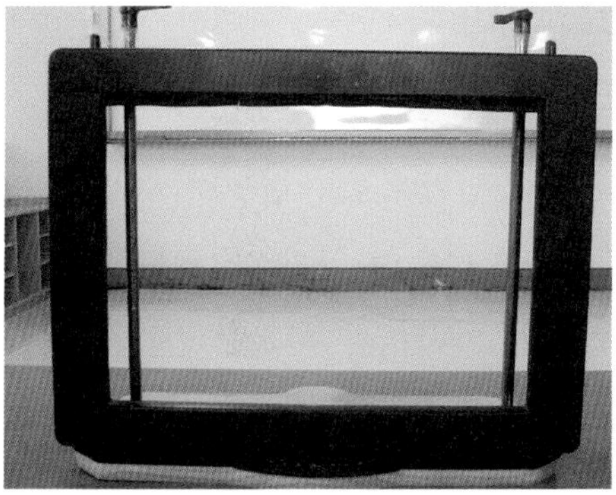

TV동화틀

TV동화틀에 부착하기 전의 두루마리 그림

TV동화를 들려주는 모습

[그림 9-4] TV동화

4) 융판동화

융판은 유아교육기관에서 동화와 동시, 이야기 나누기, 게임 등과 같은 대집단 활동 시에 가장 빈번하게 활용되는 매체다. 대부분의 교실에는 한 면에 융판이 있고, 다른 한 면에는 자석판이 있는 게시대가 있어서 교사와 유아들이 손쉽게 다양한 자료를 사용할 수 있다. 융판동화는 교사가 미리 이야기를 외워 구연으로 이야기를 들려주면서, 배경이나 등장인물을 각각 따로 만들어 필요한 부분에서 융판 위에 붙이거나 떼어 내면서 이야기를 들려주는 방법이다.

(1) 융판동화의 제작

융판동화로 제작하기에 적합한 동화는 배경이 단순하고, 등장인물의 수가 적으며, 내용 중에 점차로 첨가 또는 삭제되는 부분이 있거나 어떤 한 가지 요소는 고정되어 있고 다른 요소들은 계속해서 변화하는 내용이 있는 동화가 적합하다. 융판동화에 적합한 동화의 예로는 『커다란 무』 『집을 팝니다』 『아빠 해마 이야기』 『사과가 쿵!』 『누가 내 머리에 똥 쌌어?』 등이 있다.

융판동화의 제작 과정은 다음과 같다.

❶ 융판동화에 적합한 동화를 선정한 후, 꼭 필요한 등장인물과 배경을 정한다. 동화 속에 등장하는 모든 배경과 등장인물을 제작할 필요는 없다.

❷ 등장인물을 어떤 소재로 만들 것인지 결정한다. 종이나 부직포, 헝겊 등 동화의 분위기에 어울리는 다양한 소재를 활용하여 평면이나 입체로 다양하게 만들 수 있다.

❸ 융판자료는 학급 전체의 유아들이 잘 볼 수 있도록 충분히 크게 만드는데, 각 학급이 소유하고 있는 융판의 크기와 색깔도 미리 고려해야 한다. 대부분 영아반의 경우 한 학급당 영아의 수가 많지 않고, 영아의 눈높이도 낮으므로 융판의 크기가 작은 편이어서 융판에 붙이는 자료의 크기도 상대적으로 작게 만들어야 한다. 융판의 색이 초록인 경우에는 그 위에 붙이는 등장인물에 초록색을 사용할 때에 주의해야 하고, 청색인 경우에는 청색의 사용에 주의를 기울여야 등장인물의 색이 살아나 눈에 잘 띌 수 있다. 또한 등장인물들 간의 비율도 고려하여야 하는데, 예를 들면 코끼리보다 더 큰 쥐를 만드는 것은 곤란하다.

❹ 이야기의 줄거리나 대화하는 인물에 따라 등장인물의 얼굴 방향을 고려하여 제작하여, 등장인물이 서로 대화를 하고 있는데 등을 돌리고 있다거나 같은 방향을 바라보는 장면이 연출되어서는 안 된다.

❺ 융판자료는 동화의 등장인물을 각각 그림으로 그려서 오린 후, 뒷면에 벨크

로테이프를 붙인다. 벨크로테이프를 붙일 때에는 이야기 도중 등장인물을 융판에서 떼어 내도 벨크로테이프만 융판에 남아 있지 않도록 단단하게 붙인다.

❻ 등장인물의 뒷면에 제시되는 순서대로 번호를 매긴다. 여러 번 등장하는 경우에는 등장하는 순서를 모두 차례대로 적는다.

❼ 유아의 문자언어 발달을 위해 이야기의 제목과 지은이를 적당한 크기로 만들어 제시해 준다.

(2) 융판동화의 제시

융판동화를 제시할 때의 주의사항은 다음과 같다.

- 동화의 순서가 제대로 되어 있는지 확인하고 여러 번 등장하는 인물의 경우에 특별히 주의한다.
- 융판은 학급의 모든 유아가 잘 볼 수 있는 위치에 배치하고, 교사는 자신의 어깨가 융판보다 살짝 뒤로 놓이는 위치에 낮은 의자를 놓고 앉아 몸이나 팔로 융판을 가리는 일이 없도록 노력한다.
- 교사는 동화를 충분히 외워서 자신의 것으로 만들어 천천히 들려준다. 자료를 떼었다 붙였다 하는 시간이 필요하므로 동화를 너무 빨리 들려주면 유아가 혼란스러워할 수 있다.
- 고정된 자료는 교사로부터 먼 쪽에 붙이고, 자주 떼었다 붙였다 하는 자료는 교사의 가까운 쪽에 있는 공간을 활용한다. 진행되고 있는 이야기와 관련이 없는 자료는 유아의 주의집중에 방해가 될 수 있으므로 바로 떼어 낸다. 융판에 붙어 있는 자료의 수가 너무 많으면 오히려 유아가 산만해질 수 있으므로 반드시 필요한 자료만 붙여 가며 이야기한다.
- 다 들려주고 난 뒤에는 동화를 교실의 흥미영역에 비치해 주어 유아들이 교사가 들려준 이야기에 기초하여 스스로의 이야기를 구성해 볼 수 있도록 격

려해 준다.

- 융판동화는 낱개로 구성되어 있어서 보관에 특별히 주의를 기울여야 한다. 다음번 활용을 위해서는 동화의 제목과 내용, 그림 조각의 개수를 적어 융판동화자료와 함께 보관해 두는 것이 좋다.

융판동화를 들려주는 모습

[그림 9-5] 융판동화

5) 자석동화

자석동화는 융판동화와 마찬가지로 교사가 미리 이야기를 외워 구연할 때 사용하는 매체인데, 배경이나 등장인물을 각각 따로 만들어 필요한 부분에서 철판 위에 붙였다 떼었다 하면서 이야기를 들려주는 방법이다. 자석동화의 제작과 제시 과정은 융판동화와 거의 같으나, 그림의 뒷면에 자석을 붙여서 철판에 붙였다 떼었다 하며 이야기를 들려준다. 자석동화는 융판동화와 달리 움직임의 효과를 낼 수 있고, 여러 겹을 덧붙여서 재미를 더할 수도 있다.

(1) 자석동화의 제작

융판동화와 마찬가지로 자석동화로 제작하기에 적당한 동화는 새로운 요소들이 누적적으로 첨가 또는 삭제되는 것, 한 요소는 고정되어 있고 다른 요소들이 계속해서 변화하는 동화다. 자석동화의 제작 과정은 융판동화와 거의 같고, 자료의 뒷면에 벨크로테이프 대신에 자석을 붙여서 철판에 붙였다 떼었다 하면서 동화를 들려주는 점이 다르다. 자석동화를 제작할 때 특별히 주의할 점은 뒷면에 붙이는 자석의 크기나 세기인데, 그림에 비해 너무 작은 자석이나 자력이 약한 자석을 이용하면 동화를 들려줄 때 등장인물이 철판에 잘 붙지 않고 밑으로 흘러내려 버리는 수가 있다. 또한 엄마가 아기를 업어 주는 것과 같은 장면이 있는 경우에는 한 자료 위에 다른 자료를 덧붙일 수가 있는데, 이때 자석의 양극을 잘 고려하여 서로 밀쳐 내는 일이 없도록 신경을 써야 한다. 동화의 배경을 표현해 주고 싶다면 큰 종이에 배경을 그림으로 그려서 철판 위에 가장 먼저 붙여 놓고 그 위에 등장인물을 차례로 덧붙여 가며 이야기를 들려줄 수도 있다.

(2) 자석동화의 제시

자석동화의 제시방법은 융판동화와 거의 같지만, 자석동화의 장점을 살려서 등장인물의 움직임을 표현해 주거나, 등장인물을 여러 겹 덧붙여서 표현할 수 있기 때문에 유아에게 재미를 더해 줄 수 있다. 그리고 자석동화의 변형으로 일상생활에서 흔히 사용되고 있는 큰 크기의 양철통을 철판 대신 사용하여 소집단으로 동화를 들려줄 수도 있는데, 이를 깡통동화라고 한다.

자석동화 자료의 앞면

자석동화 자료의 뒷면

[그림 9-6] 자석동화

깡통을 배경판으로 이용한 경우

등장인물을 깡통에 그린 경우

깡통동화를 들려주는 모습

[그림 9-7] 깡통동화

6) 앞치마동화

앞치마동화는 융판동화의 변형으로 융판 대신에 융천이나 부직포로 앞치마를 만들어 교사가 앞치마를 착용하고 앞치마 위에 등장인물을 붙였다 떼었다 하면서 동화를 들려주는 것이다. 앞치마동화는 융판동화에 비해서 유아의 주의집중도가 높고, 융판이 없어도 동화를 들려줄 수 있으므로 교실이 아닌 야외에서도 이용할 수 있는 장점이 있다.

(1) 앞치마동화의 제작

앞치마동화에 적합한 동화의 선정은 융판동화나 자석동화와 동일하다. 앞치마동화를 위해서는 먼저 앞치마를 제작하여야 한다. 앞치마의 색은 선정한 동화의 배경 색을 사용하면 좋다. 동화의 배경이 바닷속이라면 파란색, 숲속이라면 초록색을 사용할 수 있다. 앞치마의 앞이나 안쪽에는 큰 주머니를 만들어서 등장인물을 넣었다 뺐다 하며 이야기를 들려줄 수 있도록 하는데, 이야기를 모두 마친 후에는 주머니에 자료를 모두 넣어 보관할 수도 있다. 또한 앞치마에 달린 주머니에 융판자료를 정리하면 유아에게 보여 줄 자료를 미리 노출시키지 않으므로 유아의 주의집중에도 도움이 된다. 앞치마를 제작하고 난 후에는 앞치마의 크기와 색을 고려하여 등장인물을 만들고, 필요한 장면에서는 추가로 손인형이나 막대인형을 만들어 함께 사용할 수도 있다.

(2) 앞치마동화의 제시

앞치마동화의 제시방법은 융판동화와 거의 같다. 교사가 너무 알록달록한 의상을 입고 동화를 들려주면 앞치마 위의 자료들과 섞여서 혼란스러워 보일 수 있으므로 앞치마동화를 들려주기 위해서는 단색의 의상을 입는 것이 좋다. 또한 앞치마의 천이 얇을 경우에는 교사의 옷이 비쳐서 어지러울 수 있으므로 교사는 흰색의 옷을 입는다.

앞치마와 등장인물

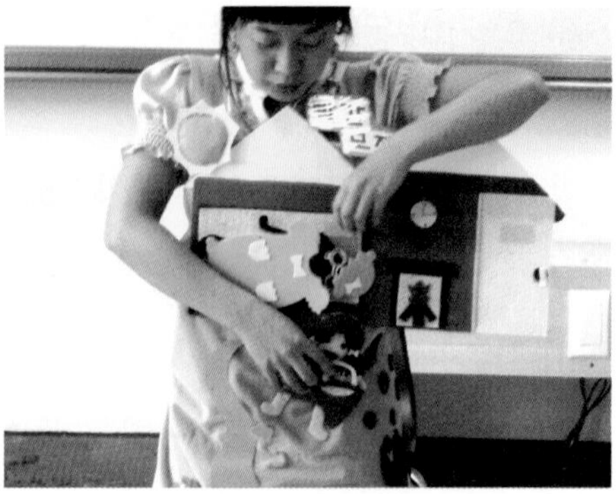

앞치마동화를 들려주는 모습

[그림 9-8] 앞치마동화

7) OHP동화

OHP란 Over Head Projector(투시물 환등기)의 줄임말이고, OHP동화는 투명한 아세테이트지(Transparency: TP) 위에 유성펜으로 그림을 그려 이를 OHP에 비추며 동화를 들려주는 것이다. OHP동화는 암막 시설이 없는 밝은 곳에서도 선명한 색을 볼 수 있으므로 장소에 구애를 받지 않고 활용할 수 있으며, 그림을 커다란 스크린에 비추며 동화를 들려주기 때문에 유아의 흥미를 유발할 수 있다. 또한 투명한 자료 위에 그림을 그려서 빛을 투과하는 것이므로 여러 겹을 덧붙여서 겹치게 표현하거나 빛을 차단해서 보이지 않게 하는 효과를 낼 수 있다.

(1) OHP동화의 제작

OHP동화에 적합한 동화는 새로운 요소의 첨가나 삭제가 있는 동화, 한 요소는 그대로이고 다른 요소가 계속해서 변화하는 동화, 색깔을 겹쳐서 새로운 색을 만드는 효과를 볼 수 있는 동화 등이다. 적절한 동화의 예로는 『파랑이와 노랑이』『아낌없이 주는 나무』『커다란 무』『작은 집 이야기』『색깔 도깨비』 등이 있다. OHP동화의 제작 과정은 다음과 같다.

❶ 동화를 선정한 후, 몇 장으로 그릴 것인지 정한다.

❷ TP 위에 유성펜으로 이야기의 장면을 그린다. 색칠할 때 색끼리 서로 맞닿아 번지지 않도록 하기 위해서는 흰 종이에 밑그림을 그린 후에 이를 TP에 복사하여 색칠을 하거나, TP에 바로 밑그림을 그리고 색칠은 뒤집어서 뒷부분에 하는 방법이 있다. 면이 넓은 부분을 색칠해야 하는 경우에는 투명 컬러 접착지, 셀로판지 등을 이용할 수 있다.

❸ TP 자료의 매력은 자료를 겹쳐서 표현할 수 있으므로 동화를 제작할 때 이를 효과적으로 활용한다. 같은 배경에 여러 명의 등장인물이 순서대로 등장하거나, 겹치는 경우에는 순서를 잘 기록해 놓아야 한다.

❹ TP 자료가 완성되면 마운트나 딱딱한 마닐라지를 적당히 잘라서 테두리를 만들어 붙인다. 마운트나 마닐라지로 테두리를 만들어 붙이지 않으면 동화를 들려줄 때 TP끼리 달라붙어서 잘 떨어지지 않고 지저분해지며, 동화 내용을 메모할 공간이 없으므로 반드시 만들어 붙이도록 한다.

❺ 동화의 내용에 따라 아이디어를 잘 활용하면 한 개의 마운트로 제목부터 시작하여 여러 장면을 겹쳐서 연출할 수 있으므로 동화의 제작이 용이하고 경제적이다. 이때 한 장의 마운트 위에 겹치는 여러 자료의 순서를 번호대로 차례로 적어 두어, 동화를 들려주면서 순서를 틀리는 일이 없도록 한다. 그러나 한 개의 마운트에 너무 많은 등장인물을 붙여 놓으면 교사가 순서를 혼동하거나 그림들끼리 서로 엉킬 수가 있으므로 유의한다. 모든 TP 자료는 제시 순서에 따라서 번호를 매긴다.

❻ TP 자료를 제작하다가 틀리는 경우에는 소독용 알코올이나 아세톤을 이용하여 수정하거나, 완전히 마른 후에 지우개로 지운다.

❼ 보관할 때에는 TP 자료끼리 달라붙는 것을 피하기 위하여 각 장면의 사이사이에 종이를 끼워서 보관한다.

❽ OHP동화를 만드는 다른 방법으로, 그림책의 그림을 스캔한 후에 프린트용 OHP필름을 넣고 인쇄하여 편리하게 제작할 수도 있다.

(2) OHP동화의 제시

OHP동화를 제시할 때의 주의사항은 다음과 같다.

- OHP를 투시할 수 있도록 스크린을 준비하고, 유아들을 스크린 길이의 2~3배 정도 거리에 떨어져 앉힌다. OHP용 스크린이 없는 경우에는 흰 헝겊, 흰색 전지, 흰 비닐 등을 대신해서 사용할 수 있다. 또 OHP가 없는 경우에는 실물화 상기에 TP 자료를 올려놓고 동화를 들려줄 수 있다.
- 첫 장면의 TP 자료를 OHP의 유리판 위에 올려놓고 미리 펼쳐서 준비해 놓고 OHP를 끈 상태에서 유아의 주의를 집중시킨 후에 OHP의 스위치를 켠다. TP 자료를 올려놓지 않은 상태에서 OHP를 켜면 빛이 너무 강렬하여 유아의 눈이 부실 수 있으므로 반드시 TP 자료를 올린 후에 스위치를 켠다.
- 준비한 순서대로 TP 자료를 겹치거나 가리는 방법으로 차분히 조작하면서 동화를 들려준다. 이때 교사는 이야기를 미리 충분히 읽어 두어 자연스럽게 들려주어야 하는데, 책을 옆에 두고 읽거나 마운트에 적어 둔 내용을 읽느라 유아의 반응을 살피지 못하면 유아의 흥미가 반감되므로 주의한다.
- 필요한 경우에는 이야기 도중에 즉석에서 TP 자료에 직접 그림을 그려 넣을 수 있고, 작은 막대인형을 이용하여 등장인물을 움직이게 할 수도 있다.

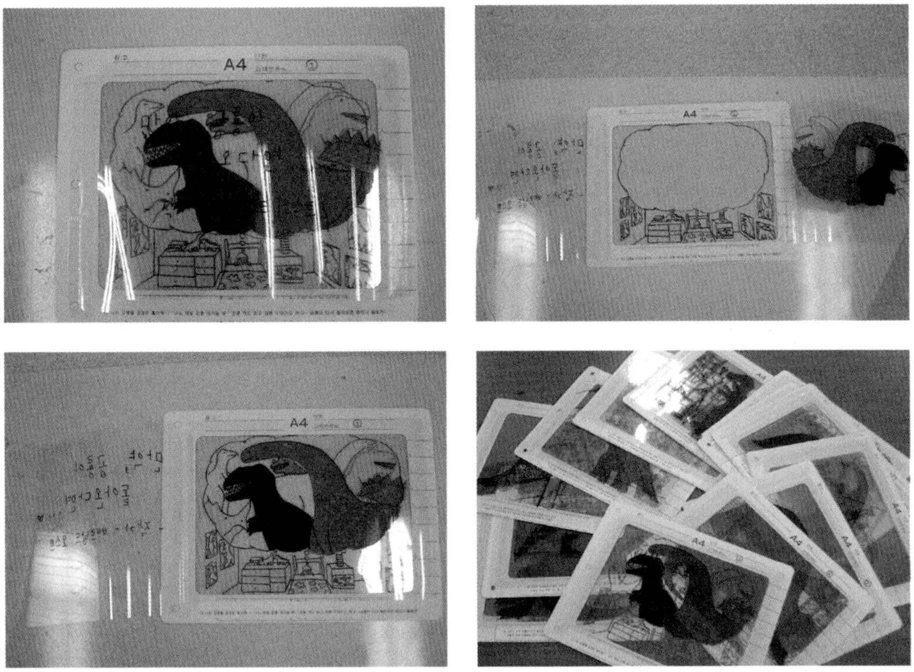

[그림 9-9] OHP동화

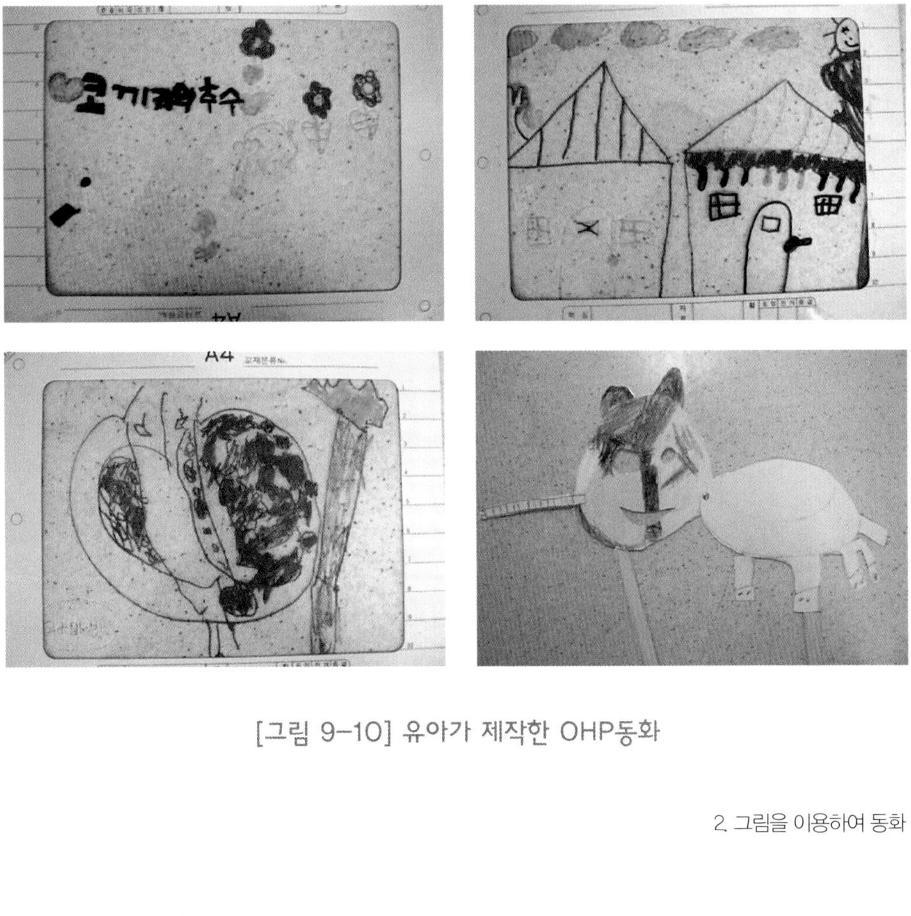

[그림 9-10] 유아가 제작한 OHP동화

OHP와 동화자료

OHP동화를 들려주는 모습

[그림 9-11] OHP동화를 들려주는 모습

8) PPT동화

PPT동화는 칼데콧상이나 케이트 그린어웨이상을 수상한 동화와 같이 삽화가 아름답고 특별한 동화들을 크게 확대하여 들려주고자 할 때 이용할 수 있는 매체다. 그림책의 그림을 스캔하여 컴퓨터에 저장한 후, 이를 다시 파워포인트(Powerpoint: PPT)로 제작한 동화다. PPT동화는 그림책의 크기가 작아 대집단으로 들려주기 어렵거나 그림이 너무 아름다워서 다른 매체로 제작하는 것이 오히려 비효과적일 때 활용할 수 있다.

(1) PPT동화의 제작

PPT동화의 제작 과정은 다음과 같다.

❶ 동화를 여러 번 읽고 줄거리를 중심으로 장면을 선정하여 스캔한 후 컴퓨터에 저장한다. 이때 제목이 담긴 앞표지와 이야기의 여운을 느낄 수 있는 뒤표지, 면지와 속표지가 작가 나름대로 독특하게 디자인된 그림책이라면 면지와 속표지도 함께 스캔하여 저장한다.

❷ 저장된 그림들로 PPT동화를 만들기 전에 수정이 필요한 장면은 포토샵 프

로그램을 이용하여 적절하게 수정한다. 수정이 필요한 경우는 다음과 같다.

• 한 장면이 너무 커서 한 개의 파일로 저장되지 않은 경우에는 두 개의 파일로 나누어서 각각 저장한 후에 이를 합하여 한 개의 파일로 수정한다.

포토샵에서 그림을 수정할 때에 주로 사용하는 도구들

• 사각형 선택 윤곽도구: 각 파일을 열고 필요한 부분을 복사한다. 새 파일의 폭과 높이를 조정하여 붙여 넣기를 한다.
• 이동도구: 붙여 넣기를 한 각 파일의 위치를 원하는 위치로 이동하여 조정한다.

• '복제 도장도구'를 사용하여 배경을 수정한다. 이때 동화에 나타난 글을 화면에 제시하고 싶지 않을 때에는 주변 배경을 활용하여 글자를 없앤다.
• 등장인물을 입체적으로 표현하고자 한다면 등장인물만 따로 오려 내어 파일을 만든다.
• 등장인물이 없는 부분은 '복제 도장도구'를 이용하여 주변 배경을 활용하여 꾸민다.

❸ 저장된 그림파일을 PPT의 슬라이드에 그림책의 순서와 똑같이 앞표지→면지→속표지→줄거리→뒤표지의 순으로 한 장씩 차례로 삽입한다.

❹ 움직임을 표현하고자 할 때에는 PPT 프로그램 내의 사용자 지정 애니메이션을 이용하여 움직이는 장면을 적절히 연출한다.

❺ PPT동화의 경우에 약간 어두운 곳에서 동화를 들려주어야 화면을 선명하게 볼 수 있으므로 동화의 내용을 녹음하여 들려주는 것이 좋은데, 녹음을 하고자 할 때에는 각 장면에 해당하는 동화 내용을 녹음하여 각각의 파일로 만든다. 동화를 녹음하는 방법은 다음과 같다.

• 컴퓨터에 연결 가능한 마이크 또는 마이크가 부착된 헤드셋을 이용하여 녹음한다.

• 컴퓨터 왼쪽 하단에 있는 '시작' 버튼을 가장 먼저 클릭한 후 보조프로그램, 녹음기의 순으로 실행한다. 즉, [시작] - [보조프로그램] - [녹음기]를 실행하여 파일로 저장한다.
• 효과음이 필요한 장면에서는 효과음도 함께 녹음한다.

❻ 녹음된 파일은 각 장면에 '자동실행'으로 삽입한다.

❼ PPT동화 자료와 녹음파일은 반드시 같은 폴더 내에 저장한다. 녹음파일을 다른 위치에 저장할 경우 녹음 내용이 나오지 않을 수 있으므로 반드시 유의한다.

(2) PPT동화의 제시

PPT동화를 제시할 때의 주의사항은 다음과 같다.

• 스크린과 빔 프로젝터(beam projector) 또는 TV와 컴퓨터를 연결하여 PPT동화를 들려준다. 유아의 시력 보호를 위해서 유아와 스크린과는 일정한 거리를 둔다.
• 유아들을 주의집중시킨 후에 실내를 약간 어둡게 하고 준비한 PPT동화를 들려준다.

PPT동화를 들려주는 모습

[그림 9-12] PPT동화

9) 블록동화

블록동화는 정육면체나 직육면체의 블록을 여러 개 이용하여 블록의 위치를 변화시키면서 차례로 그림의 장면을 바꾸어 이야기를 전달하는 동화다. 낱개의 블록이 접히거나 펼쳐지면서 새로운 장면이 연출되므로 유아들은 마치 마술을 보는 듯한 즐거움을 느낀다.

(1) 블록동화의 제작

블록동화의 제작 과정은 다음과 같다.

❶ 블록동화는 정육면체나 직육면체를 이용하므로 기본적인 장면의 수가 6장으로 구성된다. 장면을 더 추가하고자 할 때에는 벨크로테이프나 펼친 그림, 별도의 작은 상자 등을 이용할 수 있다. 그러나 낱개의 그림들을 일일이 맞추어 이야기를 이어 나가야 하는 어려움이 있으므로 6~8장면을 넘지 않는 것이 좋다.

❷ 동화를 정한 후에 필요한 장면의 수를 정하고, 원하는 장면을 초안으로 그린다.

❸ 동화에 적합한 블록의 크기와 개수를 정한다.

❹ 동화의 한 장면이 될 합쳐진 블록의 크기에 맞추어 그림을 그린다.

❺ 완성된 그림을 블록의 한 면에 맞도록 4~6등분한다.

❻ 자른 그림을 블록의 각 면에 붙이는데, 이때 한 장면의 그림이 다른 장면과 섞이지 않도록 주의해서 붙인다.

❼ 동화를 모두 완성한 후에는, 시간이 흐른 뒤에도 조작방법을 잊지 않도록 첫 장면부터 마지막 장면까지 차례로 맞추어 가며 완성된 각 장면에 작은 숫자나 모양으로 표시를 해 두고, 매 장면마다 사진을 찍어 놓는다.

(2) 블록동화의 제시

블록동화는 블록의 여섯 면에 각각 그림을 그려 넣은 후, 4~6개의 블록을 상하, 좌우로 돌려서 그림을 맞추어 가며 이야기를 들려주는 방식이므로 교사가 동화의 줄거리를 완전히 이해하고 이와 더불어 블록을 조절하는 순서도 정확히 알고 있어야 한다. 교사는 블록의 조절이 능숙하게 될 때까지 많은 연습을 해야만 한다.

첫 번째 장면

두 번째 장면

여러 장면을 구성하고 있는 블록

블록동화를 보관하기 위한 상자
(상자의 면을 동화장면으로
활용할 수도 있음)

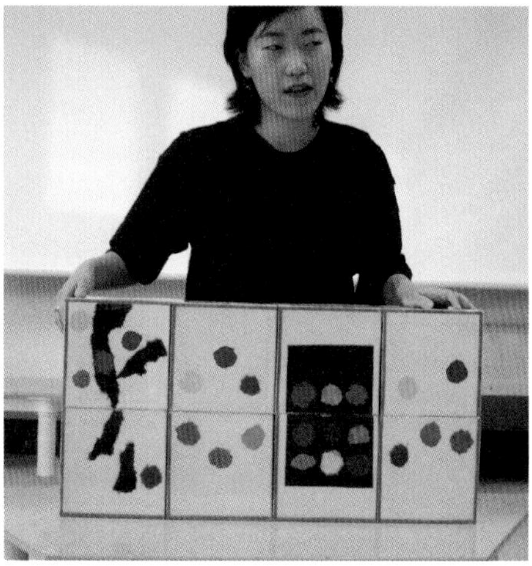

블록동화를 들려주는 모습

[그림 9-13] 블록동화

3. 인형을 이용하여 동화 들려주기

인형은 유아가 가장 친밀감을 느끼는 놀잇감 중의 하나이며, 학습에 활용할 경우에 흥미와 동기를 쉽게 유발하고 오랫동안 주의집중하게 하고 상상력과 창의력을 자극하는 매체다. 인형은 다양한 소재로 꾸며진 입체물로서 유아의 신체나 언어 발달에 도움이 되며, 인형의 제작이나 활용 시 교사뿐만 아니라 유아도 직접 참여하여 제작하고 극놀이에도 참여할 수 있는 교수매체다(김세희, 박남숙, 1998).

인형극의 종류는 어떠한 관점에서 보느냐에 따라 학자마다 다양하게 분류하고 있는데, 입체인지 또는 평면인지, 위에서 조작하는지 또는 아래에서 조작하는지, 인형 자체를 보는지 또는 그림자를 이용하는지에 따라서 분류할 수 있다(이상금, 장영희, 2001). 즉, 인형의 조작방법, 재료, 사용 장소, 인형의 형태, 조정 위치 등에 따라서 분류할 수 있다. 여기서는 유아교육 현장에서 주로 많이 사용되고 있는 손인형극, 막대인형극, 테이블인형극, 그림자인형극, 탈인형극 등에 대해서 간략히 알아보고자 한다. 유아교육기관에서의 인형극은 전문적인 공연을 목적으로 한 것이 아니므로 아주 정교하게 제작하지 않아도 되며, 인형이 움직이기 쉽고 다루기도 쉬워야 한다. 또한 유아들도 일과활동 중에 쉽고 간단한 인형을 만들어 극화활동을 해 볼 수 있다.

인형극을 실시하기 위해서는 문어체로 작성된 동화의 줄거리를 등장하는 인형들의 대화체로 바꾸는 작업이 필요하다. 인형극의 이야기 전개는 인형을 조작하면서 동시에 직접 대사를 하는 것이 일반적이지만 유아를 위한 인형극일 때에는 교사가 인형을 조종하면서 대사를 동시에 연출하기가 어렵기 때문에 미리 시나리오에 맞추어 녹음을 해 두면 인형극 공연 시에 인형의 조작에만 신경을 쓸 수 있어서 편리하다.

인형극 상연을 위한 시나리오 작성방법에 대해 살펴보면 다음과 같다. 유아들에게 인형극을 보여 주기 위해서는 동화를 시나리오로 각색하는 과정이 필요하다. 시나리오에 쓰이는 용어는 여러 가지가 있으나 간단히 지문(地文), 대사(臺詞),

독백(獨白), 방백(傍白), 해설(解說)로 나누어 설명하면 〈표 9-4〉와 같다(김애옥, 1998).

〈표 9-4〉 시나리오에서 사용되는 용어

용어	내용
지문	• 등장인물의 동작, 표정, 장면, 음악효과, 음향효과 등을 설명하는 글이다. • 대개 ( ) 안에 넣어 표시하며, 너무 긴 지문은 좋지 않다.
대사	• 등장인물이 무대 위에서 하는 말이다. • 유아에게 익숙하고 쉬운 언어를 사용한다. • 대사는 인형극의 줄거리를 명확하게 하며 이야기를 진행시키는 중요한 역할을 한다.
독백	• 무대 위에서 단 한 사람의 인물이 관객 앞에서 큰 소리로 혼자 말하는 것이다.
방백	• 한 배우가 관객의 눈앞에서 다른 상대역이 있는데도 그 사람에게는 들리지 않는다는 가정하에 관객이 들을 수 있도록 혼자서 하는 말이다.
해설	• 극적 상황이나 사건의 경과, 인물의 심리 상태 등 설명을 필요로 하는 일들을 간결하게 관객에게 설명하는 것이다.

시나리오를 작성하거나 재구성할 때 주의할 점은 다음과 같다.

- 사건의 전개가 기-승-전-결로 구성되어야 한다.
- 인형의 움직임이 너무 많거나, 한 등장인물의 대사가 너무 길지 않도록 한다.
- 해설은 되도록 줄이고 장면이나 행동의 변화는 등장인물의 대사를 통해 알 수 있도록 한다.
- 인형극이 관객에게 무엇을 전하려고 하는지를 파악하여 전달할 수 있어야 한다.

〈표 9-5〉 시나리오의 예

등장인물	대사 및 동작	비고
 해설 사자	# 1막 어느 날, 길을 가던 사자가 빨간 끈을 보았어요! (사자가 빨간 끈을 본다.) ⋮	 • 음악효과(생상스의 〈동물의 사육제〉 중 사자 5~10초)
  코끼리 사자	# 2막 (코끼리가 등장한다.) 야, 사자야 뭐 하냐? 이 끈으로 머리를 묶고 싶어! ⋮	 • 조명효과(약간 어두워진다.) • 음악효과(자갈길 걷는 소리 5~8초)
  사슴 해설 사슴	# 3막 (사슴이 등장한다.) (으스대면서) 내 멋진 뿔로 당겨 줄까? 하지만 사슴도 역시 띵 소리를 내며 끈이 튕기기만 했어요. (왔다 갔다 앞으로 뒤로 튕기는 모습) ⋮	 • 음악효과(휙휘리리쿵 10초)

출처: 『빨간 끈으로 머리를 묶은 사자』(남주현 글 · 그림, 돌베개어린이, 2003)를 시나리오로 각색함.

인형을 이용한 동화 전달매체에는 손인형극, 막대인형극, 테이블인형극, 그림자인형극, 탈인형극 등이 있다.

1) 손인형극

손인형극은 인형 안에 손이나 손가락을 넣어 움직이며 동화를 들려주는 인형극의 형태로 유아들에게 가장 인기가 있다. 손인형극의 장점은 우리 주변에서 손쉽게 구할 수 있는 재료를 활용하여 만들 수 있으므로 비용이 저렴하고, 인형 제작이 쉬우며, 누구나 쉽게 인형을 조작할 수 있다는 점이다. 손인형은 만드는 재료에 따라 헝겊인형, 부직포인형, 양말인형, 장갑인형, 종이봉투인형 등이 있다. 유아들도 헌 장갑이나 양말, 단추 등을 이용하여 손쉽게 자신이 만들고 싶은 캐릭터를 만든 후, 친구들과 함께 인형극놀이를 해 볼 수 있다.

헝겊을 이용하여 손인형을 만드는 방법을 간략히 소개하면 다음과 같다. 헝겊의 색깔이나 재질은 인형극의 전체적인 분위기나 인형이 가지게 될 극중 캐릭터의 특징에 따라 자유롭게 선정하면 된다.

■ **손인형 얼굴 만들기**

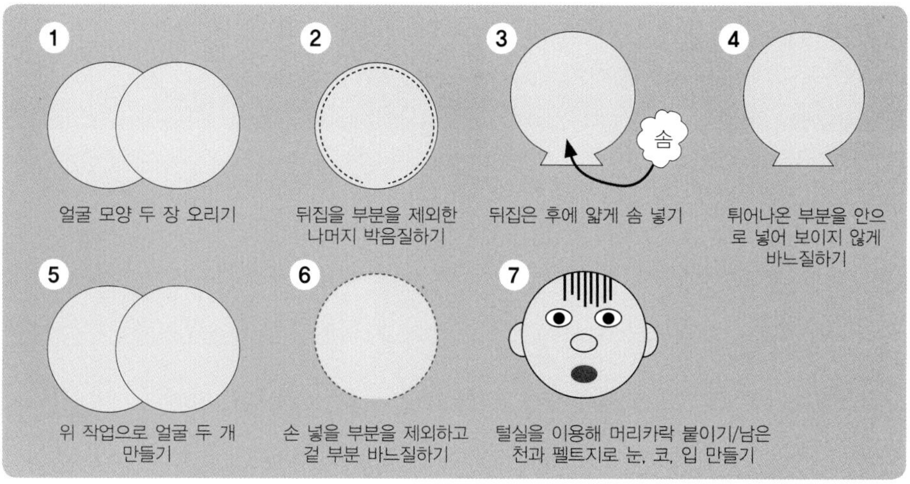

■ **손인형의 몸통, 팔, 다리 만들기**

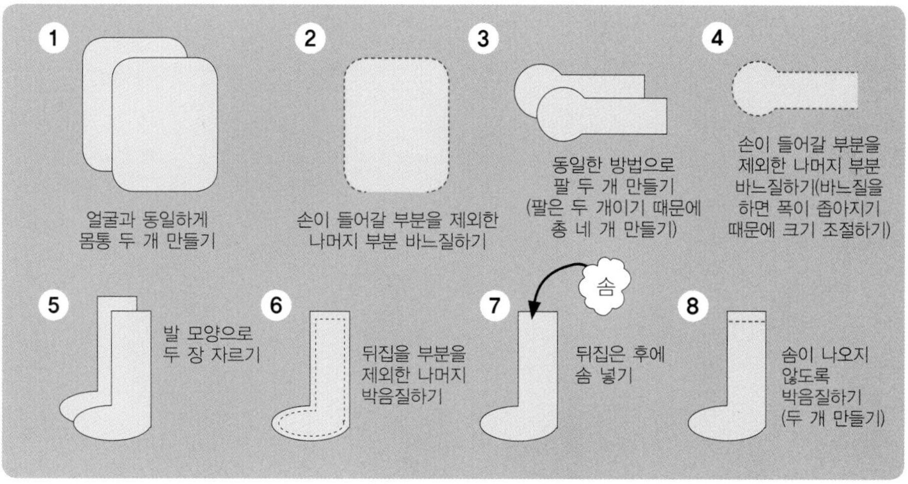

■ 손인형 완성하기

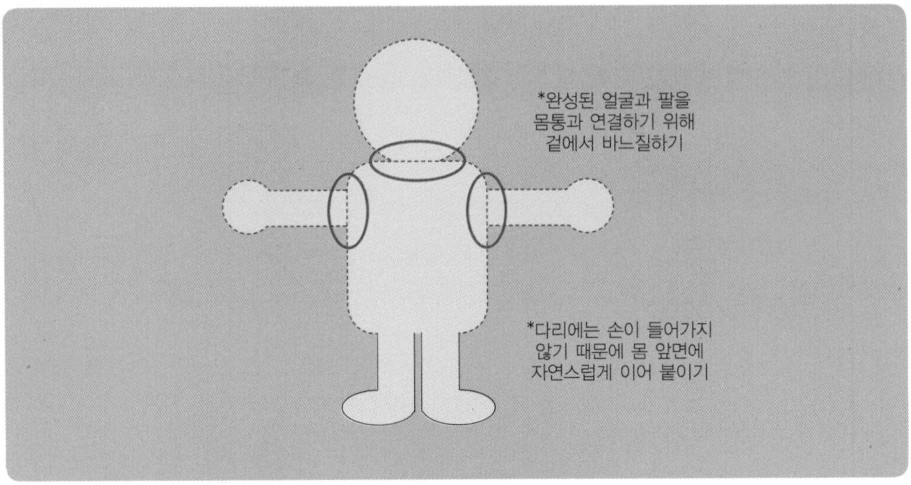

부직포로 만든 손인형

헝겊으로 만든 손인형

손가락 장갑으로 만든 손인형

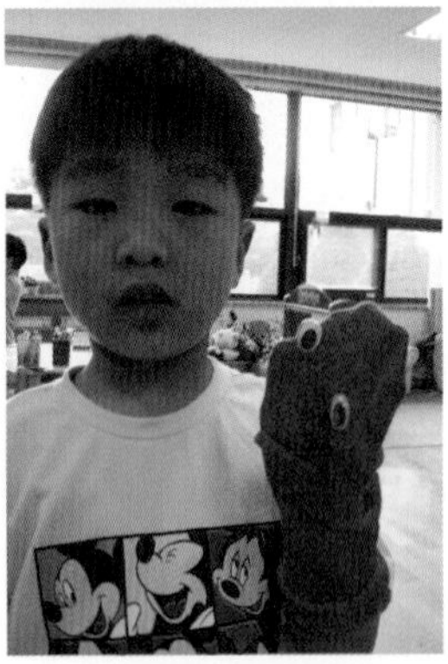

유아가 헌 양말로 만든 손인형

[그림 9-14] 다양한 손인형

[그림 9-15] 손인형극 공연 모습

2) 막대인형극

막대인형극은 종이나 헝겊으로 만든 인형의 몸에 막대를 붙여서 그 막대를 이용하여 인형을 움직이며 동화를 들려주는 것이다. 막대인형은 막대를 돌려 인형의 방향을 바꾸거나 인형을 흔들어 움직임을 표현하는 등의 비교적 쉬운 방법으로 조작이 가능하여, 유아교육 현장에서 많이 활용되고 있는 인형극이다. 유아들도 자신이 원하는 인형을 그리고 오려서 뒷면에 막대를 붙이기만 하면 쉽게 만들고 조작하며 놀이할 수 있는 점이 막대인형의 장점이다. 막대인형은 간단하게 평면으로 만들어 사용하거나, 입체적으로 만들어 손, 다리 등이 부분적으로 움직이게 할 수도 있다. 인형을 완성하고 난 후에는 인형의 키보다 긴 막대를 인형의 몸에 부착하여 인형을 조작할 때에 사람의 손이 보이지 않도록 주의한다. 막대인형을 제작하는 방법 및 순서는 다음과 같다.

■ 막대인형의 얼굴, 몸통, 팔, 다리 만들기

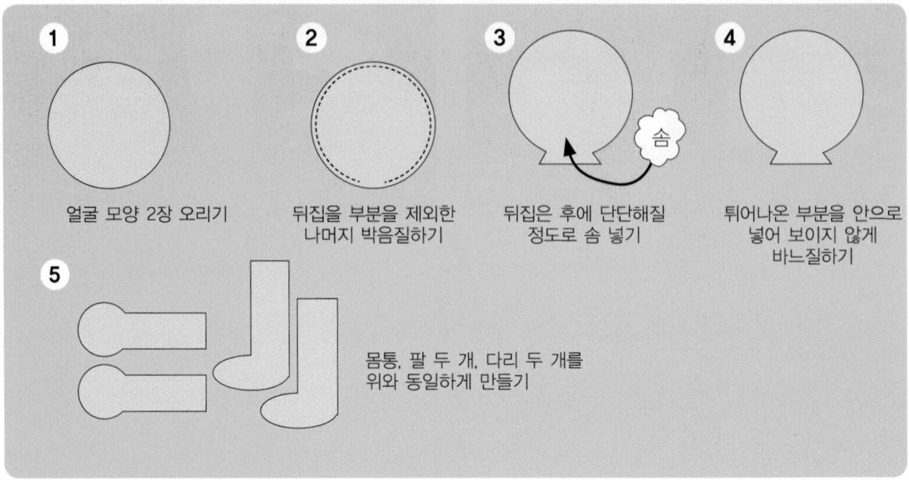

■ 막대인형 완성하기

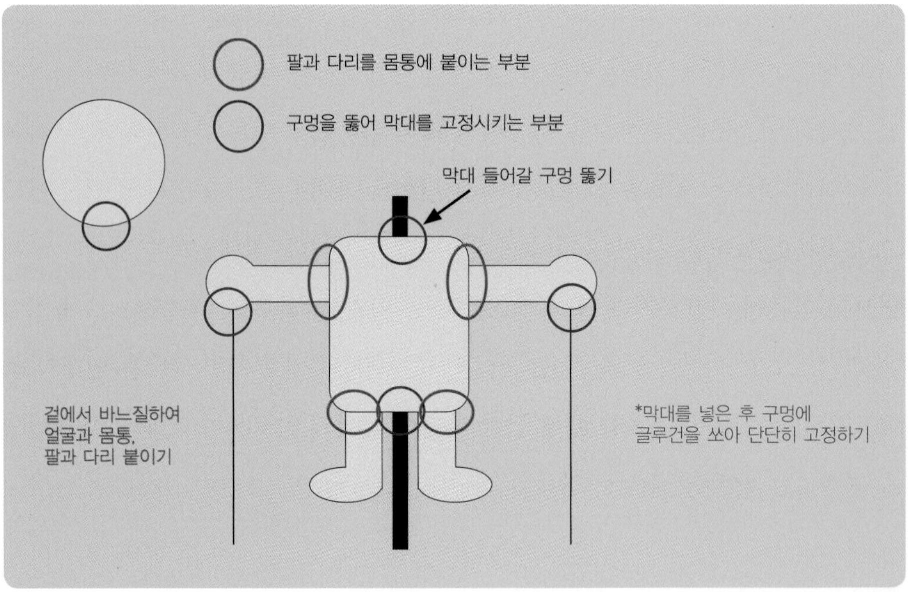

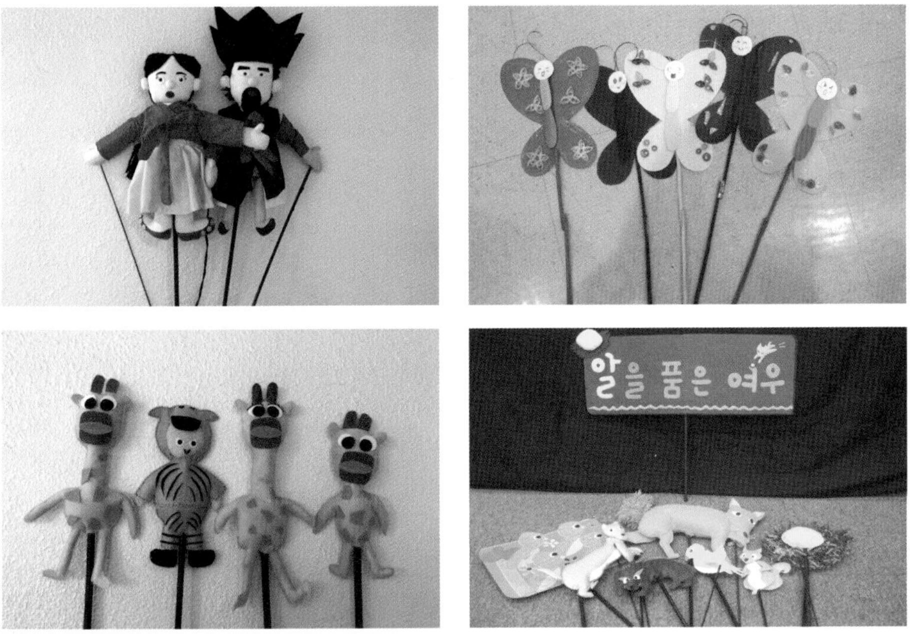

[그림 9-16] 다양한 막대인형

[그림 9-17] 막대인형극 공연 모습

3) 테이블인형극

테이블인형극은 테이블 위에 세울 수 있는 작은 인형과 배경을 만들어 테이블 위에서 이야기의 줄거리에 따라 인형을 세우거나 이리저리 움직이면서 동화를 들려주는 것이다. 테이블인형은 그림을 그려서 색칠하고 오린 후에 작은 유리병, 요구르트병, 음료캔, 우유팩, 상자 등의 전면에 붙여서 세울 수 있도록 만드는 것이 가장 일반적이다. 그러나 여러 가지 점토를 이용하여 인형을 직접 세울 수 있도록 만들거나, 인형의 밑부분에 이쑤시개 같은 뾰족한 것을 달아 스티로폼 테이블에 꽂아 고정시킬 수 있도록 만들기도 한다.

[그림 9-18] 테이블인형

교사가 테이블인형극을 들려주는 모습

유아가 테이블인형극 놀이하는 모습

[그림 9-19] 테이블인형극

4) 그림자인형극

그림자인형극은 빛에 의해 그림자가 생기는 원리를 이용하여 동화를 들려주는 방법이다. 전면에는 그림자를 비출 흰색의 스크린을 설치하고 뒤에서 스크린을 향해 빛을 비춘 후에 스크린과 빛의 사이에서 인형을 움직임으로써 인형의 그림자가 움직이는 동작을 실감나게 보여 주는 인형극이다. 그림자인형극은 빛과 색에 의해 아름답고 환상적인 장면들을 연출할 수 있으므로 유아가 평소에 접해 보기 어려운 새롭고 환상적인 경험을 제공해 준다.

그림자인형의 제작은 원하는 인형의 모양을 그려서 오린 후, 색을 입혀야 하는 부분은 오려 내어 셀로판지를 붙이거나 투명한 종이를 덧대어 유성펜으로 색칠한다. 움직임이 필요한 부분은 별도로 제작한 후 할핀으로 연결하여 움직일 수 있도록 하고, 인형을 완성한 후에는 몸통에 투명한 아크릴 막대나 가는 철사를 붙인다. 배경그림이 필요할 경우에는 OHP필름에 간단하게 그려서 막을 향해 투영해 주거나 그림을 직접 스크린의 뒷면에 테이프로 고정시켜 준다.

■ **그림자인형 만들기**

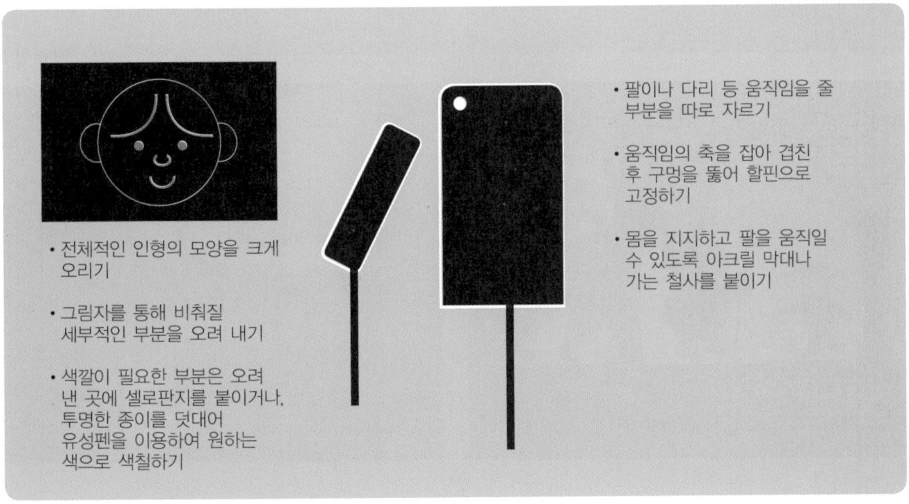

[그림 9-20] 완성된 그림자인형

유아들의 그림자인형극 공연 모습

[그림 9-21] 그림자인형극 공연 모습

5) 탈인형극

탈인형극은 여러 가지 탈을 머리에 쓰고 사람이 직접 연기하는 것으로, 다른 인형극과 달리 등장인물이 직접 무대에 올라와 동작을 하게 되므로 움직임이 크고 생동감이 있어 유아들의 주의집중에 매우 용이하다. 또한 극의 도중에 즉석에서 유아들과의 상호작용이 가능하여 재미를 더할 수 있다.

유아교육기관에서는 주로 부직포, 스펀지, 종이죽 등으로 탈을 제작하며, 의상은 극에 어울리는 것으로 갖추어 입으면 된다. 무대 배경은 무대 뒷면에 그림을 그려서 제시하거나, 사건이 전개되고 있는 장소를 상징하는 간단한 소품을 배치하여 나타내 줄 수 있다.

스펀지로 만든 탈인형극

종이죽으로 만든 탈인형극

부직포로 만든 탈인형극

상업용 플라스틱탈로 만든 탈인형극

유아가 만든 탈

[그림 9-22] 탈인형극 공연 모습

4. 전자책

21세기 정보화 사회에서 유아교육을 위한 매체 환경이 빠르게 변화·발전하고 있으므로, 유아문학 분야에서도 출판의 디지털화로 인쇄매체를 대체하는 전자책이 등장하였다. 전자책이란 종이 대신 디지털 파일로 글을 읽는 차세대 서적으로 e-book이라고도 한다. 기존의 종이책 대신 인터넷의 표준 언어인 HTML과 XML을 응용해 만든 디지털화된 책을 자신의 PC나 전용단말기에서 뷰어(viewer)를 이용해 습득하는 것으로 최첨단 정보통신기술이 낳은 디지털콘텐츠 서비스의 한 형태다. 전자책은 독자 입장에서 보면 종이책에 비해 가격이 저렴하고 필요한 부분만 별도 구입이 가능하다는 점이 편리하고, 출판사 입장에서도 제작비와 유통비를 절약할 수 있고 업데이트가 쉽다는 장점이 있다.

전자책의 등장은 종이책만 이용하던 독서의 방법을 다양화하였다. 유아 전자책은 종이책과 함께 유아들에게 좋은 책 읽기의 한 자료로 이용되고 있으며, 종이에 익숙한 성인에 비해 컴퓨터를 일찍 접한 유아들에게 화면을 통한 책 읽기는 어려움이나 거부감이기보다는 흥미로움의 대상이 되고 있다. 공공도서관에서도 유아들의 독서 함양에 도움이 되는 유아 전자책을 제공하는 도서관이 증가하고 있다(고선주, 2006).

미국의 경우 전자책을 읽기 위해서 주로 애플(Apple)의 아이패드(iPad), 아마존(Amazon)의 킨들(Kindle), 반스앤노블(Barnes & Noble)의 누크(Nook) 등 태블릿 PC 또는 전자책 리더(reader) 등의 단말기를 이용한다. 우리나라의 경우에는 각 업체마다 고유 단말기나 뷰어, 제작 툴에 기반을 가지고 고유의 콘텐츠를 제공하고 있는 것이 특징이다. 우리나라의 전자책 단말기에는 교보문고의 샘(Sam), 예스24의 크레마 터치(Creama Touch), 인터파크의 비스킷(Biscuit), 아이리버의 스토리K(Story K) 등이 있다.

강성화, 김경희(2003). 유아문학교육. 서울: 동문사.
강원유아교육진흥원(2018). 나르미와 함께 마음이 자라는 그림책 여행.
강은진, 박혜경, 정대련(2005). 그림읽기 중심 문학활동이 유아의 이야기 이해력 및 이야기 구성력에 미치는 영향. 유아교육연구, 25(5), 207-225.
고선주(2006). eBook 제작과 활용 I. 2006년도 동계 유아 교사 연수 자료집, 107. 서울: 숭의여자대학교 부설 유아교육연구소.
교육과학기술부, 보건복지부(2012). 5세 누리과정 교사용 지침서.
권혁준(1997). 문학 이론과 시 교육. 서울: 박이정.
김덕희, 류진순, 이상은(2010). 유아문학교육의 이론과 실제. 서울: 동문사.
김세희(2000). 유아교사를 위한 유아문학교육. 서울: 양서원.
김세희(2001). 유아교사와 부모를 위한 유아문학교육. 서울: 양서원.
김세희, 박남숙(1998). 부모와 교사를 위한 아동문학의 전달매체. 서울: 양서원.
김소연(2000). 그림책을 활용한 미술 감상활동이 유아의 미적 반응에 미치는 효과. 성균관대학교 대학원 석사학위논문.
김애옥(1998). 인형극의 이론과 실제. 서울: 양서원.
김요섭(1975) 아동문학론. 서울: 교학사.
김요섭(1986). 현대 동화의 환상적 탐험. 서울: 한국문연.
김정규, 정남미, 임미숙, 한애향(2000). 문학적 접근에 의한 총합적 유아 교육 프로그램. 서울: 정민사.
김정원, 김유정, 이효정(2008). 영유아를 위한 교수학습방법. 경기: 공동체.
김정원, 남규(2010). 그림책을 활용한 문학교육 프로그램이 만 1, 2세 영아의 문학적 태도와 언어발달에 미치는 영향. 어린이 문학교육 연구, 11(1), 105-130.
김정원, 남규, 서정숙(2011). 영아문학교육 프로그램. 서울: 창지사.
김정원, 서정숙(2009). 그림책으로 하는 유아 생태교육 프로그램의 개발 및 실시에 관한 연구: 지니 베이커의 그림책을 중심으로. 어린이문학교육연구, 10(1), 93-115.
김정원, 서정숙, 김유정, 남규(2008). 그림책을 활용한 문학교육이 유아의 그림책에 대한 인식 및 태도에 미치는 영향. 대한가정학회지, 46(9), 71-85.
김종상(1989). 삶의 현실과 문학의 현실. 한국아동문학, 20. 한국아동문학가협회.
김지연(2010. 1. 25.). '마녀 위니' 코키 폴 "창의성이 중요해요". 연합뉴스.
김현희, 박상희(2008). 유아문학: 이론과 적용. 서울: 학지사.
나정심(2003). 동화구연지도사의 양성과 발전 방안에 관한 연구. 동아대학교 교육대학원 석사학위논문.
노운서, 노명희, 김명화, 백미열(2010). 아동문학. 경기: 양서원.

마쯔이 다다시(1990). **어린이와 그림책**. 이상금 역(2012). 서울: 샘터사.
마쯔이 다다시(1995). **어린이 그림책의 세계**. 이상금 역(2016). 서울: 한림출판사.
문덕수(1991). **현대의 문학이론과 비평**. 서울: 시문학사.
박숙희, 염명숙(2001). **교수 · 학습과 교육공학**. 서울: 학지사.
박주식(2001). 에고(ego)에서 에코(eco)로: 생태학적 문학이론의 정립을 위해. **미국학논집, 33**(1), 211-245.
박찬기(1992). **수용미학**. 서울: 고려원.
박현숙(2012). 설화 구연 전통에 기반한 옛이야기 들려주기 방법 연구. 건국대학교 대학원 박사학위논문.
변윤희, 현은자(2002). 기호학적 관점에서 본 그림책의 글과 그림 읽기. **유아교육연구, 22**(2), 339-362.
서남희(2005). **그림책과 작가 이야기**. 서울: 열린어린이.
서정숙(2000). 그림책의 교육적 활용: 현황 분석 및 제언. 한국유아교육학회 2000년도 정기 총회 및 학술대회, **교육개혁과 유아교육**, 149-158. 서울: 덕성여자대학교.
서정숙(2006). 그림책에 대한 이해 및 그림책 읽어주기. **2006년도 동계 유아 교사 연수 자료집**, 15. 서울: 숭의여자대학교 부설 유아교육연구소.
서정숙, 김정원(2008). **유아문학교육 프로그램**. 서울: 창지사.
서정숙, 김정원, 김유정(2009). 그림책 중심 문학교육의 실시 과정에서 나타난 유아교사의 문학교육에 대한 인식의 변화. **어린이문학교육연구, 10**(1), 1-22.
서정숙, 김정원, 남규(2006). 그림책 중심의 문학교육 프로그램이 유아의 문학적 능력과 흥미에 미치는 영향. **유아교육연구, 26**(6), 103-127.
서정숙, 남규(2005). **그림책으로 하는 유아문학교육**. 서울: 창지사.
서정숙, 남규(2010). **개정판 유아문학교육**. 서울: 창지사.
석용원(1982). **동화구연의 이론과 실제**. 서울: 백록출판사.
석용원(1993). **유아동화의 구연교육**. 서울: 학연사.
신명호(1994). **그림책의 세계: 시각표현의 변천과 기능성**. 서울: 계몽사
심성경, 이선경, 김경의, 이효숙, 김나림, 허은주(2010). **유아문학의 이론과 실제**. 서울: 학지사.
오정옥(2001). 그림책의 그림 읽기 프로그램이 유아의 시각적 문식성에 미치는 영향. 성균관대학교 대학원 석사학위논문.
우한용(1997). **문학교육과 문화론**. 서울: 서울대학교 출판부.
원문자(2002). 유치원 교사의 동화지도 인식 분석. 순천향대학교 교육대학원 석사학위논문.
유혜령, 강은희, 박지영(2003). **유아 교수공학과 교수 · 학습방법**. 서울: 창지사.
이경우(1995). **수학교육을 위한 문학적 접근**. 서울: 다음세대.
이경우(1998). **좋은 그림책을 활용한 창의력 개발: 글 없는 그림책을 중심으로**. 서울: 한국

교육정보.
이경우, 장혜순, 조부경, 김정준(1998). **유아과학교육의 문학적 접근**. 서울: 창지사.
이기숙, 김정원, 전선옥, 이현숙(2008). **영유아교육과정**. 경기: 공동체.
이대균, 백경순, 송정원, 이현정(2006). **유아문학교육**. 경기: 공동체.
이상(1999). **황소와 도깨비**. 서울: 도서출판 다림.
이상금(1996). **어린이 그림책의 세계**. 서울: 한림출판사.
이상금, 장영희(1989). **유아문학론**. 서울: 교문사.
이상금, 장영희(2001). **개정판 유아문학론**. 서울: 교문사.
이상현(1987). **아동문학강의**. 서울: 일지사.
이송은(2004). **누구나 할 수 있는 이야기 들려주기**. 서울: 창지사.
이송은, 이선영(2005). **유아문학교육의 이론과 실제: 그림책 활동을 중심으로**. 서울: 창지사.
이수정(2002). 동화제시방법(그림책 읽어 주기와 동화구연)에 따른 만 3세 유아의 텍스트 이해력의 차이. 세종대학교 교육대학원 석사학위논문.
이연규(1999). 글 없는 그림책과 교사와의 상호작용이 시각적 문해, 추론, 구두언어 및 확산적 사고에 미치는 영향. 이화여자대학교 대학원 박사학위논문.
이영자, 유효순, 이정욱(2001). **주제중심의 통합적 접근방법에 의한 유아사회교육**. 경기: 교문사.
이재철(1983). **아동문학의 이론**. 서울: 형설출판사.
이형아(1992). 동화의 제시방법과 연령이 유아의 기억과 이해에 미치는 영향. 숙명여자대학교 교육대학원 석사학위논문.
임희옥, 김언아, 이경선(2002). 그림과 함께하는 유아문학. 한국어린이육영회 예술과 생활로서의 유아문학 2002년 교원워크숍.
장영숙, 윤경아(2005). 그림책과 명화를 활용한 미술프로그램이 유아의 미술 감상능력과 미술 표현능력에 미치는 영향. **아동학회지, 26**(3), 97-110.
장혜순(2008). **유아문학교육의 이론과 실제**. 서울: 파란마음.
전지형(2015). 유아문학교육과 함께하는 유아교사 되기. **어린이문학교육연구, 16**(4), 127-148.
정남미(2006). 유아문학교육 프로그램. **2006년도 동계 유아 교사 연수 자료집**, 35-53. 서울: 숭의여자대학교 부설 유아교육연구소.
조해연(2007). 그림책과 그림책 읽어주기에 대한 부모의 인식 및 활용. 이화여자대학교 교육대학원 석사학위논문.
채종옥(1996). 동화책 읽어 주기 접근법에 따른 유아의 반응에 관한 연구. 이화여자대학교 대학원 박사학위논문.
채종옥(2003). 문학확장활동 관련 연구 분석. **어린이문학교육연구, 4**(1), 1-20.
채종옥, 이경화, 김소양(2006). **아동문학**. 경기: 공동체.
최운식, 김기창(1988). **전래동화교육론**. 서울: 집문당.

최지희(2003). 그림책을 활용한 미술 감상교육이 유아의 그림 표현 능력에 미치는 영향: 시각요소를 중심으로. 성균관대학교 대학원 석사학위논문.
최혜진(2016). **유럽의 그림책 작가들에게 묻다**. 서울: 은행나무.
한국동화구연학회학술부(2011). **동화구연 지도론: 3급 · 2급 과정**. 서울: (사)색동회 한국동화구연학회.
한유미(2003). **유아수학교육**. 서울: 창지사.
허정은(2012). 팝업북과 앱으로 만든 어린이그림책. 이화여자대학교 대학원 박사학위논문.
현은자(2005). **그림책의 이해 2**. 경기: 사계절출판사.
현은자, 강은진, 변윤희, 심향분, 최경, 나선희, 윤아해, 오정옥, 강은애, 육길나(2007). **그림책과 예술교육**. 서울: 학지사.
현은자, 김세희(2005). **그림책의 이해 1**. 경기: 사계절출판사.
현은자, 변윤희, 강은진, 심향분(2004). **그림책의 그림읽기**. 서울: 창지사.
현정희, 서정숙(2009). 그림책 읽어 주기에 대한 유아교사의 인식. **어린이문학교육연구, 10**(2), 125-147
홍문표(2003). **현대문학비평이론**. 서울: 창조문화사.
홍양자(1997). **빼앗긴 정서, 빼앗긴 문화**. 경기: 다림.

Arizpe, E., & Styles, M. (2003). *Children reading pictures*. New York: RoutledgeFalmer.
Arnold, R. (2005). Charming the next generation: A strategy for turning toddlers into readers. *School Library Journal, 51*(7), 30.
Barrow, L. H., & Salesi R. A. (1982). Integrating science activities through literature web. *School Science & Mathmatics, 132*(1), 65-70.
Bettelheim, B. (1976). *The uses of enchantment: The meaning and importance of Fairy tales*. New York: Knopf.
Birckmayer, J., Kennedy, A., & Stonehouse, A. (2009). Using stories effectively with infants and toddlers. *Young Children, 64*(1), 24-27.
Bromley, K. D. (1996). *Webbing with literature: Creating story maps with children's books*. Boston, MA: Allyn & Bacon.
Burke, E. M. (1990). *Literature for young child* (2nd ed.). Needham Heights, MA: Allyn & Bacon.
Bus, A. G., & van KJzendoorn, M. H. (1997). Affective dimension of mother-infant picturebook reading. *Journal of School Psychology, 35*(1), 47-60.
Colledge, M. (2005). Baby bear or Mrs. bear? Young English Bengali-speaking children's responses to narrative picture books at school. *Literacy, 39*(1), 24-30.
Collins, R., & Cooper, P. J. (1997). *The power of story: Teaching through storytelling*.

AZ: Gorsuch Scarisbrick.

Cullinan, B. E. (1992). Whole Language and Children's Literature. *Language Arts, 69*(6), 426–430

Cullinan, B. E., & Galda, L. (2002). *Literature and the Child* (5th ed.). FL: Harcourt Brace & Company.

Dondis, D. A. (1978). *A primer of visual literacy*. Cambridge, MA: The MIT Press.

Farris, P. J., Nelson, P. A., & L'Aller, S. (2007). Using literature circles with english language learners at the middle level. *Middle School Journal, 38*(4), 38–42.

Glazer, J. I. (1991). *Literature for young children*. Upper Saddle River, NJ: Merrill.

Glazer, J. I. (1997). *Introduction to children's literature*. NJ: Prentice-Hall, Inc.

Goodman, Y. (1986). Children coming to know literacy. In W. H. Teale & E. Sulzby (Eds.), *Emergent literacy: Reading and writing* (pp. 1–14). Norwood, NJ: Ablex.

Hall, K. W. (2008). Reflection on our read-aloud practices: The importance of including culturally authentic literature. *Young Children, 63*(1), 80–86.

Hopkins, L. B. (1979). Look! No Words!. *Teacher, 96*(28), 30–31.

Jalongo, M. R. (1988). *Young children and picture books: Literature from infancy to six*. Washington, DC: NAEYC.

Jalongo, M. R. (2006). *Early childhood language arts* (4th ed.). MA: Pearson Education, Inc.

Lehr, S. S. (1991). *The child's developing sense of theme: Responses to literature*. New York: Teachers College Press.

Many, J. E., & Wiseman, D. L. (1992). The effect of teaching approach on third-grade students' response to literature. *Journal of Reading Behavior, 24*(3), 265–287.

Matterson, E. M. (1975). *Play with purpose for under-sevens*. Great Britain: Penguin Books.

McGee, L. M., & Richgels, D. J. (2000). **영유아의 문해발달 및 교육**. (김명순, 신유림 공역). 서울: 학지사. (원저는 1996년에 출판).

Mohr, K. A. J. (2006). Children's choices for recreational reading: a three-part investigation of selection preferences, rationales, and processes. *Journal of Literacy Research, 38*(1), 81–104.

Morrow, L. M., Freitag, E., & Gambrell, L. B. (2009). *Using children's Literature in Preschool to develop comprehension*. DE: International Reading Association.

NAEYC (1991). Guidelines for appropriate curriculum content and assessment in programs serving children ages 3 through 8. *Young Children, 30*, 21–67.

Nikolajeva, M., & Scott, C. (2000). The dynamic of picturebook communication.

Children's Literature in Education, *31*(4), 225–239.

Nodelman, P. (1988). *Words about pictures: the narrative art of children's picture books*. London: The University Georgia Press.

Pappas, C. C., Kiefer, B. Z., & Levstik, L. S. (1995). *An integrated language perspective in the elementary school: Theory into action*. White Plains, NY: Longman.

Pellegrini, A. D. (1990). Joint reading between black head start children and their mothers. *Child Development, 61*(2), 443–453.

Raines, S. C., & Isbell, R. (1988). *An Array of teaching ideas using wordless picture books*. ACEI Annual Study Conference. Salt Lake City, LIT.

Raines, S. C., & Isbell, R. (1994). *Stories, children's literature in early education*. New York: Delmar.

Read, D., & Smith, H. M. (1982). Teaching visual literacy through wordless picture books. *The Reading Teacher*, *35*(8), 928–933.

Rosenblatt, L. M. (1978). *The reader, the text, the poem: The transactional theory of the literary work*. Carbondale, IL: Southern Illinois University Press.

Routman, R. (1988). *Transition: from literature to literacy*. New Zealand: Reed Publishing, Inc.

Russell, D. L. (2005). *Literature for children: A short introduction* (5th ed.). Boston, MA: Allyn & Bacon, Pearson Education, Inc.

Schwarcz, J. H., & Schwarcz, C. (1991). *The picture book comes of age*. Chicago, IL: American Library Association.

Sheu, H. (2008). The value of English picture story books. *ELT Journal, 62*(1), 47–55.

Simcock, G., & DeLoache, J. (2006). Get the picture? The effects of iconicity on toddlers' reenactment from picture books. *Developmental Psychology, 42*(6), 1352–1357.

Strasser, J., & Seplocha, H. (2007). Using picture books to support young children's literacy. *Childhood Education, 83*(4), 219.

Sutherland, Z. (1997). *Children and books* (9th ed.). NY: Addison Wesley Longman, Inc.

Williams, L. R., & Fromberg, D. P. (1992). *Encyclopedia of early childhood education*. New York: Garland.

Zarrillo, J., & Cox, C. (1992). Efferent and aesthetic teaching. In J. Many & C. Cox (Eds.), *Stance and literary understanding: Exploring the theories, research and practice* (pp. 239–245). Norwood, NJ: Ablex.

〈기타 자료〉
꿈을 그린 에릭 칼, Smart Parents 부모 가이드. Montessori CM
에릭 칼 공식 홈페이지(http://www.eric-carle.com)
오픈키드 웹 사이트(http://www.openkid.co.kr)

인명

내용

그림책

저자 소개 

김정원(Kim, Jung Won)

이화여자대학교 사범대학 유아교육과 문학사
미국 캘리포니아주립대학교 대학원 유아교육과 M.S.
이화여자대학교 대학원 유아교육과 문학박사

전 이화여자대학교 사범대학 부속 이화유치원 교사
 한국성서대학교 어린이집 원장
현 한국성서대학교 영유아보육학과 교수

저서 및 논문

- 유아문학교육(공저, 학지사, 2014)
- 영유아교육과정(공저, 공동체, 2013)
- 영아문학교육 프로그램(공저, 창지사, 2011)
- 영유아를 위한 언어교육(공저, 창지사, 2009)
- 유아문학교육 프로그램(공저, 창지사, 2008)
- 그림책활용 유아다문화교육 수업에서 표출된 예비유아교사의 '유아다문화교육'에 관한 인식 분석(2013, 어린이문학교육연구)
- 5세 누리과정 교사용 지도서에 제시된 그림책에 나타난 보살핌의 내용(2012, 어린이문학교육연구)
- 그림책중심 아동문학 수업과정에서 도출된 예비유아교사의 문학교육에 대한 인식변화(2012, 어린이문학교육연구)
- 그림책을 활용한 문학교육 프로그램이 만 1, 2세 영아의 문학적 태도와 언어발달에 미치는 영향(2010, 어린이문학교육연구)
- 그림책을 활용한 방과후 프로그램이 초등학교 1학년 아동의 행복감 및 사회 정서능력에 미치는 영향(2010, 아동학회지)
- 다문화교육의 문학적 접근을 위한 이론적 탐색: 로젠블렛의 교류이론에 근거한 고찰(2010, 어린이문학교육연구)
- 그림책으로 하는 유아 생태교육 프로그램의 개발 및 실시에 관한 연구: 지니 베이커의 그림책을 중심으로(2009, 어린이문학교육연구)
- 그림책 읽기 프로그램의 적용과정에서 표출된 다문화가정 이주여성의 반응양상(2009, 어린이문학교육연구)
- 그림책 중심 문학교육의 실시 과정에서 나타난 유아교사의 문학교육에 대한 인식의 변화(2009, 어린이문학교육연구)
- 글 없는 그림책을 활용한 문학 활동이 유아의 그림책에 대한 흥미와 그리기 표상능력에 미치는 영향(2009, 어린이문학교육연구)
- 그림책 단원 중심 문학교육 프로그램의 실시 과정에서 나타난 유아의 문학적 반응에 대한 질적 탐구(2008, 어린이문학교육연구)
- 그림책을 활용한 문학교육이 유아의 그림책에 대한 인식 및 태도에 미치는 영향(2008, 대한가정학회지)

전선옥(Jeon, Sun Ok)

이화여자대학교 사범대학 유아교육과 문학사
이화여자대학교 대학원 유아교육과 문학석사
이화여자대학교 대학원 유아교육과 문학박사

전 서울 홍신유치원 교사
한림성심대학교 부속 한림유치원 원장
현 한림성심대학교 유아교육과 교수

저서 및 논문

- 유아교육론(공저, 양서원, 2019)
- 영유아교육과정(공저, 공동체, 2018)
- 예비부모교육(창지사, 2017)
- 영유아 교육기관의 부모교육(공저, 창지사, 2016)
- 유아문학교육(공저, 학지사, 2014)
- 예비유아교사의 자아존중감과 교직적성에 관한 연구(2018, 한국보육학회지)
- 대학생의 부모자녀관계에 대한 인식이 주관적 안녕감과 심리적 안녕감에 미치는 영향(2016, 열린부모교육연구)
- 대학생 예비부모의 부모됨의 인식에 관한 연구(2015, 한림성심대학교 논문집)
- 5세 누리과정에 제시된 인성교육 내용 분석(2012, 한림성심대학교 논문집)
- 유치원 교육과정의 변천에 반영된 유아와 교사요인 분석(1995, 유아교육연구)

이연규(Lee, Yeon Gyu)

이화여자대학교 사범대학 유아교육과 문학사
미국 오클라호마시티대학교 대학원 유아교육과 M.Ed.
이화여자대학교 대학원 유아교육과 문학박사

전 한국어린이육영회 연수원 교수
현 대전과학기술대학교 유아교육과 교수

저서 및 논문

- 유아교육기관실습: 보육실습과 교육실습(공저, 공동체, 2019)
- 유아교육론(공저, 양서원, 2019)
- 보육학개론(공저, 양서원, 2018)
- 유아문학교육(공저, 학지사, 2014)
- 영유아를 위한 언어교육(공저, 창지사, 2013)
- 그림책에 대한 유아의 반응(2018, 대전과학기술대학교 논문집)
- 부모애착표상이 예비유아교사의 인성과 교직적성에 미치는 효과(2017, 육아지원연구)
- 글 없는 그림책 관련 연구 동향분석(2016, 어린이문학교육연구)
- 예비유아교사의 인성과 교직적성 간의 관계(2016, 유아교육학논집)
- 패러디 동화 읽기와 사후활동에서 나타난 유아의 반응(2016, 어린이문학교육연구)
- 유치원과 지역사회 연계 프로그램(2011, 혜천대학교 논문집)
- 한국유아교육의 현주소(2010, 혜천대학교 논문집)
- 유아의 연령과 성별에 따른 언어발달과 사회성발달의 차이(2009, 몬테소리교육연구집)
- 유아의 통합적 발달을 위한 언어교육활동 현장적용(2009, 변형영유아교육연구)
- 환경적 문자를 이용한 문자언어 교육의 효과(2007, 한국보육학회지)
- 글 없는 그림책과 교사와의 상호작용이 유아의 구두언어, 시각적 문해, 추론, 확산적 사고에 미치는 영향 (1999, 이화여자대학교 대학원 박사학위논문)

유아문학교육(2판)
Literature Education for Young Children

2014년 2월 10일 1판 1쇄 인쇄
2016년 3월 25일 1판 3쇄 발행
2019년 8월 30일 2판 1쇄 발행

지은이 • 김정원 · 전선옥 · 이연규
펴낸이 • 김진환
펴낸곳 • (주) 학지사
04031 서울특별시 마포구 양화로 15길 20 마인드월드빌딩
대표전화 • 02)330-5114 팩스 • 02)324-2345
등록번호 • 제313-2006-000265호

홈페이지 • http://www.hakjisa.co.kr
페이스북 • https://www.facebook.com/hakjisa

ISBN 978-89-997-1928-8 93370

정가 23,000원

이 도서의 국립중앙도서관 출판시도서목록(CIP)은 서지정보유통지원시스템 홈페이지(http://seoji.nl.go.kr)와 국가자료공동목록시스템(http://www.nl.go.kr/kolisnet)에서 이용하실 수 있습니다.
(CIP 제어번호: CIP2019032820)